普通高等教育“十二五”住建部规划教材
普通高等教育“十一五”国家级规划教材
普通高等学校土木工程专业新编系列教材
中国土木工程学会教育工作委员会　审订

建设法规

（第5版）

朱宏亮　主编

武汉理工大学出版社
·武　汉·

内 容 提 要

本书针对我国现行的建设法规从工程建设程序、工程建设执业资格、城乡规划、建设工程发包与承包、建设工程勘察设计、工程建设监理、工程建设安全生产管理、建设工程质量管理和建设工程合同管理等方面进行了较为全面的介绍，并从法理角度予以一定的解释。本书还介绍了《中华人民共和国城乡规划法》《中华人民共和国招标投标法》《建设工程质量管理条例》《建设工程勘察设计管理条例》《建设工程安全生产管理条例》等有关法律、法规的内容，并对我国建设领域的法规体系进行了介绍，内容比较全面、新颖，语言通俗易懂。本书可作为结构工程专业及相近专业学生学习“建设法规”课程的教材，也可供从事工程建设和工程管理的专业人员和管理人员学习、参考。

图书在版编目(CIP)数据

建设法规/朱宏亮主编．—5 版.—武汉：武汉理工大学出版社，2024.5(2025.7 重印)
ISBN 978-7-5629-6896-2

Ⅰ.① 建… Ⅱ.① 朱… Ⅲ.① 建筑法-中国 Ⅳ.① D922.297

中国国家版本馆 CIP 数据核字(2023)第 233721 号

Jianshe Fagui
建 设 法 规

项目负责人：高 英 汪浪涛 **责 任 编 辑：**高 英
责 任 校 对：张莉娟 **排 版 设 计：**正风图文
出 版 发 行：武汉理工大学出版社
社 址：武汉市洪山区珞狮路 122 号
邮 编：430070
网 址：http://www.wutp.com.cn
经 销：各地新华书店
印 刷：荆州市精彩印刷有限公司
开 本：889×1194 1/16
印 张：14.25
字 数：462 千字
版 次：2024 年 5 月第 5 版
印 次：2025 年 7 月第 2 次印刷 总第 51 次印刷
印 数：380001—383000 册
定 价：36.00 元

普通高等学校土木工程专业新编系列教材

编审委员会

（第 5 届）

第 5 版前言

2020 年 5 月 28 日，第十三届全国人民代表大会第三次会议审议通过了《中华人民共和国民法典》(以下简称《民法典》)，并于 2021 年 1 月 1 日起正式施行。对此，习近平总书记指出“民法典把我国多年来实行社会主义市场经济体制和加强社会主义法治建设取得的一系列重要制度成果用法典的形式确定下来，规范经济生活和经济活动赖以依托的财产关系、交易关系，对坚持和完善社会主义基本经济制度，促进社会主义市场经济繁荣发展具有十分重要的意义”，它“同人民生活密不可分，同各行各业发展息息相关”。

这部《民法典》将我国原来施行的《民法总则》《民法通则》《继承法》《收养法》《婚姻法》《担保法》《合同法》《物权法》《侵权责任法》等九部法律合编为一部完整的调整民事法律关系的法典，并在原有相关法律的基础上，对已经不能适应现实情况的规定进行了修改和完善，对经济和社会生活中出现的新情况、新问题作出了有针对性的法律规定。其中，与工程建设活动关系最为密切的《合同法》也紧跟新时代的步伐，充分考虑了社会经济生产、生活的变化，在原法律规定的基础上作出了一些必要的修改和调整，使其能更好地对市场经济机制下的合同关系进行严格的规制和调整。

与此同时，为适应建筑市场进步及发展的需要，住房和城乡建设部对已颁行的一些部门规章也陆续进行了修订。

为保证本书内容的严谨性和完整性，我们对全书进行了认真的修改和完善，以满足广大读者的需要。本书中案例的撰写及修改分工如下：何红锋(南开大学教授)第 8、9、10 章案例及综合案例，谭敬慧[建维(北京)律师事务所律师]第 5、6、7、8、9、10 章案例，张伟(华中科技大学副教授)第 1、2、3、4 章案例，全书内容及案例由编者修改定稿。

对于书中不足之处，欢迎广大读者批评指正。

编　者

2023 年 9 月

目　　录

1 建设法规概论

本章介绍了建设法规的基本概念及其在整个法律体系中所处的地位，并重点介绍了建设法规的体系、立法的基本原则及其实施办法。

1.1 建设法规的概念

1.1.1 建设法规的定义和调整对象

建设法规是指国家立法机关或其授权的行政机关制定的，旨在调整国家及其有关机构、企事业单位、社会团体、公民之间，在建设活动中或建设行政管理活动中发生的各种社会关系的法律、法规的统称。

建设法规的调整对象，是在建设活动中所发生的各种社会关系。它包括建设活动中所发生的行政管理关系、经济协作关系及其相关的民事关系。

1.1.1.1 建设活动中的行政管理关系

建设活动与国家经济发展、人们的生命财产安全、社会的文明进步息息相关，国家对之必须进行全面的严格管理。当国家及其建设行政主管部门在对建设活动进行管理时，就会与建设单位（业主）、设计单位、施工单位、建筑材料和设备的生产供应单位及建设监理等中介服务单位产生管理与被管理关系。在法制社会里，这种关系当然要由相应的建设法规来规范、调整。

1.1.1.2 建设活动中的经济协作关系

工程建设是一项非常复杂的活动，要求有许多单位和人员参与，共同协作完成。因此，在建设活动中存在着大量的寻求合作伙伴和相互协作的过程，在这些协作过程中所产生的权利、义务关系，也应由建设法规来加以规范、调整。

1.1.1.3 建设活动中的民事关系

在建设活动中，会涉及土地征用、房屋拆迁、从业人员及相关人员的人身与财产的安全、财产及相关权利的转让等有关公民个人的权利问题。由之而产生的国家、单位和公民之间的民事权利与义务关系，应由建设法规中有关法律规定及民法等来予以规范、调整。

以上三种社会关系都是在从事建设活动时所形成的，它们与其他活动中所形成的社会关系既有相同的地方，又有其自身的特点。因此，不能完全用一般的法律规范来调整，而必须由建设法规来加以规范、调整，这已成为各国法律界的共识。

1.1.2 建设法规的法律地位

这里所指的法律地位，是指建设法规在整个法律体系中所处的位置，即建设法规应属于哪一个部门法及其所处的层次。

建设法规调整的三种社会关系中，对于建设活动中的行政管理关系，主要用行政手段加以调整；对于建设活动中的经济协作关系，则采用行政、经济、民事各种手段相结合的方式加以调整；对于建设活动中的民事关系，则主要采用民事手段来加以调整。这表明建设法规调整的社会关系是多方面的，而其运用的调整手段也是综合的，很难明确地将其划归某一法律部门。但就其主要法律规范的性质来看，它主要还是属于行政法和经济法的范畴。

需要指出的是，建设活动还会涉及许许多多的事物与相关社会关系。如工程建设与环境保护、文物保护、自然风景保护的关系;工程建设与土地、水源、矿产、森林等自然资源的关系;工程建设与地震、洪涝等自然灾害的关系;工程建设与招投标活动、标准化设计的关系等。在我国,已颁行了大量与环境和自然资源保护、自然灾害的防御等有关的法律、法规。它们所调整的范围很广,当然不属于建设法规,但它们又都与工程建设有关,人们在从事工程建设活动时都必须严格遵守它们的相关规定,所以,我们称之为与工程建设相关的法律。这些相关的法律所属的法律部门则更是多种多样的。

1.2 建设法规体系

1.2.1 建设法规体系的概念

建设法规体系是指把已经制定和需要制定的建设法律、建设行政法规和建设部门规章衔接起来,形成一个相互联系、相互补充、相互协调的完整统一的框架结构。就广义的建设法规体系而言,体系中还应包括地方性建设法规和地方性建设规章。

建设法规体系是国家法律体系的重要组成部分。它必须与国家的宪法和相关法律保持一致,但它又相对独立,自成体系。它应覆盖建设活动的各个行业、各个领域以及工程建设的全过程,使建设活动的各个方面都有法可依。同时,它还应注意纵向不同层次法规之间的相互衔接和横向同层次法规之间的配套和协调,防止不同法规之间出现立法重复、矛盾和抵触。

1.2.2 建设法规体系的构成

所谓法规体系的构成,就是指法规体系采取的结构形式。建设法规体系是由很多不同层次的法规组成的,它的结构形式一般有宝塔形和梯形两种。宝塔形结构形式,是先制定一部基本法律,将该领域内业务可能涉及的所有问题都在该法中作出规定,然后再分别制定不同层次的专项法律、行政法规、部门规章,对一个个具体问题作出补充规定。梯形结构即不设立基本法律,而以若干并列的专项法律组成法规体系的最顶层,然后对每部专项法律再配置相应的不同层次的行政法规和部门规章作补充,形成若干相互联系而又相对独立的小体系。我国建设法规体系采用的是梯形结构。

目前,根据《中华人民共和国立法法》有关立法权限的规定,我国建设法规体系由以下五个层次组成:

(1)建设法律。这是指由全国人民代表大会及其常务委员会制定颁行的属于国务院建设行政主管部门主管业务范围的各项法律。它们是建设法规体系的核心和基础。

(2)建设行政法规。这是指由国务院制定颁行的属于建设行政主管部门主管业务范围的各项规章。

(3)建设部门规章。这是指由国务院建设行政主管部门或其与国务院其他相关部门联合制定颁行的规章。

(4)地方性建设法规。这是指由省、自治区、直辖市人民代表大会及其常务委员会制定颁行的或经其批准颁行的由下级人大或常委会制定的建设方面的法规。

(5)地方性建设规章。这是指由省、自治区、直辖市人民政府制定颁行的或经其批准颁行的,由其所辖城市人民政府制定的建设方面的规章。

其中,建设法律的法律效力最高,越往下法律效力越低。法律效力低的建设法规不得与比其法律效力高的建设法规相抵触,否则,其相应规定将视为无效。

1.2.3 我国建设法规体系的现状与规划

中华人民共和国成立初期,建设立法基本上处于空白,为了适应经济建设和发展的需要,国务院(初期为政务院)及其相关行政主管部门制定颁行了许多有关建设程序、设计、施工及成本管理等方面的规定,但未形成完整的体系,更无一部建设法律。改革开放以来,尤其是中央确立经济体制由计划经济向市场经济转变的发展战略以后，随着国家法制建设的加强，建设立法逐步成为国家整个法律体系的重要组成部分，其立法的系统性、迫切性也成为国家法制建设中必须解决的重大问题。1989 年，建设部组织了建设法规体系的研究、论证工作，并于 1991 年制定出《建设法律体系规划方案》，使我国建设立法走上了系统化、科学化的健康发展之路。在该方案中，我国建设法规体系采用了梯形结构形式，所以，在我国并没有一部《中华人民共和国建设法》这样的基本法律，而是由城乡规划法、市政公用事业法、村镇建设法、风景名胜区法、工程勘察设计法、建筑法、城市房地产管理法、住宅保障法等 8 部关于专项业务的法律构成我国建设法规体系的顶层，并由 38 部行政法规对这些法律加以细化和补充。根据具体问题和各地不同情况，建设行政主管部门和各省人大及人民政府还可制定颁行相应的建设规章及法规，从而形成一个完整的建设法规体系。

根据这一规划方案及形势发展的需要，我国先后颁发了一系列建设法律和法规。自 2003 年以来，国务院新颁发的建设行政法规就有《物业管理条例》《建设工程安全生产管理条例》《历史文化名城名镇名村保护条例》《民用建设节能条例》等。与此同时，还对已颁行的一些建设法律法规进行了及时修订，如将《中华人民共和国城市规划法》修订为《中华人民共和国城乡规划法》，将《风景名胜区管理暂行条例》修订为《风景名胜区条例》，将《城市房屋拆迁管理条例》修订为《国有土地上房屋征收与补偿条例》等。2008 年，国务院机构调整中，将建设部调整为住房和城乡建设部（现一般简称为住建部）。根据这些新的情况，住房和城乡建设部对建设法规体系又进行了适时调整。2009 年 2 月 1 日，住房和城乡建设部办公厅印发了《住房和城乡建设法律法规框架》，将建设法律法规归纳为四个方面，即城乡规划法、住宅和房地产法、工程建设法、城市建设法，并将制定颁行与之配套的 30 部行政法规。图 1.1 即为适当整理后的建设法律法规框架示意图。截至 2017 年 12 月底，现已制定颁行并仍有效的建设法律共有 3 部（《中华人民共和国城乡规划法》（以下简称《城乡规划法》）、《中华人民共和国建筑法》（以下简称《建筑法》）、《中华人民共和国城市房地产管理法》），建设行政法规有 18 部。国务院建设行政主管部门颁行并仍有效的建设行政规章约有 140 部，而地方性建设法规及地方性建设规章则有上千部，一些新的建设法律及有关建设行政法规和部门规章也正在加速制定之中。

由此可见，我国的建设法规体系正在加速建成和完善。当然，随着社会发展和经济形势的变化，一些社会关系也会发生变化，由此也会产生对新的建设法律或行政法规的需求，我国的建设法规体系也会随之变化，这是社会发展的必然。

需要指出的是，与建设活动关系密切的相关法律、行政法规和部门规章，它们虽不属建设法规体系，但其有些规定对调整相关建设活动有着十分重要的作用，对此，我们必须予以密切关注。

1.3 建设法规立法原则及实施

1.3.1 建设法规立法的基本原则

建设法规立法的基本原则，是指建设立法时所必须遵循的基本准则及要求。现阶段，我国建设法规立法时必须遵循的基本原则是：

1.3.1.1 市场经济规律原则

第八届全国人民代表大会第一次会议通过的《中华人民共和国宪法修正案》规定我国“实行社会主义市场经济”。因此，建设立法必须有利于社会主义市场经济的建立和健全，必须符合市场经济的规律。这具体表现在：

(1)遵循市场经济规律，反映在建设法规立法中，就是要建立健全市场主体体系。建设法规要规定各种建设市场主体的法律地位，对他们在建设活动中的权利和义务作出明确的规定。这些主体理应包括建设行政主管部门、勘察规划设计单位、建设监理单位、建筑施工单位、房地产开发经营单位、土地管理部门、标准化管理部门、城市市政公用事业单位、环境保护部门、建筑材料供应单位等。一旦条件成熟，政策或法规亦应考虑公民主体的法律地位，如个人合伙的建筑事务所等。

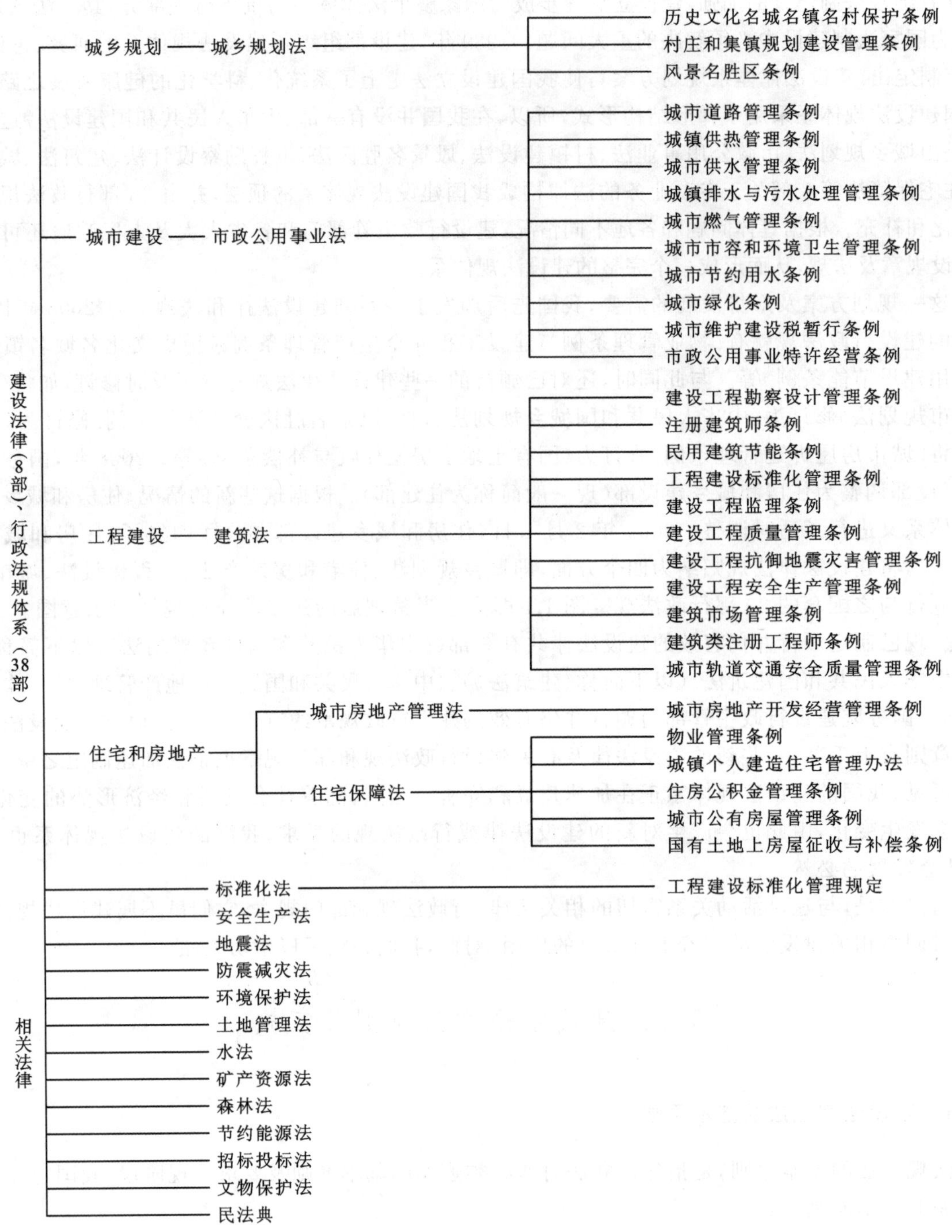

图 1.1　建设法律法规框架示意

(2)遵循市场经济规律，要求建设法规的立法应确立建设市场体系的统一性和开放性。建设立法应当确立规划与设计市场、建设监理市场、工程承包的招投标市场、施工管理市场、房地产市场、市政公用事业市场、建设资金市场等多元化的建设活动大市场。

(3)遵循市场经济规律，要求建设法规的立法应确立以间接手段为主的宏观调控体系。建设法规主要运用行政手段实现对建设行为的调整，但这种调整不应当是直接干预性的。各建设法规主体在具体的建设行为中都有着其独立性和自主性，国家对其行为实施的调控只是间接性的。

(4)遵循市场经济规律，要求建设法规立法本身具有完备性。要把建设行为纳入法制轨道，必须要先使建设法规自身完备。唯有如此，才能有效地规范建设市场主体行为，维护建设市场活动秩序。

1.3.1.2 法制统一原则

所有法律有着内在统一联系，并在此基础上构成一国法律体系。建设法规体系是我国法律体系中的一个组成部分。组成本体系的每一个法律都必须符合宪法的精神与要求，该法律体系与其他体系也不应冲突。对于基本法的有关规定，建设行政法规和部门规章以及地方性建设法规、规章都必须遵循，与地位同等的法律、法规所确立的有关内容应相互协调。建设法规系统内部高层次的法律、法规对低层次的法规、规章具有制约性和指导性。地位相等的建设法规和规章在内容规定上不应互为矛盾。这就是建设法规的立法所必须遵循的法制统一原则。

建设法规的立法坚持法制统一原则的基本要求，不仅是立法本身所应有的规范化、科学化的要求，更主要的是便于实际操作，不至于因法律制度的自相矛盾而导致建设法规的无法适用。

1.3.1.3 权责一致原则

权责一致是对建设行为主体的权利和义务或责任在建设立法上提出的一项基本要求，具体表现为：

(1)建设法规主体享有的权利和履行的义务是统一的。任何一个主体享有建设法规规定的权利，同时必须履行法律规定的义务。

(2)建设行政主管部门行使行政管理权既是其权利，也是其责任或义务。权利和义务彼此结合。

1.3.2 建设法规的实施

建设法规的实施是指国家机关及其公务员、社会团体、公民实现建设法律规范的活动，包括建设法规的执法、司法和守法三个方面。建设法规的司法又包括行政司法和专门机关司法两方面。

1.3.2.1 建设行政执法

建设行政执法是指建设行政主管部门和被授权或被委托的单位，依法对各项建设活动和建设行为进行检查监督，并对违法行为执行行政处罚的行为，具体包括：

(1)建设行政决定，指执法者依法对相对人的权利和义务作出单方面的处理，包括行政许可、行政命令和行政奖励。

(2)建设行政检查，指建设行政执法者依法对相对人是否守法的事实，进行单方面的强制性了解，主要包括实地检查和书面检查两种。

(3)建设行政处罚，指建设行政主管部门或其他权力机关对相对人实行惩戒或制裁的行为，主要包括财产处罚、行为处罚和申诫处罚三种。

(4)建设行政强制执行，指在相对人不履行行政机关所规定的义务时，特定的行政机关依法对其采取强制手段，迫使其履行义务。

1.3.2.2 建设行政司法

建设行政司法是指建设行政机关依据法定的权限和法定的程序进行行政调解、行政复议和行政仲裁，以解决相应争议的行政行为。

(1)行政调解，指在行政机关的主持下，以法律为依据，以自愿为原则，通过说服教育等方法，促使双方当事人通过协商互谅达成协议。

(2)行政复议，指在相对人不服行政执法决定时，依法向指定的部门提出重新处理申请。

(3)行政仲裁，指国家行政机关以第三者身份对特定的民事、经济的劳动争议居中协调，作出判断和裁决。

1.3.2.3 专门机关司法

专门机关司法是指国家司法机关(主要指人民法院)依照诉讼程序对建设活动中的争议与违法建设行为作出的审理判决活动。

1.3.2.4 遵守建设法规

遵守建设法规是指从事建设活动的所有单位和个人，必须按照建设法规的要求，实施建设行为，不得违反。

案例分析

【案情摘要】

原告:何某(受伤工人)

被告:邓某(工头)、李某(私建房主)

2020年10月底,被告李某将新建两层住房的模板安装工程交给被告邓某安装。被告邓某在承揽该工程后,于2020年11月7日雇请了原告何某安装模板,双方约定每天工资为200元。当天上午,原告在被告李某新建私房二楼钉模板时,不慎摔至一楼,导致左侧髋臼等多处骨折。原告受伤后即由被告送至××市××区××中心卫生院进行治疗,后转至××市人民医院住院治疗。在原告住院期间,被告邓某和李某支付了部分医疗费之后就一直拒付。2020年12月27日,原告何某向××省××市××区人民法院起诉,请求判令被告赔偿医疗费、误工费、护理费、住院伙食补助费等费用,合计人民币34296.54元。

被告邓某辩称,自己与被告李某之间的行为应当受《建筑法》的调整,被告李某在把工程交给自己时,没有审查相关的资质,李某也存在一定的过错,应承担法律责任。另外,原告何某在施工的过程中存在不当,导致损害结果的发生,也应承担一定的责任。

被告李某辩称,自己与原告之间不存在雇用关系,只是将安装模板工程发包给被告邓某,而且作为私有房主没有义务审查工人是否有施工资质。农村私房建筑也不适用《建筑法》的调整,自己与原告何某之间根本不存在发包与承包的关系,故请求驳回原告的诉讼请求。

【处理结论】

法院判决:被告邓某赔偿原告何某医疗费、误工费、护理费、住院伙食补助费等费用,合计人民币34296.54元;驳回原告何某对被告李某的诉讼请求。

【法律分析】

本案判决中要解决三个问题:

1.被告邓某与被告李某之间的民事法律行为受何种法律调整

农民将自建住房工程承包给个体工匠施工,其建设行为受《村庄和集镇规划建设管理条例》调整。在本案中,被告李某将新建私房模板安装工程交给被告邓某安装,由邓某负责施工,其形式是包工包料,而且李某只向其支付报酬,两人之间已形成承揽合同关系,而非建设工程合同关系,其行为应受《村庄和集镇规划建设管理条例》和《中华人民共和国民法典》(以下简称《民法典》)的调整,而不受《建筑法》的调整。

2.被告邓某是否具有建筑资质及被告李某是否存在审查失当的过错

一般情况下,具有农村建筑工匠资格的人员具有承揽资质。农民自建的二层以下低层住宅,由已经领取工匠资格证的人员承建,即可以认定其具有资质。对于未实行工匠资格证书的地区,如果该工匠具有当地一般的工匠水平,群众普遍认同的,也可以认定其具有建筑资质。建设方在选任承揽人时,须严格审查其建筑资质,如选任无资质的企业或工匠建房导致人身损害发生,应承担选任不当的责任。本案中,被告邓某是一位具有30多年工龄的泥工,他也经常在当地承揽建筑业务,可以认定其具有建筑资质,李某并无审查失当的过错,无须担责。

3.原告何某是否存在过错

原告何某在未熟悉施工条件的情况下,私自上楼进行施工导致踏空,其也存在一定的过错。但根据最高人民法院《关于审理人身损害赔偿案件适用法律若干问题的解释》的有关规定,雇员必须存在故意或者重大过失才承担民事责任。在本案中,原告何某并无故意或重大过失情形,故无须承担责任,相应责任应由雇主邓某承担。

思 考 题

1. 什么是建设法规？建设法规调整的社会关系有哪些？
2. 何谓建设法规体系？我国建设法规体系是如何构成的？
3. 什么是与工程建设相关的法律？当前，我国与工程建设相关的法律都有哪些？
4. 现阶段，我国建设立法的基本原则有哪些？
5. 建设法规的实施包括哪几个方面？

2 工程建设程序法规

本章介绍了我国工程建设程序的概念及阶段和环节的划分，并重点介绍了工程建设前期阶段、准备阶段、实施阶段的工作内容。

2.1 概　　述

2.1.1 工程建设的概念

工程建设是指土木建筑工程、线路管道和设备安装工程、建筑装饰装修工程等工程项目的新建、扩建和改建，是形成固定资产的基本生产过程及与之相关联的其他建设工作的总称。

土木建筑工程，包括矿山、铁路、公路、道路、隧道、桥梁、堤坝、电站、码头、飞机场、运动场、房屋（如厂房、剧院、旅馆、商店、学校和住宅）等工程。

线路管道和设备安装工程，包括电力、通信线路、石油、燃气、给水、排水、供热等管道系统和各类机械设备、装置的安装工程。

其他工程建设工作包括建设单位及其主管部门的投资决策活动以及征用土地、工程勘察设计、工程监理等。这些工作是工程建设必不可少的内容。

建筑活动是指从事土木建筑工程、线路管道和设备安装工程的新建、扩建、改建及建筑装饰装修活动。

工程建设为国民经济的发展和人民生活的改善提供重要的物质技术基础，并对众多产业的振兴发挥促进作用，因此，它在国民经济中占有相当重要的地位，国家也十分重视运用法律手段，通过制定和实施工程建设管理法规，加强对工程建设的管理。

2.1.2 工程建设程序的概念

工程建设程序是在认识工程建设客观规律基础上总结提出的，是工程建设全过程中各项工作都必须遵守的先后次序。它也是工程建设各个环节相互衔接的顺序。

工程建设是社会化大生产，它有着产品体积庞大、建造场所固定、建设周期长、占用资源多的特点。在建设过程中，工作量极大，牵涉面很广，内外协作关系复杂，且存在着活动空间有限和后续工作无法提前进行的矛盾。因此，工程建设就必然存在着一个分阶段、按步骤，各项工作按序进行的客观规律。这种规律是不可违反的，如人为将工程建设的顺序颠倒，就会造成严重的资源浪费和经济损失。另外，工程建设投资大，建成后的建筑物将长期存在，其质量好坏与人们的生命财产安全息息相关，因此，工程建设活动是与社会公共利益密切相关的活动。为维护社会公共利益，政府也必须在工程建设过程中设置一些审批环节，来对各方主体工程建设行为进行监督管理，这些也是通过工程建设程序相关立法来实现的。所以，世界各国对这一规律都十分重视，都对之进行了认真探索研究，不少国家还将研究成果以法律的形式将其固定下来，强迫人们在从事工程建设活动时遵守。我国在总结自己的相关经验和借鉴国外立法成果的基础上，也制定、颁行了不少有关工程建设程序方面的法规。当然，随着社会的发展和对工程建设认识的不断加深，我们还会总结出更加科学、合理的工程建设程序。

2.1.3 我国工程建设程序的立法现状

当前，我国工程建设程序方面的法规大多还是部门规章和规范性文件，主要有：1978 年国家计委、建委、财政部联合颁发的《关于基本建设程序的若干规定》,以及随着经济体制改革和决策科学化、管理规范化的要求,由各主管部门先后发布的《关于简化基本建设项目审批手续的通知》(1982 年)、《关于颁发建设项目进行可行性研究的试行管理办法的通知》(1983 年)、《关于编制建设前期工作计划的通知》(1984 年)、《关于建设项目经济评价工作的暂行规定》(1987 年)、《关于大型和限额以上固定资产投资项目建议书审批问题的通知》(1988 年)、《工程建设项目报建管理办法》(1994 年)、《工程建设项目实施阶段程序管理暂行规定》(1995 年)、《建筑工程施工许可管理办法》(2014 年)、《中央投资项目后评价管理办法》(2014 年)等规范性文件。国务院于 2004 年颁发了《关于投资体制改革的决定》,对工程建设项目投资的审批程序作出了更为明确的分类与细化管理规定。

另外,《中华人民共和国土地法》《中华人民共和国城乡规划法》《中华人民共和国建筑法》《中华人民共和国招标投标法》《中华人民共和国环境影响评价法》等法律中,也有关于工程建设程序的一些规定。

2.2 工程建设程序阶段的划分

依据我国现行工程建设程序法规的规定,我国工程建设程序如图 2.1 所示。

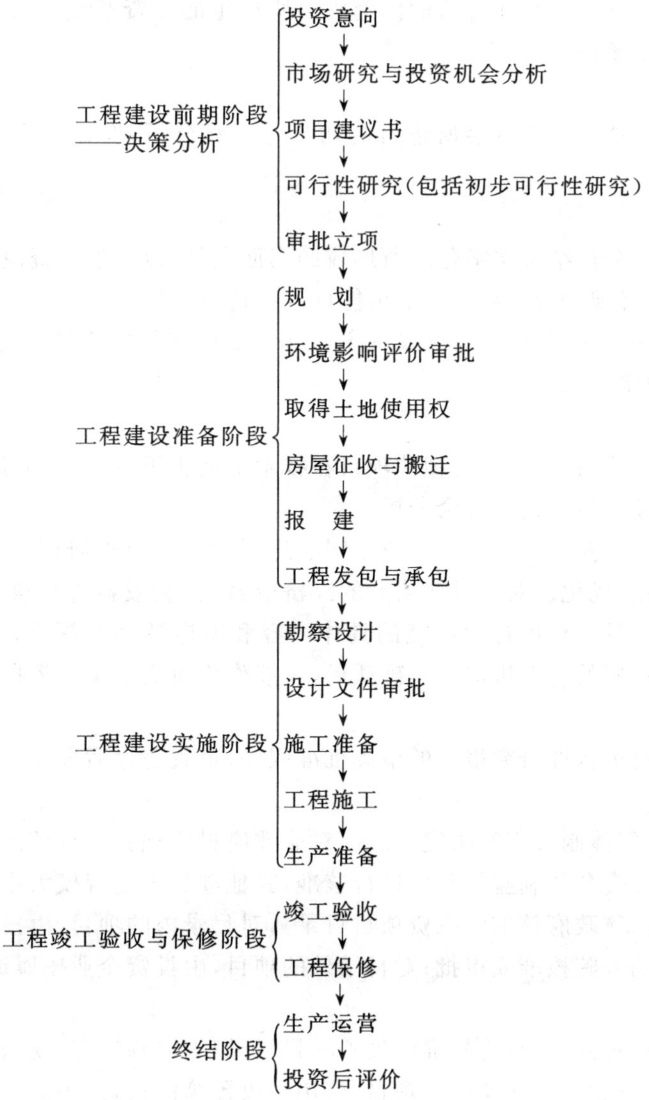

图 2.1　我国工程建设程序

从图 2.1 可知，我国工程建设程序共分五个阶段，每个阶段又各包含若干环节。各阶段、各环节的工作应按规定顺序进行。当然，工程项目的性质不同、规模不一，同一阶段内各环节的工作会有一些交叉，有些环节还可省略，在具体执行时，可根据本行业、本项目的特点，在遵守工程建设程序的大前提下，灵活开展各项工作。

2.3 工程建设前期阶段及准备阶段的内容

2.3.1 工程建设前期阶段的内容

工程建设前期阶段即决策分析阶段，这一阶段主要是对工程项目投资的合理性进行考察和对工程项目进行选择。对投资者来讲，这是进行战略决策，该决策将从根本上决定其投资效益，因此，是十分重要的。这个阶段包含投资意向、投资机会分析、项目建议书、可行性研究、审批立项几个环节。政府投资进行建设的项目，必须严格按照这一程序执行，非政府投资项目则只需经审批立项环节，其他环节由投资人自行考虑决定。

2.3.1.1 投资意向

投资意向是投资主体发现社会存在合适的投资机会所产生的投资愿望。它是工程建设活动的起点，也是工程建设得以进行的必备条件。

2.3.1.2 投资机会分析

投资机会分析是投资主体对投资机会所进行的初步考察和分析，在认为机会合适、有良好的预期效益时，则可进行后续工作。

2.3.1.3 项目建议书

项目建议书是投资机会分析结果文字化后所形成的书面文件，以方便投资决策者分析、决策。项目建议书应对拟建工程的必要性、客观可行性和获利的可能性逐一进行论述。

需国务院审批的投资项目建议书，由省级投资主管部门报国家投资主管部门审批。其他项目的项目建议书，按地方政府的有关规定审批。

2.3.1.4 可行性研究

可行性研究是指项目建议书批准后，对拟建项目在技术上是否可行、经济上是否合理等内容所进行的分析论证。广义的可行性研究还包括投资机会分析。

可行性研究应对项目所涉及的社会、经济、技术问题进行深入的调查研究，对各种各样的建设方案和技术方案进行发掘并加以比较、优化。对项目建成后的经济效益、社会效益进行科学的预测及评价，提出该项目建设是否可行的结论性意见。对可行性研究的具体内容和所应达到的深度，有关法规都有明确的规定。可行性研究报告必须经有资质的咨询机构评估确认后，才能作为投资决策的依据。

2.3.1.5 审批立项

审批立项是有关部门对可行性研究报告的审查批准程序，审查通过后即予以立项，正式进入工程项目的建设准备阶段。

国务院颁发的《关于投资体制改革的决定》规定，对非政府投资项目实行核准或备案制，政府只针对重大项目和限制类项目从维护社会公共利益的角度进行核准，其他项目无论规模大小，均改为备案制。为规范政府行为，国务院还批准颁发了《政府核准的投资项目目录》，对目录内的项目，由投资企业提交项目申请报告，由国家投资主管部门核报国务院核准或审批；对目录外的项目，由投资企业按属地原则向地方投资主管部门备案。

对政府投资项目实行审批制。《政府核准的投资项目目录》中明确规定，使用中央预算内的投资、中央专项建设基金、中央统还国外贷款 5 亿元及以上项目，使用中央预算内投资、中央专项建设基金、统借自还国外贷款的总投资 50 亿元及以上项目，其可行性研究报告需报国务院审批。

2.3.2 工程建设准备阶段的内容

工程建设准备是为勘察、设计、施工创造条件所做的建设现场、建设队伍、建设设备等方面的准备工作。这一阶段包括规划、环境影响评价审批、取得土地使用权、房屋征收与搬迁、报建、工程承发包等主要环节。

2.3.2.1 规划

在规划区内建设的工程，必须符合城市规划或村庄、集镇规划的要求，其工程选址和布局，必须取得城市规划行政主管部门或村、镇规划主管部门的同意、批准。在城市规划区内建设的，要依法先后领取城市规划行政主管部门核发的"选址意见书""建设用地规划许可证""建设工程规划许可证"方能开展征地、设计、施工等相关建设活动。

2.3.2.2 环境影响评价审批

环境影响评价是指对建设项目实施后可能造成的环境影响进行分析、预测和评估，并形成建设项目环境影响评价文件的活动。

环境影响评价文件由建设单位报有审批权的环境保护行政主管部门审批，未报审或报审后未获批准的，该项目不得开工建设，其他工程建设主管部门也不得核准该项目的相关建设行为。

2.3.2.3 取得土地使用权

《中华人民共和国土地管理法》规定：农村和城市郊区的土地，除由法律规定属国家所有的以外，属于农民集体所有，其余的土地都归国家所有。工程建设用地都必须通过国家对土地使用权的出让或划拨而取得，需在农民集体所有的土地上进行工程建设的，也必须先由国家征收农民土地，然后再将土地使用权出让或划拨给建设单位或个人。

通过国家出让而取得土地使用权的，应向国家支付出让金，并与市、县人民政府土地管理部门签订书面出让合同，然后按合同规定的年限与要求进行工程建设。

由国家划拨取得土地使用权的，虽不向国家支付出让金，但在城市要承担拆迁费用，在农村和郊区要承担土地原使用者的补偿费和安置补助费，其标准由各省、自治区、直辖市规定。

出让或征收耕地一千亩以上，其他土地两千亩以上的由国务院批准；出让或征收省、自治区行政区域内的土地，由省、自治区人民政府批准；出让或征收耕地三亩以下，其他土地十亩以下的，由县人民政府批准；省辖市、自治州人民政府及直辖市的区、县人民政府对出让土地使用权的批准权限，由省、自治区及直辖市人大常委会决定；征收直辖市行政区域内的土地，由直辖市人民政府批准。

2.3.2.4 房屋征收与搬迁

在取得土地使用权后，一般都要先行拆除原有土地上的房屋和附属物。《国有土地上房屋征收与补偿条例》规定，需要征收和拆除国有土地上房屋的，由市、县级人民政府作出房屋征收决定并予以公告。由政府房屋征收部门对原房屋所有人给予补偿和安置，原房屋所有人搬迁后，再进行拆除。对被征收房屋的补偿，不得低于房屋征收决定公告之日被征收房屋类似房地产的市场价格，并向被征收人支付搬迁费或临时安置费。对征收的生产经营性用房，还应补偿停产停业的损失。对违章建筑、超过批准期限的临时建筑的拆除，则不予补偿。

国家征收农民集体所有的土地进行工程建设的，其土地上的房屋征收和搬迁，在土地征收时同时进行。

2.3.2.5 报建

建设项目被批准立项后，建设单位或其代理机构必须持工程项目立项批准文件、银行出具的资信证明、建设用地的批准文件等资料，向当地建设行政主管部门或其授权机构进行报建。凡未报建的工程项目，不得办理招标手续和发放施工许可证，设计、施工单位不得承接该项目的设计、施工任务。

2.3.2.6 工程发包与承包

建设单位或其代理机构在上述准备工作完成后，须对拟建工程进行发包，以择优选定工程勘察设计单位、施工单位或总承包单位。工程发包与承包有招标投标和直接发包两种方式，为鼓励公平竞争，建立公正的竞争秩序，国家提倡招标投标方式，并对许多工程强制进行招标投标，详细内容请见第5章。

2.4 工程建设实施阶段及保修阶段的内容

2.4.1 工程建设实施阶段的内容

2.4.1.1 工程勘察设计

设计是工程项目建设的重要环节，设计文件是制订建设计划、组织工程施工和控制建设投资的依据。它对实现投资者的意愿起了关键作用。

设计与勘察是密不可分的，设计必须在进行工程勘察，取得足够的地质、水文等基础资料之后才能进行。另外，勘察工作也服务于工程建设的全过程，在工程选址、可行性研究、工程施工等各阶段，也必须进行必要的勘察。

工程设计应分的阶段、各阶段的内容和要求及设计文件的审批，有关法规都有具体规定，详细内容请见第6章。

2.4.1.2 施工准备

施工准备包括施工单位在技术、物资方面的准备和建设单位取得开工许可两方面内容。

(1)施工单位在技术、物资方面的准备。工程施工涉及的因素很多，过程也十分复杂，所以，施工单位在接到施工图后，必须做好细致的施工准备工作，以确保工程顺利建成。它包括熟悉、审查图纸，编制施工组织设计，向下属单位进行计划、技术、质量、安全、经济责任的交底，下达施工任务书，准备工程施工所需的设备、材料等活动。

(2)取得开工许可。建设单位应当先具备下列条件，并提交相应的证明文件：

①依法应当办理用地批准手续的，已经办理该建筑工程用地批准手续。

②在城市、镇规划区的建筑工程，已经取得建设工程规划许可证。

③施工场地已经基本具备施工条件，需要征收房屋的，其进度符合施工要求。

④已经确定施工企业。按照规定应当招标的工程没有招标，应当公开招标的工程没有公开招标，或者肢解发包工程，以及将工程发包给不具备相应资质条件的企业的，所确定的施工企业无效。

⑤有满足施工需要的技术资料，施工图设计文件已按规定审查合格。

⑥有保证工程质量和安全的具体措施。施工企业编制的施工组织设计中有根据建筑工程特点制定的相应质量、安全技术措施。建立工程质量安全责任制并落实到人。专业性较强的工程项目编制了专项质量、安全施工组织设计，并按照规定办理了工程质量、安全监督手续。

⑦按照规定应当委托监理的工程已委托监理。

⑧建设资金已经落实。建设工期不足一年的，到位资金原则上不得少于工程合同价的50%，建设工期超过一年的，到位资金原则上不得少于工程合同价的30%。建设单位应当提供本单位截至申请之日无拖欠工程款情形的承诺书或者能够表明其无拖欠工程款情形的其他材料，以及银行出具的到位资金证明，有条件的可以实行银行付款保函或者其他第三方担保。

同时满足其他法律、行政法规规定的其他条件时，方可按国家有关规定向工程所在地县级以上人民政府城乡建设主管部门申领施工许可证。未取得施工许可证的建设单位不得擅自组织开工。已取得施工许可证的，应自批准之日起三个月内组织开工，因故不能按期开工的，应当在期满前向发证机关申请延期，延期以两次为限，每次不超过三个月。既不按期开工又不申请延期或超过延期时限的，已批准的施工许可证自行作废。

工程投资额在30万元以下或者建筑面积在300平方米以下的建筑工程，可以不申请办理施工许可证。省、自治区、直辖市人民政府住房城乡建设主管部门可以根据当地的实际情况，对限额进行调整，并报国务院住房城乡建设主管部门备案。

按照国务院规定的权限和程序批准开工报告的建筑工程，不再领取施工许可证。

2.4.1.3 工程施工

工程施工是施工队伍具体地配置各种施工要素，将工程设计物化为建筑产品的过程，也是投入劳动量最大、所费时间较长的工作。其管理水平的高低、工作质量的好坏对建设项目的质量和所产生的效益起着十分重要的作用。

工程施工管理具体包括施工调度、施工安全、文明施工、环境保护等几方面的内容。

施工调度是进行施工管理，掌握施工情况，及时处理施工中存在的问题，严格控制工程的施工质量、进度和成本的重要环节。施工单位的各级管理机构均应配备专职调度人员，建立和健全各级调度机构。

施工安全是指施工活动中，对维护职工身体健康与安全、机械设备使用的安全及物资的安全等应有的保障制度和所采取的措施。根据《建设工程施工现场管理规定》，施工单位必须执行国家有关安全生产和劳动保护的法规，建立安全生产责任制，加强规范化管理，进行安全交底、安全教育和安全宣传，严格执行安全技术方案，定期检修、维修各种安全设施，做好施工现场的安全保卫工作，建立和执行防火管理制度，切实保障工程施工的安全。

文明施工是指施工单位应推行现代管理方法，科学组织施工，保证施工活动整洁、有序、合理地进行。具体内容包括：按施工总平面布置图设置各项临时设施，施工现场设置明显标牌，主要管理人员要佩带身份标识，机械操作人员要持证上岗，施工现场的用电线路、用电设施的安装使用和现场水源、道路的设置要符合规范要求等。

环境保护是指施工单位必须遵守国家有关环境保护的法律、法规，采取措施控制各种粉尘、废气、噪声等对环境的污染和危害。如不能控制在规定的范围内，则应事先报请有关部门批准。

2.4.1.4 生产准备

生产准备是指工程施工临近结束时，为保证建设项目能及时投产使用所进行的准备活动。如招收和培训必要的生产人员，组织人员参加设备安装调试和工程验收，组建生产管理机构，制定规章制度，收集生产技术资料和样品，落实原材料、外协产品、燃料、水、电的来源及其他配合条件等。建设单位要根据建设项目或主要单项工程的生产技术特点，及时组成专门班子或机构，有计划地做好这一工作。

2.4.2 工程竣工验收与保修阶段的内容

2.4.2.1 工程竣工验收

工程项目按设计文件规定的内容和标准全部建成，并按规定将工程内外全部清理完毕后称为竣工。《建设项目(工程)竣工验收办法》规定，凡新建、扩建、改建的基本建设项目(工程)和技术改造项目，按批准的设计文件所规定的内容建成，符合验收标准的必须及时组织验收，办理固定资产移交手续。根据《建筑法》及《建设工程质量管理条例》等相关法规规定，交付竣工验收的工程，必须具备下列条件：

(1)完成建设工程设计和合同约定的各项内容；

(2)有完整的技术档案和施工管理资料；

(3)有工程使用的主要建筑材料、建筑构配件和设备的进场试验报告；

(4)有勘察、设计、施工、工程监理等单位分别签署的质量合格文件；

(5)有施工单位签署的工程保证书。

竣工验收的依据是已批准的可行性研究报告，初步设计或扩大初步设计，施工图和设备技术说明书，现行施工技术验收的规范和主管部门(公司)有关审批、修改、调整的文件等。

工程验收合格后，方可交付使用。此时承发包双方应尽快办理固定资产移交手续和工程结算，将所有工程款项结算清楚。

工程竣工验收后，建设单位应在规定的时间内向建设行政主管部门或其他相关部门移交建设项目档案。

2.4.2.2 工程保修

根据《建筑法》及相关法规的规定，工程竣工验收交付使用后，在保修期限内承包单位要对工程中出现的质量缺陷承担保修与赔偿责任。保修范围和保修期限详见第 9 章。

2.4.3 投资后评价

建设项目投资后评价是工程竣工投产、生产运营一段时间后，对项目的立项决策、设计施工、竣工投产、生产运营等全过程进行系统评价的一种技术经济活动。它是工程建设管理的一项重要内容，也是工程建设程序的最后一个环节。它可使投资主体达到总结经验、吸取教训、改进工作、不断提高项目决策水平和投资效益的目的。目前，我国的投资后评价一般分为建设单位的自我评价、项目所属行业(地区)主管部门的评价及各级计划部门(或主要投资主体)的评价三个层次进行。

案例分析

■ 案例 1

【案情摘要】

原告：叶某等 16 位住户

被告：某规划局

××市区新城垃圾亭属新城某地块拆迁安置房工程的公建配套项目，于 20 世纪 90 年代建成并投入使用，日处理垃圾能力 30 吨左右。2003 年初，××市环境卫生管理处(下称“环卫处”)为提高垃圾处理能力欲改建该垃圾亭，向某规划局提出工程规划许可申请。2004 年 6 月 14 日，某规划局向环卫处颁发了 2004—002261 号《建设工程规划许可证》，规划改建后的新城垃圾亭日处理垃圾能力为 100 吨。事后，叶某等 16 位与该垃圾亭相邻的某小区住户认为改建后的垃圾亭与小区住宅最小间距仅为 6 米，垃圾亭在运行过程中产生的异味、噪声、废水等对小区环境产生严重影响，并且某规划局是在未审查该项目是否取得环境影响报告书的情况下，就颁发了《建设工程规划许可证》，某规划局的颁证行为违反国家标准《城市环境卫生设施规划规范》(GB 50337—2003)及《中华人民共和国城市规划法》《中华人民共和国环境保护法》《中华人民共和国环境影响评价法》(以下简称《环境影响评价法》)的相关规定，审批上存在纰漏。

2004 年 10 月 25 日，叶某等 16 位住户以某规划局为被告向××区人民法院提起行政诉讼，请求法院判决撤销某规划局颁发给环卫处的 2004—002261 号《建设工程规划许可证》。

【处理结论】

2005 年 1 月 20 日，××区人民法院判决撤销被告某规划局于 2004 年 6 月 14 日作出的 2004—002261 号《建设工程规划许可证》。嗣后，被告某规划局不服提起上诉，××市中级人民法院经审理后于 2005 年 4 月 30 日终审判决驳回被告上诉，维持原判。

【法律分析】

本案被告某规划局颁发的《建设工程规划许可证》被法院撤销的主要原因在于其规划许可的工程项目未取得环境影响评价材料。环境影响评价是指对规划和建设项目实施后可能造成的环境影响进行分析、预测和评估，提出预防或者减轻不良环境影响的对策和措施，进行跟踪监测的方法与制度。根据《环境影响评价法》的规定，国家根据建设项目对环境的影响程度，对建设项目的环境影响评价实行分类管理。建设单位应当按照下列规定组织编制环境影响报告书、环境影响报告表或者填报环境影响评价文件。

建设项目的环境影响评价文件，由建设单位按照国务院的规定报有审批权的环境保护行政主管部门审批；建设项目有行业主管部门的，其环境影响报告书或者环境影响报告表应当经行业主管部门预审后，报有审批权的环境保护行政主管部门审批。

建设项目的环境影响评价文件未经法律规定的审批部门审查或者审查后未通过的，审批部门不得批准该项目的建设，建设单位也不得开工建设。

■ 案例 2

【案情摘要】

原告：冯某（工头）

被告：宋某（农庄老板）

海安县某镇农业服务部指派宋某全面负责休闲农庄工程的建设工作。2021 年 2 月 27 日，宋某以个人名义与冯某签订休闲农庄施工协议一份，约定宋某将农庄工程以包工包料的方式发包给冯某施工，同时对施工内容、时间、验收标准、质量、付款方式等进行了约定。2022 年 10 月 10 日，冯某施工完毕。当日，宋某与冯某双方对工程质量进行了验收，确认验收合格，宋某向冯某打出交接签单。随后，农庄投入使用。同月 20 日，双方就该工程进行了决算，工程总造价为 142620 元，宋某已陆续支付冯某 99600 元，尚欠工程款 43020 元。宋某以工程存在质量等问题为由拒付余款引起诉讼。

原告冯某诉称，被告宋某将绿色休闲农庄发包给自己施工后，自己按期完成施工，并经宋某验收合格交付使用，但宋某却拖欠部分工程款一年有余，现请求法院判决被告宋某立即给付。

被告宋某辩称，原告冯某已施工的工程存在严重质量问题及安全隐患，至今没有经主管部门验收，交接签单只能证明工程主体完工，尽管工程通过双方验收合格，但由于本人并非专业验收人员，故双方的验收结论不应产生效力。宋某还提供了有关部门出具的安全鉴定报告一份，证明因无地质勘察报告，无设计图纸，仅有设计方案图，不符合基建程序等，很难判定冯某所施工的三座仿古亭结构是安全的。

【处理结论】

海安县法院审理后认为，原告冯某不具有建筑施工企业资质，其与被告宋某签订的农庄工程施工协议合同违反法律的强制性规定，属于无效合同。原告冯某要求被告宋某支付尚欠的工程款应予支持。

【法律分析】

本案审理与判决中主要有三个焦点问题：

1.工程建设程序与质量问题

严格遵循工程建设程序是保证进度、成本、质量和安全控制的必要条件。我国《建设工程勘察设计管理条例》明确规定“先勘察、后设计、再施工”。也就是说，勘察是设计的必要条件，只有地质情况勘察清楚后，才能进行基础工程、地面工程等各部分的设计。而设计是施工的必要条件，按图施工是工程建设中的基本规则。而本案例中，工程仅有方案设计，既无勘察报告，也无详细设计方案和图纸，施工过程全凭经验，随意性非常大，质量得不到保证。工程建设程序是百十年来工程建设活动方法和经验的积累，轻视工程建设程序的后果是非常严重的。本案例中工程出现质量问题尚属轻微，若出现楼倒桥塌、人员伤亡的惨剧，将造成严重的损失、产生巨大的社会负面影响。

2.建设工程竣工验收的有关法律问题

建设工程必须经过竣工验收合格后，方可交付使用；没有经过竣工验收或者经过竣工验收确定为不合格的建设工程，不得交付使用。如果发包人在竣工验收前，或未经主管部门正式验收，擅自使用工程，发生质量问题应如何处理呢？最高人民法院《关于审理建设工程施工合同纠纷案件适用法律问题的解释》中规定：“建设工程未经竣工验收，发包人擅自使用后，又以使用部分质量不符合约定为由主张权利的，不予支持；但是承包人应当在建设工程的合理使用寿命内对地基基础工程和主体结构质量承担民事责任。”本案中，尽管农庄工程未经主管部门验收，但工程已经双方验收并投入使用，发包人宋某又未能举证证明地基基础工程和主体结构质量存在问题，故其所提工程质量问题法院难以支持。

3.关于无资质人员承揽工程的处理

最高人民法院《关于审理建设工程施工合同纠纷案件适用法律问题的解释》中规定：建设工程施工合同具有下列情形之一的，应当认定无效：（一）承包人未取得建筑施工企业资质或者超越资质等级的；（二）没有资质的实际施工人借用有资质的建筑施工企业名义的；(三)建设工程必须进行招标而未招标或者中标无效的。该解释同时规定：建设工程施工合同无效，但建设工程经竣工验收合格，承包人请求参照合同约定支付工程价款的，应予支持。本案中，农庄工程已经双方当事人验收合格，被告宋某所提工程质量异议又难以成立，原告冯某请求参照合同约定支付工程价款，法院应予支持。

思考题

1. 何谓工程建设程序？规定工程建设程序的意义何在？我国工程建设程序分为哪几个阶段？
2. 工程建设前期阶段包含哪几个环节？各环节的工作内容是什么？
3. 我国关于土地所有权和土地使用权是如何规定的？
4. 工程建设准备阶段分为哪几个环节？哪些环节是必须经过的？
5. 工程建设实施阶段的主要环节及内容是什么？
6. 什么是工程的竣工验收？其依据有哪些？

3 工程建设执业资格法规

本章介绍了工程建设执业资格制度的概念及我国工程建设执业资格制度的基本情况，并重点介绍了有关单位、专业技术人员及关键岗位执业资格管理的具体内容。

3.1 概　述

3.1.1 工程建设执业资格制度的概念

工程建设执业资格制度是指事先依法取得相应资质或资格的单位和个人，才允许其在法律所规定的范围内从事一定建筑活动的制度。

工程建设对社会生活和经济建设的重要性是不言而喻的，而随着技术的进步和生活质量的提高，社会对建设工程的技术水准和质量要求越来越高，使得工程建设过程日趋复杂，已远非一般人员所能胜任，而只能由掌握一定的工程建设专业知识和具有一定工程建设实践经验的技术人员及其所组建成的单位来承担。正因为如此，世界上绝大多数国家都对从事建设活动的主体的资格作了严格的限定。我国也不例外，很早就实行了严格的单位执业资格认证制度，对各种建筑企事业单位的资质等级标准和允许执业范围作出了明确的规定，这对提高我国工程建设水平、保障公民的生命财产安全起到了重要的作用。但随着改革开放的深入和市场经济的建立，单纯实行执业单位资质管理的不足也日益显现出来。一是只管住了单位资质，而对具体执业人员没有要求，就会出现高资质单位承接任务，而由低素质、低水平的人员来完成的问题，使工程建设的质量和水平难以保证。二是一些高水平的专业人员，由于其所在单位资质较低的限制，使其聪明才智和业务能力难以发挥。三是工程建设的相应责任，只能落实到单位，对具体执业人员的责任都难以追究，一有问题就是集体负责，表面上是大家共同负责，实际上却是大家都不负责。另外，大多数发达国家和地区都实行了工程建设执业人员资格注册制度，这已形成建筑行业管理的国际惯例，若我们不实行这一制度，就会影响我们与国际建筑界的交流与合作，同时，也会成为我国进入国际市场的障碍。对此，《建筑法》明确规定："从事建筑活动的专业技术人员，应当依法取得相应的执业资格证书，并在执业资格证书许可的范围内从事建筑活动。"在现阶段，我国工程建设执业资格制度是单位执业资质和个人执业资格并存的模式。

3.1.2 工程建设执业资格法规的立法现状

随着我国建设行业的从业主体专业划分日趋细致和完善，建立和健全工程建设执业资格管理制度显得更加重要，而相关立法工作也一直没有停止。自 1995 年国务院首次颁布《注册建筑师条例》以来，住房和城乡建设部、国家发展改革委等先后颁布了约 30 部关于工程建设执业资格的部门规章，这还不包括期间颁布的、现已废止的暂行规定。这些法规除了《注册建筑师条例》为行政法规之外，其余都是部门规章。其中，国家发展改革委作为重大建设项目决策、监督的部门，颁布了关于注册咨询工程师、工程咨询单位的资格管理规章；住房和城乡建设部作为建设领域的经济活动的行政管理部门，主持颁布了其余的部门规章。

3.1.2.1 工程建设从业单位资质管理法规

2005 年 3 月，国家发展改革委发布了《工程咨询单位资格认定办法》。它对工程咨询单位的定义、资质等级及要求、专业类别、服务范围、资格认定和管理的主管部门及程序等作了规定。2007 年 4 月，国家安全生产监督管理总局发布了《安全生产检测检验机构管理规定》(于 2015 年修订)，其规定也适用于建筑施工领域。

从2000年至今，住房和城乡建设部一直致力于完善工程建设职业资格的部门立法，并多次予以修订，现行的主要法规见表3.1。

表3.1 住房和城乡建设部关于工程建设单位资质的规章

发布部门	发布或修订年份	规章名称
住房和城乡建设部	2022	《房地产开发企业资质管理规定》
	2016	《城乡规划编制单位资质管理规定》
	2014	《施工总承包企业资质等级标准》
	2014	《专业承包企业资质等级标准》
	2014	《建筑业劳务分包企业资质标准》
	2015	《建设工程质量检测管理办法》
	2020	《工程造价咨询企业管理办法》
	2018	《建筑业企业资质管理规定》
	2013	《房地产估价机构管理办法》
	2018	《工程监理企业资质管理规定》
	2018	《建设工程勘察设计资质管理规定》

3.1.2.2 工程建设从业人员资格管理法规

工程建设从业人员资格管理方面，当前仅有一部国务院行政法规——《注册建筑师条例》。它于1995年发布，为后续的从业资格管理法规提供了良好的参照。

国家发展改革委于2001年和2002年，分别发布了《注册咨询工程师(投资)执业资格制度暂行规定》和《注册咨询工程师(投资)执业资格考试实施办法》，对注册咨询工程师(投资)的定义、资质等级、资质条件、业务范围、考试办法、注册程序、权利和义务等予以详细规定。国家安全生产监督管理总局于2007年发布了《注册安全工程师管理规定》，各类规定也适用于建筑施工行业。

其余有关工程建设从业人员资格的规章都由住房和城乡建设部发布，如表3.2所示。

表3.2 住房和城乡建设部关于工程建设从业人员资格的规章

发布部门	发布年份	规章名称
住房和城乡建设部	1997	《注册结构工程师执业资格制度暂行规定》
	2017	《注册城乡规划师职业资格制度规定》
	2005	《物业管理师制度暂行规定》
	2016	《勘察设计注册工程师管理规定》
	2016	《注册造价工程师管理办法》
	2016	《注册建造师管理规定》
	2016	《注册监理工程师管理规定》
	2016	《注册房地产估价师管理办法》
	2008	《中华人民共和国注册建筑师条例实施细则》
	2016	《房地产经济管理办法》

为了加强对工程建设中的关键技术岗位管理，保障特种作业人员生命安全，维护社会公共利益，国家安全生产监督管理总局于 2015 年修订了《特种作业人员安全技术培训考核管理规定》，对特种作业人员定义、专业类别、资格条件、安全教育与培训、考试和发证、复审、奖惩等予以规定。

3.2 工程建设从业单位资质管理

3.2.1 工程建设从业单位的划分

根据我国现行法规，我国从事工程建设活动的单位分为房地产开发企业、工程咨询单位、工程勘察设计企业、工程监理企业和建筑业企业。

3.2.1.1 房地产开发企业

房地产开发企业是指在城市及村镇从事土地开发、房屋及基础设施和配套设备开发经营业务，具有企业法人资格的经济实体。房地产开发企业有专营和兼营两类。专营企业是指以房地产开发经营为主的企业；兼营企业是指以其他经营项目为主，兼有房地产开发经营业务的企业。

3.2.1.2 工程咨询单位

工程咨询单位是指在中国境内设立的开展工程咨询业务并具有独立法人资格的企业、事业单位。其中，工程咨询是指遵循独立、公正、科学的原则，运用多学科知识和经验、现代科学技术和管理方法，为政府部门、项目业主及其他各类客户提供社会经济建设和工程项目决策与实施的智力服务，以提高经济效益和社会效益，实现可持续发展。

工程咨询单位根据专业范围，划分为 31 个类别：①公路；②城市轨道交通；③铁路；④民航；⑤水电；⑥核电、核工业；⑦火电；⑧煤炭；⑨石油天然气；⑩石化；⑪化工、医药；⑫建筑材料；⑬机械；⑭电子；⑮轻工；⑯纺织、化纤；⑰钢铁；⑱有色冶金；⑲农业；⑳林业；㉑通信信息；㉒广播电影电视；㉓水文地质、工程测量、岩土工程；㉔水利工程；㉕港口河海工程；㉖生态建设和环境工程；㉗市政公用工程；㉘建筑；㉙城乡规划；㉚综合经济(不受具体专业限制)；㉛其他(按具体专业填写)。

申请单位可以按照条件申请一项或多项专业、一个或多个服务范围的咨询资格。

3.2.1.3 工程勘察设计企业

工程勘察设计企业是指依法取得资格，从事工程勘察、工程设计活动的企业。中华人民共和国成立以来，我国勘察设计单位一直属于事业单位，每年的勘察设计任务和单位的开支都由国家下达和拨付。从 1984 年起，国家决定勘察设计单位要逐步实现企业化后，至今绝大部分勘察设计单位已转制为企业，但在 2001 年以前的法规中，仍称之为工程勘察设计单位。

工程勘察分为岩土工程、水文地质勘察和工程测量 3 个专业。其中岩土工程包括岩土工程勘测、岩土工程设计、岩土工程测试和检测、岩土工程咨询和监理、岩土工程治理。

工程设计按专业分为煤炭、化工石化医药、石油天然气、电力、冶金、军工、机械、商物粮(即原商业、物资、粮食)、核工业、电子通信广电、轻纺、建材、铁道、公路、水运、民航、市政公用、海洋、水利、农林、建筑等 21 个行业。

3.2.1.4 工程监理企业

工程监理企业是指取得监理资质证书，具有法人资格的企业。它必须与所有政府机构及事业单位脱钩，进行自主经营、自负盈亏、自担责任。工程监理企业资质分为综合资质、专业资质和事务所资质。其中专业资质按照工程性质和技术特点，又划分为房屋建筑工程、冶炼工程、矿山工程、化工及石油工程、水利水电工程、电力工程、农林工程、铁路工程、公路工程、港口与航道工程、航天航空工程、通信工程、市政公用工程、机电安装工程等 14 类。每一个工程监理企业可以同时申请一类或多类工程监理资质。

3.2.1.5 建筑业企业

建筑业企业是指从事土木工程，建筑工程，线路、管道及设备安装工程，装修工程等新建、扩建、改建活动的企业。它又分为施工总承包企业、专业承包企业和劳务分包企业三类。

施工总承包企业是指从事工程施工阶段总承包活动的企业。它可对工程实行施工总承包。对其所承包的工程，它可全部自行施工，也可将专业工程及劳务作业分包给具有相应专业承包资质或劳务分包资质的其他建筑业企业。根据专业范围，施工总承包企业又分为建筑工程、公路工程、铁路工程、港口与航道工程、水利水电工程、电力工程、矿山工程、冶金工程、石油化工工程、市政公用工程、通信工程、机电工程等12类。一个施工总承包企业在获得一类工程施工资质作为本企业的主项资质的同时，还可再申请其他工程种类的施工总承包资质或专业承包资质，但其他工程种类的资质级别不得高于主项资质的级别。

专业承包企业是指从事工程施工中的专业分包活动的企业。对其承接的专业工程，它可全部自行施工，也可将劳务作业分包给具有相应劳务分包资质的劳务分包企业，但不得进行工程施工总承包活动。

根据专业范围，专业承包企业分为36个类别，包括：①地基基础工程；②起重设备安装工程；③预拌混凝土；④电子与智能化工程；⑤消防设施工程；⑥防水防腐保温工程；⑦桥梁工程；⑧隧道工程；⑨钢结构工程；⑩模板脚手架；⑪建筑装饰装修工程；⑫建筑机电安装工程；⑬建筑幕墙工程；⑭古建筑工程；⑮城市及道路照明工程；⑯公路路面工程；⑰公路路基工程；⑱公路交通工程；⑲铁路电务工程；⑳铁路铺轨架梁工程；㉑铁路电气化工程；㉒机场场道工程；㉓民航空管工程及机场弱电系统工程；㉔机场目视助航工程；㉕港口与海岸工程；㉖航道工程；㉗通航建筑物工程；㉘港航设备安装及水上交管工程；㉙水工金属结构制作与安装工程；㉚水利水电机电安装工程；㉛河湖整治工程；㉜输变电工程；㉝核工程；㉞海洋石油工程；㉟环保工程；㊱特种工程。

专业承包企业在获得一类主项资质的同时，还可在各自资质序列内申请类别相近的其他专业承包资质，但其他工程种类的资质级别不得高于主项资质的级别。

劳务分包企业是指从事工程施工活动中劳务作业的企业。它只能进行劳务分包，不得从事工程施工总承包及专业分包活动。劳务分包企业不再划分资质类别。

3.2.2 工程建设从业单位的资质等级及其标准

3.2.2.1 工程建设从业单位的资质等级

根据现行法规，我国各类工程建设从业单位资质等级的划分情况如下：

(1)房地产开发企业。分为一、二、三、四共4级。

(2)工程咨询单位。分为甲、乙、丙共3级。

(3)工程勘察企业。工程勘察企业的资质等级按综合类、专业类、劳务类分别设置。其综合类资质只设甲级一个级别；专业类资质原则上只设甲、乙两个级别，确有必要并在报住房和城乡建设部批准后方可设置丙级；劳务类资质不分级别。

(4)工程设计企业。工程设计企业的资质等级按综合类资质、行业类资质及专项资质分别设置。其综合类资质只设甲级。行业类资质设甲、乙、丙3个级别，其中除建筑工程、市政公用、水利和公路行业所设工程设计丙级资质可独立进入工程设计市场外，其他行业工程设计丙级资质的对象仅为企业内部所属的非独立法人设计单位，不得进入工程设计市场。工程设计专项资质则根据专业发展的需要，由相关行业部门或授权的行业协会提出，并经由住房和城乡建设部批准，一般都设为甲、乙两级。

(5)工程施工总承包企业。各类施工总承包企业资质等级都分为特、一、二、三共4级。

(6)专业承包企业。36类专业承包企业在资质等级设置上共有三种类型：分为一、二、三共3级；分为一、二两级及不分等级。其中分为一、二、三级的为多，共有20类。不分级的有：预拌混凝土工程、模板脚手架工程、特种工程。分为一、二两级的有：电子与智能化工程、消防设施工程、防水防腐保温工程、建筑装饰装修工程、公路交通工程、铁路铺轨架梁工程、机场场道工程、民航空管工程及机场弱电系统工程、机场场道工程、目视助航工程、港航设备安装及水上交管工程、核工程、海洋石油工程。其他工程皆分为一、二、三共3级。

(7)劳务分包企业。劳务分包企业资质不分等级。

(8)工程监理企业。综合资质、事务所资质不分级别，专业资质分为甲、乙两级，其中房屋建筑、水利水电、公路、市政公用专业资质可设立丙级。

3.2.2.2　工程建设从业单位资质等级划分标准

工程建设从业单位的资质等级划分标准，是从其拥有的注册资本、科技进步水平、专业技术人员数量和等级、技术装备和已完成的建筑工程的业绩等方面来加以规定的。每一类从业单位的资质等级标准，都由相应的法规作出了具体规定。如《建筑业企业资质管理规定》中规定，房屋建筑工程施工总承包企业、专业承包企业和劳务分包企业的一些级别的标准如下所示。

(1)施工总承包企业特级资质

①企业资信能力

a.企业注册资本金3亿元以上；

b.企业净资产3.6亿元以上；

c.企业近三年上缴建筑业营业税均在5000万元以上；

d.企业银行授信额度近三年均在5亿元以上。

②企业主要管理人员和专业技术人员要求

a.企业经理具有10年以上从事工程管理的工作经历；

b.技术负责人具有15年以上从事工程技术管理的工作经历，且具有工程序列高级职称或一级注册建造师或注册工程师执业资格，主持完成过两项及以上施工总承包一级资质要求的代表工程的技术工作，或甲级设计资质要求的代表工程，或合同额2亿元以上的工程总承包项目；

c.财务负责人具有高级会计师职称及注册会计师资格；

d.企业有注册一级建造师(一级项目经理)50人以上；

e.企业具有本类别相关的行业工程设计甲级资质标准要求的专业技术。

③科技进步水平

a.企业有省部级(或相当于省部级水平)及以上的企业技术中心；

b.企业近三年科技活动经费支出平均达到营业额的0.5%以上；

c.企业已建立内部局域网或管理信息平台，实现了内部办公、信息发布、数据交换的网络化；已建立并开通了企业外部网站；使用了综合项目管理信息系统、人事管理系统和工程设计相关软件，实现了档案管理和设计文档管理。

④代表工程业绩

近5年承担过下列5项工程总承包或施工总承包项目中的3项，工程质量合格：

a.高度100米以上的建筑物；

b.28层以上的房屋建筑工程；

c.单体建筑面积5万平方米以上的房屋建筑工程；

d.钢筋混凝土结构单跨30米以上的房屋建筑工程或钢结构单跨36米以上的房屋建筑工程；

e.单项建安合同额2亿元以上的房屋建筑工程。

(2)建筑工程施工总承包一级资质

①企业资产

净资产1亿元以上。

②企业主要人员

a.建筑工程、机电工程专业一级注册建造师合计不少于 12 人，其中建筑工程专业一级注册建造师不少于 9 人。

b.技术负责人具有 10 年以上从事工程施工技术管理的工作经历，且具有结构专业高级职称；建筑工程相关专业中级以上职称人员不少于 30 人，且结构、给排水、暖通、电气等专业齐全。

c.持有岗位证书的施工现场管理人员不少于 50 人，且施工员、质量员、安全员、机械员、造价员、劳务员等人员齐全。

d.经考核或培训合格的中级工以上技术工人不少于 150 人。

③企业工程业绩

近 5 年承担过下列 4 类中的 2 类工程的施工总承包或主体工程承包，工程质量合格：

a.地上 25 层以上的民用建筑工程 1 项或地上 18～24 层的民用建筑工程 2 项。

b.高度 100 米以上的构筑物工程 1 项或高度 80～100 米(不含)的构筑物工程 2 项。

c.建筑面积 3 万平方米以上的单体工业、民用建筑工程 1 项或建筑面积 2 万～3 万平方米(不含)的单体工业、民用建筑工程 2 项。

d.钢筋混凝土结构单跨 30 米以上(或钢结构单跨 36 米以上)的建筑工程 1 项或钢筋混凝土结构单跨 27～30 米(不含)[或钢结构单跨 30～36 米(不含)]的建筑工程 2 项。

(3)地基基础工程专业承包企业一级资质

①企业资产

净资产 2000 万元以上。

②企业主要人员

a.一级注册建造师不少于 6 人。

b.技术负责人具有 10 年以上从事工程施工技术管理的工作经历，且具有工程序列高级职称或一级注册建造师或注册岩土工程师执业资格；结构、岩土、机械、测量等专业中级以上职称人员不少于 15 人，且专业齐全。

c.持有岗位证书的施工现场管理人员不少于 30 人，且施工员、质量员、安全员、机械员、造价员等人员齐全。

d.经考核或培训合格的桩机操作工、电工、焊工等技术工人不少于 30 人。

③企业工程业绩

近 5 年承担过下列 4 类中的 2 类工程的施工，工程质量合格：

a.25 层以上民用建筑工程或高度 100 米以上构筑物的地基基础工程；

b.刚性桩复合地基处理深度超过 18 米或深度超过 8 米的其他地基处理工程；

c.单桩承受设计荷载 3000 千牛以上的桩基础工程；

d.开挖深度超过 12 米的基坑围护工程。

(4)劳务分包企业

按照《建筑业企业资质管理规定》，劳务分包企业不再划分资质类别和等级，一律需要满足以下条件：

①净资产 200 万元以上；

②具有固定的经营场所；

③企业主要人员方面

a.技术负责人具有工程序列中级以上职称或高级工以上资格。持有岗位证书的施工现场管理人员不少于 5 人，且施工员、质量员、安全员、劳务员等人员齐全。

b.经考核或培训合格的技术工人不少于 50 人。

3.2.3 工程建设从业单位资质管理办法

3.2.3.1 工程建设从业单位资质的审批

工程建设从业单位需提交规定的证明文件，向资质主管部门提出申请，经审查合格后，可获相应资质，并核发资质等级证书。各类工程建设从业单位资质审批办法如下：

(1)房地产开发企业

其资质等级实行分级审批。一级房地产开发企业由各省、自治区、直辖市人民政府建设行政主管部门初审，报住房和城乡建设部审批；二级以下企业的审批办法由各省、自治区、直辖市人民政府建设行政主管部门制定。新开办的房地产开发企业，应在领取营业执照30日内，到房地产开发主管部门备案，并领取《暂定资质证书》，其有效期为1年，期满前一个月内向房地产开发主管部门申请核定正式资质等级。企业发生分立、合并，应当在上级主管部门批准后30日内，向原资质审批部门办理资质等级注销手续，并重新申请资质等级。

(2)工程勘察设计单位

申请工程勘察甲级资质、工程设计甲级资质，以及涉及铁路、交通、水利、信息产业、民航等方面的工程设计乙级资质的，可以向企业工商注册所在地的省、自治区、直辖市人民政府建设行政主管部门提出申请。其中，国务院国资委管理的企业应当向国务院建设行政主管部门提出申请；国务院国资委管理的企业下属一层级的企业申请资质，应当由国务院国资委管理的企业向国务院建设行政主管部门提出申请。省、自治区、直辖市人民政府建设行政主管部门应当自受理之日起20日内初审完毕，并将初审意见和申请材料报国务院建设行政主管部门。国务院建设行政主管部门应当自省、自治区、直辖市人民政府建设行政主管部门受理申请材料之日起20日内完成审查，并自作出决定之日起10日内公告审批结果。其中，涉及铁路、交通、水利、信息产业、民航等方面的工程设计资质，由国务院建设行政主管部门送国务院有关部门审核，国务院有关部门应在15日内审核完毕，并将审核意见送国务院建设行政主管部门。

工程勘察乙级及以下资质、劳务资质、工程设计乙级(涉及铁路、交通、水利、信息产业、民航等方面的工程设计乙级资质除外)及以下资质许可由省、自治区、直辖市人民政府建设行政主管部门实施。具体实施程序由省、自治区、直辖市人民政府建设行政主管部门依法确定。省、自治区、直辖市人民政府建设行政主管部门应当自作出决定之日起30日内，将准予资质许可的决定报国务院建设行政主管部门备案。

(3)建筑业企业

不同序列和等级的建筑业企业资质许可的程序是不同的。根据企业资质序列差异、业务范围大小和资质等级的高低，建筑业企业资质的审批有：由国务院建设行政主管部门许可，由企业工商注册所在地省、自治区、直辖市人民政府建设行政主管部门许可和由企业工商注册所在地设区的市人民政府建设行政主管部门许可三种形式。

由国务院住房城乡建设行政主管部门许可的建筑业企业资质包括：

①施工总承包资质序列特级资质、一级资质及铁路工程施工总承包二级资质；

②专业承包资质序列公路、水运、水利、铁路、民航方面的专业承包一级资质及铁路、民航方面的专业承包二级资质，涉及多个专业的专业承包一级资质。

由企业工商注册所在地省、自治区、直辖市人民政府住房城乡建设行政主管部门许可的资质包括：

①施工总承包资质序列二级资质及铁路、通信工程施工总承包三级资质；

②专业承包资质序列一级资质(不含公路、水运、水利、铁路、民航方面的专业承包一级资质及涉及多个专业的专业承包一级资质)；

③专业承包资质序列二级资质(不含铁路、民航方面的专业承包二级资质)，铁路方面专业承包三级资质，特种工程专业承包资质。

由企业工商注册所在地设区的市人民政府住房城乡建设行政主管部门许可的资质包括：

①施工总承包资质序列三级资质(不含铁路、通信工程施工总承包三级资质)；

②专业承包资质序列三级资质(不含铁路方面专业承包资质)及预拌混凝土、模板脚手架专业承包资质；

③施工劳务资质；

④燃气燃烧器具安装、维修企业资质。

(4)工程监理企业

申请综合资质、专业甲级资质的，可以向企业工商注册所在地的省级人民政府建设行政主管部门提出申请。省级人民政府建设行政主管部门自受理申请之日起5日内初审完毕，并将初审意见和申请材料报国务院建设行政主管部门。国务院建设行政主管部门应自省级人民政府建设行政主管部门受理申请材料之日起20日内完成审查，并自作出决定之日起10日内公告审批结果。其中，涉及铁路、交通、水利、通信、民航等专业工程监理资质的，由国务院建设行政主管部门送国务院有关部门审核。国务院有关部门应当在20日内审核完毕，并将审核意见报国务院建设行政主管部门。国务院建设行政主管部门根据初审意见审批。

专业乙级、丙级资质和事务所资质由企业所在地省级人民政府建设行政主管部门审批，并应在作出决定之日起10日内，将准予许可的决定报国务院建设行政主管部门备案。

3.2.3.2　各级工程建设从业单位的业务范围

根据各级工程建设从业单位所具备的能力和水平，有关法规对各类从业单位所允许从事的业务范围都作出了具体规定，并严格禁止越级承包业务和无资质等级资格的单位从事建筑活动。

(1)房地产开发企业

一级房地产开发企业承担房地产项目的建设规模不受限制，并可以在全国范围内承揽房地产开发项目。

二级及二级以下的房地产开发企业只可承担建筑面积25万平方米以下的开发建设项目，承担业务的具体范围由省、自治区、直辖市人民政府建设行政主管部门确定。

(2)工程勘察、设计企业

取得工程勘察综合资质的企业，可以承接各专业(海洋工程勘察除外)、各等级工程勘察业务；取得工程勘察专业资质的企业，可以承接相应等级相应专业的工程勘察业务；取得工程勘察劳务资质的企业，可以承接岩土工程治理、工程钻探、凿井等工程勘察劳务业务。

取得工程设计综合资质的企业，可以承接各行业、各等级的建设工程设计业务；取得工程设计行业资质的企业，可以承接相应行业相应等级的工程设计业务及行业范围内同级别的相应专业、专项(设计施工一体化资质除外)工程设计业务；取得工程设计专业资质的企业，可以承接本专业相应等级的专业工程设计业务及同级别的相应专项工程设计业务(设计施工一体化资质除外)；取得工程设计专项资质的企业，可以承接本专项相应等级的专项工程设计业务。

(3)施工总承包企业

各类施工总承包企业的专业范围差别很大，《建筑业企业资质等级标准》中对其业务范围都作了非常具体的规定，这里只举例介绍房屋建设工程施工总承包企业的承包工程范围(下面的专业承包企业的业务范围仅举例说明)。

①特级企业，可承担各类房屋建筑工程的施工。

②一级企业，可承担单项合同额3000万元以上的下列建筑工程的施工：

a.高度200米以下的工业、民用建筑工程；

b.高度240米以下的构筑物工程。

③二级企业，可承担下列建筑工程的施工：

a.高度100米以下的工业、民用建筑工程；

b.高度 120 米以下的构筑物工程；

c.建筑面积 4 万平方米以下的单体工业、民用建筑工程；

d.单跨跨度 39 米以下的建筑工程。

④三级企业，可承担下列建筑工程的施工：

a.高度 50 米以下的工业、民用建筑工程；

b.高度 70 米以下的构筑物工程；

c.建筑面积 1.2 万平方米以下的单体工业、民用建筑工程；

d.单跨跨度 27 米以下的建筑工程。

上述的建筑工程是指各类结构形式的民用建筑工程、工业建筑工程、构筑物工程以及相配套的道路、通信、管网管线等设施工程。工程内容包括地基与基础、主体结构、建筑屋面、装饰装修、建筑幕墙、附建人防工程、给水排水及供暖、通风与空调、电气、消防、智能化、防雷等配套工程。

(4)专业承包企业

以地基基础工程专业承包企业为例。

①一级企业，可承担各类地基基础工程的施工。

②二级企业，可承担下列工程的施工：

a.高度 100 米以下工业、民用建筑工程和高度 120 米以下构筑物的地基基础工程；

b.深度不超过 24 米的刚性桩复合地基处理和深度不超过 10 米的其他地基处理工程；

c.单桩承受设计荷载 5000 千牛以下的桩基础工程；

d.开挖深度不超过 15 米的基坑围护工程。

③三级企业，可承担下列工程的施工：

a.高度 50 米以下工业、民用建筑工程和高度 70 米以下构筑物的地基基础工程；

b.深度不超过 18 米的刚性桩复合地基处理或深度不超过 8 米的其他地基处理工程；

c.单桩承受设计荷载 3000 千牛以下的桩基础工程；

d.开挖深度不超过 12 米的基坑围护工程。

(5)劳务分包企业

劳务分包企业不再划分资质类别，可承担各类施工劳务作业。

(6)工程监理企业

工程监理综合企业可以承担所有专业工程类别建设工程项目的工程监理业务，还可以开展相应类别建设工程的项目管理、技术咨询等业务。

工程监理专业甲级企业可承担相应专业工程类别建设工程项目的工程监理业务；专业乙级企业可承担相应专业工程类别二级以下(含二级)建设工程项目的工程监理业务；专业丙级企业可承担相应专业工程类别三级建设工程项目的工程监理业务。

工程监理事务所可承担三级建设工程项目的工程监理业务，但是国家规定必须实行强制监理的工程除外。

3.2.4 外国建筑企业在我国从事建设活动的资质管理

为加强对外国建筑企业进入我国建筑市场的管理，依据 WTO 国民待遇及透明度原则，我国住房和城乡建设部与对外贸易经济合作部联合颁发了《外商投资建设工程设计企业管理规定》及《外商投资建筑业企业管理规定》，对外商投资的工程设计企业及建筑业企业的资质管理作出了明确的规定。至于外国建筑企业到我国来直接承接工程设计或工程承包的资质管理规定，由于 1994 年建设部颁发的《在中国境内承包工程的外国企业资质管理暂行办法》已废止，而新的法规尚未颁行，所以暂无明确的法律规定。

3.3 工程建设专业技术人员执业资格管理

在技术要求较高的行业实行专业技术人员执业资格制度,在发达国家已有100多年的历史,现已成为国际惯例。所谓执业资格制度,就是对具有一定专业学历的技术人员,要求其参加相关考试以获取执业资格,在按规定进行注册后方可实际执业的管理制度的统称。在针对某一具体执业资格时,一般就称为“注册××师”制度。自20世纪80年代中期开始,我国也先后在律师、会计、教师、建筑、医生、资产评估等行业实行执业资格制度。其中建筑行业是从1992年开始实行注册监理工程师制度的,现已实行注册建筑师、注册结构工程师、注册监理工程师、注册造价师、注册房地产估价师、注册城乡规划师、注册建造师制度。与工程建设有关的则还有注册咨询工程师、注册土木工程师(岩土)、注册土木工程师(港口与航道工程)、注册土木工程师(水利水电工程)、注册土木工程师(道路工程)等注册工程师制度。其中,与结构工程专业学生执业有关的主要是注册结构工程师、注册监理工程师和注册建造师制度。

3.3.1 注册结构工程师制度

3.3.1.1 *注册结构工程师的概念*

注册结构工程师是指取得注册结构工程师执业资格证书和注册证书,从事房屋结构、桥梁结构及塔架结构等工程设计及相关业务的专业技术人员。

世界各国对注册结构工程师设置的级别不一样,根据我国《注册结构工程师执业资格制度暂行规定》,注册结构工程师分为一、二两级。一级注册结构工程师的执业范围不受工程规模及工程复杂程度的限制,而二级注册结构工程师则要受一定限制,具体限制范围由住房和城乡建设部另行规定。

3.3.1.2 *注册结构工程师执业资格的考试*

注册结构工程师的考试分为基础考试和专业考试两部分。基础考试的目的是测试考生是否基本掌握进入结构工程设计实践所必须具备的基础及专业理论知识,参加考试的人员必须是大学本科毕业并达到规定年限。通过基础考试后,从事结构工程设计或相关业务满一定年限的人员,方可申请参加专业考试,其目的是测试考生是否已具备按国家法律和设计规范进行结构工程设计,以保证工程安全可靠和经济合理的能力。考试采取全国统一大纲、统一命题、统一组织的方法,原则上每年举行一次。目前,基础部分考试的科目有数学、数值方法、化学、物理、理论力学、结构力学、流体力学、土力学、工程测量、建筑材料、电工学、计算机基础、结构设计、结构试验、建筑施工与管理、工程经济、职业法规等。专业考试为钢筋混凝土结构,钢结构,砌体结构与木结构,桥梁结构,地基与基础,高层建筑、高耸结构与横向作用(以上6科中任选4科)及设计概念,建筑经济与设计业务管理共6科。二级注册结构工程师专业考试内容较一级注册结构工程师要简单一些。

3.3.1.3 *注册结构工程师的注册*

取得注册结构工程师执业资格者,要从事结构工程设计业务的,必须先行注册。有下列情形之一的,将不能获准注册:

(1)不具备完全民事行为能力的。

(2)因受刑事处罚,自处罚完毕之日起至申请之日止不满5年的。

(3)因在结构工程设计或相关业务中犯有错误受到行政处罚或撤职以上处分,自处罚决定之日起至申请注册之日止不满2年的。

(4)受吊销注册结构工程师证书处罚,自处罚决定之日起至申请之日止不满5年的。

(5)住房和城乡建设部和国务院有关部门规定不予注册的其他情形。

目前,结构工程师的注册申请只能由其所在单位代为进行,我国尚不接受个人申请。注册后其有效期为2年,届时需要继续注册的,应在期满前30日内办理注册手续。

注册结构工程师注册后,发生下列情形之一,注册结构工程师管理委员会将撤销其注册,并收回注册证书：

(1)完全丧失民事行为能力的。

(2)受刑事处罚的。

(3)因在工程设计或相关业务中造成工程事故，受到行政处罚或撤职以上行政处分的。

(4)自行停止注册结构工程师业务满2年的。

注册被撤销后，可按规定要求重新申请注册。

3.3.1.4　注册结构工程师的执业

(1)执业范围。注册结构工程师可从事结构工程设计，结构工程设计技术咨询，建筑物、构筑物、工程设施等的调查和鉴定，对本人主持设计的项目进行施工指导和监督及住房和城乡建设部和国务院有关部门规定的其他业务。

(2)执业要求及责任。目前，我国尚不允许注册结构工程师个人单独执业，所以，注册结构工程师必须加入一个勘察设计单位后才能执业，并由单位统一接受设计业务和统一收费。注册结构工程师因结构设计质量造成经济损失时，其赔偿责任先由勘察设计单位承担，然后再向注册结构工程师追偿。

3.3.1.5　注册结构工程师的权利与义务

(1)权利。《注册结构工程师执业资格制度暂行规定》中规定，国家规定的一定跨度、高度等以上的结构工程设计，应由注册结构工程师主持设计；只有注册结构工程师才有权以注册结构工程师的名义执行注册结构工程师的业务；任何单位和个人修改注册结构工程师的设计图纸，应当征得该注册结构工程师的同意，但因本人丧失民事行为能力、本人下落不明等特殊情况不能征得该注册结构工程师同意的除外。

(2)义务。注册结构工程师必须遵守法律、法规和职业道德，维护社会公共利益；保证工程设计的质量，并在其负责的设计图纸上签字盖章；保守在执业中知悉的单位和个人的秘密；不得同时受聘于两个以上勘察设计单位执行业务，也不得准许他人以本人名义执行业务；还要按规定接受必要的继续教育，定期进行业务和法规的培训，并作为重新注册的依据。

3.3.2　注册监理工程师制度

3.3.2.1　注册监理工程师概念

注册监理工程师是指经全国统一考试合格并依法注册从事工程监理及相关业务活动的专业技术人员。世界上大多数国家并未设立单独的注册监理工程师制度，其工程监理资格是与其他执业资格联系在一起的，如日本《建筑师法》中就规定，取得建筑师资格的可同时执行工程监理的业务。美国建筑师的业务中也包括工程监理。我国根据国情的需要，于1992年开始建立注册监理工程师制度，规定监理工程师为岗位职务，并按专业设置相应岗位。

3.3.2.2　注册监理工程师执业管理机构

注册监理工程师的资格考试，由全国及各省、自治区、直辖市和国务院有关部门的监理工程师资格考试委员会负责制定考试大纲，确定考试与合格标准，监督和指导各地、各部门资格考试委员会负责考试报名和参考资格审查、组织考试及评卷等工作。各级资格考试委员会为非常设机构，于每次考试前六个月组成并开始工作。

国务院建设行政主管部门对全国注册监理工程师的注册、执业活动实施统一管理。县级以上地方人民政府建设行政主管部门对本行政区域内的注册监理工程师的注册、执业活动实施监督管理。

3.3.2.3　注册监理工程师执业资格考试

(1)报名条件。报名参加注册监理工程师执业资格考试的人员必须具有工程技术或工程经济专业大专或大专以上的学历，并具有高级专业技术职务或取得中级专业技术职务后从事工程设计、施工管理或工程监理等工程实践满3年，还要获得所在单位的推荐。

(2)考试科目："工程建设监理基本理论和相关法规""工程建设合同管理""工程建设质量、投资、进度控制”“工程建设监理案例分析”。具有工程技术或工程经济专业高级专业技术职称，毕业年限及从事工程设计、施工管理和工程监理工作满足规定要求的，可免试“工程建设合同管理”和“工程建设质量、投资、进度控制”两科。

(3)考试方式。采取全国统一大纲、统一命题、统一组织的办法，每年举行一次。

3.3.2.4 注册监理工程师的注册与执业

通过考试取得资格证书并受聘于一个建设工程勘察、设计、施工、监理、招标代理、造价咨询等单位的人员，应通过聘用单位向单位工商注册所在地的省级人民政府建设行政主管部门提出注册申请，省级人民政府建设行政主管部门提出初审意见，并将初审意见和全部申报材料报国务院建设行政主管部门审批。符合条件的，由国务院建设行政主管部门核发注册证书和执业印章。对不予批准的，应说明理由，并告知申请人享有依法申请行政复议或提起行政诉讼的权利。

取得资格证书的人员，经注册后方可从事相应的执业活动。注册监理工程师可以从事工程监理、工程经济与技术咨询、工程项目管理服务以及国务院有关部门规定的其他业务。从事工程监理执业活动的，应受聘并注册于一个具有工程监理资质的单位。

3.3.3 注册建造师制度

3.3.3.1 注册建造师概念

注册建造师是指经考核认定或考试合格并依法核准注册的担任施工单位项目负责人及从事相关活动的专业技术人员。注册建造师分为一、二两级，英文名分别为 Constructor 和 Associate Constructor。由于各行业的工程都具有各自的特点，对从事建造活动的专业技术人员的专业知识和技能有着各自特殊要求，因此，建造师按专业进行划分。目前，确定的专业有：建筑工程、公路工程、铁路工程、港口与航道工程、水利水电工程、矿山工程、市政公用工程、通信与广电工程、机电工程、民航机场工程等 10 个。只有通过某个专业特定科目的考试后，才能取得相应专业的建造师资格。

3.3.3.2 注册建造师管理机构

注册建造师制度的实施由国务院人事主管部门及国务院建设行政主管部门共同负责。

3.3.3.3 建造师执业资格考试

(1)参考人员条件

参加一级建造师执业资格考试的人员，应遵守法律、法规，同时还必须具有工程类或工程经济类大学专科以上学历，其参加工作及从事施工管理工作还必须满一定年限，具体是：大专毕业工作满 6 年，其中从事施工管理工作满 4 年；本科毕业工作满 4 年，其中从事施工管理工作满 3 年；双学士学位或研究生进修班毕业工作满 3 年，其中从事施工管理工作满 2 年；取得硕士学位的工作满 2 年，其中从事施工管理工作满 1 年；取得博士学位的只要求从事施工管理工作满 1 年。

凡遵纪守法且具有工程类或工程经济类中专以上学历，从事施工管理工作满 2 年，都可报名参加二级建造师执业资格考试。

(2)考试内容

一级建造师执业资格考试，分综合知识与能力和专业知识与能力两部分。按现行考试大纲，综合知识与能力部分包括建设工程经济、建设工程项目管理、建设工程法规及相关知识三个科目，而专业知识与能力部分则因专业不同考试科目也不同，如建筑工程专业考试科目为建筑工程管理与实务，包括与专业相关的法律和技术标准、建筑工程技术、建筑工程项目管理等内容。

(3)考试时间与地点

一级建造师执业资格考试原则上每年统一举行一次。

二级建造师执业资格考试时间、地点由各省人事及建设行政主管部门决定。

3.3.3.4 建造师的注册与执业

取得一级建造师资格证书并受聘于一个建设工程勘察、设计、施工、监理、招标代理、造价咨询等单位的人员，应当通过聘用单位向单位工商注册所在地的省、自治区、直辖市人民政府建设行政主管部门提出注册申请。批准后即核发《中华人民共和国一级建造师注册证书》和执业印章。

取得二级建造师资格证书的人员申请注册，由省、自治区、直辖市人民政府建设行政主管部门负责受理和审批，具体审批程序由省、自治区、直辖市人民政府建设行政主管部门依法确定。对批准注册的，核发由国务院建设行政主管部门统一样式的《中华人民共和国二级建造师注册证书》和执业印章，并在核发证书后30日内报国务院建设行政主管部门备案。

注册证书与执业印章有效期均为3年。

取得资格证书的人员应当受聘于一个具有建设工程勘察、设计、施工、监理、招标代理、造价咨询等一项或多项资质的单位，经注册后方可从事相应的执业活动。

担任施工单位项目负责人的，应当受聘并注册于一个具有施工资质的企业。

注册建造师的具体执业范围按照《注册建造师执业工程规模标准》执行。

注册建造师不得同时在两个及两个以上的建设工程项目上担任施工单位项目负责人。

注册建造师可以从事建设工程项目总承包管理或施工管理，建设工程项目管理服务，建设工程技术经济咨询，以及法律、行政法规和国务院建设行政主管部门规定的企业业务。

3.4 工程建设关键岗位从业人员从业资格管理

为使工程施工管理达到较高水平，高质量、高效益、按规定工期全面完成施工任务，就必须有一支懂技术、善经营、会管理的高素质的管理队伍及一批具有一定专业知识和熟练操作技能的技术工人。为此，我国目前在建筑行业实行了关键岗位持证上岗制度。国家安全生产监督管理总局于2010年审议通过了《特种作业人员安全技术培训考核管理规定》，对这些从业人员进行严格管理。

3.4.1 关键岗位从业资格管理

3.4.1.1 关键岗位持证上岗制

所谓关键岗位，是指建筑业、房地产业、市政公用事业等企事业单位中关系着工程质量、产品质量、服务质量、经济效益、生产安全和人民财产安全的重要岗位，如施工项目经理、施工机械操作人员、房地产估价员、房地产经纪人等，这些岗位与工程质量、效益及生产安全都有十分密切的联系，所以要保证这些岗位上的工作人员必须具有较高的素质和相应的技能。为此，我国实行了建设企事业单位关键岗位持证上岗的制度。规定凡是在关键岗位上工作的人员，必须经过有关部门或机构的培训和考试，通过业绩考核后，才能领取相应的岗位合格证书。未取得岗位合格证的人员，一律不得在关键岗位上工作。同时，在各建设企事业的资质等级评定标准中，对持证上岗方面的要求也作出了明确规定，凡达不到规定要求的，将被降低资质等级并不得参加企业升级和先进企事业单位评选。这一制度的建立，对确保工程建设质量和人民生命财产安全起到了重要作用。

3.4.1.2 关键岗位持证上岗制管理机构

(1)主管部门。国务院建设行政主管部门主管全国建设企事业单位关键岗位持证上岗工作。省、自治区、直辖市建设行政主管部门负责本行政区域内建设企事业单位关键岗位持证上岗工作。国务院有关部门负责本部门建设企事业单位关键岗位持证上岗工作。

(2)发证机关。省、自治区、直辖市建设行政主管部门为本地区岗位合格证的发证机关。国务院各有关部门可以为本部门所属的建设企事业单位颁发岗位合格证，也可委托建设企事业单位所在地的发证机关代其审查和颁发岗位合格证。上述发证机关应设立资格考核机构，负责组织岗位资格培训、考试及资格考核。

3.4.1.3　岗位合格证的申请与复检

(1)岗位合格证的申请。由申请人向本单位提出申请,再由其单位将有关材料统一报送所对应的发证机关审查,在考核机构对申请人的文化程度、工作能力、岗位实习、工作经历及培训考试和职业道德等情况进行审查合格后,核发岗位合格证书。该证书在全国同行业、同专业、同类型的建设企事业单位中有效。

(2)岗位合格证的复检。持证人员岗位合格证的复检,由发证机关随企业资质晋升、审查定期进行。持证人调离本岗位工作的,原单位应在其岗位合格证上注明,当其新任职岗位与原岗位性质相同时,岗位合格证继续有效。当脱离原岗位并改变任职性质五年以上的,岗位合格证失效;在三年以上五年以下的,要由原单位进行适应性培训后方可重新上岗。

3.4.2　特种作业人员从业资格管理

3.4.2.1　特种作业

特种作业,是指对操作者本人,尤其对他人和周围设施的安全存在着重大危害因素的作业。直接从事特种作业者,称为特种作业人员。《特种作业人员安全技术培训考核管理规定》将我国特种作业人员划分为十一个专业类别。其中与工程建设活动有关的有:

(1)电工作业,是指发电、送电、变电、配电和电气设备的安装、运行、检修、试验以及维修等作业。

(2)锅炉司炉,按《特种设备安全监察条例》规定的范围确定。

(3)压力容器操作,按《特种设备安全监察条例》规定的范围确定。

(4)起重机械操作,是指起重机械操作和起重作业挂钩、指挥。即起重机司机和挂钩、指挥工都属特种作业人员,须经培训考核合格方准独立操作。

(5)爆破作业,是指直接从事爆破作业的人员,不包括爆炸物品的生产、保管和押运人员。

(6)金属焊接(气割)作业,是指锅炉、压力容器、起重机械、船舶等焊接和其他一切符合本规则基本定义的焊接作业。

(7)机动车辆驾驶,是指行驶于城市街道和公路的各类机动车辆、农用机动车辆以及厂矿企业内的机动车辆驾驶等,分别由公安、交通、农机和劳动部门考核发证。

(8)建筑登高架设作业,是指建筑施工两米以上的脚手架架设、拆除和建筑起重提升设备的架设、拆除作业。

3.4.2.2　特种作业从业人员的条件与管理

(1)特种作业人员应具备的条件

①年龄满 18 周岁;

②身体健康,无妨碍从事相应工种作业的疾病和生理缺陷;

③初中以上文化程度,具备相应工种的安全技术知识,参加国家规定的安全技术理论和实际操作考核并成绩合格;

④符合相应工种作业特点需要的其他条件。

(2)特种作业人员的培训

特种作业人员在独立上岗作业前,必须进行与本工种相适应的、专门的安全技术理论学习和实际操作训练。负责特种作业人员培训的单位应当具备相应的条件,并经省、自治区、直辖市安全生产综合管理部门或其委托的地、市级安全生产综合管理部门审查认可。取得培训资格的单位,每 5 年由原审查、批准机构进行 1 次复审。经复审合格的,方可继续从事特种作业人员的培训。

特种作业人员的安全技术培训考核标准和基本培训教材,由国家经济贸易委员会制定和组织编写。培训单位应将培训计划、教员资格等资料报送考核、发证单位备案。

(3)特种作业人员的考核和发证

参加特种作业安全操作资格考核的人员应当填写考核申请表，由申请人或申请人的用人单位向当地负责特种作业人员考核的单位提出申请。考核单位收到考核申请后，应在60日内组织考核。经考核合格的，发给相应的特种作业操作证；经考核不合格的，允许补考1次。

特种作业人员安全技术考核分为安全技术理论考核和实际操作考核。具体考核内容按照国家经济贸易委员会制定的《特种作业人员安全技术培训考核标准》执行。

特种作业操作证由国家经济贸易委员会制作，并由省、自治区、直辖市安全生产综合管理部门或其委托的地、市级安全生产综合管理部门负责签发。特种作业操作证在全国通用。

(4)特种作业人员的复审

特种作业操作证每2年复审1次。连续从事本工种10年以上的，经用人单位进行知识更新教育后，复审时间可延长至每4年1次。复审合格的，由复审单位签章、登记，予以确认。复审不合格的，可在接到通知之日起30日内向原复审单位申请再次复审。复审单位可根据申请，再复审1次。再复审仍不合格或未按期复审的，特种作业操作证失效。

跨地区从业或跨地区流动施工单位的特种作业人员，可向从业或施工所在地的考核、发证单位申请复审。

复审内容包括：

①健康检查；

②违章作业记录检查；

③安全生产新知识和事故案例教育；

④本工种安全知识考试；

⑤对特种作业人员的监督管理。

特种作业人员必须持证上岗。无证上岗的，按国家有关规定对用人单位和作业人员进行处罚。特种作业操作证不得伪造、涂改、转借或转让。离开特种作业岗位达6个月以上的特种作业人员，应当重新进行实际操作考核，经确认合格后方可上岗作业。

发证单位及用人单位应当建立特种作业人员档案。跨地区从业或跨地区流动施工单位的特种作业人员必须接受当地安全生产综合管理部门的监督管理。

有下列情形之一的，由发证单位收缴其特种作业操作证：

①未按规定接受复审或复审不合格的；

②违章操作造成严重后果或违章操作记录达3次以上的；

③弄虚作假骗取特种作业操作证的；

④经确认健康状况已不适宜继续从事所规定的特种作业的。

案例分析

■ 案例1

【案情摘要】

原告：赵某

被告：付某

被告：广饶县某电力安装公司

原告赵某长期借用被告广饶县某电力安装公司的资质进行经营。原告赵某和被告广饶县某电力安装公司与被告付某没有签订劳动合同。1998年4月，广饶县某电力安装公司与××石油管理局某采油厂签订该厂6千伏线路检修合同，该工程由原告赵某组织人员施工。1998年5月4日，原告赵某安排其施工队长李某带领被告付某等十余人到这一采油厂检修，该线路停止送电后开始检修。上午10时许，被告付某被电击伤，送入东营市人民医院治疗，同日转入××石油管理局中心医院住院治疗50天。

2000年1月，付某以赵某及广饶县某电力安装公司为被申请人向东营市东营区劳动仲裁委员会申请仲裁。2001年7月，东营市东营区劳动仲裁委员会裁决由赵某支付付某伤残补助金、一次性伤残抚恤金等共计223709.25元，广饶县某电力安装公司承担连带赔偿责任。原告赵某不服该裁决，向东营区人民法院提起诉讼。

【处理结论】

东营区人民法院判决被告广饶县某电力安装公司支付被告付某医疗费、工伤津贴等费用，共计224513.55元。

一审判决后，被告广饶县某电力安装公司不服提出上诉，二审维持原判。

【法律分析】

本案电力检修工程合同签订的施工单位是广饶县某电力安装公司，被告广饶县某电力安装公司作为有资质承包电力工程的企业，出借企业资质给原告赵某对外承揽电力线路检修工程，虽然由原告赵某组织人员施工，但因赵某个人没有施工资质，作为工程的直接承包者和劳动法规定的用人单位，被告广饶县某电力安装公司应为承揽该电力线路检修工程的实际用人单位。被告广饶县某电力安装公司违反劳动法规定的义务，也没有对赵某的施工情况进行监管，对在工程施工过程中发生的工伤事故，应承担赔偿责任。

国家要求用人单位必须具备一定的资质，不仅是为了保证工程的施工质量，更重要的是为劳动者提供安全的劳动保障，更好地保护劳动者的各项劳动权益。

■ 案例2

【案情摘要】

原告：蒋某（市政公司项目经理）

被告：某县工商局

1998年7月至2002年5月期间，蒋某采用上缴管理费给市政工程公司的方式，以市政公司名义实施道路施工经营活动。经群众举报，2002年11月4日，某县工商局以涉嫌“无照经营”为由对蒋某进行立案调查。

经查，明确了以下事实：一、蒋某未经工商行政管理机关核准登记领取营业执照。二、蒋某以市政公司项目经理名义对外经营，他与市政公司签订了“内部承包合同”，内部合同约定(1)蒋某必须执行市政公司与建设单位签订的《建设工程施工承包合同》和补充协议的各项条款。(2)施工期间，一切施工机具及周转材料由蒋某自理，或由其向市政公司租用并支付租金。(3)施工中发生的质量事故及安全隐患由蒋某承担责任并支付费用。施工期间发生的职业病、医疗费用及伤亡处理费用等一律由蒋某自理。施工中发生的地方法规性收费，蒋某必须负责缴纳。(4)施工期间，市政公司派驻工地的技术人员的工资及开支费用由蒋某支付。(5)蒋某缴纳给市政公司一定管理费，并由市政公司代为扣缴营业税、个人所得税等。(6)建设单位支付的工程款必须先入市政公司账户，市政公司依约扣除管理费、税金和有关铜管、钢模租赁费后一次性付给蒋某。(7)如果建设方资金不能如期到位，市政公司不负责垫资，由蒋某自行解决资金缺口。按照上述约定，蒋某共承建工程11个，经营数额共计20029268.91元。据此，该县工商局于2003年4月18日认定蒋某的行为属于“无照经营”的违法行为，对蒋某作出警告和罚款60万元的行政处罚。

蒋某不服该行政处罚决定，于2003年6月诉至该县人民法院。

【处理结论】

2003年9月，该县人民法院作出一审判决，认定蒋某的行为构成无照经营，属违法行为。当事人不服一审判决，向浙江省湖州市中级人民法院提出上诉。2003年11月18日，浙江省湖州市中级人民法院公开开庭审理此案，判决维持该县工商局作出的行政处罚决定。

【法律分析】

《建筑法》第二十八条规定："禁止承包单位将其承包的全部建筑工程转包给他人，禁止承包单位将其承包的全部建筑工程肢解以后以分包的名义分别转包给他人。"第二十六条规定："承包建筑工程的单位应当持有依法取得的资质证书，并在资质等级许可的业务范围内承揽工程。禁止建筑施工企业超越本企业资质等级许可的业务范围或者以任何形式用其他建筑施工企业的名义承揽工程。禁止建筑施工企业以任何形式允许其他单位或者个人使用本企业的资质证书、营业执照，以本企业的名义承揽工程。"从这两条规定我们可以明确一个建筑承揽的法律原则，那就是"施工企业以自己的名义承揽（承包）业务以后，作为经营者其不能将工程全部转包给他人，也不能将工程肢解后分包给他人"。"施工企业不能允许其他单位或者个人使用本企业的资质证书和营业执照承揽工程，使他人成为事实上的承包者、经营者。"因此，法律不允许项目经理成为某个工程项目的经营者或者成为事实上的经营者，只允许项目经理成为某个项目的管理者，具有相当大权力的管理者。而本案中，蒋某名为项目经理（管理者），实为包工头（经营者），显然违背法律规定。

项目经理因为管理不善，发生重大事故的，应当承担降低资质等级的责任，甚至依法追究刑事责任，但是不承担直接的经济赔偿责任，该经济赔偿责任由企业承担，因为这是项目经理的职务行为。

根据法律的相关规定，建筑工程承包合同的发包方只能是建设单位，承包方只能是依法取得资质证书和营业执照的施工企业。而本案中，蒋某在拉到工程后，以市政公司的名义签订建筑工程承包合同，再以其"项目经理"的身份与市政公司签订所谓的"项目承包合同"，自负盈亏，成为事实上的经营者，这一转包行为是《建筑法》第二十六条、第二十八条明令禁止的。从该"项目承包合同"的内容看，蒋某完全承接了工程的权利义务，承担了所有的盈亏风险，因此，蒋某不是《建筑施工企业项目经理资质管理办法》中所规定的合法的"项目经理"，而是一个地地道道的独立于市政工程公司的"经营者"，确实是一起以个人营利为目的借用建筑施工企业的名义实施的无照经营行为，依法应当受到严厉处罚。

思 考 题

1. 什么是执业资格制度？我国执业资格制度包括哪几方面？
2. 我国对从事工程建设活动的单位是如何划分的？它们的资质等级又是怎么划分的？
3. 各级勘察设计机构的业务范围是如何规定的？
4. 外商投资建筑业企业在我国承包工程的范围有哪些特殊限制？
5. 我国在建筑行业将实行哪几种执业人员的执业资格制度？现已实行的有哪些？
6. 什么是注册结构工程师？它分为几级？
7. 一级注册结构工程师的资格如何取得？
8. 注册结构工程师的注册条件有哪些？
9. 什么是特种作业人员，建筑工地上的起重机械作业人员的操作证由什么单位负责？
10. 何谓关键岗位持证上岗制？怎样申请岗位合格证？其有效期是如何规定的？

4 城乡规划法律制度

本章介绍了城乡规划的概念，我国城乡规划的立法概况，城乡规划编制审批权限的划分及保障城乡规划得以实施的相关规定。

4.1 概　　述

4.1.1 城乡规划的概念和原则

4.1.1.1 城乡规划

城乡规划是指各级人民政府为实现一定时期内行政区域的经济和社会发展目标，事先依法制定的用以确定规划区的性质、规模和发展方向、土地的合理利用、规划区的空间布局和规划区设施的科学配置的综合部署和具体安排。城乡规划法规中所称的城市，是指设区的市；镇为行政建制镇、村庄为自然村。

规划区是指城市、镇和村庄的建成区以及因城乡建设和发展需要，必须实行规划控制的区域。规划区的具体范围由有关人民政府在组织编制的城市总体规划、镇总体规划、乡规划和村庄规划中，根据城乡经济社会发展水平和统筹城乡发展的需要划定。

城乡规划本是一份技术性文件，但在依法定程序批准以后，就成为城乡建设和城乡管理的基本依据，具有法律文件的性质。

城乡规划的制定与实施，可以协调城乡空间布局，改善人居环境，促进城乡经济社会全面、协调、可持续发展。

4.1.1.2 城乡规划的种类

城乡规划包括城镇体系规划、城市规划、镇规划、乡规划和村庄规划。《中华人民共和国城乡规划法》中规定，城镇体系规划、城市规划、镇规划依法必须编制并实施。考虑到我国各地农村经济社会发展极不平衡，所以乡规划和村庄规划一般应当编制实施，但具体到一地的乡、村规划是否编制、实施，由所在地县级以上地方人民政府根据本地农村经济社会发展水平，按照因地制宜、切实可行的原则加以确定。

(1)城镇体系规划

城镇体系是指一定区域范围内在经济社会和空间发展上具有有机联系的城镇群体。城镇体系规划，是一定地域范围内，以区域生产力合理分布和城镇职能分工为依据，确定不同人口规模等级和职能分工的城镇的分布和发展规划。城镇体系规划又分为全国城镇体系规划和省域城镇体系规划。全国城镇体系规划涉及的城镇应包括设区的城市和重要的县城。省域城镇体系规划涉及的城镇应包括市、县城和其他重要的建制镇、独立工矿区。全国城镇体系规划对省域城镇体系规划和城市的总体规划有指导作用，各省域城镇体系规划和城市总体规划的编制都应与全国城镇体系规划相符。

(2)城市规划、镇规划

城市规划、镇规划又分为总体规划和详细规划。

①城市总体规划、镇总体规划。城市总体规划、镇总体规划是指对一定时期内城市(镇)性质、发展目标、发展规模、土地利用、空间布局以及各项建设的综合部署和实施措施。其内容应包括：城市(镇)的发展布局、功能分区、用地布局、综合交通体系，禁止、限制和适宜建设的地域范围，各类专项规划等。其中，规划区范围、规划区内建设用地规模、基础设施和公共服务设施用地、水源地和水系、基本农田和绿化用地、环境保护、

自然与历史文化遗产保护以及防灾减灾等内容，应当作为城市总体规划、镇总体规划的强制性内容。其规划期限一般为20年。大、中城市在城市总体规划的基础上还可编制分区规划。在总体规划的基础上，对城市土地利用、人口分布和公共设施、城市基础设施的配置作出进一步的安排，以便与详细规划更好地衔接。

②城市详细规划、镇详细规划。城市（镇）详细规划，是指以城市（镇）总体规划或分区规划为依据，对一定时期内城市（镇）局部地区的土地利用、空间环境和各项建设用地所作的具体安排。它包括：规划地段各项建设的具体用地范围，建设密度和高度等控制性指标，总平面布置、工程管线综合规划和竖向规划。城市（镇）详细规划又分为控制性详细规划和修建性详细规划。修建性详细规划应当符合控制性详细规划。

控制性详细规划应当包括下列基本内容：a. 土地使用性质及其兼容性等用地功能控制要求；b. 容积率、建筑高度、建筑密度、绿地率等用地指标；c. 基础设施、公共服务设施、公共安全设施的用地规模、范围及具体控制要求，地下管线控制要求；d. 基础设施用地的控制界线（黄线）、各类绿地范围的控制线（绿线）、历史文化街区和历史建筑的保护范围界线（紫线）、地表水体保护和控制的地域界线（蓝线）等“四线”及控制要求。

修建性详细规划应当包括下列内容：a. 建设条件分析及综合技术经济论证；b. 作出建筑、道路和绿地等的空间布局和景观规划设计，布置总平面图；c. 道路交通规划设计；d. 绿地系统规划设计；e. 工程管线规划设计；f. 竖向规划设计；g. 估算工程量、拆迁量和总造价，分析投资效益。

（3）乡规划、村庄规划

乡规划是指一定时期内乡的经济和社会发展、土地利用、空间布局及各项建设的综合部署、具体安排和实施管理。

村庄规划是指在村庄所在乡（镇）域规划所确定的村庄规划建设原则基础上，对一定时期内村庄建设规模、用地范围和界线，村民住宅、公共服务设施和基础设施建设所进行的综合布局。

乡规划、村庄规划内容包括：规划区范围，住宅、道路、供水、排水、供电、垃圾收集、畜禽养殖场所等农村生产生活服务设施、公益事业等各项建设的用地布局、建设要求，以及对耕地等自然资源和历史文化遗产保护、防灾减灾等具体安排。乡规划还应当包括本行政区域内的村庄发展布局。

4.1.1.3 城乡规划的一般原则

（1）城乡统筹、合理布局、节约土地、集约发展的原则

以科学发展观统筹城乡区域协调发展，充分发挥城市的辐射带动作用，发展特色小城镇，促进大中小城市和小城镇协调发展，做好村庄建设与整治规划，合理安排城乡布局，充分利用土地，坚决杜绝浪费土地资源的现象，走可持续、集约式的发展道路。

（2）先规划后建设的原则

没有规矩无以成方圆。没有科学规划的指导，建设活动必然没有明确目标，城乡建设必然盲目无序。因此，必须坚持先规划后建设的原则，坚决杜绝“先建设后规划”“边建设边规划”。

（3）环保节能原则

城乡规划的制定实施要考虑环境保护问题，改善生活环境与生态环境，防治污染和其他公害，同时要节约能源，提高能源利用效率和经济效益，促进资源、能源节约和综合利用。

（4）保护自然资源和历史文化遗产原则

保护自然资源尤其是耕地资源，考虑与土地利用总体规划的衔接，实行差别化的土地利用政策，确保18亿亩耕地数量不减少、质量不下降。严格乡村建设管理，严格对限制开发区域和禁止开发区域的土地用途管制，严禁改变生态用地用途。

保护历史文化遗产要求城乡规划与历史文化名城的整体风貌相协调，加强对历史文化名城、名镇、名村的保护，正确处理经济社会发展和文化遗产保护的关系。

(5)体现地方特色原则

保持民族传统和地方风貌,体现城市各自特点,不能搞千篇一律的大都市化。

(6)确保安全的原则

要满足城市防火、防爆、抗震、防洪、防泥石流以及治安、交通管理和人民防空建设等要求,保障人民群众生命财产安全和社会安定。

4.1.2 城乡规划法立法现状

城乡规划法是调整城乡规划中产生的社会关系的法律规范的总称。1989 年,第七届全国人大常委会制定颁行了《中华人民共和国城市规划法》,随后又颁行了大量与之配套的行政法规及部门规章。由于《中华人民共和国城市规划法》只对城市及建制镇的规划作出了规定,乡村建设规划并未包括在内,使得城乡规划管理处于二元分治状态,极不利于城乡统筹发展。为此,第十届全国人大常委会于 2007 年制定颁行了《中华人民共和国城乡规划法》(以下简称《城乡规划法》),并于 2015 年 4 月再次修订,以取代《中华人民共和国城市规划法》(以下简称《城市规划法》),从此将城乡统筹规划,以便促进城乡经济社会全面、协调、可持续发展。国务院于 2008 年又颁行了《历史文化名城名镇名村保护条例》,加上国务院城乡建设主管部门住房和城乡建设部(原为建设部)先后颁发的大量城乡规划相关规定,形成了比较完善的城乡规划法规体系。现行有效的城乡规划法律、行政法规、部门规章主要见表 4.1。

表 4.1 现行有效的城乡规划法律、行政法规、部门规章

颁行机构	发布年份	名称
全国人大常委会	2015	《中华人民共和国城乡规划法》
国务院	1993	《村庄和集镇规划建设管理条例》
	2006	《风景名胜区条例》
	2008	《历史文化名城名镇名村保护条例》
住房和城乡建设部(原建设部)	2011	《建制镇规划管理办法》
	2011	《城市地下空间开发利用管理规定》
	2011	《城市绿线管理办法》
	2011	《城市紫线管理办法》
	2011	《城市蓝线管理办法》
	2011	《城市黄线管理办法》
	2006	《城市规划编制办法》
	2010	《城市、镇控制性详细规划编制审批办法》
	2010	《省域城镇体系规划编制审批办法》
	2014	《历史文化名城名镇名村街区保护规划编制审批办法》
	2015	《国家级风景名胜区规划编制办法》

4.2 城乡规划的制定

4.2.1 城乡规划的制定程序

为确保城乡规划制定的科学、民主和严谨,《城乡规划法》规定了城乡规划制定时应严格遵守的编制、审议、公告、审批程序。

4.2.1.1 城乡规划的编制

编制城乡规划是一项十分复杂的重要工作，系统性、综合性、政策性都很强，它对国民经济和社会发展有着深刻的影响，这是人民政府应予承担的职责。为此，《城乡规划法》明确规定，各级城乡规划，必须由该级人民政府组织编制，并应委托具有相应资质等级的单位依据国家的有关标准，负责具体编制工作。

4.2.1.2 城乡规划的审议

为增强城乡规划制定的民主性、科学性，加强地方人大对政府在规划编制和实施方面的监督，《城乡规划法》规定，地方政府在将有关规划报上级政府审批前，应先经本级人民代表大会常务委员会审议，由于镇人民代表大会不设常委会，所以，镇政府组织编制的镇总体规划，应先经镇人民代表大会审议，并应根据审议意见对规划进行修改。然后，再将编制的规划、人大审议意见及根据审议意见作出的修改情况一并报上级政府审批。

村庄规划在报上级人民政府审批前，应经村民会议或村民代表会议同意。

4.2.1.3 城乡规划(草案)的公告

城乡规划一经制定通过，在相当长时期内将成为当地建设和发展的指导纲要，对公众既有利益和未来预期将产生极大影响，与居民(村民)的生产生活密切相关，所以必须确保社会公众在规划制定上的知情与参与。《城乡规划法》规定，城乡规划报送审批前，组织编制机关应依法将城乡规划草案予以公告，公告的时间不得少于30日。同时还规定，规划组织编制机关应采取听证会、论证会或其他方式(如座谈会、调查问卷等)广泛征求专家和公众的意见，并将有关意见落实到规划草案中。为防止组织编制机关只听意见而不采纳，还进一步规定，在报送审批规划的材料中，应附具专家和公众的意见及采纳的情况和理由。

4.2.1.4 城乡规划的审批

城乡规划需经上级人民政府审查批准公布后方能生效，《城乡规划法》对各级规划的审批权限有明确的规定。同时《城乡规划法》还规定：省域城镇体系规划、城市总体规划、镇总体规划批准前，审批机关应组织专家和有关部门进行审查。

制定规划不是几个政府领导人或几个部门的事，必须满足科学、民主的要求，真正做到政府组织、专家领衔、部门合作、公众参与、科学决策。因此，审批机关在审批前，应组织规划、经济、科学技术、文化等各方面的专家对规划进行全方位的审查，还应组织土地、环保、卫生、交通等涉及城乡规划的政府相关部门对规划进行严格审查，以确保规划的科学性，并利于规划的实施。

4.2.2 城乡规划编制职责和审批权限

4.2.2.1 城镇体系规划

全国城镇体系规划由国务院城乡规划主管部门会同国务院有关部门组织编制。由国务院城乡规划主管部门报国务院审批。

省、自治区人民政府组织编制省域城镇体系规划，报国务院审批。省域城镇体系规划的内容应当包括：城镇空间布局和规模控制，重大基础设施的布局，为保护生态环境、资源等需要严格控制的区域。

编制城镇体系规划应具备区域城镇的历史、现状和经济社会发展基础资料以及必要的勘察测量资料。所需资料由承担编制任务的单位负责收集，有关城镇和部门应协助提供。

4.2.2.2 城市总体规划、镇总体规划

城市总体规划由城市人民政府组织编制。直辖市的城市总体规划报国务院审批。省、自治区人民政府所在地的城市及国务院确定的城市的总体规划，由省、自治区人民政府审查同意后，报国务院审批。其他城市的总体规划，由该城市人民政府报省、自治区人民政府审批。

县人民政府组织编制县人民政府所在地镇的总体规划，报上一级人民政府审批。其他镇的总体规划由镇人民政府组织编制，报上一级人民政府审批。

大、中城市可以在总体规划的基础上编制分区规划。组织编制总体规划的各级政府，在编制总体规划

后，还应根据城市总体规划、镇总体规划、土地利用总体规划和年度计划以及国民经济和社会发展规划，制定近期建设规划，报总体规划审批机关备案。

近期建设规划应当以重要基础设施、公共服务设施和中低收入居民住房建设以及生态环境保护为重点内容，明确近期建设的时序、发展方向和空间布局。近期建设规划的规划期限为五年。

4.2.2.3 城市详细规划、镇详细规划

城市人民政府城乡规划主管部门根据城市总体规划的要求，组织编制城市的控制性详细规划，经本级人民政府批准后，报本级人民代表大会常务委员会和上一级人民政府备案。

镇人民政府根据镇总体规划的要求，组织编制镇的控制性详细规划，报上一级人民政府审批。县人民政府所在地镇的控制性详细规划，由县人民政府城乡规划主管部门根据镇总体规划的要求组织编制，经县人民政府批准后，报本级人民代表大会常务委员会和上一级人民政府备案。

4.2.2.4 乡规划、村庄规划

乡规划、村庄规划由乡、镇人民政府组织编制，报上一级人民政府审批。

乡规划、村庄规划期限，由省、自治区、直辖市人民政府根据本地区实际情况规定。

乡规划、村庄规划应当从农村实际出发，尊重村民意愿，体现地方和农村特色。乡规划、村庄规划编制应当遵循以下原则：

(1)根据国民经济和社会发展规划，结合当地经济发展的现状和要求，以及自然环境、资源条件和历史情况等，统筹兼顾，综合部署村庄和集镇的各项建设；

(2)处理好近期建设与远景发展、改造与新建的关系，使村庄、集镇的性质和建设的规模、速度和标准，同经济发展和农民生活水平相适应；

(3)合理用地，节约用地，各项建设应当相对集中，充分利用原有建设用地，新建、扩建工程及住宅应当尽量不占用耕地和林地；

(4)有利生产，方便生活，合理安排住宅、乡(镇)村企业、乡(镇)村公共设施和公益事业等的建设布局，促进农村各项事业协调发展，并适当留有发展余地；

(5)保护和改善生态环境，防治污染和其他公害，加强绿化和村容镇貌、环境卫生建设。

4.2.3 城乡规划的修改

4.2.3.1 省域城镇体系规划、城市(镇)总体规划的修改

省域城镇体系规划、城市(镇)总体规划有效期限都长达20年，我国正处于经济、社会快速发展时期，难免出现一些在规划编制、审批时无法预测的情况。在客观形势发生重大变化以后而不对规划进行及时调整，就会对城市建设、城镇化发展、新农村建设产生严重影响。因此，规划必将遇到因势修改的问题。在《城市规划法》中，将规划的编制、审批、实施、修改的职权集于政府一身，且无有效的监督和制约，“一任领导一张图”“领导一换，规划重来”的现象屡见不鲜，使得城乡规划的严肃性、权威性大打折扣，城乡建设乱象丛生。为此，《城乡规划法》对省域城镇体系规划、城市(镇)总体规划的修改作出了严格限制，建立了评估制度，明确了修改的条件和程序。

(1)规划实施评估制度

省域城镇体系规划、城市(镇)总体规划组织编制机关，应当组织有关部门和专家定期对规划实施情况进行评估，并采取论证会、听证会或者其他方式征求公众意见。组织编制机关应当向本级人民代表大会常务委员会、镇人民代表大会和原审批机关提出评估报告并附具征求意见的情况。

(2)修改的条件

《城乡规划法》规定有下列情形之一的，组织编制机关方可按照规定的权限和程序对省域城镇体系规划、城市总体规划、镇总体规划进行修改：①上级人民政府制定的城乡规划发生变更，提出修改规划要求的；②行政区划调整确需修改规划的；③因国务院批准重大建设工程确需修改规划的；④经评估确需修改规划的；

⑤城乡规划的审批机关认为应当修改规划的其他情形。

(3)修改程序

修改省域城镇体系规划、城市总体规划、镇总体规划前，组织编制机关应当对原规划的实施情况进行总结，并向原审批机关报告；修改涉及城市总体规划、镇总体规划强制性内容的，应当先向原审批机关提出专题报告，经同意后，方可编制修改方案。

修改后的省域城镇体系规划、城市总体规划、镇总体规划，应当依照《城乡规划法》规定的相应规划审批程序报批。市、县、镇人民政府修改近期建设规划的，应当将修改后的近期建设规划报总体规划审批机关备案。

4.2.3.2 详细规划与乡村规划的修改

(1)详细规划的修改

修改控制性详细规划的，组织编制机关应当对修改的必要性进行论证，征求规划地段内利害关系人的意见，并向原审批机关提出专题报告，经原审批机关同意后，方可编制修改方案。修改后的控制性详细规划，应当依照《城乡规划法》规定的控制性详细规划审批程序报批。控制性详细规划修改涉及城市总体规划、镇总体规划的强制性内容的，应当先修改总体规划。

(2)乡规划、村庄规划的修改

修改乡规划、村庄规划的，由乡、镇人民政府组织编制乡规划、村庄规划的修改方案，经村民会议或村民代表会议讨论同意后，报上一级人民政府批准。

4.2.3.3 城乡规划修改后对当事人的补偿

《中华人民共和国行政许可法》规定："公民、法人或者其他组织依法取得的行政许可受法律保护，行政机关不得擅自改变已经生效的行政许可。""行政许可所依据的法律、法规、规章修改或者废止，或者准予行政许可所依据的客观情况发生重大变化的，为了公共利益的需要，行政机关可以依法变更或者撤回已经生效的行政许可。由此给公民、法人或者其他组织造成财产损失的，行政机关应当依法给予补偿。"

在城乡规划的实施过程中，需要核发相应的许可证。在许可证发放以后，由于城乡规划的修改，将会导致被许可人的利益受到影响，因此有必要对当事人造成的损失给予补偿。所以，《城乡规划法》规定：在选址意见书、建设用地规划许可证、建设工程规划许可证或者乡村建设规划许可证发放后，因依法修改城乡规划给被许可人合法权益造成损失的，应当依法给予补偿。

经依法审定的修建性详细规划、建设工程设计方案的总平面图不得随意修改；确需修改的，城乡规划主管部门应当采取听证会等形式，听取利害关系人的意见；因修改给利害关系人合法权益造成损失的，应当依法给予补偿。

4.3 城乡规划的实施

城乡规划的实施就是依法批准公布的城乡规划的执行。科学合理的城乡规划能否在国家经济、社会发展中起到重要的指导作用，关键在于实施。《城乡规划法》明确规定：规划区内的建设活动应当符合规划要求。为保证城乡规划得到严格的遵守和执行，《城乡规划法》还明确了城乡规划行政管理体系，规定了城乡规划公示制度、规划行政许可制度以及竣工工程规划核实制度。

4.3.1 城乡规划行政管理体系

城乡规划行政管理体系包括明确各级规划行政主管部门的职责和加强社会公众对城乡规划主管部门行政行为监督的公示制度两个方面。

4.3.1.1 各级规划行政主管部门的职责

《城乡规划法》规定，国务院城乡规划主管部门负责全国的城乡规划管理工作。县级以上地方人民政府城乡规划主管部门负责本行政区域内的城乡规划管理工作。城乡规划实施方面，各级规划行政主管部门都有明确的职责分工。

(1)国务院城乡规划主管部门

按照国务院的分工,现在的城乡规划主管部门为住房和城乡建设部。它在城乡规划实施方面的职责如下:

①组织制定城乡规划实施的相关办法和配套规定;

②受理城乡规划实施过程中违法行为的举报或控告,并组织核查和处理;

③对全国城乡规划的实施进行监督检查,对违规行为依法处理。

(2)省级人民政府城乡规划主管部门

省级人民政府城乡规划主管部门在城乡规划实施方面的主要职责如下:

①核发选址意见书;

②对本行政区域内的城乡规划的实施进行监督检查,对违规行为依法处理。

(3)市、县人民政府城乡规划主管部门

市、县人民政府城乡规划主管部门在城乡规划实施方面的主要职责如下:

①核发选址意见书;

②核发建设用地规划许可证、建设工程规划许可证、乡村建设规划许可证;

③批准规划区内的临时建设;

④核实建设工程是否符合规划条件;

⑤对本行政区域内的城乡规划的实施进行监督检查,对违规行为依法处理。

4.3.1.2 城乡规划公示制度

建立完善城乡规划公示制度的目的,是使公民了解城乡规划内容,便于公民参与城乡规划的实施与监督。无论是事关全局的城乡总体规划,还是一般性的建设项目,其城乡规划的实施情况都必须受到社会公众的监督。法律规定必须公示的内容有:

(1)依法批准的城乡规划

《城乡规划法》规定:"城乡规划组织编制机关应当及时公布经依法批准的城乡规划。但是,法律、行政法规规定不得公开的内容除外。""城市、县人民政府城乡规划主管部门或者省、自治区、直辖市人民政府确定的镇人民政府应当依法将经审定的修建性详细规划、建设工程设计方案的总平面图予以公布。"

(2)许可证核发前的批前公示

对城乡环境和布局有较大影响的,大型市政基础设施、公共设施,对相邻建筑周边关系或环境有较大影响的,风景名胜区范围内的,历史街区和文物保护单位控制地带内的,规划部门在核发选址意见书或建设用地规划许可证前应当进行批前公示。选址意见书或建设用地规划许可证、规划设计方案的批前公示应当设置意见箱,公布联系电话。公示期满后,应整理、汇总公众意见,形成公示结果,作为建设项目规划审批材料的附件。在符合有关强制性技术规定、规范的前提下,公众意见应当作为规划方案修改的重要参考依据。

4.3.2 城乡规划行政许可制度

为保证建设活动能严格遵守城乡规划的要求,《城乡规划法》制定了工程建设活动的城乡规划行政许可制度。规定一些特定工程建设的项目,建设单位须向城乡规划主管部门申请领取选址意见书。在城(镇)进行工程建设的建设项目,则须领取建设用地规划许可证、建设工程规划许可证;在乡、村进行工程建设还须领取乡村建设许可证。规定只有在领取相关许可证后,方可从事进一步的建设活动。这在制度上保证了每项建设工程都必须接受城乡规划主管部门的审核检查,从而保证城乡规划的有效实施。

4.3.2.1 建设项目选址意见书制度

(1)申请领取选址意见书的建设项目范围

《城乡规划法》规定,以划拨方式取得国家土地使用权,按照国家规定需要经环境保护、水利、卫生、海洋、气象、民航、测绘、信息产业等行政主管部门批准或核准的建设项目,建设单位在报送有关部门批准或核准前，应向城乡规划主管部门申请核发选址意见书。其目的是将国家对建设项目的宏观管理与城乡规划管理统一起来，确保建设项目按照城乡规划实施。

其他建设项目都不需要申领选址意见书。

(2)选址意见书的内容

选址意见书是城乡规划主管部门出具的所申报的建设项目是否符合城乡规划要求的文件。选址意见书一般包括项目基本情况和对项目选址的意见两部分。

①建设项目基本情况包括：建设项目的名称、性质、用地与建设规模，供水、能源的需求量、运输方式与运输量，废水、废气、废渣的排放方式和排放量等。

②建设项目选址意见包括：建设项目拟建地址与城乡规划布局是否协调；与城乡交通、通信、能源、市政、防灾规划是否衔接与协调；该建设项目对城乡环境可能造成的污染，与城乡生活居住及公共设施规划，城乡环境保护规划和风景名胜、文物古迹保护规划是否协调，建设项目选址意见、用地范围和具体规划要求等。

(3)选址意见书的核发权限

选址意见书按建设项目审批部门的不同，分别由各级规划行政主管部门核发。

①国家审批的大中型和限额以上的建设项目，由项目所在地县、市人民政府城市规划行政主管部门提出审查意见，报省、自治区、直辖市、计划单列市人民政府城市规划行政主管部门核发选址意见书，并报国务院城市规划行政主管部门备案。

②中央各部门、公司审批的小型和限额以下的建设项目，其选址意见书由项目所在地县、市人民政府城市规划行政主管部门核发。

③省、自治区建设项目由项目所在地县、市人民政府城市规划行政主管部门提出审查意见，报省、自治区人民政府城市规划行政主管部门核发。

④其他建设项目，须经哪一级人民政府规划行政主管部门审批，其选址意见书就由该人民政府城乡规划行政主管部门核发。

4.3.2.2　建设用地规划许可证制度

(1)建设用地规划许可证

建设用地规划许可证是城乡规划主管部门依据城乡规划的要求和建设项目用地的实际需要，向提出用地申请的建设单位或个人核发的确定建设用地的位置、面积、界限的法定凭证。建设用地规划许可证的申领程序依土地使用权获取方式的不同而不同。

(2)建设用地规划许可证的核发

①以划拨方式取得土地使用权的项目。《城乡规划法》对在城(镇)规划区内以划拨方式取得土地使用权的建设项目，规定了先申请、后核定、再核发的程序。这类建设项目经有关部门批准(核准、备案)后，建设单位应向城市、县人民政府城乡规划主管部门提出建设用地规划许可申请，由城市、县人民政府城乡规划主管部门依据控制性详细规划核定建设用地的位置、面积、允许建设的范围后，再核发建设用地规划许可证。

建设单位在取得建设用地规划许可证后，方可向县级以上地方人民政府土地主管部门申请用地，经县级以上人民政府审批后，由土地主管部门划拨土地。

②以出让方式取得土地使用权的建设项目。《城乡规划法》对在城(镇)规划区内以出让方式获得土地使用权的建设项目，则采取了先核定、再出让、然后申领的程序。明确规定，在国有土地使用权出让前，城市、县人民政府城乡规划主管部门应当依据控制性详细规划，提出出让地块的位置、使用性质、开发强度等规划条件，作为国有土地使用权出让合同的组成部分，未确定规划条件的地块，国有土地使用权不得出让，已出让的，出让合同无效。建设单位在取得国有土地使用权，签订国有土地使用权出让合同后，须持建设项目的批准(核准、备案)文件和国有土地使用权出让合同，向城市、县人民政府城乡规划主管部门申请领取建设用地规划许可证。城市、县人民政府城乡规划主管部门在建设用地规划许可证中，不得擅自改变作为国有土地使用权出让合同组成部分的规划条件。

建设单位在取得建设用地规划许可证后，再由县级以上人民政府批准建设单位的用地申请。对未取得建设用地规划许可证就批准建设用地的，县级以上人民政府应撤销有关批准文件，已占用土地的，应及时退回，给当事人造成损失的，应依法赔偿。

4.3.2.3 建设工程规划许可证制度

(1)建设工程规划许可证

建设工程规划许可证是指由城市、县人民政府城乡规划主管部门向在城(镇)规划区内申请从事工程建设活动的单位或个人核发的确认其建设工程符合城(镇)规划要求的法定凭证。建设单位和个人只有在取得建设工程规划许可证后，方可申请办理开工手续。

(2)建设工程规划许可证核发程序

①申请。《城乡规划法》规定，在城市(镇)规划区内进行建筑物、构筑物、道路、管线和其他工程建设的，建设单位或个人应向城市、县人民政府城乡规划主管部门或省级人民政府确定的镇人民政府申请办理建设工程规划许可证。

当事人提出申请时，应提交使用土地的有关证明文件、建设工程设计方案等材料。需要建设单位编制修建性详细规划的建设项目，还应提交修建性详细规划。

②核发。城乡规划主管部门对申请材料认真审查，并征求协调环保、环卫、交通、通信等相关行政主管部门意见后，认定符合控制性详细规划和规划条件的，核发建设工程规划许可证。

③公布。《城乡规划法》规定，发证机关在发证后，应将经审定的修建性详细规划、建设工程设计方案的总平面图予以公布。一是让受到工程建设影响的公众了解具体情况，事先做好相应准备；二是便于公众监督，可以积极维权。

4.3.2.4 乡村建设规划许可证制度

(1)乡村建设规划许可证

乡村建设规划许可证是由城市、县人民政府城乡规划主管部门向在乡、村规划区内申请从事建设活动的建设单位或个人核发的使用建设用地的法定凭证。建设单位或个人只有在取得乡村建设规划许可证后，方可办理用地审批手续。

(2)申领乡村建设规划许可证的工程范围

《城乡规划法》规定，需申请领取乡村建设规划许可证的是在乡、村庄规划区内的乡镇企业、乡村公共设施和公益事业建设。使用原宅基地进行农村村民住宅建设的，无须领取乡村建设用地规划许可证，具体管理办法由省级人民政府制定。

(3)乡村建设规划许可证核发程序

①申请。根据《城乡规划法》规定，需领取乡村建设规划许可证的建设单位或个人，应向乡、镇人民政府提出申请，由乡、镇人民政府报城市、县人民政府城乡规划主管部门审核。

②办理农用地专用审批手续。《城乡规划法》规定，在乡、村规划区内进行乡镇企业、乡村公共设施和公益事业建设及农村村民住宅建设，不得占用农用地。确须占用农用地的，应先依照《中华人民共和国土地管理法》办理农用地专用审批手续，然后核发乡村建设规划许可证。

③核发。城市、县人民政府城乡规划主管部门对申请材料进行审核后，认为符合法定条件的，即应核发乡村建设规划许可证。如未在法定期限内核发的，由本级人民政府、上级人民政府城乡规划主管部门或监察机关依照职权责令改正，通报批评，对直接负责的主管人员和其他直接负责的人员依法给予处分。

4.3.3 竣工工程规划核实制度

《城乡规划法》规定，工程竣工后，要由县级以上人民政府城乡规划主管部门按国务院规定对建设工程是否符合规划条件予以核实。未经核实或经核实不符合规划条件的，建设单位不得组织竣工验收。核定符合条件的，建设单位应在竣工验收后六个月内向城乡规划主管部门报送有关竣工验收资料。

4.4 风景名胜区、历史文化名城名镇名村及其他相关规划管理

4.4.1 风景名胜区的规划管理

国务院颁发的《风景名胜区条例》,对风景名胜区的规划管理作出了具体规定。

4.4.1.1 风景名胜区的概念

风景名胜区,是指具有观赏、文化或科学价值,自然景观、人文景观比较集中,环境优美,可供人们游览或者进行科学、文化活动的区域。在我国,风景名胜区划分为国家级和省级风景名胜区。

自然景观和人文景观能够反映重要自然变化过程和重大历史文化发展过程,基本处于自然状态或保持历史原貌,具有国家代表性的区域,经所在地省级人民政府提出申请,由国务院城乡建设主管部门会同国务院环境保护、林业、文物等有关主管部门组织论证,提出审查意见,报国务院批准公布后成为国家级风景名胜区。截至2022年底,国务院先后批准了244处国家级风景名胜区。

上述自然景观和人文景观具有区域代表性,经所在地县级人民政府提出申请,由省级人民政府城乡建设主管部门会同其他有关部门组织论证,提出审查意见,报省级人民政府批准公布后成为省级风景名胜区。

4.4.1.2 风景名胜区规划的制定

风景名胜区规划分为总体规划和详细规划

(1)风景名胜区总体规划

风景名胜区总体规划应体现人与自然和谐相处、区域协调发展和经济社会全面进步的要求。坚持保护优先、开发服从保护的原则,突出风景名胜资源的自然特性、文化内涵和地方特色。风景名胜区总体规划应自设立之日起2年内编制完成,其规划期限一般为20年。

国家级风景名胜区总体规划由省、自治区人民政府城乡建设主管部门或直辖市人民政府风景名胜区主管部门组织国家级风景名胜区所在地市、县人民政府和风景机构等开展规划编制工作,并由具有甲级资质的城乡规划编制单位进行编制,经省级人民政府审查后,报国务院审批。省级风景名胜区总体规划由县级人民政府组织编制。经省级人民政府审批后,报国务院城乡建设主管部门备案。

(2)风景名胜区详细规划

风景名胜区详细规划应当根据核心景区和其他景区的不同要求进行编制,规划中应确定基础设施、旅游设施、文化设施等建设项目的选址、布局和规模,并明确建设用地范围和规划设计条件。风景名胜区详细规划,应当符合风景名胜区总体规划。

国家级风景名胜区详细规划应当由同时具有乙级以上城乡规划编制单位资质和风景园林工程设计专项资质的单位编制,报国务院城乡建设主管部门审批。省级风景名胜区详细规划由县级人民政府组织编制,由省、自治区人民政府城乡建设主管部门或直辖市人民政府风景名胜区主管部门审批。

4.4.1.3 风景名胜区规划的实施

(1)风景名胜区管理机构

国务院城乡建设主管部门负责全国风景名胜区的监督管理工作。它对国家级风景名胜区的规划设施情况、资源保护状况进行监督、检查和评估,对发现的问题及时进行纠正、处理。

风景名胜区所在地县级以上地方人民政府应设置风景名胜区管理机构,负责风景名胜区的保护、利用和统一管理工作。

(2)风景名胜区内的建设活动

《风景名胜区条例》明确规定,不得在风景名胜区内从事任何未经规划批准的建设活动,风景名胜区内的建设项目应当符合风景名胜区规划,并与景观相协调,不得破坏景观、污染环境、妨碍游览。在风景名胜区内从事规划允许的建设活动,应当经风景名胜区管理机构审核后,依照有关法律、法规的规定办理规划许可证、

施工许可证等审批手续。在国家级风景名胜区内修建缆车、索道等重大建设工程,项目的选址方案应当报国务院城乡建设主管部门核准。

4.4.2 历史文化名城名镇名村的规划管理

国务院颁发的《历史文化名城名镇名村保护条例》对历史文化名城、名镇和名村的规划管理作出了具体规定。

4.4.2.1 历史文化名城、名镇、名村的概念

历史文化名城(镇、村)是指历史上曾作为政治、经济、文化、交通中心或军事要地或发生过重要事件,或其传统产业、重大历史建设工程对本地区的发展产生过重大影响,或能集中反映本地区建筑的文化特色、民族特色,而现今保存文物特别丰富,历史建筑集中成片,保留着传统格局和历史风貌,经有关部门依法批准的城市(镇、村)。

历史文化名城,由省级人民政府提出申请,经国务院城乡建设主管部门会同国务院文物主管部门组织有关部门、专家进行论证,提出审查意见后,报国务院批准公布。截至 2023 年 6 月,国务院已批准公布历史文化名城 141 座。

历史文化名镇、名村,由所在地县级人民政府提出申请,经省级人民政府确定的保护主管部门会同同级文物主管部门组织有关部门、专家进行论证,提出审查意见后,报省级人民政府批准公布。截至 2023 年 6 月,我国已有历史文化名镇 312 个,历史文化名村 486 个。

4.4.2.2 历史文化名城、名镇、名村的保护规划

(1)保护规划的编制

历史文化名城、名镇、名村自批准之日起 1 年内,历史文化名城、名镇、名村的保护规划必须编制完成。历史文化名城名镇保护规划应单独编制,下列内容应纳入城市、镇总体规划中:①保护原则和内容;②保护措施、开发强度和建设控制要求;③传统格局和历史风貌保护要求;④核心保护范围和建设控制地带。

历史文化名城保护规划由本市人民政府组织编制,并应当由具有甲级资质的城乡规划编制单位承担,其规划期限与城市总体规划期限一致。历史文化名镇、名村保护规划由所在地县级人民政府组织编制,并应当由具有乙级以上资质的城乡规划编制单位承担,期限分别与镇总体规划和村庄规划的期限一致。

历史文化名城保护规划应当包括下列内容:

①评估历史文化价值、特色和存在的问题;

②确定总体保护目标和保护原则、内容和重点;

③提出总体保护策略和市(县)域的保护要求;

④划定文物保护单位、地下文物埋藏区、历史建筑、历史文化街区的核心保护范围和建设控制地带界线,制定相应的保护控制措施;

⑤划定历史城区的界线,提出保护名城传统格局、历史风貌、空间尺度及其相互依存的地形地貌、河湖水系等自然景观和环境的保护措施;

⑥描述历史建筑的艺术特征、历史特征、建设年代、使用现状等情况,对历史建筑进行编号,提出保护利用的内容和要求;

⑦提出继承和弘扬传统文化、保护非物质文化遗产的内容和措施;

⑧提出完善城市功能、改善基础设施、公共服务设施、生产生活环境的规划要求和措施;

⑨提出展示、利用的要求和措施;

⑩提出近期实施的保护内容;

⑪提出规划实施的保障措施。

历史文化名镇、名村保护规划应当包括下列内容:

①评估历史文化价值、特色和存在的问题；

②确定保护原则、内容和重点；

③提出总体保护策略和镇域保护要求；

④提出与名镇、名村密切相关的地形地貌，河湖水系，农田、乡土景观、自然生态等景观环境的保护措施；

⑤确定保护范围，包括核心保护范围和建设控制地带界线，制定相应的保护控制措施；

⑥提出保护范围内建筑物、构筑物和环境要素的分类保护整治要求，对历史建筑进行编号，分别提出保护利用的内容和要求；

⑦提出继承和弘扬传统文化、保护非物质文化遗产的内容和措施；

⑧提出改善基础设施、公共服务设施、生产生活环境的规划方案；

⑨保护规划分期实施方案；

⑩提出规划实施保障措施。

历史文化名城、名镇、名村的规划都由省级人民政府审批，并将批准的保护规划报国务院城乡建设主管部门和文物主管部门备案。

(2)保护规划的实施

①职责分工。国务院城乡建设主管部门会同国务院文物主管部门负责全国历史文化名城(镇、村)保护规划实施情况的监督检查。

县级以上地方人民政府负责本行政区域内历史文化名城(镇、村)保护规划实施情况的监督检查，对保护状况进行评估，对发现的问题及时进行纠正处理。

历史建筑的所有权人应按照保护规划的要求，负责历史建筑的维护和修缮，并可获得县级以上地方人民政府保护资金的补助。历史建筑有损毁危险，所有权人不具备维护、修缮能力的，当地人民政府应采取措施进行保护。

②建设活动应遵守的规划。《历史文化名城名镇名村保护条例》规定了在不同保护区域内进行建设活动的限制要求。

在保护范围内从事建设活动，应符合保护规划的要求，不得损害历史文化遗产的真实性和完整性，不得对其传统格局和历史风貌构成破坏性影响。在建设控制地带内的新建建筑物、构筑物，应当符合保护规划确定的建设控制要求。在核心保护范围内，不得进行新建、扩建活动，但必要的基础设施和公共服务设施除外。建设工程选址，应尽可能避开历史建筑，因特殊情况不能避开的，应尽可能实施原址保护。

③规划行政许可。下列行为，应当事先报经市、县人民政府城乡规划主管部门会同同级文物主管部门批准：

a. 在核心保护范围内，拆除历史建筑物、构筑物或其他设施的；

b. 受工程建设影响，要对历史建筑实施原址保护的。

下列行为，除事先报经市、县人民政府城乡规划主管部门会同同级文物主管部门批准外，还需依法办理相关手续或许可证：

a. 改变园林绿地、河湖水系等自然状态的活动；

b. 在核心保护范围内进行影视摄制、举办大型群众性活动；

c. 可能影响传统格局、历史风貌或历史建筑的活动；

d. 在核心保护范围内新建、扩建必要的基础设施和公共服务设施；

e. 对历史建筑进行外部修缮装饰、添加设施以及改变历史建筑结构或使用性质的；

f. 受工程建设影响，历史建筑必须迁移异地保护或拆除的，须报省级人民政府确定的保护主管部门会同同级文物主管部门申请。

4.4.3 其他规划管理规定

4.4.3.1 城市新区的开发和建设

城市新区的开发是指按照城市总体规划，在城市现有建成区以外一定地段，进行集中成片、综合配套的开发建设活动。新区开发是随着城市经济与社会发展、城市规模扩大，为了满足城市日益增长的生产、生活需要，逐步实现城市不同阶段发展目标而推进的城市开发活动，它是城市建设和发展的重要组成部分。

城市新区的开发和建设，应当合理确定建设规模和时序，充分利用现有市政基础设施和公共服务设施，严格保护自然资源和生态环境，体现地方特色。在城市总体规划、镇总体规划确定的建设用地范围以外，不得设立各类开发区和城市新区。

4.4.3.2 旧城区的改建

旧城是城市在长期历史发展演变过程中逐步形成的进行政治、经济、文化、社会活动的居民集聚区。旧城区的改建，应当保护历史文化遗产和传统风貌，合理确定拆迁和建设规模，有计划地对危房集中、基础设施落后等地段进行改建。城市旧城改造的最终目标是要改善环境质量、交通运输和生活居住条件，加强城市基础设施和公共设施建设，提高城市综合功能。改造的重点是对危房集中、设施简陋、交通阻塞、污染严重的地区进行综合整治，通过成片拆除重建或局部调整改建的办法，使各项设施逐步配套完整。城市旧城，特别是历史文化名城和少数民族地区城市的旧城改造应当充分体现传统风貌、民族特点和地方特点，杜绝“千楼一面”“千街一面”“千城一面”的破坏性改建活动。市、县人民政府应采取有效措施，切实保护具有重要历史意义、革命纪念意义、文化艺术和科学价值的文物古迹和风景名胜；有选择地保护一定数量的代表城市传统风貌的街区、建筑物和构筑物，划定保护区和建设控制地区。

4.4.3.3 临时建设

在城市、镇规划区内进行临时建设的，应当经城市、县人民政府城乡规划主管部门批准。临时建设影响近期建设规划或者控制性详细规划的实施以及交通、市容、安全等的，不得批准。临时建设应当在批准的使用期限内自行拆除。

临时建设和临时用地规划管理的具体办法，由省、自治区、直辖市人民政府制定。

案例分析

■ 案例 1

【案情摘要】

原告：邬某（被拆迁人）。

被告：××县人民政府桃源街道办事处。

原告邬某于 2000 年 12 月在××县梅丹线边高坟处的临时建设用地上搭建鸭棚进行养殖，并向××县桥头胡镇土地管理所缴纳了 460 平方米的临时土地使用管理费 230 元，但一直未办理有关用地审批手续。2003 年 9 月 22 日，××县人民政府办公室发布了《关于加强畜禽养殖污染防治工作的通知》，明确了包括原告鸭棚在内的区域为“禁养区”，并要求“禁养区”内各类畜禽养殖场在 2004 年年底完成关、停、转、迁工作。原告未按通知要求搬迁。2007 年 6 月，被告某县人民政府桃源街道办事处发出《限期改正违法行为通知书》，要求邬某在 2008 年 5 月 8 日 17 时前自行拆除违法建设的鸭棚，恢复原状，逾期将依法对其实施处罚。2008 年 5 月 15 日上午，被告组织人员强制拆除了原告的鸭棚。

原告邬某请求法院依法确认被告拆除原告鸭棚的具体行政行为违法。

【处理结论】

××县人民法院判决:原告在该地块上临时建设的鸭棚系违法建筑,应当依法予以拆除;被告××县人民政府桃源街道办事处于2008年5月15日强制拆除原告鸭棚的行政行为违法。

【法律分析】

1.原告搭建的鸭棚是否属于违法建筑,是否应当予以拆除

违法建筑可区分为程序违建和实质违建。程序违建是指仅违反程序法上建筑物的建造,主要依据包括建筑法、规划法、土地管理法等法律、法规和规章,以法定的建筑程序对建筑进行管理,从而限制和引导建筑符合城乡建设规划。如《城乡规划法》规定,在城市规划区内进行建设必须取得相关管理部门的"建设用地规划许可证""建设工程规划许可证"和选址意见书,即"两证一书"。《城乡规划法》设立了以"一书三证"为核心的城乡规划实施管理制度,新增乡村建设规划许可证制度。没有经规划、土地行政管理等部门办理有关批准手续的建筑属于违法建筑。实质违建是指违反实体法且情节严重的建筑物的建造,其法律依据分布于规划法、水法、铁路法、公路法、民用航空器法、环境保护法、防洪法等,那些妨碍城市规划、公共安全、公共交通、公共卫生等的建筑物和构筑物构成了实质违建。对实质违建的建筑物无法依程序补正,使之变成合法之建筑物。

对于违法建筑物并非应"一刀切"予以拆除。区分程序违建和实质违建的必要性在于对不同的违法建筑区别对待,在实现行政管理目的之同时将相对人的损害降到最低限度。强制拆除是一种严厉的强制措施,须严加限制。如果单纯属于程序违建,应允许相对人有改正的机会,行政机关可以对其采取责令限期改正、罚款等处罚;如果建筑物构成实质性违建,如妨碍城市规划、公共安全、公共交通、公共卫生等,无法采取改正措施消除影响的情况下,限期拆除。

本案中原告搭建的鸭棚具有程序性违建和实质性违建的双重属性。原告未取得"两证"("建设用地规划许可证"和"建设工程规划许可证")即在临时建设用地上自行建造鸭棚,在使用期限届满后也未重新办理有关用地审批手续,在程序上违法。原告在禁养区内搭建鸭棚不符合城市规划,妨害公共卫生,同时属于实质性违建,理应予以拆除。

2.××县人民政府桃源街道办事处强制拆除行为的合法性

2008年1月1日生效的《城乡规划法》第六十八条以立法形式授权行政机关具有强拆权,"城乡规划主管部门作出责令停止建设或者限期拆除的决定后,当事人不停止建设或者逾期不拆除的,建设工程所在地县级以上地方人民政府可以责成有关部门采取查封施工现场、强制拆除等措施"。

本案中违法建筑的处理时间刚好处于《城市规划法》和《城乡规划法》新旧法律交替时期。《城市规划法》没有授予行政机关对违法建筑的强制执行权,行政机关作出责令拆除的处罚决定后,被处罚人不起诉也不履行且超出起诉期限的条件下,行政机关可以申请人民法院强制执行。而《城乡规划法》第六十八条以立法形式明确授权县级以上地方人民政府在一定条件下可以责成有关部门对违法建筑采取强制拆除等措施。根据"实体从旧,程序从新"的原则,涉及强制执行问题,应当适用新法规定,即可由县级以上人民政府责成有关部门拆除,而无须申请法院强制执行。

《城乡规划法》的一大亮点就是以立法形式授予县级以上人民政府行使强制执行权,势必将大大提高惩治违法建筑行为的效率,对及时消除违法建筑起到积极作用,但有关行政机关在注重行政效率的同时也不能忽视依法行政原则。具体到本案,虽然原告搭建的鸭棚属于违法建筑,且应予拆除,但首先应由规划主管部门以法定形式作出限期拆除的决定,对逾期不拆除的,再由县级人民政府责成有关部门强制拆除。遗憾的是,本案中规划部门仅向原告作出《限期改正违法行为通知书》而非限期拆除决定,被告又在无××县人民政府责成的情况下实施强制拆除行为,其行为违法。

■ 案例2

【案情摘要】

原告：罗某

被告：××县建设规划局

第三人：郭某

原告罗某与第三人郭某的房屋相邻，相隔2余米，均处于乡、村庄规划区内。第三人郭某未经审批于2007年1月建房，房屋距35省道约为2.6米。2008年3月13日，被告对第三人郭某作出行政处罚决定，认定其未取得"建设工程规划许可证"，擅自进行建设，违反了《城乡规划法》第四十条规定，依照《城乡规划法》第六十四条的规定，责令第三人郭某补办法定建设手续，并处罚款人民币4653元的行政处罚。

罗某诉称，第三人房屋建于距35省道2米处，严重影响规划，不符合建房条件，无法补办手续，因此被诉行政行为违法。请求法院判令撤销被告作出的行政处罚决定，并责令被告限期重新作出行政处罚决定。

××县建设规划局辩称：①原告与被诉行政行为没有法律上的利害关系，不具有原告诉讼主体资格；②被诉行政行为是合法的行政行为，故请求予以驳回原告请求。

【处理结论】

××县人民法院经审理判决如下：

(1)撤销被告××县建设规划局作出的行政处罚决定；

(2)驳回原告罗某要求被告××县建设规划局重新对第三人郭某违法建设行为作出行政处罚的诉讼请求。

罗某不服，提起上诉。

××市中级人民法院经审理判决如下：

一、维持××县人民法院(2008)三行初字第41号行政判决第一项；

二、撤销××县人民法院(2008)三行初字第41号行政判决第二项；

三、责令××县建设规划局在本判决发生法律效力之日起六十日内，重新对第三人郭某的违法建设行为作出具体行政行为。

【法律分析】

1.相邻权人原告主体资格的认定问题

相邻权是指不动产的占有人在行使其物权时，对与其相邻的他人不动产所享有的特定的支配权，涉及截水、排水、通行、通风、采光等方面。本案一、二审均认定罗某房屋与郭某房屋之间存在相邻关系，故其具有行政诉讼原告主体资格。

2.违法建设行为的实体处理应适用新法还是旧法问题

2004年，最高人民法院《关于审理行政案件适用法律规范问题的座谈会纪要》规定，行政相对人的行为发生在新法施行以前，具体行政行为作出在新法施行以后，人民法院审查具体行政行为的合法性时，实体问题适用旧法规定，程序问题适用新法规定。就本案而言，违法行为虽然发生于2007年，但其违章建筑一直存在，违法建设行为应视为具有继续状态，应当适用《城乡规划法》的规定。对于建设违法行为和土地违法行为按照具体行政行为性质应当适用新法的实体规定予以查处，这更有利于制止违法建设行为和土地违法行为。

3.责令补办手续的前提条件问题

《城乡规划法》第六十四条规定，违法建筑尚可采取改正措施消除对规划实施的影响的，限期改正，处建设工程造价百分之五以上百分之十以下的罚款；无法采取改正措施消除影响的，限期拆除，不能拆除的，没收实物或违法收入，可以并处建设工程造价百分之十以下的罚款。根据这一规定，行政机关在作出责令补办建设手续等改正措施时，应当考虑行政相对人的违法行为有无必要或者有无可能改正，改正措施是否符合相关法律规定，如果不必要或者不可能再改正以及改正措施不合法的，则不能作出责令补办手续等改正措施。本案第三人郭某的违法建筑距省道不足15米，违反了公路法等相关法律法规的规定，且庭审中被告也自认无法办理建设手续，但被告却责令第三人郭某补办建设手续。本案责令补办建设手续的前提条件，即补办的建设手续应当具备的合法性不存在，无实际补办建设手续的可能性，故被告作出的责令补办建设手续属适用法律不当，应予判决撤销。

思考题

1. 何谓城乡规划及规划区？
2. 城乡规划分哪几类？它们的编制责任及审批权限是如何规定的？
3. 城乡规划应遵循的原则有哪些？
4. 城乡规划制定的程序是如何规定的？
5. 城市总体规划必须满足什么条件，才可以进行修改？
6. 什么是城乡规划的实施？《城乡规划法》从哪几个方面作出规定以保证城乡规划得以实施？
7. 什么是选址意见书？哪种建设项目必须申请领取选址意见书？
8. 何谓建设用地规划许可证？其核发程序是如何规定的？
9. 何谓建设工程规划许可证？其核发程序是如何规定的？
10. 何谓乡村建设规划许可证？其核发程序是如何规定的？
11. 什么是风景名胜区？风景名胜区内从事建筑活动要遵守什么规定？
12. 什么是历史文化名城、名镇、名村？其保护规划是如何得以实施的？

5 建设工程发包与承包法规

本章介绍了建设工程承、发包的概念及其方式和相关法律规定，并重点介绍建设工程承、发包的主要形式——招标投标中关于招标、投标人的资格及招标、投标各个阶段的法律规定。

5.1 概　　述

5.1.1 建设工程发包与承包的概念

建设工程发包与承包是指发包方通过合同委托承包方为其完成某一建设工程的全部或其中一部分工作的交易行为。建设工程发包方一般为建设单位或工程总承包单位；工程承包方则一般为工程勘察设计单位、施工单位、工程设备供应或制造单位等。发包方与承包方的权利、义务都由双方签订的合同来加以规定。我国长期以来实行的是计划经济，工程建设任务采取由行政主管部门分配的方式。改革开放以后，我国的经济体制向市场经济转轨，分配工程任务的方式与市场经济的竞争机制格格不入。自1982年起，我国建设领域开始进行改革，逐步确立了建设工程发包与承包制度，把工程设计与施工推入市场，由相关企业竞争承包。实践证明，建设工程发包与承包制度，能够鼓励竞争，防止垄断，有效提高工程质量，严格控制工程造价和工期，对市场经济的建设与发展起到了良好的促进作用。

5.1.2 建设工程发包与承包的方式

依据《建筑法》的规定，建设工程发包与承包有两种方式：招标投标和直接发包。

建设工程招标与投标，是发包方事先标明其拟建工程的内容和要求，由愿意承包的单位递送标书，明确其承包工程的价格、工期、质量等条件，再由发包方从中择优选择工程承包方的交易方式。

建设工程直接发包，是发包方与承包方直接进行协商，以约定工程建设的价格、工期和其他条件的交易方式。

显而易见，建设工程招投标较之直接发包要更有利于公平竞争，更符合市场经济规律的要求。所以，我国相关法规都提倡招投标方式，对直接发包则加以限制。《中华人民共和国招标投标法》及相关法规规定：只有涉及国家安全、国家秘密、抢险救灾或者属于利用扶贫资金实行以工代赈、需要使用农民工等特殊情况及项目总投资额不足3000万元、施工单项合同估算价不足200万元、重要设备材料等货物采购单项合同估算价不足100万元、勘察设计监理等单项合同估算价不足50万元等规模太小的情况下，才可不进行招投标而采用直接发包的方式。而对使用国际组织或者外国政府贷款、援助资金的项目，全部或部分使用国有资金投资或国家融资的项目，以及所有大型基础设施、公用事业等关系社会公共利益、公众安全的项目，则实行强制招投标制，这些项目必须采用招标投标方式来发包工程，否则将不批准其开工建设，有关单位和直接责任人还将受到法律的惩罚。

5.1.3 建设工程发包与承包法规的立法概况

自1982年推行建设工程发包与承包制度以来，它对创造公平竞争环境、提高工程建设质量和效益起了积极作用，但也陆续暴露出不少问题：程序不规范，做法不统一，地方与部门保护主义严重，行政干预不断，假招标、钱权交易的问题突出，严重干扰了正常经济秩序和社会安定。为此，国家十分重视建设工程承发包的立法工作，尤其是近几年来，更是加大了立法力度，提高了立法层次。目前，我国现行的与建设工程承、发包有关的主要法规有：《建筑法》（第八届全国人大常委会第二十八次会议1997年11月1日通过）、《中华人民共和国招标投标法》（第九届全国人大常委会第十一次会议1999年8月30日通过，以下简称《招标投标法》）两部法律，《中华人民共和国招标投标法实施条例》（以下简称《招标投标法实施条例》，2012年）一部行政法规，以及《工程建设项目招标范围和规模标准规定》（2000年）、《工程建设项目自行招标试行办法》（2000年）、《房屋建筑和市政基础设施工程施工招标投标管理办法》（2001年）、《工程建设项目施工招标投标办法》（2003年）、《工程建设项目货物招标投标办法》（2005年）、《工程建设项目招标代理机构资格认定办法》（2006年）、《工程建设项目勘察设计招标投标办法》（2013年）、《建筑工程设计招标投标管理办法》（2017年）等部门规章和规范性文件。

5.1.4 建设工程发包与承包的一般规定

依据《建筑法》及其他有关法规的规定，建设工程发包时必须遵守下述一般规定：

5.1.4.1 建设工程发包与承包合同必须采用书面形式

根据我国法律规定，经济合同既可采用书面合同的形式，也可采用口头合同的形式，但法律另有规定或双方当事人另有约定的除外。建设工程承发包合同一般都具有金额大、合同履行期长、社会影响面广、合同成果十分重要的特点，从促使当事人慎重行事和避免对社会产生不良后果的旨意出发，《建筑法》及其他有关法规都规定：建设工程承发包合同必须采用书面形式。也就是说，以口头约定方式所订立的建设工程承发包合同，由于其形式要件不符合法律规定，所以，该合同在法律上将是无效的。

5.1.4.2 建设工程承发包中，禁止行贿受贿

通过行贿以获取工程承包权既是一种不正当竞争的手段，又是危害社会的犯罪行为，它严重扰乱建设市场的正常秩序，违背公平竞争的原则。通过行贿受贿来承发包工程的非法行为，是任何公正的社会都不能容忍的，必须予以禁止。《建筑法》规定："发包单位及其工作人员在建筑工程发包中不得收受贿赂、回扣或者索取其他好处。承包单位及其工作人员不得利用向发包单位及其工作人员行贿、提供回扣或者给予其他好处等不正当手段承揽工程。"值得注意的是，以单位名义所行使的行贿受贿，表面上看不是某一个人获得非法利益，没有犯罪主体，但其实质是集体共同犯罪，已构成单位犯罪。我国1997年修订颁布的《刑法》对此已有明确规定，并规定对单位犯罪采取双罚制，即除对单位判处罚金外，还要对直接负责的主管人员和其他直接责任人员判处相应的刑罚。

5.1.4.3 承包单位必须具有相应资格

建设活动不同于一般的经济活动，它具有技术要求高、社会影响大的特点，因此，世界上大多数国家对工程建设活动都实行执业资格制度，我国现在也实行了这一制度。承包工程的勘察、设计、施工、监理等单位，都必须是持有营业执照和相应资质等级证书的相关单位。而建筑构配件和非标准设备的加工、生产单位，也必须是具有生产许可证或是经有关主管部门依法批准生产的单位。

5.1.4.4 提倡总承包、禁止肢解分包

我国当前的建设工程承包，一般有以下几种方式：

(1)全过程承包。即从项目可行性研究开始，到勘察、设计、施工、验收、交付使用为止的建设项目全过程承包。这样的工程俗称"交钥匙工程"。

(2)设计、施工总承包。即从勘察、设计到竣工验收为止的总承包。

(3)施工总承包。即对工程施工全过程进行总承包。

国际上还有多种由承包商先行垫资的承包工程，建成后再转让给业主的承包方式，我国目前暂时还处于研究试验阶段，尚未正式施行。随着改革开放的深入，建设工程承发包方式也将日益国际化，因此，我国现行

的建设法规对工程承发包方式没做强制性规定，而是采用“提倡总承包”“可以”“怎样”等鼓励性和选择性条款来加以规定。

国际上，将一个工程的各个部分发包给不同的施工（或设计）单位，由各个单位分别完成工程的不同部分也是通行做法，并称之为“平行发包”，也即我们所称的“肢解发包”。我国当前建设单位的行为很不规范，随意性较大，市场竞争规范也不完善，肢解发包往往造成相互扯皮，严重影响建设工程的质量和进度，还给贪污犯罪提供了方便，因此，我国现行的建设法规作出了禁止将建设工程肢解发包的明确规定。

5.1.4.5 特殊工程项目的招投标

对于一些特殊工程项目，我国相关法律、法规也规定，经项目审批部门批准，可不进行招投标而直接发包，这些工程项目有：

(1)建设项目的勘察、设计要采用特定专利或专有技术的，或其建筑艺术造型有特殊要求的；

(2)工程项目的施工、主要技术要采用特定的专利或专有技术的；

(3)在建工程追加的附属小型工程或主体加层工程，原中标人仍具备承包能力的；

(4)施工企业自建自用且在该施工企业资质等级允许业务范围内的工程。

《招标投标法实施条例》还规定“已通过招标方式选定的特许经营项目投资人依法能够自行建设、生产或者提供”的工程项目，可不招标。

5.2 建设工程招标

5.2.1 概述

5.2.1.1 建设工程招标的概念

建设工程招标是指招标人就拟建工程发布通告，以法定方式吸引承包单位参加竞争，从中择优选定工程承包方的法律行为。

从法律上讲，由于招标缺少合同成立的重要条件——价格，所以，它不构成合同签订程序中的要约，而只是一种要约邀请。但这并不意味着招标人可以不受其招标行为的约束。根据《民法典》的规定，招标人一旦进入招标程序，就应承担缔约责任，同时，他还要受建筑市场管理的相关法规的约束。

5.2.1.2 建设工程招标的原则

建设工程招标的原则也就是建设工程招投标活动所应遵循的原则：公开、公平、公正和诚实信用。

所谓“公开”，就是必须具有极高的透明度，招标信息、招标程序、开标过程、中标结果都必须公开，使每一个投标人获得同等的信息。

所谓“公平”，就是要求给予所有投标人以平等机会，使他们享有的权利和履行的义务都是同等的，不得歧视任何一方。

所谓“公正”，就是要求按事先公布的标准进行评标，要公正对待每一个投标人。

诚实信用，这是所有民事活动都应遵循的基本原则之一。它要求当事人应以诚实、守信的态度行使权利、履行义务，保证彼此都能得到自己应得的利益，同时不得损害第三人和社会的利益，不得规避招标、串通投标、泄露标底、骗取中标等。

5.2.1.3 建设工程招标的种类

当前，我国实施的建设工程招标种类主要有：

(1)全过程招标。即对建设工程从项目建议书开始，直到竣工验收、交付使用为止的建设全过程实行招标。

(2)勘察设计招标。即对工程的勘察设计进行招标。

(3)材料、设备供应招标。即对工程建设中所需的材料、构配件和设备进行招标。

(4)工程施工招标。即对工程施工全过程进行招标,它是我国目前最主要的招标方式。

5.2.2 招标人

《招标投标法》规定:招标人是提出招标项目、进行招标的法人或其他组织。根据这一规定,在我国进行建设工程招标的只能是具备一定条件的建设单位或招标代理机构,任何欲进行工程建设的个人不得自行进行招标。

5.2.2.1 建设单位自行招标所应具备的条件

《工程建设项目自行招标试行办法》规定,建设单位自行招标的,应具备下列条件:

(1)具有项目法人资格(或法人资格);

(2)具有与招标工程相适应的工程技术、概预算、财务和工程管理等方面的专业技术力量;

(3)有从事同类工程建设项目招标的经验;

(4)设有专门的招标机构或拥有 3 名以上专职招标业务人员;

(5)熟悉和掌握《招标投标法》及有关法规规章。

具备上述条件的建设单位,可组织相应的招标机构负责招标事宜,《招标投标法》还规定:"任何单位和个人不得强制其委托招标代理机构办理招标事宜。"不具备上述条件的建设单位和个人,必须委托招标代理机构来进行招标。

5.2.2.2 招标代理机构

(1)招标代理机构的概念

招标代理机构是指依法设立、从事招标代理业务并提供相关服务的社会中介组织。我国是从 1983 年左右开始进行招投标活动的,相应的招标代理机构也才开始出现,成立于 1984 年的中国技术进出口总公司国际招标公司(后改为中技国际招标公司)是我国第一家招标代理机构。目前,全国专门从事工程建设项目招标代理业务的机构已有数千家。

(2)招标代理机构必须具备的条件

根据《工程建设项目招标代理机构资格认定办法》,工程建设项目招标代理机构必须具备下列条件:

①有从事招标代理业务的营业场所和相应资金。营业场所是提供代理服务的固定地点,而注册资金是从事招标活动的基础,根据我国现行法律的规定,甲、乙两级招标代理机构的注册资金分别不得少于 200 万元和 100 万元。这是开展招标代理业务所必需的物质条件。

②具有编制招标文件和组织评标的专业力量。招标文件是联系沟通招标、投标双方的桥梁,招标文件是否完整严谨将直接影响招标质量,也是招标成败的关键。组织评标水平的高低,将直接影响招标的效果,也将决定招标是否公正。因此,具有编制招标文件和组织评标的业务能力是招标代理机构必须具备的基本条件。相关法规对招标代理机构的人员组成和业绩要求都有具体规定。

③有符合法律规定,可以作为评标委员会成员人选的技术、经济等方面的专家库。为保证评标的公正性和权威性,《招标投标法》规定评标委员会必须有技术、经济、法律等方面的专家参加,且其人数不少于评标委员会总人数的三分之二,参加评标的专家采取随机抽取的方式从专家库中产生。因此,招标代理机构必须具有符合法律规定的专家库。

5.2.2.3 招标代理机构的从业资格

为保证招标代理机构的业务素质和专业水平,《招标投标法》规定招标代理机构还必须具备相应的从业资格,对其实行设立条件和从业资格双重限定。工程建设项目招标代理机构的资格分为甲、乙及暂定级,其中乙级、暂定级工程招标代理机构分别只能承担工程投资额(不含征地费、大市政配套费与拆迁补偿费)1亿元和6000万元以下的工程招标代理业务,而甲级工程招标代理机构在工程招标代理业务上则无限制。甲级工程招标代理机构的资格由其所在地省级人民政府建设行政主管部门进行初审,并报国务院建设行政主管部门审查认定,乙级及暂定级工程招标代理机构的资质则由其所在地省级人民政府建设行政主管部门审查认定。各级工程招标代理机构在承担工程招标代理业务时都不受地区限制。目前,《招标投标法》正在修订中,修订后"招标投标法"对工程招标代理机构从业资格的规定有可能完全取消。

为保证招标活动的客观公正,招标代理机构必须独立于政府和有关当事人之外,《招标投标法》还明确规定:"招标代理机构与行政机关和其他国家机关不得存在隶属关系或者其他利益关系。""招标人有权自行选择招标代理机构,委托其办理招标事宜。任何单位和个人不得以任何方式为招标人指定招标代理机构。"

5.2.3 招标项目应具备的条件

批建的建设工程项目只有在具备一定的条件后才能进行招标,这些条件主要表现为三方面:一是已落实建设资金,二是已履行好相关审批手续,三是必要的准备工作已完成。如建设工程在施工招标时必须具备的条件是:

(1)招标人已经依法成立;

(2)初步设计及概算应当履行审批手续的,已经批准;

(3)招标范围、招标方式和招标组织形式等应当履行核准手续的已经批准;

(4)有相应资金或资金来源已经落实;

(5)有招标所需的设计图纸及技术资料。

建设工程项目具备必要的条件后,招标人可向当地建设行政主管部门或其招标办事机构提出招标申请,经审查批准后,方可开展招标活动。

5.2.4 招标方式

5.2.4.1 招标方式一般有两种:公开招标、邀请招标

公开招标,即招标人以招标公告的方式邀请非特定的法人或其他经济组织来进行投标,它是面向全社会的招标。

邀请招标,即招标人以投标邀请书的方式邀请一些特定的法人或其他经济组织来进行投标。

以前的法规中,还规定过另一种形式:议标,即通过与特定的法人或其他经济组织进行协商来确定承包人。议标实质上就是直接发包,它只是承发包的一种方式。这次颁行的《招标投标法》已将其排除在外,明确规定招标只分为公开招标和邀请招标两种。这从法律层面上,对招标这一概念进行了澄清和规范。

5.2.4.2 公开招标和邀请招标的主要区别

(1)发布信息的方式不同。一是招标公告,一是投标邀请书。

(2)选择承包人的范围不同。公开招标是面向全社会的,一切潜在的对招标项目感兴趣的法人和其他经济组织都可参加投标竞争,其竞争性体现得最为充分,招标人拥有绝对的选择余地,但他事先不能掌握投标人的数量。邀请招标所针对的对象是事先已了解的法人或其他经济组织,投标人的数目有限,其竞争性是不完全充分的,招标人的选择范围相对较小,它可能漏掉在技术上或报价上更有竞争力的承包商或供应商。

(3)公开的程度不同。公开招标中,所有的活动都必须严格按照预先指定并为大家所知的程序及标准公开进行,其作弊的可能性大大减小;而邀请招标的公开程度就相对逊色一些,产生不法行为的机会也就多一些。

(4)时间和费用不同。由于公开招标程序比较复杂,投标人的数量没有限定,所以其时间和费用都相对

较多。而邀请招标只在有限的投标人中进行，所以其时间可大大缩短，费用也可有所减少。

5.2.5 建设工程招标的要求

为保证招标的公正、公平，《招标投标法》对招标活动规定了一些限制性要求。

5.2.5.1 招标方式上的限制

为加强重点建设项目的管理，保证重点建设项目的工程质量、竣工日期和投资效益，《招标投标法》规定：国家重点建设项目和地方重点建设项目都必须进行公开招标。只有在某些特定情况下，如项目技术复杂或有特殊要求，涉及专利权保护，受自然资源或环境条件所限等原因，使可供选择的具备资格的投标单位数量有限，实行公开招标不适宜或不可行时，方可采用邀请投标方式，但事先须经国务院发展计划部门或省、自治区、直辖市人民政府批准。《工程建设项目施工招标投标办法》中规定，施工招标时除上述情况外，涉及国家安全、国家机密或抢险救灾，适宜招标但不宜公开招标的工程项目；公开招标的费用与项目的价值相比不值得的工程项目，经项目审批部门的批准，可进行邀请招标。

5.2.5.2 信息发布的要求

为保证招标信息发布的准确和竞争的公平、公正，《招标投标法》规定：采用公开招标方式的应当发布招标公告，其内容应包括招标人的名称和地址，招标项目的性质、数量、实施地点和时间以及其获取招标文件的办法等事项。依法必须招标的项目，其招标公告必须通过国家指定的报刊、信息网络或其他媒介发布，其他项目招标公告的发布渠道，则由招标人自由选择。

采用邀请招标方式的，应当发出投标邀请书，其内容与上述招标公告的要求一样。受到邀请的投标人不得少于三个，且都应具备承担招标项目的能力，资信良好。

5.2.5.3 禁止实行歧视待遇的要求

为防止招标人非法左右招标活动，保证竞争的公平与公正，《招标投标法》规定：招标人不得以不合理的条件限制或排斥潜在投标人，不得对潜在投标人实行歧视待遇。招标文件不得要求或者标明特定的生产供应者以及含有倾向或者排斥潜在投标人的其他内容。

5.2.5.4 保证合理时间的要求

为保证投标人编制标书的合理时间，《招标投标法》规定：招标人规定的投标截止日期距招标文件开始发出之日，不得少于 20 日。而招标人要对已发出的招标文件进行必要的修改与澄清的，最迟也必须在投标截止日期 15 日前，以书面形式通知所有投标文件的收受人。

5.3 建设工程投标

5.3.1 投标人

5.3.1.1 投标人的概念

投标人是指响应投标，参加投标竞争的人。

所谓响应投标，是指获得招标信息或受到投标邀请书后购买投标文件，接受资格审查，编制投标文件（俗称“标书”）等按招标人要求所进行的活动。

参加投标竞争，是指按照投标文件的要求并在规定时间内提交投标文件的活动。

《招标投标法》规定：除依法允许个人参加投标的科研项目外，其他项目的投标人必须是法人或其他经济组织，自然人不能成为建设工程的投标人。

为保证招投标的公平、公正，《工程建设项目施工招标投标办法》中还规定：招标人的任何不具备独立法人资格的附属机构和附属单位，或为招标项目的前期准备或监理工作提供设计、咨询服务的任何法人及其任何附属机构和附属单位,都不允许参加该施工项目招标的投标。

5.3.1.2 投标人应具备的条件

为保证建设工程的顺利完成,《招标投标法》规定:“国家有关规定对投标人资格条件或者招标文件对投标人资格条件有规定的,投标人应当具备规定的资格条件。”

投标人在向招标人提出投标申请时,应附带有关投标资格的资料,以供招标人审查,这些资料应表明自己存在的合法地位、资质等级、技术与装备水平、资金与财务状况、近期经营状况及以前所完成的与招标工程项目有关的业绩。

5.3.1.3 投标联合体

大型建设工程项目,往往不是一个投标人所能完成的,所以,法律允许几个投标人组成一个联合体,共同参与投标,并对联合体投标的相关问题作出了明确规定。

(1)联合体的法律地位。联合体由多个法人或经济组织组成,但它在投标时是作为一个独立的投标人出现的,具有独立的民事权利能力和民事行为能力。

(2)联合体的资格。《招标投标法》规定:组成联合体各方均应具备相应的投标资格;由同一专业的单位组成的联合体,按照资质等级较低的单位确定资质等级。这是为了促使资质优秀的投标人组成联合体,防止以高等级资质获取招标项目,而由资质等级低的投标人来完成的行为。

(3)联合体各方的责任。联合体各方应签订共同投标协议,明确约定各方在拟承包的工程中所承担的义务和责任。

(4)投标人的意愿自治。投标时,投标人是否与他人组成联合体,与谁组成联合体,都由投标人自行决定,任何人都不得干涉。《招标投标法》规定:招标人不得强制投标人组成联合体共同投标,不得限制投标人之间的竞争。

5.3.2 投标要求

5.3.2.1 投标文件内容要求

《招标投标法》规定:“投标文件应当对招标文件提出的实质性要求和条件作出响应。”实质性要求和条件,是指招标项目的价格、项目进度计划、技术规范、合同的主要条款等,投标文件必须对之作出响应,不得遗漏、回避,更不能对招标文件进行修改或提出任何附带条件。对于建设工程施工招标,投标文件还应包括拟派出的项目负责人与主要技术人员的简历、业绩和拟用于完成工程项目的机械设备等内容。投标人拟在中标后将中标项目的部分非主体、非关键性工作进行分包的应在投标文件中明确记载。

根据契约自由原则,我国法律也规定、投标文件送交后,投标人可以进行补充、修改或撤回,但必须以书面形式通知招标人。补充、修改的内容亦为投标文件的组成部分。

5.3.2.2 投标时间的要求

《招标投标法》规定:投标文件应在招标文件中规定的截止时间前送达投标地点,在截止时间后送达的投标文件,投标人应拒收。因此,以邮寄方式送交投标文件的,投标人应留出足够的邮寄时间,以保证投标文件在截止时间前送达,另外如发生地点方面的错送、误送,其后果皆由投标人自行承担。

投标人对投标文件的补充、修改、撤回通知,也必须在所规定的投标文件的截止时间前送达规定地点。

5.3.2.3 投标行为的要求

对于投标中各方的行为,《招标投标法》也有明确的规范要求。

(1)保密要求。由于投标是一次性的竞争行为,为保证其公正性,就必须对当事人各方提出严格的保密要求:投标文件及其修改、补充的内容都必须以密封的形式送达,招标人签收后必须原样保存,不得开启。对于标底和潜在投标人的名称、数量以及可能影响公平竞争的其他有关招投标的情况,招标人都必须保密,不得向他人透露。

(2)合理报价。《招标投标法》规定:"投标人不得以低于成本的价格报价竞标"。投标人以低于成本的价格报价,是一种不正当的竞争行为,他一旦中标,必然会采取偷工减料、以次充好等非法手段来避免亏损,以求得生存。这将严重破坏社会主义市场经济秩序,给社会带来隐患,必须予以禁止。但投标人从长远利益出发,放弃近期利益,不要利润,仅以成本价投标,这是合法的竞争手段,法律是予以保护的。这里所说的成本,是以社会平均成本和企业个别成本来计算的,并要综合考虑各种价格差别因素。

(3)诚实信用。从诚实信用的原则出发,《招标投标法》还规定:投标人不得相互串通投标;也不得与招标人串通投标,损害国家利益、社会公共利益和他人合法利益;还不得向招标人或评标委员会成员行贿以谋取中标;同时,还不得以他人名义投标或以其他方式弄虚作假、骗取中标。

《工程建设项目施工招标投标办法》还对投标人相互串通投标及投标人与招标人串通投标的具体表现行为作出了规定,它指出:凡投标人之间相互约定抬高、压低或约定分别以高、中、低价位报价;投标人之间先进行内部议价,内定中标人后再行投标及有其他串通投标报价行为的,皆属投标人串通投标行为。而招标人在开标前开启招标文件,并将招标情况告知其他投标人,或协助投标人撤换投标文件、更改报价;招标人向投标人泄露标底;招标人与投标人商定,投标时压低或抬高标价,中标后再给投标人或招标人额外补偿;招标人预先内定中标人等行为,皆为投标人与招标人串通投标行为。

5.3.2.4 投标人数量的要求

《招标投标法》规定:"投标人少于三个的,招标人应当依照本法重新招标。"当投标人少于三个时,就会缺乏有效竞争,投标人可能会提高承包条件,损害招标人利益,从而与招标目的相违背,所以必须重新组织招标,这也是国际上的通行做法。在国外,这种情况称之为"流标"。

5.3.2.5 提交投标保证金

投标保证金,是为了避免投标人投标后随意撤销投标或中标后不愿意承包等不诚信行为给招标人造成损失,要求投标人提供的担保。

投标保证金由投标人在提交投标文件的同时,按招标文件规定的金额、形式、时间向招标人提交。《工程建设项目施工招标投标办法》规定,投标保证金的有效期应超出投标有效期 30 天,其金额一般不得超过投标总价的 2%,且不得超过 80 万元人民币。

5.4 开标、评标和中标

5.4.1 开标

5.4.1.1 开标的概念

开标是指投标截止后,招标人按招标文件所规定的时间和地点,开启投标人提交的投标文件,公开宣布投标人的名称、投标价格及投标文件中的其他主要内容的活动。

5.4.1.2 开标的时间与地点

《招标投标法》规定:"开标应当在招标文件确定的提交投标文件截止时间的同一时间公开进行;开标地点应当为招标文件中预先确定的地点。"

根据这一规定,招标文件截止时间即开标时间,它一般都精确至某年某月某时某分。之所以这样规定,是避免开标与投标截止时间之间存在时间间隔,从而防止泄露投标内容等一些不端行为的发生。

开标地点事先在招标文件中明确规定,也更有利于投标人准时参加开标,从而更好地维护其合法利益。

5.4.1.3 有关开标的相关规定

(1)参加人。《招标投标法》规定:"开标由招标人主持,邀请所有投标人参加。"邀请所有投标人参加,是为了保证招投标的公正，使他们了解开标的过程和其他投标人的投标情况，从而对评标结果是否合理有一判断，这对招标人可起到一定的监督作用。开标时，还可邀请招标主管部门、评标委员会、监察部门的有关人员参加，也可委托公证部门对整个开标过程依法进行公证。

(2)标书密封的现场认定。开标时，由投标人或其推选的代表检查投标文件的密封情况，也可由招标人委托的公证机构检查并公证；经确认无误后，方可当众拆封，宣读投标文件的内容。如投标文件没有密封，或有被开启的痕迹，应被认定为投标无效，其内容不予宣读。

(3)当众宣读、记录备查。投标截止日期前收到的所有投标文件，在确认密封无误后，都应当众拆封、公开宣读。同时，还应将开标的整个过程记录在案，由主持人和其他工作人员签字确认后，存档备查。投标文件不响应招标文件的实质性要求和条件的，招标人应当拒绝。不得允许投标人通过修正或撤销不符合要求的内容，使之成为具有响应性的投标文件而参与评标。这样规定的目的，就是要增加开标的透明度，接受投标人和其他相关部门的监督，以确保招标的公平、公正。

5.4.2 评标

评标，就是依据招标文件的规定和要求，对投标文件所进行的审查、评审和比较。评标由招标人组建的评标委员会负责。

5.4.2.1 评标委员会

(1)评标委员会的组成。评标既是保证招标成功的重要环节，又是一项涉及多种专业知识的复杂的技术活动。为保证评标的公正性和权威性，《招标投标法》规定：依法必须进行招标的项目，其评标委员会由招标人的代表和有关技术、经济、法律等方面的专家组成，人数应在五人以上并为单数，其中技术、经济、法律等方面的专家不得少于成员总数的三分之二。

(2)评标委员会中专家的资格。为保证评标的质量，参加评标的专家必须是具有较高的专业水平，并有丰富的实际工作经验，对相关业务相当熟悉的专业技术人员。为此，《招标投标法》规定，参加评标委员会的专家应当满足从事相关领域工作满八年并具有高级职称或具有同等专业水平的条件。

(3)评标委员会专家人选的确定。为防止招标人选定评标专家的主观随意性，《招标投标法》规定：评标专家由招标人从国务院或省、自治区、直辖市人民政府有关部门提供的专家名册或招标代理机构的专家库中确定。一般招标项目可采取随机抽取方式，特殊招标项目因有特殊要求或技术特别复杂，只有少数专家能够胜任，所以可由招标人直接确定。但与投标人有利害关系的人不得进入评标委员会，已经进入的也应更换。

5.4.2.2 评标的相关规定

(1)评标标准。评标时，应严格按照招标文件确定的评标标准和方法，对投标文件进行评审和比较；设有标底的，应参考标底。任何未在招标文件中列明的标准和方法，均不得采用，对招标文件中已列明的标准和方法，不得有任何改变。这是保证评标公正、公平的关键，也是国际通行做法。

(2)独立评审。评标是招标人和评标委员会的独立活动，不应受外界的干预和影响，以免影响评标的公正。《招标投标法》特别规定："任何单位和个人不得非法干预、影响评标的过程和结果。"同时，还规定了相应的惩处措施。这对我国建设工程的招投标，具有十分重大的现实意义。当然，法律也规定：招标人应采取必要的措施，保证评标在严格保密的情况下进行；评标委员会成员和参与评标的有关工作人员不得透露对投标文件的评审比较、评标结果及其他与评标有关的情况。

(3)标价的确认。对于报价存在前后矛盾的投标文件，除招标文件另有约定外，应按下述原则进行修正和确认：用数字表示的数额与用文字表示的数额不一致时，以文字数额为准；单价与工程量的乘积和总价不一致时，以单价为准；若单价有明显的小数点错位，应以总价为准，并修改单价。调整后的报价经投标人确认后产生约束力。

(4)投标文件的澄清。评标时，若发现投标文件的内容有含义不明确、不一致或明显文字错误，或纯属计算上的错误等情形，评标委员会可通知投标人作出必要的澄清和说明，以确认其正确的内容。但投标人的澄清与说明，只能是对上述问题的解释和补正，它不能补充新的内容或更改投标文件中的报价、技术方案、工期、主要合同条款等实质性内容。澄清的要求及答复均应采取书面形式。投标人的答复必须有法定代表人或其授权代理人的签字，并作为投标文件的组成部分。如投标文件存在下列问题，评标委员会应按无效标处理：

①建筑工程设计投标文件中无相应资格的注册建筑师签字或签字注册建筑师受聘单位与投标人不符及无投标人公章的；

②工程施工投标文件中既无单位公章又无法定代表人或其授权的代理人签字的；

③未按规定的格式填写，内容不全或关键字迹模糊、无法辨认的；

④投标人名称或组织结构与资格预审时不一致的；

⑤未按招标文件要求提交投标保证金；

⑥联合体投标未附联合体各方共同投标协议的；

⑦同一投标人递交两份或多份内容不同的投标文件或在一份投标文件中对同一投标项目报有两个或多个报价但并未申明哪一个有效的(按招标文件规定递交备选方案的除外)。

(5)评标人的责任。《招标投标法》规定：评标委员会成员不得私下接触投标人，不得收受投标人的财物或其他好处；应客观、公正地履行职务，遵守职业道德，对所提出的评审意见承担个人责任。

5.4.2.3　评标结果

评标结束后，评标委员会应向投标人提交书面评标报告，并就中标人提出意见，根据不同情况，可有三种不同意见。

(1)推荐中标候选人。评标委员会可在评标报告中推荐1～3个中标候选人，由招标人确定。

(2)直接确定中标人。在得到招标人授权的情况下，评标委员会可在评标报告中直接确定中标人。

(3)否决所有投标人。经评审，评标委员会认为所有投标都不符合招标文件要求，可否决所有投标。这时，强制招标的项目应重新进行招标。

5.4.3　中标

5.4.3.1　中标通知书

中标通知书即招标人向中标的投标人发出的告知其中标的书面通知文件。《招标投标法》规定：中标人确定后，招标人应向中标人发出中标通知书，并同时将中标结果通知所有未中标的投标人。中标通知书发出后，即对招标人和中标人产生法律效力。

招投标过程就是订立合同的过程，投标是投标人发出的要约，中标通知书则是招标人作出的承诺。一般情况下，都是承诺送达要约人时生效，合同也随之成立，这就是一般合同中承诺生效的“收信主义”。但《招标投标法》中对承诺的生效采用了“发信主义”，即作出承诺时即生效。对此，我们应有清楚的了解。在中标通知书发出后，招标人改变中标结果，或是中标人放弃中标项目的，都要承担相应的法律责任。

5.4.3.2　签订承包合同

《招标投标法》规定：招标人和中标人应当自中标通知书发出之日起三十日内，按照招标文件和中标人的投标文件订立书面合同。招标人和中标人不得再行订立背离合同实质性内容的其他协议，如签了这样的协议，其在法律上也将是无效的。

5.4.3.3　提交招标投标报告

《招标投标法》规定：依法必须进行招标的项目，招标人应自确定中标人之日起十五日内，向有关行政监督部门提交招标投标报告。这是国家对招投标活动所进行的监督活动之一，它对保护国家利益、社会公共利益及公众安全，是很有必要的。

5.5 建设工程招标的管理机构及其职责

《中华人民共和国招标投标法实施条例》规定:国务院发展改革部门指导和协调全国招标投标工作,对国家重大建设项目的工程招标投标活动实施监督检查。国务院工业和信息化部、住房和城乡建设部、交通运输部、水利部、商务部等部门,按照规定的职责分工对有关招标投标活动实施监督。县级以上地方人民政府发展改革部门指导和协调本行政区域的招标投标工作。县级以上地方人民政府有关部门按照规定的职责分工,对招标投标活动实施监督,依法查处招标投标活动中的违法行为。县级以上地方人民政府对其所属部门有关招标投标活动的监督职责分工另有规定的,从其规定。

按照国务院分工,建设工程的招标投标,由县以上各级人民政府建设行政主管部门或其授权机构负责管理与监督。

住房和城乡建设部负责全国建设工程招标投标的管理工作,其主要职责是:

①贯彻执行国家有关建设工程招标投标的法律、法规和方针、政策,制定招标投标的规定和办法;

②指导、检查各地区、各部门的招标投标工作;

③总结交流招标投标工作的经验,提供相应服务;

④维护国家利益,监督重大工程的招标投标活动;

⑤审批全国范围内建设工程招投标的代理机构。

各省、自治区、直辖市的建设行政主管部门负责管理本行政区域内的建设工程招标投标工作,其主要职责是:

①贯彻国家有关建设工程招标投标的法规和方针、政策,制定建设工程招标投标实施办法;

②监督、检查本行政区域内的有关招标投标活动,总结交流工作经验;

③审批咨询、监理等单位代理建设工程招标投标业务的资格;

④调解招投标纠纷;

⑤否决违反招标投标规定的定标结果。

设区的市级以上人民政府可以根据实际需要,建立统一规范的招标投标交易场所,为招标投标活动提供服务。招标投标交易场所不得与行政监督部门存在隶属关系,不得以营利为目的。

国务院工业和信息化部、交通运输部等部门要会同地方建设行政主管部门,做好本部门直接投资和相关投资公司投资的重大建设项目的招标投标管理工作。

案例分析

■ 案例 1

【案情摘要】

原告:乙公司

被告:甲公司

甲公司计划开发住宅公寓楼,预计总投资为5000万元,就该公寓工程甲公司与多家施工企业进行洽谈,最终选定乙公司作为本项目的施工总承包单位。甲公司与乙公司于2016年1月签订《施工合同》(以下称实际履行合同)。在实际履行合同签订后,为了完善建设工程合同备案程序,甲公司组织编写了招标文件,乙公司以实际履行合同约定的合同价款,提交了投标文件,甲公司于2016年4月向乙公司发出中标通知书,甲乙双方又根据乙公司编制的招投标文件重新签订了用于备案的《施工合同》(以下称备案合同)。实际履行合同与备案合同在合同价款、合同价款调整、工期、质量等条款的约定不尽相同。乙公司按照实际履行合同完成公寓建设后,由于甲公司未能及时支付工程款,乙公司起诉至人民法院,要求甲公司支付欠付的工程款。

【处理结论】

1.本案例中乙公司中标无效。

2.本案例中甲乙两方签订的两份施工合同均属无效合同。

【法律分析】

1.本案例工程属于必须招标的项目，其招标投标程序违反了《招标投标法》的规定，乙公司中标无效。

本案例工程为新建住宅公寓项目，根据《招标投标法》第三条的规定"在中华人民共和国境内进行下列工程建设项目包括项目的勘察、设计、施工、监理以及与工程建设有关的重要设备、材料等的采购，必须进行招标：(一)大型基础设施、公用事业等关系社会公共利益、公众安全的项目；(二)全部或者部分使用国有资金投资或者国家融资的项目；(三)使用国际组织或者外国政府贷款、援助资金的项目。"本案中住宅公寓属于关系社会公共利益的建设工程项目，依法属于必须招标的项目。

依法必须招标的项目的招投标程序必须符合《招标投标法》的规定。在本案例中，甲乙两方尽管在形式上履行了招投标程序，但是在乙公司中标前，甲公司和乙公司已就工程的价格、工期、质量等基本条件进行了谈判，招投标程序实际上是在已经签订实际履行合同后进行的，该情形可以视为《招标投标法》明确禁止的串通投标的行为，根据《招标投标法》第五十三条的规定："投标人相互串通投标或者与招标人串通投标的，投标人以向招标人或者评标委员会成员行贿的手段谋取中标的，中标无效"。本案例中，乙公司与甲公司事先已签订施工合同事项，有理由认为存在串通行为，其事后形式上的招标、投标和中标行为均应认定为无效。

2.实际履行合同和备案合同均属于无效合同。

本案例中出现的实际履行合同与备案合同两份合同的情况，在工程实践中通常称之为"黑白合同"。最高人民法院《关于审理建设工程施工合同纠纷案件适用法律问题的解释》(以下简称《施工合同司法解释》)的第二十一条针对"黑白合同"的结算问题进行了规定，即当事人就同一建设工程另行订立的建设工程施工合同与经过备案的中标合同实质性内容不一致的，应当以备案的中标合同作为结算工程价款的根据。即应当按照"白合同"进行结算。

该条司法解释中的"黑白合同"包括以下三种情形：①中标后先签订"黑合同"再签订"白合同"用于备案；②中标后先签订"白合同"用于备案，再签订"黑合同"用于实际履行；③中标后同时签订"黑白合同"。

但本案合同订立的过程与《施工合同司法解释》第二十一条规定的"黑白合同"签订过程并不一样，其实质是实际履行的"黑合同"在招标之前即签订，中标后再签订另外的"白合同"用于备案。对于此种实践中常见的"黑白合同"争议的处理，《施工合同司法解释》并没有作出明确的规定。

先签订实际履行"黑合同"后签订"白合同"的行为，应被认定为串通投标行为，如前述依据《招标投标法》第五十三条规定，则中标无效。因此在本案中，乙公司的中标无效，中标合同亦无效，同时其先前签订的"黑合同"亦属于无效合同。

在"黑白合同"均无效的情况下，根据《施工合同司法解释》第二条的规定，如果建设工程经竣工验收合格，承包人可以主张参照合同约定的工程价款进行结算。

■ 案例 2

【案情摘要】

原告：甲公司

被告：乙公司

甲公司开发某商业项目，通过公开招标确定乙公司为该项目的施工总承包单位，双方签订施工合同，合同价款为人民币 5000 万元。该商业项目地处南方某省，当地春季雨水比较多，地质条件也比较复杂，乙公司缺乏在当地的施工经验，在桩基工程施工过程中，导致施工质量存在一些问题，因此乙公司要求甲公司就相关施工工艺及合同价款进行调整，甲公司未予同意，工程履行基本进入停滞状态。甲公司多次催告乙公司按照招投标文件以及施工合同约定进行施工，乙公司以各种理由一直未恢复施工。后甲公司就该商业项目进行了重新招标，重新确定丙公司为施工总承包单位，中标价格为人民币5400万元，丙公司在甲公司与乙公司解除合同后进场施工。后甲公司起诉至人民法院要求乙公司赔偿损失。

【处理结论】

1.本案例中甲公司解除合同符合法律规定。

2.本案例中乙公司应赔偿甲公司因重新招标造成的损失。

【法律分析】

1.在乙公司经甲公司催告后未恢复合同履行的情况下，甲公司解除合同符合法律规定。

乙公司作为一个有经验的承包人，在进行工程投标时应当根据招标文件的要求和相关原始数据，对项目当地的气候等地理环境进行调研，并分析研判相关风险，如果招标中没有特别约定，那么应视为乙公司的投标报价是充分考虑了相关风险，乙公司不能就此主张合同价款的调整。因此在本案中，乙公司以未预见施工困难为由暂停施工，属于违约行为。根据《民法典》第五百六十三条的规定，有下列情形之一的，当事人可以解除合同：(一)因不可抗力致使不能实现合同目的；(二)在履行期限届满前，当事人一方明确表示或者以自己的行为表明不履行主要债务；(三)当事人一方迟延履行主要债务，经催告后在合理期限内仍未履行；(四)当事人一方迟延履行债务或者有其他违约行为致使不能实现合同目的；(五)法律规定的其他情形。在本案中，乙公司的主要义务是完成项目的施工，但是乙公司在没有合法理由的情况下暂停了工程施工，经甲公司催告后仍然不恢复施工，属于在合同履行期限届满之前，以自己的行为表明不履行主要债务，在此情况下，甲公司有权按照《民法典》第五百六十三条第三款的规定解除合同。

2.乙公司应赔偿甲公司因重新招标造成的损失。

根据《民法典》第五百七十七条："当事人一方不履行合同义务或者履行合同义务不符合约定的，应当承担继续履行、采取补救措施或者赔偿损失等违约责任。"第五百八十四条规定："当事人一方不履行合同义务或者履行合同义务不符合约定，造成对方损失的，损失赔偿额应当相当于因违约所造成的损失，包括合同履行后可以获得的利益；但是，不得超过违约一方订立合同时预见到或者应当预见到的因违约可能造成的损失。"在本案中，因为乙公司的违约行为导致甲公司重新招标，重新招标确定的新的中标价格与甲乙公司签订的施工合同价款相比增加了400万元，该部分损失属于甲公司的直接损失，乙公司应承担赔偿责任。

思考题

1. 什么是建设工程的发包与承包？它有哪些方式？
2.《建筑法》中，对建设工程承发包都作了哪些规定？
3. 什么是建设工程招标？它应遵循的原则是什么？
4. 招标人必须具备的条件有哪些？
5. 我国强制性进行招标投标的建设工程项目有哪些？
6. 招标方式有哪几种？它们之间的主要区别是什么？
7.《招标投标法》对招标活动都作了哪些限制性规定？
8. 投标人应具备什么条件？
9. 何谓投标联合体？联合体的资格和责任方面都有哪些规定？
10.《招标投标法》对投标文件、时间、行为、投标人数等方面都作了哪些规定？
11. 何谓开标？开标时间、地点、参加人及开标过程都有哪些规定？
12. 何谓评标？评标委员会组成方面有哪些规定？哪些人可参加评标？有关评标的相关规定还有哪些？
13. 确定中标人后，招标人应进行哪些活动？
14. 中标通知书在法律上的性质是什么？它何时生效？
15. 我国现行建设工程招标投标管理机构有哪些？其职责是什么？

6 建设工程勘察设计法规

本章介绍了我国现行的有关工程勘察设计的法律规定，并重点介绍了工程勘察设计标准的概念、标准的制定与实施及工程勘察设计文件编制的要求。

6.1 概　　述

6.1.1 建设工程勘察设计的概念

建设工程勘察是指根据建设工程的要求，查明、分析、评价建设场地的性质、地理环境特征和岩土工程条件，编制建设工程勘察文件的活动。

建设工程设计是指根据建设工程的要求，对建设工程所需的技术、经济、资质、环境等条件进行综合分析、论证，编制建设工程设计文件的活动。

在工程建设的各个环节中，勘察是基础，而设计是整个工程建设的灵魂，从事建设工程勘察、设计活动，应坚持先勘察、后设计、再施工的原则，这对保证建设工程的质量和效益是至关重要的。

为缩短设计和建设周期、节约材料和能耗、提高工程质量和综合经济效益，国家鼓励在建设工程勘察、设计活动中采用先进技术、先进设备、新型材料和现代管理方法。

国家对从事建设工程勘察、设计活动的企业及专业技术人员，实行资质管理及执业资格注册制度。建设工程勘察、设计企业只能在其资质等级许可的范围内承揽建设工程勘察、设计业务；建设工程勘察、设计注册执业人员和其他专业技术人员，只能受聘于一个建设工程勘察设计企业，未受企业聘用的，不得从事建设工程勘察、设计活动。

6.1.2 工程勘察设计法规立法概况

工程勘察设计法规是指调整工程勘察、设计活动中所产生的各种社会关系的法律规范的总称。

目前，我国工程勘察设计方面的立法层次总的来说还比较低。现行主要的法规有：1978 年国家建委颁发的《设计文件的编制和审批办法》，1983 年国家计委颁发的《基本建设设计工作管理暂行办法》和《基本建设勘察工作管理暂行办法》。在工程设计标准管理和标准设计方面主要的法规有：1980 年国家建委颁发的《工程建设标准规范管理办法》，1981 年国家建委颁发的《全国工程建设标准设计管理办法》，1992 年建设部颁发的《工程建设国家标准管理办法》和《工程建设行业标准管理办法》等。这些法规，对规范工程勘察设计活动，加强勘察设计管理起了重要的作用。为适应市场经济的需要，进一步加强工程勘察设计行为的规范和管理，2000 年以来，国务院及住房和城乡建设部先后颁发了《建设工程勘察设计管理条例》(2000 年起施行，2017 年第二次修订)、《实施工程建设强制性标准监督规定》(2015 年)、《房屋建筑工程抗震设防管理规定》(2015 年)、《建设工程勘察质量管理办法》(2007 年)、《房屋建筑和市政基础设施工程施工图设计文件审查管理办法》(2013 年)。这些对工程建设勘察设计的法制建设，起到了极大的推进作用。

6.2 工程勘察设计标准

6.2.1 工程建设标准

6.2.1.1 工程建设标准的概念

标准是指对重复性事物和概念所做的统一性规定。它以科学技术和实践经验的综合成果为基础，经有关方面协商一致，由主管机构批准，以特定形式发布，作为共同遵守的准则和依据。

工程建设标准是指对基本建设中各类工程的勘察、规划、设计、施工、安装、验收等需要协调统一的事项所制定的标准。

制定和实施各项工程建设标准，并逐步使其各系统的标准形成相辅相成、共同作用的完整体系，即实现工程建设标准化是实现现代化建设的重要手段，也是我国建设领域现阶段一项重要的经济、技术政策。它可保证工程建设的质量及安全生产，全面提高工程建设的经济效益、社会效益和环境效益。

6.2.1.2 工程建设标准的种类

工程建设标准从不同的角度可有不同的分类：

(1)按标准的内容，工程建设标准可分为技术标准、经济标准和管理标准三类。

(2)按适用范围，工程建设标准可分为国家标准、行业标准、地方标准和企业标准。

工程建设国家标准是指在全国范围内统一的技术要求。如通用的质量标准，通用的术语、符号、代号、建筑模数等。

工程建设行业标准是指在工程建设活动中，在全国某个行业范围内统一的技术要求。如行业专用的质量标准，专用的术语、符号、代号，专用的试验、检验、评定方法等。

工程建设地方标准是指工程建设活动中，根据当地的气候、地质、资源、环境等条件，在省、自治区、直辖市范围内统一的技术要求。它不得低于相应的国家标准或行业标准。

工程建设企业标准是指工程建设活动中，企业内部统一的技术要求。它不得低于国家标准、行业标准和地方标准。

(3)按执行效力，工程建设标准可分为强制性标准和推荐性标准。

强制性标准是指必须执行的标准，如工程建设勘察、规划、设计、施工及验收等通用的综合标准和质量标准等。

推荐性标准是指当事人自愿采用的标准，凡是强制性标准以外的标准皆为推荐性标准。

6.2.1.3 工程勘察设计标准

《基本建设设计工作管理暂行办法》《基本建设勘察工作管理暂行办法》规定：工程勘察设计标准包括工程建设勘察设计规范和标准设计两种。

(1)工程建设勘察设计规范。它是强制性勘察设计标准。一经颁发，就是技术法规，在一切工程勘察、设计工作中都必须执行。勘察设计规范分为国家、部、省(自治区、直辖市)、设计单位四级。

(2)标准设计。它是推荐性设计标准。一经颁发，建设单位和设计单位要因地制宜地积极采用，凡无特殊理由的不得另行设计。标准设计分为国家、部、省(自治区、直辖市)三级。

6.2.2 工程建设标准的制定与实施

6.2.2.1 工程建设标准的制定原则

(1)遵守国家的有关法律、法规及相关方针、政策，密切结合自然条件，合理利用资源，充分考虑使用和维修的要求，做到安全适用、技术先进、经济合理。

(2)积极开展科学实验或测试验证。有关项目，应纳入主管部门的科研计划，认真组织实施，写出成果报告。

(3)积极采用新技术、新工艺、新设备、新材料。经有关主管部门或受托单位鉴定,有完整的技术文件,且经实践检验的,应纳入标准。

(4)积极采用国际标准和国外先进标准。凡经认真分析论证或测试验证,并符合我国国情的,应纳入标准。

(5)条文规定严谨明确,文句简练,不得模棱两可。内容深度、术语、符号、计量单位等应前后一致,不得矛盾。

(6)注意与先行标准的协调。要遵守现行的工程建设标准,确有更改需要的,必须经过审批。工程建设标准中,不得规定产品标准的内容。

(7)发扬民主、充分讨论。对有关政策问题应认真研究、统一认识;对有争论的技术性问题,应在调查研究、实验验证或专题讨论的基础上,充分协商,再做结论。

6.2.2.2 工程建设标准的审批、发布

工程建设国家标准由国务院建设行政主管部门审查批准,国务院标准化行政主管部门和建设行政主管部门联合颁行。

工程建设行业标准由国务院有关行政主管部门审批、颁行,并报国务院建设行政主管部门备案。

工程建设地方标准的制定、审批、发布方法,由省、自治区、直辖市人民政府规定。但标准发布后,应报国务院建设行政主管部门和标准化行政主管部门备案。

工程建设企业标准由企业组织制定,并按国务院有关行政主管部门或省、自治区、直辖市人民政府的规定报送备案。

6.2.2.3 工程建设标准的实施

工程建设标准的实施,不仅关系到建设工程的经济效益、社会效益和环境效益,而且直接关系到工程建设者、所有者和使用者的人身安全及国家、集体和公民的财产安全。因此,必须严格执行,认真监督。相关法规规定:

各级行政主管部门在制定有关工程建设的规定时,不得擅自更改国家及行业的强制性标准;从事工程建设活动的部门、单位和个人,都必须执行强制性标准;对于不符合强制性标准的工程勘察成果报告和规划、设计文件,不得批准使用;不按标准施工,质量达不到合格标准的工程,不得验收。

工程质量监督机构和安全监督机构,应根据现行的强制性标准对工程建设的质量和安全进行监督,当监督机构与被监督单位对适用的强制性标准发生争议时,由该标准的批准部门进行裁决。

各级行政主管部门应对勘察、设计、规划、施工单位及建设单位执行强制性标准的情况进行监督检查。国家机关、社会团体、企业、事业单位及全体公民均有权检举、揭发违反强制性标准的行为。

对于工程建设推荐性标准,国家鼓励自愿采用。采用何种推荐性标准,由当事人在工程合同中予以确认。

6.3 设计文件的编制要求

6.3.1 工程设计的原则和依据

6.3.1.1 工程设计原则

工程设计是工程建设的主导环节,对工程建设的质量、投资效益起着决定性的作用。为保证工程设计的质量和水平,使建设工程设计与社会经济发展水平相适应,真正做到经济效益、社会效益和环境效益相统一,相关法规规定,工程设计必须遵循以下主要原则:

(1)贯彻经济、社会发展规划，城乡规划和产业政策

经济、社会发展规划及产业政策，是国家某一时期的建设目标和指导方针，工程设计必须贯彻其精神，城市规划、村庄和集镇规划一经批准公布，即成为工程建设必须遵守的规定。工程设计活动也必须符合其要求。

(2)综合利用资源，满足环保要求

工程设计中，要充分考虑矿产、能源、水、农、林、牧、渔等资源的综合利用。要因地制宜，提高土地利用率。要尽量利用荒地、劣地，不占或少占耕地。工业项目中要选用耗能少的生产工艺和设备；民用项目中，要采取节约能源的措施，提倡区域集中供热，重视余热利用。城市的新建、扩建和改建项目，应配套建设节约用水设施。在工程设计时，还应积极改进工艺，采取行之有效的技术措施，防止粉尘、毒物、废水、废气、废渣、噪声、放射性物质及其他有害因素对环境的污染，要进行综合治理和利用，使设计符合国家环保标准。

(3)遵守工程建设技术标准

工程建设中有关安全、卫生和环境保护等方面的标准都是强制性标准，工程设计时必须严格遵守。

(4)采用新技术、新工艺、新材料、新设备

工程设计应当广泛吸收国内外先进的科研和技术成果，结合我国的国情和工程实际情况，积极采用新技术、新工艺、新材料、新设备，以保证建设工程的先进性和可靠性。

(5)重视技术和经济效益的结合

采用先进的技术，可提高生产效率，增加产量，降低成本，但往往会增加建设成本和建设工期。因此，要注重技术和经济效益的结合，从总体上全面考虑工程的经济效益、社会效益和环境效益。

(6)公共建筑和住宅要注意美观、实用和协调

建筑既要有实用功能，又要能美化城市，给人们提供精神享受。公共建筑和住宅设计应巧于构思，使其造型新颖、独具特色，但又与周围环境相协调，保护自然景观。同时还要满足功能适用、结构合理的要求。

6.3.1.2　工程设计的依据

项目建议书是进行工程设计、编制设计文件的主要依据。

如有可能，设计单位应积极参加项目建议书的编制、建设地址的选择、建设规划及试验研究等设计前期工作。对大型水利枢纽、水电站、大型矿山、大型工厂等重点项目，在项目建议书批准前，可根据长远规划的要求进行必要的资源调查、工程地质和水文勘察、经济调查和多种方案的技术经济比较等方面的工作，以从中了解和掌握有关情况，收集必要的设计基础资料，为编制设计文件做好准备。

6.3.2　设计阶段和内容

6.3.2.1　设计阶段

根据《基本建设设计工作管理暂行办法》的规定，设计阶段可根据建设项目的复杂程度而决定。

(1)一般建设项目

一般建设项目的设计可按初步设计和施工图设计两阶段进行。

(2)技术复杂的建设项目

技术上复杂的建设项目，可增加技术设计阶段，即按初步设计、技术设计、施工图设计三个阶段进行。

(3)存在总体部署问题的建设项目

一些牵涉面广的项目，如大型矿区、油田、林区、垦区、联合企业等，存在总体开发部署等重大问题，这时，在进行一般设计前还可进行总体规划设计或总体设计。

6.3.2.2　各设计阶段的内容与深度

(1)总体设计

总体设计一般由文字说明和图纸两部分组成。其内容包括：建设规模、产品方案、原料来源、工艺流程概况、主要设备配备、主要建筑物及构筑物、公用和辅助工程、“三废”治理及环境保护方案、占地面积估计、总图

布置及运输方案、生活区规划、生产组织和劳动定员估计、工程进度和配合要求、投资估算等。总体设计的深度应满足开展下述工作的要求：初步设计，主要大型设备、材料的预安排，土地征用谈判。

(2)初步设计

初步设计由设计说明书、设计图纸、主要设备或材料表及工程概算书组成。一般应包括以下相关文字说明和图纸：设计依据、设计指导思想、产品方案、各类资源的用量和来源、工艺流程、主要设备选型及配置、总图运输、主要建筑物和构筑物、公用及辅助设施、新技术采用情况、主要材料用量、外部协作条件、占地面积和土地利用情况、综合利用和“三废”治理、生活区建设、抗震和人防措施、生产组织和劳动定员、各项技术经济指标、建设顺序和期限、总概算等。

初步设计的深度应满足以下要求：设计方案的比选和确定、主要设备材料订货、土地征用、基建投资的控制、施工招标文件的编制、施工图设计的编制、施工组织设计的编制、施工准备和生产准备等。

(3)技术设计

技术设计的内容，由有关部门根据工程的特点和需要自行制定。其深度应能满足确定设计方案中重大技术问题和有关实验、设备制造等方面的要求。

(4)施工图设计

施工图设计，应根据已获批准的初步设计进行。其深度应能满足以下要求：能据以编制施工图预算；能据以安排材料、设备订货和非标准设备的制作；能据以进行施工和安装；能据以进行工程验收。

6.3.3 抗震设防

6.3.3.1 抗震设防范围

地震烈度为六度及六度以上地区和今后有可能发生破坏性地震地区所有新建、改建、扩建工程都必须进行抗震设防。

抗震设防地区村镇建设中的公共建筑、统建的住宅及乡镇企业的生产、办公用房，必须进行抗震设防，其他建设工程应根据当地经济发展水平，按因地制宜、就地取材的原则采取抗震措施，提高村镇房屋的抗震能力。

6.3.3.2 抗震设防设计

工程勘察设计单位应按规定的业务范围承担工程项目的抗震设计，严格遵守现行抗震设计规范和有关规定。工程项目的设计文件应有抗震设防的内容，包括设防的依据、设防标准、方案论证等。

新建工程采用新技术、新材料和新结构体系，均应通过相应级别的抗震性能鉴定，符合抗震要求后，方可采用。

工程项目抗震设计质量由建设行政主管部门会同有关部门进行审查、监督。

6.3.4 设计文件的审批与修改

6.3.4.1 设计文件的审批

在我国，建设项目设计文件的审批，实行分级管理、分级审批的原则。根据《基本建设设计工作管理暂行办法》，设计文件具体审批权限规定如下：

(1)特大、特殊项目的初步设计和总概算，报请国务院批准。

(2)大型建设项目的初步设计和总概算，按隶属关系，由国务院主管部门或省、市、自治区组织审查，提出审查意见，报国家批准；技术设计按隶属关系由国务院主管部门或省、市、自治区审批。

(3)中型建设项目的初步设计和总概算，按隶属关系，由国务院主管部门或省、市、自治区审查批准。批准文件抄送住房和城乡建设部备案。国家指定的中型项目的初步设计和总概算要报住房和城乡建设部审批。

(4)小型建设项目初步设计的审批权限，由主管部门或省、市、自治区自行规定。

(5)总体规划设计(或总体设计)的审批权限，与初步设计的审批权限相同。

(6)施工图设计按照规定进行审查。

6.3.4.2　设计文件的修改

设计文件是工程建设的主要依据，经批准后，就具有一定的严肃性，不得任意修改和变更，如必须修改，则须经有关部门批准，其批准权限，视修改的内容所涉及的范围而定。根据《基本建设设计工作管理暂行办法》，修改设计文件应遵守以下规定：

(1)设计文件是工程建设的主要依据，经批准后不得任意修改。

(2)凡涉及计划任务书的主要内容，如建设规模、产品方案、建设地点、主要协作关系等方面的修改，须经原计划任务书审批机关批准。

(3)凡涉及初步设计的主要内容，如总平面布置、主要工艺流程、主要设备、建筑面积、建筑标准、总定员、总概算等方面的修改，须经原设计审批机关批准。修改工作须由原设计单位负责进行。

(4)施工图的修改，须经原设计单位的同意。建设单位、施工单位、监理单位都无权修改建设工程勘察、设计文件。确需修改的，应由原勘察设计单位进行。经原勘察设计单位同意，建设单位也可委托其他具有相应资质的建设工程勘察、设计单位修改，并由修改单位对修改的勘察设计文件承担相应责任。

随着我国经济体制改革的深化和社会主义市场经济体制的建立，政府职能转化，投资主体多元化，我国设计文件的审批和修改必将进一步改革，政府对设计文件的审批内容将侧重于规划、安全和职业卫生、环境保护等内容(属国家投资的项目，审批内容中应有投资规模)，其他内容将由建设单位自行审查。

6.4　施工图设计文件的审查

6.4.1　施工图设计文件审查的概念

施工图设计文件(以下简称施工图)审查是指施工图审查机构根据国家的法律、法规、技术标准与规范，对施工图涉及公共利益、公共安全和工程建设强制性标准的内容进行的审查。它是政府主管部门对建筑工程勘察设计质量监督管理的重要环节，是基本建设必不可少的程序，工程建设各方必须认真贯彻执行。

建设工程质量与社会公共利益和广大人民生命财产安全息息相关，因此，监管好工程质量是政府不可推卸的职责。而工程设计是整个工程建设的灵魂，对建设工程质量有着至关重要的作用。因此，世界上主要发达国家和地区都建立有工程设计施工图审查制度。当前，我国工程建设项目投资主体多元化，勘察、设计单位的企业化等一系列改革使工程设计质量管理工作面临着新情况，而工程设计质量也出现了一些新问题，一些业主及勘察设计单位片面追求利益的最大化，忽视社会公共利益和国家利益，使得工程设计质量下降。据有关部门前几年进行的检查和抽查统计，发现存在问题的设计已占20%～30%，因此，在我国建立起施工图审查制度是十分必要的。《建设工程质量管理条例》中规定“设计单位应当就审查合格的施工图设计文件向施工单位作出详细说明。”“施工图设计文件未经审查批准的不得使用。”《建设工程勘察设计管理条例》中规定“县级以上人民政府交通运输等有关部门应按照职责对施工图设计文件中涉及公共利益、公众安全、工程建设强制性标准的内容进行审查。施工图设计文件未经审查批准的，不得使用”。根据这些法律规定，住房和城乡建设部于2013年4月也下发了《房屋建筑和市政基础设施工程施工图设计文件审查管理办法》(以下简称《施工图审查办法》)，对具体事项作出了相关规定。

6.4.2　施工图审查的内容

(1)施工图审查的主要内容

①是否符合工程建设强制性标准；

②地基基础和主体结构的安全性；

③是否符合民用建筑节能强制性标准，对执行绿色建筑标准的项目，还应当审查是否符合绿色建筑

标准；

④勘察设计企业和注册执业人员以及相关人员是否按规定在施工图上加盖相应的图章和签字；

⑤其他法律、法规、规章规定必须审查的内容。

(2)施工图审查与设计咨询的关系

施工图审查的目的是维护社会公共利益、保护社会公众的生命财产安全，因此，施工图审查主要涉及社会公众利益、公众安全方面的问题。至于设计方案在经济上是否合理、技术上是否保守、设计方案是否可以改进等主要涉及业主利益的问题，属于设计咨询范畴的内容，不属于施工图审查的范围。当然，在施工图审查中如发现这方面的问题，也可提出建议，由业主自行决定是否进行修改。如业主另行委托，也可进行这方面的审查。

6.4.3 施工图审查机构

施工图设计文件的审查是一项专业性、技术性较强的特殊工作，审查机构应当是政府主管部门审查批准的具有一定条件的专业机构，工作人员必须以严谨、科学的态度履行职责。

《施工图审查办法》规定，施工图审查机构是由建设主管部门认定的、不以营利为目的的独立法人。

审查机构按承接业务范围分两类，一类审查机构承接房屋建筑、市政基础设施工程施工图审查业务，范围不受限制；二类审查机构可以承接二级及以下房屋建筑、市政基础设施工程的施工图审查。

6.4.3.1 施工图审查机构应具备的条件

《施工图审查办法》具体规定了一类审查机构和二类审查机构应当具备的具体条件。

一类审查机构应当具备下列条件：

(1)有健全的技术管理和质量保证体系。

(2)审查人员应当有良好的职业道德；有15年以上所需专业勘察、设计工作经历；主持过不少于5项大型房屋建筑工程、市政基础设施工程相应专业的设计或者甲级工程勘察项目相应专业的勘察；已实行执业注册制度的专业，审查人员应当具有一级注册建筑师、一级注册结构工程师或者勘察设计注册工程师资格，并在本审查机构注册；未实行执业注册制度的专业，审查人员应当具有高级工程师职称；近5年内未因违反工程建设法律法规和强制性标准受到行政处罚。

(3)在本审查机构专职工作的审查人员数量：从事房屋建筑工程施工图审查的，结构专业审查人员不少于7人，建筑专业不少于3人，电气、暖通、给排水、勘察等专业审查人员各不少于2人；从事市政基础设施工程施工图审查的，所需专业的审查人员不少于7人，其他必须配套的专业审查人员各不少于2人；专门从事勘察文件审查的，勘察专业审查人员不少于7人。

承担超限高层建筑工程施工图审查的，还应当有主持过超限高层建筑工程或者100米以上建筑工程结构专业设计的审查人员不少于3人。

(4)60岁以上审查人员不超过该专业审查人员规定数的1/2。

(5)注册资金不少于300万元。

二类审查机构应当具备下列条件：

(1)有健全的技术管理和质量保证体系。

(2)审查人员应当有良好的职业道德；有10年以上所需专业勘察、设计工作经历；主持过不少于5项中型以上房屋建筑工程、市政基础设施工程相应专业的设计或者乙级以上工程勘察项目相应专业的勘察；已实行执业注册制度的专业，审查人员应当具有一级注册建筑师、一级注册结构工程师或者勘察设计注册工程师资格，并在本审查机构注册；未实行执业注册制度的专业，审查人员应当具有高级工程师职称；近5年内未因违反工程建设法律法规和强制性标准受到行政处罚。

(3)在本审查机构专职工作的审查人员数量：从事房屋建筑工程施工图审查的，结构专业审查人员不少于3人，建筑、电气、暖通、给排水、勘察等专业审查人员各不少于2人；从事市政基础设施工程施工图审查的，所需专业的审查人员不少于4人，其他必须配套的专业审查人员各不少于2人；专门从事勘察文件审查的，勘察专业审查人员不少于4人。

(4)60岁以上审查人员不超过该专业审查人员规定数的1/2。

(5)注册资金不少于100万元。

6.4.3.2 施工图审查机构的确定与管理

国务院住房城乡建设主管部门负责对全国的施工图审查工作实施指导、监督。县级以上地方人民政府住房城乡建设主管部门负责对本行政区域内的施工图审查工作实施监督管理。

省、自治区、直辖市人民政府住房城乡建设主管部门应当按照规定的审查机构条件，结合本行政区域内的建设规模，确定相应数量的审查机构。省、自治区、直辖市人民政府住房城乡建设主管部门应当将审查机构名录报国务院住房城乡建设主管部门备案，并向社会公布。

6.4.4 施工图审查的程序

6.4.4.1 施工图审查的报送

建设单位应当按规定将施工图送审查机构审查。建设单位可以自主选择审查机构，但是审查机构不得与所审查项目的建设单位、勘察设计企业有隶属关系或者其他利害关系。送审管理的具体办法由省、自治区、直辖市人民政府住房城乡建设主管部门按照“公开、公平、公正”的原则规定。

建设单位不得明示或者暗示审查机构违反法律法规和工程建设强制性标准进行施工图审查，不得压缩合理审查周期、压低合同审查费用。

建设单位应当向审查机构提供下列资料并对所提供资料的真实性负责：

(1)作为勘察、设计依据的政府有关部门的批准文件及附件；

(2)全套施工图；

(3)其他应当提交的材料。

6.4.4.2 施工图审查的要求

(1) 施工图审查的时限

①大型房屋建筑工程、市政基础设施工程为15个工作日，中型及以下房屋建筑工程、市政基础设施工程为10个工作日；

②工程勘察文件，甲级项目为7个工作日，乙级及以下项目为5个工作日。

以上时限不包括施工图修改时间和审查机构的复审时间。

(2)审查结果的处理

审查机构对施工图进行审查后，应当根据下列情况分别作出处理：

①审查合格的，审查机构应当向建设单位出具审查合格书，并在全套施工图上加盖审查专用章。审查合格书应当有各专业的审查人员签字，经法定代表人签发，并加盖审查机构公章。审查机构应当在出具审查合格书后5个工作日内将审查情况报工程所在地县级以上地方人民政府建设主管部门备案。

②审查不合格的，审查机构应当将施工图退建设单位并出具审查意见告知书，说明不合格原因。同时，应当将审查中发现的建设单位、勘察设计企业和注册执业人员违反法律、法规和工程建设强制性标准的问题，报工程所在地县级以上地方人民政府建设主管部门。

施工图退建设单位后，建设单位应当要求原勘察设计企业进行修改，并将修改后的施工图报原审查机构复查。

(3)施工图审查所需经费，由施工图审查机构向建设单位收取。

6.4.4.3 争议的解决

建设单位或设计单位对审查机构作出的审查报告有重大分歧和意见时，可由建设单位或设计单位向所在省、自治区、直辖市人民政府建设行政主管部门提出复查申请，省、自治区、直辖市人民政府建设行政主管部门组织专家论证并给出复查结果。

6.4.5 施工图审查各方的责任

6.4.5.1 设计单位与设计人员的责任

勘察设计单位及其设计人员必须对自己的勘察设计文件的质量负责，这是《建设工程质量管理条例》《建设工程勘察设计管理条例》等法规所明确了的，也是国际上通行的规则，它并不因通过了审查机构的审查就可免责。审查机构的审查只是一种监督行为，它只对工程设计质量承担间接的审查责任，其直接责任仍由完成设计的单位及个人负责。如若出现质量问题，设计单位及设计人员还必须依据实际情况和相关法律的规定，承担相应的经济责任、行政责任和刑事责任。

6.4.5.2 审查机构及审查人员的责任

对于设计文件存在的质量问题，设计单位和设计人员必须承担直接责任，审查机构和审查人员承担间接责任。但审查机构及审查人员必须对自己的审查工作负责。

权力和责任总是相对的，社会赋予了审查机构及审查人员特有的审查权，他就必须认真行使这个权力，必须对社会负责，如果他放弃了这个权力或滥用这个权力，就必须对自己的行为负责。因此，对自己的失职行为，审查机构和审查人员必须承担直接责任，这些责任可分为经济责任、行政责任和刑事责任，它将依据具体事实和相关情节依法认定。《施工图审查办法》就明确规定：

审查机构有下列行为之一的，由县级以上地方人民政府住房城乡建设主管部门责令改正，处3万元罚款，并记入信用档案；情节严重的，省、自治区、直辖市人民政府住房城乡建设主管部门不再将其列入审查机构名录：

(1)超出范围从事施工图审查的；

(2)使用不符合条件的审查人员的；

(3)未按规定的内容进行审查的；

(4)未按规定上报审查过程中发现的违法违规行为的；

(5)未按规定填写审查意见告知书的；

(6)未按规定在审查合格书和施工图上签字盖章的；

(7)已出具审查合格书的施工图，仍有违反法律、法规和工程建设强制性标准的。

审查机构如出具虚假审查合格书，审查合格书无效，县级以上地方人民政府住房城乡建设主管部门处3万元罚款，省、自治区、直辖市人民政府住房城乡建设主管部门不再将其列入审查机构名录。

施工图经审查合格后，仍有违反法律、法规和工程建设强制性标准的问题，给建设单位造成损失的，审查机构依法承担相应的赔偿责任。

6.4.5.3 政府主管部门的责任

依据相关法律规定，政府各级建设行政主管部门在施工图审查中享有监督管理权。它对设计文件的质量不承担直接责任，但对其审批工作的质量，负有不可推卸的责任，这个责任具体表现为行政责任和刑事责任。对此，《建设工程勘察设计管理条例》明确规定：国家机关工作人员在建设工程勘察、设计活动的监督管理工作中玩忽职守、滥用职权、徇私舞弊，构成犯罪的，依法追究刑事责任；尚不构成犯罪的，依法给予行政处分。

6.5 建设工程勘察设计的监督管理

6.5.1 监督管理机构

《建设工程勘察设计管理条例》规定，国务院建设行政主管部门对全国的建设工程勘察、设计活动实施统一监督管理。国务院交通运输、水利等有关部门按照国务院规定的职责分工，负责对全国的有关专业建设工程勘察、设计活动的监督管理。

县级以上地方人民政府建设行政主管部门对本行政区域内的建设工程勘察、设计活动实施监督管理，且交通运输、水利等有关部门在各自的职责范围内，负责本行政区域内有关专业建设工程勘察、设计活动的监督管理。

任何单位和个人对建设工程勘察、设计活动中的违法行为都有权检举、控告、投诉。

6.5.2 监督管理的内容

县级以上人民政府建设行政主管部门或交通运输、水利等有关部门应对施工图设计文件中涉及公共利益、公众安全、工程建设强制性标准的内容进行审查。未经审查批准的施工图设计文件，不得使用。

建设工程勘察、设计单位在其勘察、设计资质证书规定的业务范围内跨部门、跨地区承揽勘察设计任务的，有关地方人民政府及其所属部门不得设置障碍，不得违反国家规定收取任何费用。

6.5.3 违法责任

6.5.3.1 建设单位的违法责任

发包方将建设工程勘察、设计业务发包给不具有相应资质等级的建设工程勘察、设计单位的，责令改正，处以 50 万元以上 100 万元以下的罚款。

6.5.3.2 勘察设计单位的违法责任

(1)非法承揽业务的责任。建设工程勘察设计单位未取得资质证书承揽工程的，予以取缔。以欺骗手段取得资质证书承揽工程的，吊销其资质证书。对于超越资质等级许可的范围，或以其他勘察设计单位的名义承揽勘察、设计业务；或者允许其他单位或个人以本单位的名义承揽建设工程勘察、设计业务的建设工程勘察设计单位，可责令其停业整顿，降低资质等级；情节严重的，吊销其资质证书。

对于有上述各种行为的勘察设计单位，还应处合同约定的勘察费、设计费 1 倍以上 2 倍以下的罚款，并没收其违法所得。

(2)非法转包的责任。建设工程勘察设计单位将所承揽的工程进行转包的，责令改正，没收违法所得，处合同约定的勘察费、设计费 25%以上 50%以下的罚款，还可责令其停业整顿、降低其资质等级；情节严重的，吊销其资质证书。

(3)不按规定进行设计的责任。对于不按工程建设强制性标准进行勘察、设计的勘察设计单位；不按勘察成果文件进行设计，或指定建筑材料、建筑构配件生产厂、供应商的设计单位，责令其改正，并处 10 万元以上 30 万元以下的罚款。因上述行为造成工程事故的，责令其停业整顿，降低其资质等级；情节严重的，吊销其资质证书；造成损失的，依法承担赔偿损失。

6.5.3.3 勘察、设计执业人员的违法责任

未经注册，擅自以注册建造工程勘察、设计人员的名义从事建设工程勘察、设计活动的，责令其停止违法行为；已经注册的执业人员和其他专业技术人员，但未受聘于一个建设工程勘察设计单位或同时受聘于两个以上建设工程勘察设计单位从事有关业务活动的，可责令其停止执行业务或吊销其资格证书。对于上述人员，还要没收其违法所得，处违法所得 2 倍以上 5 倍以下的罚款，给他人造成损失的，依法承担赔偿责任。

6.5.3.4 国家机关工作人员的违法责任

国家机关工作人员在建设工程勘察、设计的监督管理工作中玩忽职守、滥用职权、徇私舞弊，构成犯罪的，依法追究刑事责任；尚不构成犯罪的，依法给予行政处分。

案例分析

■ 案例 1

【案情摘要】

原告：甲公司

被告：乙公司

甲公司与乙公司于2021年3月签订了某住宅楼设计服务合同(以下称本案合同)，合同约定甲公司为乙公司投资建设的某住宅楼提供建筑设计服务，合同中详细约定了设计费计算的标准、支付的条件等主要内容，其中明确规定了只有在甲公司的设计成果通过政府主管部门的审批后，乙公司才支付设计费用。在设计合同签订后，甲公司完成了方案设计并通过了规划局的审批，同时完成了扩充设计工作。后甲公司和乙公司因合同履行以及设计费支付产生争议。2023年，乙公司该项目地块的国有土地使用权被政府收回，在此情况下，甲公司根据设计合同的约定提起诉讼，请求解除某住宅楼设计服务合同，并由乙公司向甲公司支付欠付的设计费。

【处理结论】

1.本案中设计合同依法应予以解除。

2.本案中设计合同解除后应据实结算设计费。

【法律分析】

1.本案合同依法应予以解除。

设计人是否有权解除设计合同，取决于是否具备合同约定或法律规定的解除条件。本案合同中，甲乙双方并没有就合同解除进行相关约定。在合同没有约定解除条件的情况下，甲公司要解除本案合同必须符合法律规定的解除条件。《民法典》第五百六十三条对法定解除条件进行了规定，即"有下列情形之一的，当事人可以解除合同：(一)因不可抗力致使不能实现合同目的；(二)在履行期限届满前，当事人一方明确表示或者以自己的行为表明不履行主要债务；(三)当事人一方迟延履行主要债务，经催告后在合理期限内仍未履行；(四)当事人一方迟延履行债务或者有其他违约行为致使不能实现合同目的；(五)法律规定的其他情形。"本案的情形符合该条款第(四)项规定的解除情形，由于本案中乙公司开发的住宅楼的国有土地使用权已经被依法收回，本案合同已经失去了履行的基础，继续履行已经无法实现合同目的，因此，本案合同依法应予以解除。

2.因发包人原因解除设计合同，设计人可以要求发包人支付已完成设计工作的设计费用。

本案合同中明确约定了设计费用的支付条件，只有在设计成果通过政府有关部门的审批后才能获得相应阶段的设计费用。在本案中，甲公司的设计成果仅方案设计通过了政府有关部门的审批，扩充设计并未获得政府有关部门的审批，根据合同的约定，乙公司仅应按合同约定支付已获得审批通过部分设计成果的设计费用。

甲公司已经完成的设计工作尚未获得行政审批通过的问题，是乙公司土地使用权被收回导致的，因此根据《民法典》第五百六十六条规定，合同解除后，尚未履行的，终止履行；已经履行的，根据履行情况和合同性质，当事人可以要求恢复原状或者采取其他补救措施，并有权要求赔偿损失。因此，甲公司有权要求乙公司支付已完成设计工作的设计费用。

■ 案例 2

【案情摘要】

原告：乙公司

被告：甲公司

2022年6月，甲公司与乙公司签订了一份建设工程设计合同，合同约定：甲公司委托乙公司承担某工程设计，乙公司按合同要求将该工程的建筑、水电、消防施工图共六份以及桩位图于2023年4月底交付给甲公司。但乙公司设计的图纸在该工程施工中并未被采用。甲公司于2023年另行委托丙公司进行工程设计，并按丙公司的设计图纸进行施工建造。乙公司在签订合同及设计图纸时其公司工程设计等级为乙级，该公司于2023年2月才取得甲级工程设计证书。甲乙双方就设计费支付问题产生纠纷，甲公司以乙公司在合同签订时不满足相应设计资质等级要求，其设计图纸并未被采用为由主张设计合同无效，并拒绝支付设计费。

【处理结论】

甲、乙双方所签订的设计合同有效，甲公司应支付设计费。

【法律分析】

本案争议焦点主要是涉案建设工程设计合同的效力问题。我国对建设工程设计合同的效力认定并没有专门的法律规定，但是根据最高人民法院《关于审理建设工程施工合同纠纷案件适用法律问题的解释》第五条的规定："承包人超越资质等级许可的业务范围签订建设工程施工合同，在建设工程竣工前取得相应资质等级，当事人请求按无效合同处理的，不予支持"。该规定吸收了合同效力补正理论，确立了建设工程竣工前建设工程施工企业取得相应资质按有效合同处理的原则。

乙公司承接建设工程设计合同时，合同约定的设计内容所需要的设计资质高于乙公司所拥有的乙级资质，在合同履行过程中，设计图纸完全交付前乙公司取得了设计合同需要的甲级资质。参照最高人民法院《关于审理建设工程施工合同纠纷案件适用法律问题的解释》第五条的规定，应认定乙公司与甲公司签订的工程设计合同有效，甲公司应支付相应设计费。

思考题

1. 什么是工程勘察？什么是工程设计？
2. 我国现行的工程勘察设计法规主要有哪些？
3. 何谓工程勘察设计标准？它有哪些种类？
4. 何谓工程建设标准？它是如何分类的？
5. 工程建设标准制定的原则有哪些？
6. 工程建设标准由什么部门审批发布？
7. 工程设计的原则是什么？
8. 工程设计分几个阶段进行？其内容和深度都有什么要求？
9. 哪些工程必须进行抗震设防？
10. 何谓施工图设计文件的审查？为什么要进行施工图设计文件审查？
11. 施工图设计文件审查的范围和内容是什么？
12. 施工图设计文件审查中的有关各方都应承担哪些责任？

7 工程建设监理法规

本章介绍了工程监理的概念、作用、工作程序及内容，并重点介绍了业主、监理单位、承包商三方的法律地位及各自的权利、义务和责任。

7.1 概 述

7.1.1 工程建设监理的概念

工程建设监理是指监理单位受项目法人或建设单位的委托，依据国家批准的工程项目建设文件，有关工程建设的法律、法规和工程建设监理合同及其他工程建设合同，在工程建设施工阶段对工程建设活动实施的监督管理。

工程建设监理中，监理的对象不是工程本身，而是建设活动中有关单位的行为及其权利、义务的履行。工程建设监理只能由已依法取得监理资质证书、具有法人资格的监理企业实施，没有依法取得相应监理资格的单位是无权实施监理的，至于具体由哪一个监理企业来实施监理，则由业主(甲方)根据自己的意愿和有关规定来进行选择，并与之签订工程建设监理合同进行委托授权。

为维护国家利益及社会公共利益，建设行政主管部门及其授权机构也要对工程建设中的计划、规划、用地、环保、消防、安全、招投标、工程施工质量、验收、维修及建设活动主体资质认定和审查、成果质量检测和验证等进行全面的监督管理。这些监督管理是以法律法规的形式予以规定的，它是政府的行政管理行为，不以建设活动主体的意志为转移，因此，此种监督管理的当事人不是平等的，他们的关系是执行规定及服从规定的关系，属于纵向管理的范畴，不属于工程建设监理的范围。

7.1.2 我国工程建设监理的沿革

我国工程建设的历史已有几千年，但现代意义上的工程建设监理制度的建立只是近些年的事情。在漫长的封建社会里，民间的建设活动由请来的工匠负责，业主的监督十分薄弱；而官府的建设活动，则完全靠行政力量和刀枪棍棒进行奴役式监督。1840 年鸦片战争后，清朝进入半殖民地半封建社会，一些资本主义生产方式也随之传入，工程建设活动中，设计与施工开始分离。那时的工程建设活动，除工程施工方——营造厂要派“看工”(监工员)对工程进行监督外，业主、“打样间”(建筑师事务所)、政府部门(如工部局、公董局、工务局等)也都派出“看工”对工程施工实施监督。中华人民共和国成立后，我国实行社会主义制度，工程建设的目的和建设各方的地位性质发生了变化，因此，工程建设监督的方式也发生了变化。在 20 世纪 80 年代以前，我国工程建设的投资由国家拨付，施工任务由行政部门向自己所属的建筑企业直接下达，此时的建设单位、设计单位和施工单位都是完成建设任务的执行者，都对上级行政主管部门负责，相互间并无相互监督的职责。因此，这一阶段的工程建设活动主要依靠各相关单位的自我监督，辅之以上级行政部门对下级单位的单向行政监督。20 世纪 80 年代以后，我国进行了改革开放，工程建设活动逐步市场化，为适应这一变化，从 1983 年开始实行政府对工程质量进行监督的制度，全国各地及国务院工业、交通等各部门都成立了专业质量监督部门和各级质量检测机构，代表政府对工程建设质量进行监督和检测。我国的工程建设监督也由原来的企业自我监督和单向行政监督转变为政府专业监督。

进入 20 世纪 80 年代中期以后，我国的改革开放已扩展到各个经济领域，“三资”(借贷外资、中外合资、外资)工程项目逐渐增多起来。国际金融机构向我国贷款的工程项目，均要求实行招标投标承发包制和监理制，外国专业化、社会化的监理公司、咨询公司、管理公司的专家们出现在我国“三资”工程上，他们均按照国际惯例，以业主委托与授权的方式，对工程建设进行管理，显示出高速高效的优势。这对我国传统的工程建设管理体制带来很大的冲击。

1984年10月，《中共中央关于经济体制改革的决定》明确提出：为了发展商品经济，建立统一市场，必须转变政府职能，实行政企职责分开，简政放权。国务院也多次提出，政府要把对微观经济的行政干预，转到“规划、协调、监督、服务”上来。同时还强调：在进行各项管理制度改革的同时，一定要加强经济立法和司法，加强经济管理和监督。中央的这些指示为改革工程建设管理体制指明了方向。

1985年12月，全国基本建设管理体制改革会议对我国传统的工程建设管理体制作了深刻的分析，指出：综合地管理基本建设是一项专门的学问，需要一大批这方面的专门机构和专门人才。过去这个工作分散在很多部门去做，有的是在工厂，有的是在建设单位的筹建处，有的是在组建的建设指挥部。但工程建设一完，如果没有续建的工程项目，这些人就散了，管理经验积累不起来。要使建设管理工作走上科学管理的道路，不发展专门从事组织管理工程建设的行业是不行的。此次会议中，既指出了我国传统的工程建设管理体制的弊端，肯定了必须对其进行改革，又指明了改革的目标，这为我国改革传统的工程建设管理体制、实行建设监理制奠定了思想基础。

根据上述指示精神，并参照国际惯例，1988年新组建的国家建设部就把建立专业化社会化的社会建设监理制度提了出来，并把它列为其负责组织实施的一项重要工作，得到了国务院的认可和支持。随后建设部组织一些产业部门和城市开展了工程建设监理工作的试点工作，又在征求有关部门和专家意见的基础上，颁发了一系列有关建设工程监理的法规。1997年11月1日全国人大常委会通过的《建筑法》明确规定，国家推行建筑工程监理制度。这进一步确定了工程监理在我国的地位，使建设工程监理制在我国建设领域得到迅速发展并走上了法制化轨道。

7.1.3 工程建设监理法规立法概况

随着建设工程监理制度在我国的建立与推行，有关工程建设监理的立法工作也逐步得以开展。《建筑法》中有关工程监理的规定，是我国监理法规中唯一由全国人大常委会通过的法律，2000年1月30日国务院颁发的《建设工程质量管理条例》中，对工程监理的范围和责任也作了相应规定，其他都是由住房和城乡建设部及国务院相关部委制定的部门规章和规范性文件，它们主要有：《关于开展建设监理试点工作的若干意见》(1988年)、《关于进一步开展建设监理工作的通知》(1992年)、《工程建设监理规定》(1995年)、《关于印发〈工程建设监理合同〉示范文本的通知》(1995年)、《建设工程监理规范》(2000年)、《工程监理企业资质管理规定》(2016年)、《建设工程监理范围和规模标准规定》(2001年)、《注册监理工程师管理规定》(2016年)等。

7.1.4 工程建设监理的原则

工程建设监理的原则主要有：

7.1.4.1 依法监理的原则

自实行工程建设监理制以来，为维护正常的经济秩序和监理制度的健康发展，我国已颁发了不少相应法规，就监理单位的设立及管理、工程建设监理的范围、工程建设监理合同、工程建设监理的取费等作了明确的规定。所有工程建设的监理活动都必须遵守这些规定，不得违反；否则，将导致监理活动的无效，从而造成巨大的经济损失，还会受到法律惩处。

7.1.4.2 科学、公正原则

建设监理应以健全的组织机构，完善而科学的技术、经济方法和严格规范的工作程序，丰富的专业技能和实践经验履行其监理职责。

7.1.4.3 参照国际惯例原则

在西方发达国家，建设监理已有悠久的发展历史，而今已趋于成熟和完善，已形成相对稳定的体系，具有

严密的法规，完善的组织机构以及规范化的方法、手段和实施程序等。国际咨询工程师联合会(FIDIC)制定的土木工程合同条款(即FIDIC条款)，被国际建筑界普遍认可和采用，这些条款总结了世界土木工程建设百余年的经验，把工程技术、管理、经济、法律有机地、科学地结合在一起，突出监理工程师的负责制，为建设监理制的规范化和国际化起到了重要作用。因此，建立我国的建设监理制，要充分研究和借鉴国际通行的做法和经验，吸取其有益之处，为我所用。

7.1.5 强制监理的范围

监理是基于业主的委托才可实施的建设活动，所以，建设工程实施监理应是建立在业主自愿的基础上的。但在国家投资工程中，国家有权以业主的身份要求工程建设项目法人实施监理，对于外资投资建设工程及一些与社会公共利益关系重大的工程，为确保工程质量和社会公众的生命财产安全，国家也可要求其业主必须实施工程监理，即对这些工程建设活动强制实行监理。我国《建筑法》规定：实行强制监理的建筑工程的范围由国务院规定。国务院于2000年1月30日颁发的《建设工程质量管理条例》及建设部于2000年1月17日颁发的《建设工程监理范围和规模标准规定》中规定，现阶段我国必须实行工程建设监理的工程项目范围如下：

(1)国家重点建设工程

这是指依据《国家重点建设项目管理办法》所确定的对国民经济和社会发展有重大影响的骨干项目。

(2)大、中型公用事业工程

具体包括项目总投资额在3000万元以上的下列工程项目：

①供水、供电、供气、供热等市政工程项目；

②科技、教育、文化等项目；

③体育、旅游、商业等项目；

④卫生、社会福利等项目；

⑤其他公用事业项目。

(3)成片开发建设的住宅小区工程

建筑面积在5万平方米以上的住宅建设工程必须实行监理；5万平方米以下的住宅建设工程，可以实行监理，具体范围和规模标准，由省、自治区、直辖市人民政府建设行政主管部门规定。

为了保证住宅质量，对高层住宅及地基、结构复杂的多层住宅应当实行监理。

(4)利用外国政府或者国际组织贷款、援助资金的工程具体包括：

①使用世界银行、亚洲开发银行等国际组织贷款资金的项目；

②使用国外政府及其机构贷款资金的项目；

③使用国际组织或者国外政府援助资金的项目。

(5)国家规定必须实行监理的其他工程

包括项目总投资额在3000万元以上关系社会公共利益、公众安全的下列基础设施项目：

①煤炭、石油、化工、天然气、电力、新能源等项目；

②铁路、公路、管道、水运、民航以及其他交通运输业等项目；

③邮政、电信枢纽、通信、信息网络等项目；

④防洪、灌溉、排涝、发电、引(供)水、滩涂治理、水资源保护、水土保持等水利建设项目；

⑤道路、桥梁、地铁和轻轨交通、污水排放及处理、垃圾处理、地下管道、公共停车场等城市基础设施项目；

⑥生态环境保护项目；

⑦其他基础设施项目。

至于学校、影剧院、体育场馆项目，不管总投资额达到多少，都必须实行监理。

7.2 工程建设监理工作的程序及工作内容

7.2.1 工程建设监理工作程序

为了加强对工程项目监理工作的管理，监理工作需有序进行，监理程序要逐步规范化和标准化，以保证工程监理的工作质量，提高监理工作水平，工程建设监理工作应遵循下列程序：

(1)编制工程建设监理规划；

(2)按工程建设进度，分专业编制工程建设监理细则；

(3)按照建设监理细则进行建设监理；

(4)参与工程竣工预验收，签署建设监理意见；

(5)建设监理业务完成后，向项目法人(业主)提交工程建设监理档案资料。

为了更好地理解监理程序，现介绍《北京市工程项目监理工作管理规定》中对监理程序的框图说明。它将监理程序划分为签订监理合同阶段、招投标阶段、工程实施阶段、工程保修阶段、结束监理合同阶段。签订监理合同阶段、招投标阶段相对应的程序框图如图 7.1、图 7.2 所示。

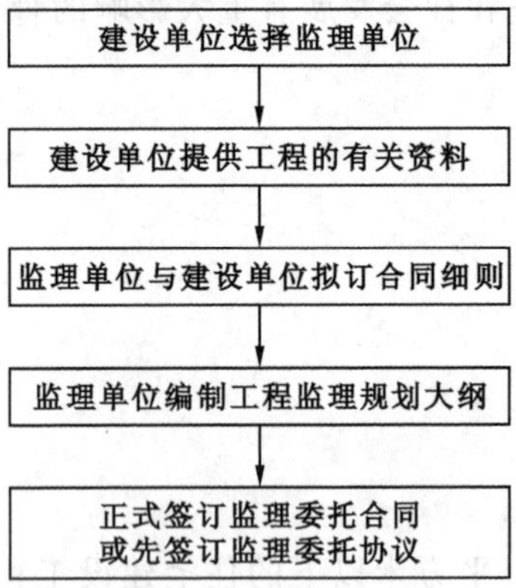

图 7.1 签订监理合同的程序

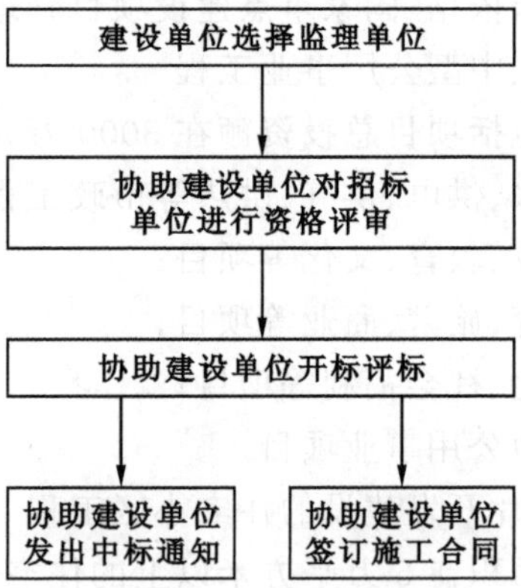

图 7.2 招投标阶段的监理咨询程序

7.2.2 工程建设监理工作内容

工程建设监理的总的工作内容是控制工程建设的投资、建设工期和工程质量，进行工程建设合同管理，协调有关单位的工作关系。各阶段具体工作内容如下：

7.2.2.1 施工招标阶段监理工作内容

(1)拟订项目招标方案并征得业主同意。

(2)办理招标申请。

(3)编写招标文件，主要内容有工程综合说明；设计图纸及技术说明文件；工程量清单和单价表；投标须知；拟订承包合同的主要条款。

(4)编制标底，标底经业主认可后，报送所在地方建设行政主管部门审核。

(5)组织投标。

(6)组织现场勘察，并回答投标人提出的问题。

(7)组织开标、评标及决算工作。

(8)与中标单位签订承包合同。

7.2.2.2　材料等物资供应监理的工作内容

对于由业主负责供应的材料、设备等物资进行监理的主要工作内容有：

(1)制订材料等物资供应计划和相应的资金需求计划。

(2)通过质量、价格、供货期、维修服务等条件的分析和比选，确定材料、设备等物资的供应厂家。重要设备尚应访问现有使用用户，并考察生产厂家的质量保证系统。

(3)拟订并商签材料、设备的订货合同。

7.2.2.3　施工阶段监理的工作内容

(1)施工阶段质量控制。从控制过程来看，是从对投入原材料的质量控制开始，直到完成工程的质量检验为全过程的系统控制。从控制因素来看，它包括影响工程质量的五个主要方面，即对参与施工人员素质的质量控制；对工程原材料的质量控制；对所用的施工机械的质量控制；对采用的施工方法的质量控制；对生产技术、劳动和管理环境的质量控制。

(2)施工阶段进度控制。以确保工程项目在达到所需要的质量标准和质量等级条件下，按期完成工程所进行的控制工作。

(3)施工阶段投资控制。

7.2.2.4　合同监理

(1)拟定本项目合同体系及合同管理制度，包括合同草案的拟定、会签、协商、修改、审批、签署、保管等工作制度及流程；

(2)协助业主拟定项目的各类合同条款，并参与各类合同的商谈；

(3)合同执行情况的分析和跟踪管理；

(4)协助业主处理与项目有关的索赔事宜及合同纠纷事宜。

7.2.2.5　其他委托服务

接受业主委托，承担以下技术服务：

(1)协助业主办理项目报建手续；

(2)协助业主办理项目申请供水、供电、供气、电信线路等协议或批文；

(3)协助业主制定商品房营销方案等。

7.3　工程建设监理各方的关系

工程建设监理活动中最主要的当事人有业主、监理单位及承包商三方。他们的权利、义务是通过业主与监理单位及业主与承包商之间所签订的合同来约定的。业主通过合同将自己对承包商建设活动的监督管理权委托授予了监理单位，所以承包商与监理单位之间虽无直接关系，也未互签合同，但其必须接受监理单位的监督与管理。为使各方的权利、义务基本平等，并有利于工程建设的顺利进行，国际咨询工程师联合会编制了FIDIC合同文本，住房和城乡建设部等部门也编制了《建设工程施工合同(示范文本)》(以下简称《施工合同》)和《建设工程监理合同(示范文本)》(以下简称《监理合同》)，供各有关当事人参照执行。这些合同文件对业主、监理单位及承包商之间的工作关系作了明确的规定。

7.3.1　业主与承包商的关系

业主与承包商实质上是雇用与被雇用的关系，他们是合同条件中的两个主体。我们国内习惯将业主与承包商的关系称之为承发包的合同关系。业主采用招投标方式选择承包商，业主与承包商签订的施工合同构成了合同双方相互关系的法律依据。

承包商按照合同条件的规定，对合同范围内工程进行设计、施工和竣工，并修补其任何缺陷。同样，业主也要按照合同文件履行自己的职责。应当指出的是：在施工过程中，如业主已委托监理单位进行监理，业主就不能再直接指挥承包商的施工活动，在合同条件中，没有任何条款说明承包商应接受业主的指令，业主直接向承包商下达指令应属违反合同的行为。因此，承包商有权拒绝执行业主下达的这一类指令，而承包商执行业主的指令同样也是违反合同的行为，监理工程师有权拒绝。业主直接指挥承包商和承包商接受业主指挥的行为实际上将干预监理工程师对合同条件的执行。这种做法与合同条件相违背，由此可能导致合同的失败。

实践证明：业主对承包商干预得越多，工程干得越差，合同执行得也越糟；而业主干预得越少，完全由监理工程师来组织、协调、控制，则工程干得越好。

7.3.2　业主与监理单位的关系

按照FIDIC合同或《施工合同》实施一项工程，业主一方面通过招标手段选择承包商，另一方面要委托具有监理资格的单位进行监理。因此，业主和监理单位及其监理工程师的关系是委托和被委托的关系。这种关系通过以下两个文件予以明确：

一个是在业主与承包商签订的合同文件中，详细地规定了被委托的监理工程师的权利和职责，其中包括监理工程师对业主的约束权利和监理工程师独立公正地执行合同条件的权利。这就奠定了监理工程师与业主的工作关系的基础。

另一个文件是业主与监理单位签订的《监理合同》。这份文件主要对监理人员数量、素质、服务范围、服务时间、服务费用以及其他有关监理人员生活方面的安排进行了详细的规定。同时，在监理服务协议中对监理工程师的权利也需予以明确。在监理协议中明确监理工程师的权利时应注意到协议中明确的权利要与施工合同中所赋予监理工程师的权利保持一致。

在《监理合同》中一般还要明确，业主有权向监理单位提出更换不称职的监理人员或解除监理合同。这是业主对监理人员的制约。但是这种制约，不应影响监理工程师按照合同条件独立、公正地行使监理的权利，包括监理工程师的决定对业主有约束力的权利。业主不能认为监理工程师是他所委托的雇员，而去干预监理工程师的正常工作。这是业主在处理与监理工程师的关系时应该掌握的根本原则。

7.3.3　监理工程师与承包商的关系

监理工程师与承包商都是受聘于业主，他们之间既没有任何合同，也没有任何协议。他们之间的关系在业主与承包商签订的合同条件中可以明确地体现出来。按照合同规定，监理工程师与承包商之间是监理和被监理的关系，承包商必须接受监理工程师的监督管理，承包商的一切工程活动都必须得到监理工程师的批准。在涉及或关系到工程的任何事项上，无论这些事项在合同中写明与否，承包商都要严格遵守与执行监理工程师的指示，并且承包商也只能从监理工程师处取得指示。承包商完成的任何工作都必须达到监理工程师满意的程度。承包商必须接受监理工程师的监督和管理。但是，监理工程师对承包商的任何监督和管理，都必须符合法律（包括合同文件）和实际情况。如果承包商认为监理工程师的决定不能接受，他有权提出仲裁，通过法律手段进行解决。这是法律对承包商的保护。

监理工程师在处理与承包商的关系上，另外一个值得注意的问题是监理工程师不能与承包商有任何经济关系，包括监理单位不能与承包单位及提供设备制造和材料供应单位发生隶属关系，也不能是这些单位的合伙经营者。监理单位和监理工程师均不能经营承包施工或材料销售业务，也不能在施工单位、设备制造和材料供应单位任职，监理工程师更不能接受承包商的礼物。这是监理工作中的一个原则性的问题。

综上所述，一项工程的实施，是由各自相对独立而又相互制约的三方（业主、监理工程师、承包商）共同完成的。正确处理业主、监理工程师、承包商三者的关系，是保证工程按合同条件进行的关键。

7.4　业主的权利、义务与责任

7.4.1　业主的权利

7.4.1.1　FIDIC合同的规定

根据FIDIC合同约定，业主在工程项目实施过程中，具有以下权利：

(1)授予监理工程师职责的权利

监理工程师属于业主的雇员，他在合同管理中的各项权利由业主授予。监理工程师的权利和职责，业主需要也必须通过合同文件赋予，这是因为只有通过业主与承包商签订的合同文件，授予监理工程师的权利和职责才能被承包商所接受。

具体赋予监理工程师哪些权利，业主应当在合同条件中进行规定，FIDIC通用合同条件赋予了监理工程师在施工过程中各方面的权利和职责。如果业主认为通用合同条件中的某些权利或职责需要进行修改，则应在专用合同条件中加以规定。

业主在与被聘任的监理工程师签订的监理协议中，不应当对合同条件赋予监理工程师的权利和职责进行增减。如减少了合同条件中规定的监理工程师的权利，将使合同无法执行。

(2)批准合同转让和终止合同的权利

①批准合同转让的权利。合同条件规定：没有得到业主的事先同意，承包商不得将合同或合同的任何部分，或合同中，或合同名下的任何好处或利益进行转让。这是因为业主在招标时是通过资格预审，并根据投标人的投标书进行评标之后才选定承包商的。显然，承包商将合同转让给其他承包商不符合业主选择承包商的程序和目的。因此，批准承包商合同转让的权利在业主，而不属于监理工程师。

②终止合同的权利。终止合同也意味着要重新选择承包商。因此，决定合同终止的权利在业主，而不属于监理工程师。

(3)完善或补充合同实施的权利

尽管工程的实施属于承包商的责任，但是如果出现承包商不认真履行某些合同条款，或者不遵守监理工程师指示的情况，为了避免或减少对工程的影响，完善和保证合同实施，业主享有下列权利：

①如果承包商未按合同要求进行投保并保持其有效，则业主可自行代替承包商办理投保，其一切费用由承包商承担。

②承包商未能按照监理工程师指令在指定时间内将有缺陷的材料、工程设备及拆除的工程运出现场，则业主有权雇用他人执行监理工程师的指示，其全部费用由承包商承担。

③承包商未能按照监理工程师的要求，在合理的时间内对应当由承包商自费修补的工程进行修补时，则业主有权雇用他人从事该项工作，其一切费用由承包商承担。

④对于与合同中所列暂定金额有关的任何工程的实施或任何货物、材料、工程设备或其他方面的服务，业主(或监理工程师)有权指定或批准分包商承担上述工作，但不指定或批准承包商反对的分包商。

(4)提出仲裁的权利

合同条件规定，业主和承包商之间由于或起因于合同或工程施工所产生的任何争端，包括对监理工程师的任何意见、指示、决定、证书或估价方面的任何争端，如果承包商未能遵从监理工程师的决定，则业主有权提出仲裁。这是业主采用法律手段保障合同实施的措施。

仲裁可在竣工前或竣工后的任何时间提出。按照国际惯例，在合同中应当明确仲裁地点。如果合同中没有规定仲裁地点，则根据国际商会(ICC)仲裁规则，仲裁的地点将由ICC仲裁法庭选择。

7.4.1.2　我国合同的规定

根据我国《监理合同》及《施工合同》等示范文本的规定，业主还享有以下权利：

(1)业主有选定工程总设计单位和总承包单位及监理单位，以及与其订立合同的决定权；

(2)业主有对工程规模、设计标准、规划设计、生产工艺设计和设计使用功能要求的认定权，以及对工程设计变更的审批权；

(3)监理单位调换总监理工程师须经业主同意；

(4)业主有权要求监理机构提交监理工作月度报告及监理业务范围内的专项报告；

(5)业主有权要求监理单位更换不称职的监理人员，直到终止合同。

7.4.2 业主的义务

7.4.2.1 FIDIC合同的规定

根据FIDIC合同，在工程项目实施过程中，业主有以下义务：

(1)在合理的时间内提供施工场地

合同条件规定，向承包商提供施工场地是业主的职责。合同条件同时规定，业主向承包商提供施工场地可以在合理的时间内分期提供。所谓合理的时间内是指以不影响承包商按监理工程师批准的进度计划进行施工为原则。

(2)在合理的时间内提供施工图纸

合同条件规定，监理工程师应根据承包商经批准的施工进度计划，在合理的时间内向承包商提供图纸。这里所说的监理工程师提供图纸，通常是由业主准备或委托有关设计单位承担，然后由监理工程师向承包商提供。

(3)按合同规定的时间向承包商付款

按照合同规定，业主在收到监理工程师的中期付款证书后，应在28天内支付承包商的工程款项。在收到监理工程师的最终支付证书后，业主应在56天内向承包商支付工程款项。

(4)业主在缺陷责任期内负责照管现场

合同条件规定，从工程开工日期起至颁发移交证书日期止，对工程的照管由承包商负责。但是移交证书颁发以后，对工程的照管则由业主负责。

(5)协助承包商的义务

业主除了上述职责之外，还具有按照合同规定，协助承包商完成下列各项工作的义务：

①在承包商提交标书前，有义务向承包商提供有关辅助材料，并应协助承包商进行勘察现场工作。

②业主有协助承包商办理设备进口的海关手续的义务。

③业主有义务协助承包商获得政府对承包商的设备再出口的许可。

7.4.2.2 我国法规的规定

根据我国《监理合同》的规定，业主对监理单位有如下义务：

(1)按合同约定，按时支付监理酬金。

(2)负责工程建设的所有外部关系的协调，为监理工作提供外部条件。

(3)在双方约定的时间内免费向监理机构提供与工程有关的为监理机构所需要的工程资料。

(4)在约定的时间内就监理单位书面提交的要求作出决定的一切事宜作出书面决定。

(5)应当授权一名熟悉本工程情况、能迅速作出决定的常驻代表，负责与监理单位联系。

(6)应当授予监理单位的监理权利，以及监理机构主要成员的职能分工，及时书面通知已选定的第三方，并在与第三方签订的合同中予以明确。

(7)业主应为监理机构提供如下协助：

①获取本工程使用的原材料、机械设备等生产厂家名录。

②提供与本工程有关的协作单位、配合单位的名录。

(8)免费向监理机构提供合同专用条件约定的设施，对监理单位自备的设施给予合理的经济补偿。

(9)双方约定，由业主免费向监理机构提供职员和服务人员，则应在监理合同专用条件中增加与此相应的条款。

(10)未经监理单位书面同意，业主不得转让该合同约定的权利和义务。

7.4.3 业主的责任

根据《监理合同》的规定，业主应对监理单位承担以下责任：

(1)业主应当履行《监理合同》约定的义务，如有违反则应当承担违约责任，赔偿给监理单位造成的经济损失。

(2)由于业主或第三方的原因使监理工作受到阻碍或延误，以致增加了工作量或持续时间，则监理单位应当将此情况与可能产生的影响及时通知业主。由此增加的工作量视为附加工作，完成监理业务的时间应当相应延长，并得到额外的酬金。

(3)业主如果要求监理单位全部或部分暂停执行监理业务或终止监理合同，则应当提前56天通知监理单位。

(4)监理单位在应当获得监理酬金之日起30天内仍未收到支付单据，而业主又未对监理单位提出任何书面意见时，如果终止监理合同的通知发出后14天内未得到业主答复，监理单位可进一步发出终止合同的通知，如果第二次通知发出后42天内仍未得到业主答复，可终止合同，或自行暂停或继续暂停全部或部分监理业务。

(5)监理单位由于非自己的原因而暂停或终止执行监理业务，其善后工作以及恢复执行监理业务的工作，应当视为额外工作，有权得到额外的时间和酬金。

(6)如果业主在规定的支付期限内未支付监理酬金，自规定支付之日起，应当向监理单位补偿应支付的酬金利息。利息额按规定支付期限最后一日银行贷款利息率乘以拖欠酬金时间来计算。

7.5 监理单位的权利、义务与责任

7.5.1 监理单位的权利

7.5.1.1 FIDIC合同的规定

在采用FIDIC合同时，监理单位除享有其与业主所签委托《监理合同》中所享有的权利外，还享有业主与承包商之间按FIDIC合同所签协议中所赋予监理工程师的权利。而FIDIC合同一个突出的特点，就是在合同条件中赋予了监理工程师在工程管理方面的充分权利，同时还明确监理工程师可以行使合同中规定的或者合同中隐含的权利。按照FIDIC合同的规定，不仅承包商要严格遵守与执行监理工程师的指令，而且监理工程师的决定对业主也有约束力。

监理工程师的权利主要有：

(1)质量管理方面

①对现场材料及设备有检查和控制的权利。对于工程需要的各种材料和设备，运到现场后监理工程师有随时检查的权利，同时对于材料及设备的制造过程也有权进行检查。经过检查后不合格的材料及设备，监理工程师不仅有权拒收，同时还有权指令承包商将这些材料、设备运出现场。对于合格的材料和设备，监理工程师有权监督承包商的存放条件，并且没有监理工程师的批准，承包商不得将其运出现场。

②对承包商施工的监督权利。监理工程师有权对承包商的施工过程进行监督，一旦发现承包商的施工有不符合规范之处，监理工程师有权指令承包商进行改正或停工。

③对已完的工程有确认或拒收的权利。承包商任何已完的工程，监理工程师要根据合同标准进行验收，对于达到标准的已完工程，监理工程师予以确认，对于未达到标准的已完工程，监理工程师有权拒收。被监理工程师拒收的工程，承包商应按照监理工程师的指示进行修补或返工，直到监理工程师认为已达标准为止。

④对工程采取紧急补救的权利。无论在工程施工期间还是在缺陷责任期内，如果工程或其任何部分本身，或在工程中或在工程的任何部分发生与之有关的任何事故、故障或其他事件，如果监理工程师认为进行相应补救或其他工作是工程安全的紧急需要，则监理工程师有权采取紧急措施。如承包商无能力或不愿立即进行这类工作时，则业主有权在监理工程师认为必要时，雇用他人从事该项工作。如果监理工程师认为，根据合同，承包商应自费完成此项工作，则此项费用应由承包商支付。

⑤有要求解雇承包商雇员的权利。对于承包商的任何人员，包括承包商的代表，如果监理工程师认为在履行职责中不能胜任或出现玩忽职守的行为，则有权要求承包商予以解雇或撤换。

⑥批准分包商的权利。如果承包商要把工程的一部分分包出去，他必须向监理工程师提出申请报告，未经监理工程师批准的分包商不能进入工地进行施工。

(2)进度管理方面

①审批承包商的进度计划。承包商的施工进度计划必须经过监理工程师的批准。监理工程师除了有审批承包商进度计划的权利之外，当监理工程师认为工程的实际进度与由他批准的计划进度不符时，有权要求承包商修订进度计划。

②发布停工、复工令的权利。不管是由于业主的原因，或者由于恶劣的气候，或者由于承包商自身的过失而需要停工时，监理工程师有权发布停工令。没有监理工程师的停工指令，无论什么原因，承包商都不能随便停工。当监理工程师认为施工条件已达到合同要求时，可以发出复工令。对于已被停工的工程，没有监理工程师的复工指令，承包商不能自行复工。

③控制施工进度的权利。在承包商没有任何理由要求延长工期的情况下，如果监理工程师认为工程或其任何区段在任何时候的施工进度不符合竣工期限(包括已批准的延期时间)的要求，则有权要求承包商采取必要的步骤，加快工程进度，承包商无权要求为采取这些步骤支付附加费用。

(3)财务管理方面

①有确定变更价格的权利。任何因为工作性质、工程数量、施工时间的变更而发出的变更指令，监理工程师有权根据合同条件和实际情况确定工程变更中的费率或价格。

②批准使用暂定金额和计日工的权利。监理工程师认为必要时，可以发出指示，规定在计日工的基础上实施任何变更工作，暂定金额也需按监理工程师的指示才能全部或部分地使用。未经监理工程师的同意，承包商不得进行暂定金额项目的工作和使用计日工。

③批准承包商的付款。对承包商完成的项目和合同中规定的其他款项，如动用预付款、费用索赔款、迟付款利息等，均需由监理工程师签发证书，业主据此向承包商付款。

(4)合同管理方面

①颁发移交证书与缺陷责任证书。当工程全部或部分区段竣工检验后，由监理工程师颁发移交证书。当全部工程缺陷维护期满，承包商也已按照合同条件修补了缺陷工程和完成了合同中规定的全部义务时，则由监理工程师颁发缺陷责任证书。

②批准工程延期和费用索赔。如果由于承包商自身以外的原因，导致工期的延长和不属于承包商应当承担的风险和责任，而造成的承包商费用的增加，监理工程师可批准工程延期和由此而增加的实际费用。

③发布工程变更令。合同中任何部分或项目的变更，包括其性质、数量、时间的变更，必须经监理工程师的批准，由监理工程师发出变更指令。没有监理工程师发出的变更指令，承包商不能对合同中任何部分进行任何修改。

④解释合同中的有关文件。构成合同的文件应被认为是互动说明的，当文件中出现歧义或含糊时，则由监理工程师对此做出解释或校正，并向承包商发布有关解释或校正的指示。

7.5.1.2　我国法规的规定

根据我国《监理合同》的规定，监理单位享有如下权利：

(1)在业主委托的工程范围内，监理单位应有以下监理权：

①工程施工组织设计和技术方案，按照保质量、保工期和降低成本的原则，自主向承包商提出建议，并向业主提出书面报告；如果由于拟提出的建议会提高工程造价，或延长工期，应当事先取得业主的同意。

②与工程建设有关的协作单位的组织协调的主持权，重要协调事项应当事先向业主报告。

③报经业主同意后，发布开工令、停工令、复工令。

④工程上使用的材料和施工质量的检验权。对于不符合设计要求及国家质量标准的材料设备，有权通知承包商停止使用；不符合规范和质量标准的工序、分项分部工程和不安全的施工作业，有权通知承包商停工整改、返工。承包商取得监理机构复工令后才能复工。发布停(复)工令应当事先向业主报告，如在紧急情况下未能事先报告时，则应在24小时内向业主作出书面报告。

⑤工程施工进度的检查、监督权，以及工程实际竣工日期提前或超过工程承包合同规定的竣工期限的签认权。

⑥在工程承包合同约定的工程价格范围内，工程款支付的审核和签认权，以及结算工程款的复核确认权与否定权。未经监理机构签字确认的，业主不支付工程款。

(2)在业主授权下，可对任何第三方合同规定的义务提出变更

如果由此严重影响了工程费用，或质量、进度，则这种变更须经业主事先批准。在紧急情况下未能事先报业主批准时，监理机构所作的变更也应尽快通知业主。在监理过程中如发现承包商工作不力，监理机构可提出调换有关人员的建议。

(3)在委托工程范围内的调解与作证权

在委托的工程范围内，业主或第三方对对方的任何意见和要求(包括索赔要求)，均必须首先向监理机构提出，由监理机构研究处置意见，再同双方协商确定。当业主和第三方发生争议时，监理机构应根据自己的职能，以独立的身份判断，公正地进行调解。当其双方的争议由政府建设行政主管部门或仲裁机关进行调解和仲裁时，监理单位有提供事实材料的作证权。

7.5.2 监理单位的义务

7.5.2.1 根据FIDIC合同条款，监理工程师在工程监理中应承担的义务

(1)认真执行合同文件，遵守法律规定的义务

监理工程师认真执行合同文件是他的根本职责，根据FIDIC合同的规定，监理工程师的决定对业主和承包商双方均有约束力。但是监理工程师的任何指示、决定都必须符合法律(包括合同条件)的要求。监理工程师的任何决定，既受法律的保护，又受法律的约束。

(2)协调施工有关事宜、秉公办事的义务

监理工程师是工程项目管理的核心，他随时都有协调施工有关事宜的职责，包括合同方面的管理，工程质量及技术问题的处理、工程款项的管理等。

对于业主，监理工程师应当经常及时地把工程情况以及监理工程师的一些决定进行通报，重大问题在决策前应当征得业主的同意，争取业主的支持。

对于承包商，监理工程师应当予以充分的尊重，不得干预理应由承包商项目经理处理的事项。

另外，无论是对待业主或承包商，监理工程师都应秉公办事，行为公正，要公开自己作出决定、指令的原因。

(3)回避义务

监理工程师应当保持廉洁，不得接受业主所支付酬金以外的报酬以及任何回报、提成津贴或其他间接报酬；更不得与承包商有任何经济往来，包括接受承包商的礼物，经营或参与经营施工、设备及材料采购等活动；也不得在施工单位或设备材料供应单位任职或兼职。

7.5.2.2 根据我国《监理合同》，监理单位应承担的义务

(1)向业主报送委派的总监理工程师及其监理机构主要成员名单、监理规划，完成监理合同专用条件中约定的监理工程范围内的监理业务。

(2)监理机构在履行本合同的义务期间,应运用合理的技能,为业主提供与其监理机构水平相适应的咨询意见,认真、勤奋地工作。帮助业主实现合同预定的目标,公正地维护各方的合法权益。

(3)监理机构使用业主提供的设施和物品属于业主的财产。在监理工作完成或中止时,应将其设施和剩余的物品库存清单提交给业主,并按合同约定的时间和方式移交此类设施和物品。

(4)在本合同期内或合同终止后,未征得有关方同意,不得泄露与本工程、本合同业务活动有关的保密资料。

(5)监理单位不得转让该合同约定的权利和义务。

(6)除业主书面同意外,监理单位及职员不应接受监理合同约定以外的与监理工程项目有关的报酬。监理单位不能参与可能与合同规定的与业主的利益相冲突的任何活动。

(7)工程监理单位应当在其资质等级许可的监理范围内,承担工程监理业务。

(8)工程监理单位与被监理工程的承包单位以及建筑材料、建筑构配件和设备供应单位不得有隶属关系或者其他利害关系。

7.5.3 监理单位的职责

根据我国《建筑法》规定,工程监理人员发现工程设计不符合建筑工程质量标准或者合同约定的质量要求的,应当报告建设单位要求设计单位改正。

根据我国《建设工程安全生产管理条例》规定,工程监理单位应审查施工组织设计中的安全技术措施或专项施工方案是否符合工程建设强制性标准。在实施监理的过程中,发现存在安全事故隐患的,应要求施工单位整改;情况严重的,应要求施工单位暂停施工,并及时报告建设单位。施工单位拒不整改或不停止施工的,工程监理单位应及时向有关部门报告。

根据我国《监理合同》,监理单位的责任如下:

(1)监理单位在责任期内,应当履行监理合同中约定的义务。如果因监理单位过失而造成了经济损失,应当承担相应的赔偿责任。工程监理单位与承包商串通,为承包单位谋取非法利益,给建设单位造成损失的,应当与承包单位承担连带赔偿责任。

(2)监理单位如需另聘专家咨询或协助,在监理业务范围内其费用由监理单位承担(监理业务范围以外,其费用由业主承担)。

(3)监理单位向业主提出赔偿要求不能成立时,监理单位应当补偿该索赔所导致的业主的各种费用支出。

监理单位对第三方违反合同规定的质量要求和完工(交图、交货)时限,不承担责任。

因不可抗力导致《监理合同》不能全部或部分履行,监理单位不承担责任。

7.6 承包商的权利、义务与责任

7.6.1 承包商的权利

根据FIDIC合同,承包商享有以下权利:

(1)拒绝接受指定分包商权

如果承包商认为指定的分包商不能与他很好地合作,承包商有权拒绝接受这个分包商。

当承包商拒绝和指定分包商签订分包合同时,监理工程师应当考虑承包商的上述权利,或者指定另一位分包商,或者修改分包合同,或者采取变更令的方式去完成分包部分的工作。

(2)提出索赔权

由于不是承包商自身的原因造成工程费用的增加或工期的延误,承包商有权提出费用索赔和工期索赔。业主或监理工程师不应以任何理由或手段反对或者阻拦承包商行使提出费用和工期索赔的权利。

但是监理工程师可以按照合同的规定拒绝(或批准)承包商的任何索赔申请,这是问题的另一个方面。

(3)终止受雇和暂停工作权

如果业主发生严重违约事件，承包商有权提出终止雇用。

(4)提出仲裁权

FIDIC合同规定，承包商如果对监理工程师的任何决定因不公正而感到不满意，或者业主未能遵从监理工程师的决定时，承包商均有权提出仲裁。这是合同条件通过法律手段对承包商利益的保护。

7.6.2 承包商的义务

7.6.2.1 FIDIC合同的规定

根据FIDIC合同，承包商在按合同的规定完成所承包的工程时，应承担以下义务：

(1)按规定工期完工的义务

所谓规定工期，是指合同工期加上由监理工程师批准的延期时间。承包商超出了规定的工期，将按合同的规定处以罚金。为了能够在合同规定的期间完成工程，承包商有义务接受监理工程师对施工进度的监督，并须按监理工程师的意见随时对施工进度计划进行修订。

(2)对工程的质量负责的义务

承包商对各项工程的质量负全部责任。尽管在施工过程中和竣工验收时，工程质量经过了监理工程师的各项检验，但并不能解除承包商对工程质量的任何责任，直到颁发缺陷责任证书为止。

(3)照管现场、保证安全的义务

承包商在工程的施工阶段，有责任保护施工现场人员和工程的安全，有义务提供对现场照管的各种条件，包括一切照明、防护、围栏及看守，并应避免由其施工方法引起的污染，直到颁发移交证书为止。

颁发移交证书后，现场的安全和照管由业主负责，但承包商剩余工作和对缺陷工程修补的施工现场的安全和照管仍由承包商负责。

(4)清理现场的义务

在施工阶段，承包商随时都应对现场进行清理，保证施工井然有序。

在颁发移交证书时(部分或全部的移交证书)，承包商应对移交证书所涉及那部分工程的现场进行清理，包括运出承包商的全部设备、多余的材料、垃圾和各种临时工程，以保持该部分工程的现场清洁整齐，并使原施工用地恢复原貌，达到监理工程师满意的状态。

(5)保护坐标点和水准点的义务

承包商除了对由监理工程师书面给定的原始坐标点和水准点进行准确放线外，还有对各类地面桩进行仔细保护的义务。由于对地面桩保护不当而引起的任何差错应由承包商负责。

(6)执行监理工程师指令的义务

承包商的一切工程活动包括施工计划、工艺、施工过程的操作、材料和已完工程的批准与否都应得到监理工程师的批准，他应当充分地认识到监理工程师的指令是合同文件的一部分。因此，未经监理工程师批准的任何工程活动都是违约的行为。在涉及或关系到该项工程的任何事项上，无论这些事项在合同中写明与否，承包商都要严格执行监理工程师的指示，而且只从监理工程师处取得指示。包括业主在内的任何其他人都不能直接向承包商下达关于上述方面的指示。承包商应当而且有权拒绝接受监理工程师以外的任何方面关于涉及工程任何事项的指示。

(7)遵守国家、地区成文的法令、法规的义务

承包商在与工程有关的一切活动中均应遵守下列规定：

①承包商在进行工程的施工、竣工及修补其任何缺陷时应遵守国家和地方的有关法规、法令或其他法律。

②应遵守其财产或权利受到或可能受到该工程以任何方式影响的公共团体和公司的规章制度。

由于遵守国家、地区的法令、法律而导致增加的费用，由承包商自己承担，承包商有义务保证业主无须承

担由于工程施工活动违法、违规而带来的罚款和其他责任。

7.6.2.2 我国对施工合同的规定

根据《施工合同》示范文本，承包方(乙方)有如下主要义务：

(1)在其设计资格证书允许的范围内，按甲方(业主)代表的要求完成施工图设计或与工程配套的设计，经甲方(业主)代表批准后使用。

(2)向甲方代表提供年、季、月工程进度计划及相应进度统计报表和工程事故报告。

(3)按工程需要提供和维修非夜间施工使用的照明、看守、围栏和警卫等。如承包方未履行上述义务造成工程事故、财产损失和人身伤害，由承包方承担责任及所发生的费用。

(4)按协议条款约定的数量和要求，向甲方代表提供在施工现场办公和生活的房屋及设施，发生的费用由业主承担。

(5)遵守地方政府和有关部门对施工场地交通和施工噪声等管理规定，经业主同意后负责办理有关手续(业主承担由此发生的费用)，并承担自身责任造成的罚款。

(6)已竣工工程未交付业主之前，承包方按协议条款约定负责已完工程的成品保护工作，保护期间发生损坏，承包方自费予以修复。

(7)按合同的要求做好施工现场地下管线和邻近建筑物、构筑物的保护工作。

(8)保持施工现场清洁，符合有关规定。交工前清理现场，达到合同文件的要求，承担因违反有关规定造成的损失和罚款(合同签订后颁发的规定和非承包方原因造成的损失和罚款除外)。

7.6.3 承包商的责任

根据《施工合同》示范文本，承包方应承担的主要责任有：

(1)承包方不能按合同工期竣工，施工质量达不到设计和规范的要求，或发生其他使合同无法履行的行为，甲方代表可通知承包方，按协议条款约定支付违约金，赔偿因其违约给业主造成的损失。

(2)承包方根据协议条款约定，按照设计和规范的要求采购工程需要的材料设备，并提供产品的合格证明。在材料设备到货24小时前通知业主代表验收。对与设计和规范要求不符的产品，甲方代表拒绝验收，由承包方按甲方代表要求的时间运出施工现场，重新采购符合要求的产品，承担由此发生的费用，工期不予顺延。业主未能按时到现场验收，事后验收发现材料设备不符合规范和设计要求，仍由承包方修复或拆除及重新采购，并承担发生的费用，赔偿业主的损失。

根据工程需要，经甲方代表批准，承包方可使用代用材料。如因承包方原因使用，由承包方承担发生的费用。

(3)工程分包后，不能解除承包方责任，承包方应在分包出去的工程现场派驻相应监督管理人员，以保证合同的履行。分包单位的任何违约或疏忽，均视为承包方的违约或疏忽，并承担相应责任。

(4)工程竣工交付使用后，承包方在国家规定和合同约定的范围内，对该工程承担保修责任并按约定支付保修金。

案例分析

■ 案例1

【案情摘要】

原告：乙监理公司

被告：甲房地产开发公司

甲房地产开发公司于2021年就某工程项目(以下称本案工程)与乙监理公司签订《委托监理合同》(以下称本案合同)，由乙公司对本案工程进行监理。本案合同中对监理工作、监理时间、监理费用及支付等内容都进行了约定，其中明确约定了在本案工程竣工验收完成后支付至本案合同约定的监理费用的50%，结算完成后全部付清。在本案合同履行过程中，双方因监理费用支付问题导致关系渐趋紧张，在工程竣工未办理验收的情况下，乙公司拒绝在相关竣工验收报告上签字。乙公司于2022年7月向法院提起诉讼，要求甲公司支付监理费用。

【处理结论】

本案中监理单位不能主张全部监理费用。

【法律分析】

监理单位在工程监理中除了依据合同约定进行工程监理外，还必须符合监理规范的规定。《建设工程监理规范》(GB/T 50319—2013)中第5.7.2条明确规定，项目监理机构应参加建设单位组织的竣工验收，并提供相关监理资料。工程质量符合要求，监理工程师会同参加验收的各方签署竣工验收报告。在本案中，乙公司没有履行监理规范规定的监理义务，拒绝签署竣工验收报告，导致竣工验收无法完成。而本案合同中明确约定了监理费用的支付条件，即在本案工程竣工验收完成后支付至监理费用的50%。在本案中，由于乙公司自身原因导致不满足监理费用的支付条件，乙公司自然无权主张全部监理费用。

思 考 题

1. 什么是工程建设监理？它与政府对工程建设的监督管理有何不同？
2. 工程建设监理的原则是什么？
3. 在我国，必须实行监理的建设工程有哪些？
4. 工程建设监理工作应遵循什么程序？
5. 工程建设监理总的工作内容是什么？在施工招标阶段监理工作的内容有哪些？
6. 在实行监理的工作中，业主、承包商、监理单位之间的关系如何认定？
7. 根据FIDIC合同条件，哪些人有提出仲裁的权利？
8. 什么是缺陷责任期？在缺陷责任期内，工程的照管责任如何认定？
9. 根据《工程建设监理合同》示范文本，监理单位在什么情况下可终止合同？
10. 根据FIDIC合同条件，在工程项目实施过程中，业主应承担哪些义务？
11. 根据FIDIC合同条件，在工程项目实施过程中，监理工程师具有哪些权利？他应承担的义务是什么？
12. 根据《工程建设监理合同》示范文本，监理单位享有哪些权利？它应承担哪些义务？

8 工程建设安全生产管理法规

本章介绍了工程建设安全生产的内容，安全生产管理机构及职责，并重点介绍了工程建设安全生产的责任制度、教育制度、检查监督制度、劳动保护制度、工程安全保障制度和重大事故的调查处理制度。

8.1 概　　述

8.1.1 工程建设安全生产的概念

工程建设安全生产是指建筑生产过程中要避免人员、财产的损失及对周围环境的破坏。它包括建筑生产过程中的施工现场人身安全、财产设备安全，施工现场及附近的道路、管线和房屋的安全，施工现场和周围的环境保护及工程建成后的使用安全等方面的内容。

在市场经济条件下，从事生产经营活动的市场主体以营利为目的，努力追求利润的最大化，这是无可厚非的。但生产经营主体追求自身利益的最大化，决不能以牺牲从业人员甚至公众的生命财产安全为代价。事实上，如果不注意安全生产，一旦发生事故，不但给他人的生命财产造成损害，生产经营者的生产活动也不能正常进行，甚至因此而破产，所以，也会使生产经营者自身遭受损失，有时甚至是难以弥补的重大损失。因此，生产与安全是既相互促进，又相互制约的统一体。保证安全会增加生产成本，加大生产难度，但安全得到保证以后又会促进生产，增加效益。建筑生产的特点是产品固定、人员流动，而且多为露天作业、高处作业，施工条件较差，不安全因素较多，这些因素还会随工程的进展而不断变化，因而规律性差、事故隐患多。所以在世界各国，建筑业都是事故多发行业之一。据统计，我国建筑业每年因工死亡率大体为 3‰，仅次于采矿业而居全国各行业的第二位，安全生产形势十分严峻。

根据调查分析，生产过程中人的不安全行为是造成安全事故的最主要原因，也是最直接的原因。因此，建立完善的安全生产制度，加强对建筑生产活动的监督管理，是避免建筑生产事故，保护人身财产安全的最基本保证。

8.1.2 工程建设安全生产的立法现状

安全生产直接关系到广大从业人员及社会大众的生命健康及财产安全，同时，它还是促进经济正常发展，保障人民安居乐业，维护社会稳定的前提条件。因此，世界上大多数国家制定了有关安全生产的法律、法规，运用国家权力，对安全生产进行有效的监督管理。如美国在 20 世纪 60 年代制定了职业安全卫生法，日本制定了劳动安全卫生法，德国于 1996 年制定了新的联邦劳动保护法等。有关国际组织也制定了有关安全生产的国际条约、建议和有关标准等。如国际劳工组织就制定了职业安全和卫生公约、建筑业安全卫生公约、施工安全与卫生公约（即 167 号公约）及防止工业事故建议书等。我国也于 2002 年 6 月，由九届全国人大常委会第二十八次会议通过了《中华人民共和国安全生产法》（2021 年 6 月第三次修订，以下简称《安全生产法》），为我国各行各业的安全生产管理提供了有力的法律保障。

工程建设的安全生产是保证国家生产安全的重要组成部分。“管建设必须管安全”是工程建设管理的重要原则，国家对此也十分重视。国务院及有关主管部门多次发出通知，强调要大力加强工程建设中的安全管理。国务院建设行政主管部门制定了一系列的工程建设安全生产法规和规范性文件，国务院也先后颁发了《建设工程安全生产管理条例》（2003 年）、《安全生产许可证条例》（2004 年）、《生产安全事故报告和调查处理条例》（2007 年）。工程建设安全在《建筑法》中也有专门规定。

8.1.3 工程建设安全生产的管理机构与职责

国务院建设行政主管部门主管全国工程建设安全生产的行业监督管理工作。其主要职责是：

(1)贯彻执行国家有关安全生产的法规和方针、政策，起草或制定建筑安全生产管理法规、标准；

(2)统一监督管理全国工程建设方面的安全生产工作，完善建筑安全生产的组织保证体系；

(3)制定建筑安全生产管理的中、长期规划和近期目标，组织建筑安全生产技术的开发与推广应用；

(4)指导和监督检查省、自治区、直辖市人民政府建设行政主管部门开展建筑安全生产的行业监督管理工作；

(5)统计全国建筑职工因工伤亡人数，掌握并发布全国建筑安全生产动态；

(6)负责对申报资质等级一级企业和国家一、二级企业以及国家和部级先进建筑企业进行安全资格审查或审批，行使安全生产否决权；

(7)组织全国建筑安全生产检查，总结交流建筑安全生产管理经验，表彰先进；

(8)检查和督促工程建设重大事故的调查处理，组织或者参与工程建设特别重大事故的调查。

县级以上地方人民政府建设行政主管部门负责本行政区域建筑安全生产的行业监督管理工作。其主要职责是：

(1)贯彻执行国家和地方有关安全生产的法规、标准和方针、政策，起草或制定本行政区域建筑安全生产管理的实施细则或者实施办法；

(2)制定本行政区域建设安全生产管理中、长期规划和近期目标，组织建筑安全生产技术的开发与推广应用；

(3)建立建筑安全生产的监督管理体系，制定本行政区域建筑安全生产监督管理工作制度；

(4)组织落实各级领导分工负责的建筑安全生产责任制；

(5)负责本行政区域建筑职工因工伤亡的统计和上报工作，掌握和发布本行政区域建筑安全生产动态；

(6)负责对申报晋升企业资质等级、企业升级和报评先进企业的安全资格进行审查或者审批，行使安全生产否决权；

(7)组织或参与本行政区域工程建设中人身伤亡事故的调查处理工作，并依照规定上报重大伤亡事故；

(8)组织开展本行政区域建筑安全生产检查，总结交流建筑安全生产管理经验，表彰先进，监督检查施工现场、构配件生产车间等安全管理和防护措施，纠正违章指挥和违章作业；

(9)组织开展本行政区域建筑企业的生产管理人员、作业人员的安全生产教育、培训、考核及发证工作，监督检查建筑企业对安全技术措施费的提取和使用；

(10)领导和管理建筑安全生产监督机构的工作。

国务院有关部门对于其所属建筑企业建筑安全生产的管理职责，由国务院有关主管部门自行规定。

8.2 工程建设安全生产的基本方针和相关制度

8.2.1 工程建设安全生产管理的基本方针

我国《安全生产法》中规定：安全生产管理，坚持“安全第一、预防为主、综合治理”的方针。

所谓“安全第一”，就是指在生产经营活动中，在处理保证安全与实现生产经营活动的其他各项目标的关系上，要始终把安全，特别是从业人员和其他人员的人身安全放在首要的位置，实现“安全优先”的原则，在确保安全的前提下，再来努力实现生产经营的其他目标。

所谓“预防为主”，就是指对安全生产的管理，主要不是放在发生事故后去组织抢救、进行事故调查，找原因、追究责任、堵漏洞，而是要谋事在先，尊重科学、探索规律，采取有效事前控制措施，千方百计地预防事故的发生，做到防患于未然，将事故消灭在萌芽状态。虽然人类在生产活动中还不可能完全杜绝安全事故的发生，但只有思想重视，预防措施得当，事故特别是重大事故的发生还是可以大大减少的。

所谓“综合治理”，是指适应我国安全生产形势的要求，自觉遵循安全生产规律，正视安全生产工作的长期性、艰巨性和复杂性，抓住安全生产工作中的主要矛盾和关键环节，综合运用经济、法律、行政等手段，人管、法治、技防多管齐下，并充分发挥社会、职工、舆论的监督作用，有效解决安全生产领域的问题。

为保证“安全第一、预防为主、综合治理”方针的落实，《安全生产法》及其他相关法规还具体规定了安全生产责任制度、安全生产教育培训制度、安全生产检查监督制度、安全生产劳动保护制度、安全生产的市场准入制度及安全生产事故责任追究制度等基本制度。

8.2.2 工程建设安全生产责任制度

安全生产责任制度，是指由企业主要负责人应负的安全生产责任，其他各级管理人员、技术人员和各职能部门应负的安全生产责任，直到各岗位操作人员应负的岗位安全生产责任所构成的企业安全生产制度。只有从企业主要负责人到各岗位操作人员人人都明确各自的安全生产责任，人人都按照自己的职责做好安全生产工作，企业的安全生产才能落到实处，从而得到充分保障。

8.2.2.1 企业主要负责人的责任

安全生产工作是企业管理工作中的重要内容，涉及企业生产经营活动的各个方面，它除对单位的生产经营有重大影响外，对社会公共安全也有重大影响。所以，法律规定必须由企业“一把手”挂帅，统筹协调，全面负责，这既是对本单位负责，也是对社会应负的责任。生产经营单位可以安排副职负责人分管安全生产工作，但不能因此减轻或免除主要负责人对本单位安全生产工作所应负的全面责任。《安全生产法》规定，生产经营单位的主要负责人，对本单位的安全生产负有下列责任：

(1)建立、健全本单位安全生产责任制；

(2)组织制定本单位安全生产规章制度和操作规程；

(3)保证本单位安全生产投入的有效实施；

(4)督促检查本单位的安全生产工作，及时消除安全生产事故隐患；

(5)组织制定并实施本单位生产安全事故应急救援预案；

(6)及时、如实报告生产安全事故。

对于满足安全生产必备条件所必需的资金投入，由生产经营单位的决策机构、主要负责人或个人经营的投资人予以保证，并对因必需资金投入不足而导致的后果承担责任。

相关法规还对建筑企业主要负责人在安全生产方面的责任作出了进一步具体规定，它要求企业经理（厂长）和主管生产的副经理（副厂长）对本企业的劳动保护和安全生产负总的责任。认真贯彻执行劳动保护和安全生产政策、法规和规章制度；定期向企业职代会报告企业安全生产情况和措施；制定企业各级干部的安全责任制等制度；定期研究并解决安全生产中的问题；组织审批安全技术措施计划并贯彻实施；定期组织安全检查和开展安全竞赛等活动；对职工进行安全和遵章守纪教育；督促各级领导干部和各职能单位的职工做好本职范围内的安全工作；总结与推广安全生产先进经验；主持重大伤亡事故的调查分析，提出处理意见和改进措施，并督促实施。

8.2.2.2 各级管理人员的责任

结合建筑企业及工程建设的特点，相关法规对各级管理人员的责任也作出了明确规定。

企业总工程师（技术负责人）对本企业劳动保护和安全生产的技术工作负总的责任。

项目经理、施工队长、车间主任应对本单位劳动保护和安全生产工作负具体领导责任。

工长、施工员对所管工程的安全生产负直接责任。

企业中的生产、技术、材料等各职能机构，都应在各自业务范围内，对实现安全生产的要求负责。

企业应根据实际情况建立安全机构，并按照职工总数配备相应的专职人员（一般为2‰～5‰），负责安全管理工作和安全监督检查工作。其主要的职责是：

(1)贯彻执行有关安全技术劳动保护法规；

(2)做好安全生产的宣传教育和管理工作，总结交流推广先进经验；

(3)经常深入基层，指导下级安全技术人员的工作，掌握安全生产情况，调查研究生产中的不安全问题，提出改进意见和措施；

(4)组织安全活动和定期安全检查；

(5)参加审查施工组织设计(施工方案)和编制安全技术措施计划，并对贯彻执行情况进行督促检查；

(6)与有关部门共同做好新工人、特种工种工人的安全技术训练、考核、发证工作；

(7)进行工伤事故统计、分析和报告，参加工伤事故的调查和处理；

(8)禁止违章指挥和违章作业，遇有严重险情时，有权暂停生产，并报告领导处理。

8.2.2.3 从业人员的责任

从业人员是指生产经营单位中从事生产经营活动的人员，他们包括直接操作人员、工程技术人员、管理人员、服务人员等。由于安全生产寓于生产的全过程之中，它依赖于每道工序、每个人的有机衔接和有效配合，每个从业人员的行为都直接关系到安全生产的实施与成效，因此，每个从业人员也都要从自身角度对本单位的安全生产承担责任。《安全生产法》规定，从业人员应承担下述主要责任与义务：

(1)作业过程中，应严格遵守本单位的安全生产规章制度和操作规程，服从管理，正确佩戴和使用劳动防护用品；

(2)应接受安全生产教育和培训，掌握本职工作所需的安全生产知识，提高安全生产技能，增强事故预防和应急处理能力；

(3)发现事故隐患或其他不安全因素，应立即向现场安全生产管理人员或本单位负责人报告。

8.2.3 工程建设安全生产的教育培训制度

安全生产教育和培训是安全生产管理工作的一个重要组成部分，是实现安全生产的一项重要的基础性工作。生产安全事故的发生，不外乎人的不安全行为和物的不安全状态两种原因，而在我国人的不安全行为所导致的生产安全事故数量在事故总数中占有很大比重。因此，对从业人员进行安全生产教育和培训，控制人的不安全行为，对减少安全生产事故是极为重要的。通过安全生产教育和培训，可以使广大劳动者正确按规章办事，严格执行安全生产操作规程，认识和掌握生产中的危险因素和生产安全事故的发生规律，并正确运用科学技术知识加以治理和预防，及时发现和消除隐患，保证安全生产。

针对安全生产教育和培训的内容，《安全生产法》及相关法规也作出了规定，主要有：

8.2.3.1 安全生产的方针、政策、法律、法规以及安全生产规章制度的教育培训

对所有从业人员都要进行经常性的教育，对于企业各级领导干部和安全管理干部，更要定期轮训，使其提高政策、思想水平，熟悉安全生产技术及相关业务，做好安全工作。

8.2.3.2 安全操作技能的教育与培训

对安全操作技能的教育与培训，我国目前一般采用入厂教育、车间教育和现场教育多环节的方式进行。对于新工人(包括合同工、临时工、学徒工、实习和代培人员)必须进行入厂(公司)安全教育。教育内容包括安全技术知识、设备性能、操作规程、安全制度和严禁事项，并经考试合格后，方可进入操作岗位。

8.2.3.3 特种作业人员的安全生产教育和培训

特种作业，是指容易发生人员伤亡事故，对操作者本人、他人及周围设施的安全有重大危害的作业。根据现行规定，它大致包括电工、金属焊接切割、起重机械、机动车辆驾驶、登高架设、锅炉(含水质化验)、压力容器操作、制冷、爆炸等作业。特种作业人员的工作，存在的危险因素很多，很容易发生安全事故，因此，对他们必须进行专门的培训教育，提高其认识，增强其技能，以减少其失误，这对防止和减少生产安全事故具有重要意义。相关法规规定，电工、焊工、架子工、司炉工、爆破工、机操工及起重机、打桩机和各种机动车辆司机

等特殊工种工人，除进行一般安全教育外，还要经过本工种的安全技术教育，经考试合格发证后，方可获准独立操作，每年还要进行一次复查。

8.2.3.4 采用新工艺、新技术、新材料、新设备时的教育与培训

在采用新工艺、新技术、新材料、新设备时，如对其原理、操作规程、存在的危险因素、防范措施及正确处理方法没有清楚的了解，就极易发生安全生产事故，且一旦事故发生也不能有效控制而导致损失扩大。因此，必须进行事先的培训，使相关人员了解和掌握其安全技术特性，以采取有效的安全防护措施，防止和减少安全生产事故的发生。相关法规规定：采用新工艺、新技术、新材料、新设备施工和调换工作岗位时，要对操作人员进行新技术操作和新岗位的安全教育，未经教育不得上岗操作。

8.2.4 工程建设安全生产的检查、监督制度

保障社会的安定和人民的安全，是国家应承担的责任，而安全生产涉及社会及广大民众的生命财产安全，因此，政府必须对安全生产加强监督管理。《安全生产法》及相关法规对此都有明确规定：

8.2.4.1 县级以上地方人民政府的监督管理

县级以上地方各级人民政府应根据本行政区域内的安全生产状况，组织有关部门按照职责分工，对本行政区域内容易发生重大安全事故的生产经营单位进行严格检查，若发现事故隐患，应及时处理。检查可以是定期的，也可以是不定期的，可以是综合性的，也可以是专项的。

8.2.4.2 各级负责安全生产监督管理部门的监督管理

目前负责安全生产监督管理的部门，在中央是国务院安全生产监督管理局，在地方是各级依法成立的负责安全生产监督的机构。其主要职责为：依法对有关涉及安全生产的事项进行审批、验收；对生产经营单位执行有关安全生产的法律、法规和国家标准或行业标准的情况进行监督检查；组织对重大事故的调查处理及对违反安全生产法律规定的行为进行行政处罚等。

《安全生产法》还规定，负有安全生产监督管理职责的部门对涉及安全生产的事项进行审查、验收时，不得收取费用；不得要求接受审查、验收的单位购买其指定品牌或指定生产销售单位的安全设备、器材或其他产品。

安全生产监督管理部门派出的监督检查人员在执行监督检查任务时，必须出示有效的监督执法证件；对涉及的被检查单位的技术秘密和业务秘密，负有保密责任。对检查的时间、地点、内容、发现的问题及其处理情况，应作出书面记录，并由检查人员和被检查单位的负责人签字，检查人员应将情况记录在案，并向负有安全生产监督管理职责的部门报告。

生产经营单位对安全生产监督管理部门派出的监督检查人员依法履行监督检查职责，应予以配合，不得拒绝或阻挠，但监督检查活动也不得影响被检查单位的正常生产经营活动。

8.2.4.3 行业行政主管部门对本行业安全生产的监督管理

依照国务院“三定”方案的规定，房屋建筑工程、市政工程等工程建设的安全生产的监督管理工作由住房和城乡建设部负责，其主要职责是按照保障安全生产的要求，依法及时制定或修订建筑业的国家标准或行业标准，并督促、检查标准的严格执行。这些标准包括：生产场所的安全标准；生产作业、施工的工艺安全标准；安全设备、设施、器材和安全防护用品的产品安全标准及有关建筑生产安全的基础性和通用性标准等。

8.2.4.4 生产经营单位对安全生产的监督管理

生产经营单位在日常的生产经营活动中，必须加强对安全生产的监督管理，对于存在较大危险因素的场地、设备及施工作业，更应依法进行重点检查、管理，以防生产安全事故的发生。《安全生产法》对此作出了明确规定。

(1)建筑施工企业及其他存在较多危险因素的生产经营单位，从业人员超过 300 人的，应设置安全生产管理机构或配备专职的安全生产管理人员；从业人员在 300 人以下的，应配备专职或兼职的安全生产管理人员，或委托具有国家规定的相关专业技术资格的工程技术人员提供安全生产管理服务，但委托后的安全生产

责任仍由原生产经营单位负责。

(2)生产经营单位的安全生产管理人员应当根据本单位的生产经营特点，对安全生产状况进行经常性检查。对检查中发现的安全问题，应立即处理；不能处理的，应及时报告本单位的有关负责人，检查及处理情况应记录在案。

(3)生产经营单位应教育和督促从业人员严格执行本单位的安全生产规章制度和安全操作规程，并向从业人员如实告知作业场所和工作岗位存在的危险因素、防范措施以及事故应急措施。

(4)生产经营单位进行爆破、吊装等危险作业，应安排专门人员进行现场安全管理，确保操作规程的遵守和安全措施的落实。

(5)生产经营单位对危险物品大量聚集的重大危险源应当登记建档，进行定期检测、评估、监控，并制定应急预案，告知从业人员和相关人员在紧急情况下应当采取的应急措施。

(6)生产经营单位不得使用国家明令淘汰、禁止使用的危及生产安全的工艺、设备；对使用的安全设备必须进行经常性维护、保养，并定期检测，以保证正常运转。维护、保养、检测应当做好记录，并由有关人员签字。

(7)生产经营单位使用的涉及生命安全、危险性较大的特种设备(如锅炉、压力容器、电梯、起重机械等)以及危险物品(如易燃易爆品、危险化学品等)的容器、运输工具，必须按照国家有关规定，由专业生产单位生产，并且必须经具有专业资质的检测、检验机构检测，检测合格，取得安全使用证或安全标志后，方可投入使用。

(8)生产经营单位应当在存有较大危险因素的生产经营场所和有关设施、设备上，设置明显的安全警示标志，以引起人们对危险因素的注意，预防生产安全事故的发生。

相关法规还对建筑企业的安全生产检查作出了具体规定，要求建筑企业除应经常进行安全生产检查外，还要组织定期检查、监督。企业每季、分公司每月、施工队每半月组织一次检查。检查要发动群众，要有领导干部、技术干部和工人参加，边检查，边整改。每次检查要有重点、有标准，要评比记分，列入本单位考核内容。检查以自查为主，互查为辅，以查思想、查制度、查纪律、查领导、查隐患为主要内容。要结合季节特点，开展防洪、防雷电、防坍塌、防高处坠落、防煤气中毒等“五防”检查。

对查出的隐患不能立即整改的，要建立登记、整改、检查、销项制度。要制订整改计划，定人、定措施、定经费、定完成日期。在隐患没有消除前，必须采取可靠的防护措施，如有危及人身安全的紧急险情，应立即停止作业。

8.2.4.5　社会对安全生产的监督管理

安全生产涉及全社会利益，是全社会共同关注的问题，因此可以动员全社会的力量来对安全生产进行监督管理。为此，《安全生产法》规定居民委员会、村民委员会发现其所在区域内的生产经营单位存在事故隐患或安全生产违法时，应当向当地人民政府或有关部门报告。

新闻、出版、广播、电影、电视等单位有进行安全生产公益宣传教育的义务，同时，对违反安全生产法律、法规的行为有进行舆论监督的权利。

任何单位或者个人对事故隐患或者安全违法行为，均有权向负有安全生产监督管理职责的部门报告或举报。安全生产监督管理部门应建立举报制度，公开举报电话、信箱或电子邮件地址。

承担安全评价、认证、检测、检验的中介机构，则通过其服务行为对相关安全生产事项实施监督管理。

8.2.5　工程建设安全生产的劳动保护制度

8.2.5.1　从业人员的权利

从业人员往往直接面对生产经营活动中的不安全因素，其生命健康安全最易受到威胁，而生产经营单位从追求利润最大化的立场出发，往往容易忽略甚至故意减少对从业人员人身安全的保障。为使从业人员人身安全得到切实保护，法律特别赋予从业人员自我保护的权利。

(1)签订合法劳动合同权

生产经营单位与从业人员订立的劳动合同，应当载明有关保障从业人员劳动安全、防止职业危害的事项，以及依法为从业人员办理工伤社会保险的事项。生产经营单位不得以任何形式与从业人员订立协议，免除或减轻其对从业人员因生产安全事故伤亡依法应承担的责任。

(2)知情权

生产经营单位的从业人员有权了解其作业场所和工作岗位存在的危险因素、防范措施及事故应急措施，生产经营单位应主动告知有关实情。

(3)建议、批评、检举、控告权

安全生产与从业人员的生命安全与健康息息相关，因此从业人员有权参与本单位生产安全方面的民主管理与民主监督。对本单位的安全生产工作提出意见和建议；对本单位安全生产中存在的问题提出批评、检举和控告。生产经营单位不得因此而降低其工资、福利待遇或解除与其订立的劳动合同。

(4)对违章指挥、强令冒险作业的拒绝权

对于生产经营单位的负责人，生产管理人员和工程技术人员违反规章制度，不顾从业人员的生命安全与健康，指挥从业人员进行生产活动的行为，以及在存有危及人身安全的危险因素而又无相应安全保护措施的情况下，强迫命令从业人员冒险进行作业的行为，从业人员都依法享有拒绝服从指挥和命令的权利。生产经营单位不得因此而采取降低其工资、福利的待遇，解除劳动合同等惩罚、报复手段。

(5)停止作业及紧急撤离权

从业人员发现直接危及人身安全的紧急情况时，有权停止作业或在采取可能的应急措施后撤离作业场所。生产经营单位不得因此而降低其工资、福利待遇或解除其劳动合同等。

(6)依法获得赔偿权

《安全生产法》规定，因生产安全事故受到损害的从业人员，除依法享有工伤保险外，依照有关民事法律尚有获得赔偿的权利，还有权向本单位提出赔偿要求，生产经营单位应依法予以赔偿。

8.2.5.2 工会对从业人员生产安全权利的保护

工会是职工依法组成的工人阶级的群众组织，《中华人民共和国工会法》规定，维护职工合法权益是工会的基本职责。《安全生产法》从安全生产的角度进一步明确了工会维护职工生命健康与安全的相关权利。

工会有权依法组织职工参加本单位安全生产工作的民主管理和民主监督，维护职工在安全生产方面的合法权益。

工会有权对建设项目的安全设施与主体工程同时设计、同时施工、同时投入生产和使用进行监督，提出意见。

工会对生产经营单位违反安全生产法律、法规，侵犯从业人员合法权益的行为，有权要求纠正；发现生产经营单位违章指挥，强令冒险作业或发现事故隐患时，有权提出解决的建议，生产经营单位应及时研究答复；发现危及从业人员生命安全的问题时，有权向生产经营单位建议组织从业人员撤离危险场所，生产经营单位必须立即作出处理。

工会有权依法参加事故调查，向有关部门提出处理意见，并要求追究有关人员的责任。

8.2.5.3 生产经营单位在劳动保护方面的职责

(1)提供劳动保护用品

劳动保护用品是保护职工安全的必不可少的辅助措施，在某种意义上，它是劳动者防止职业伤害的最后一道屏障，因此，《安全生产法》规定，生产经营单位必须为从业人员提供符合国家标准或行业标准的劳动保护用品，并监督、教育从业人员按照使用规则佩戴、使用，并明确要求生产经营单位应当安排用于配备劳动保护用品和进行安全生产培训的经费。

(2)参加工伤社会保险

社会保险是国家和用人单位依照法律规定或合同的约定，对与用人单位存在劳动关系的劳动者在暂时或永久丧失劳动能力以及暂时失业时，为保证其基本生活需要，给予物质帮助的一种社会保障制度，它是社会保障体系的一个重要组成部分。我国目前已建立起来的社会保险包括养老保险、失业保险以及工伤保险等。其中工伤保险是指职工在劳动过程中因生产安全事故或患职业病，暂时或永久丧失劳动能力时，在医疗和生活上获得物质帮助的社会保险制度。《安全生产法》规定，生产经营单位必须依法参加工伤社会保险，为从业人员缴纳保险费。

《建筑法》第四十八条规定："建筑施工企业应当依法为职工参加工伤保险缴纳工伤保险费。鼓励企业为从事危险作业的职工办理意外伤害保险，支付保险费。"

(3)日常生产经营活动中的劳动保护

生产经营单位必须切实加强管理，保证职工在生产过程中的安全和健康，促进生产的发展。企业要努力改善劳动条件，注意劳逸结合，制订以防止工伤事故、职工中毒和职业病为内容的安全技术措施长远规划和年度计划，并组织实施。要加强季节性劳动保护工作：夏季要防暑降温；冬季要防寒防冻，防止煤气中毒；雨季和台风来临之前，应对临时设施和电气设备进行检修，沿河流域的工地要做好防洪抢险准备；雨雪过后要采取防滑措施。

建筑施工企业在施工过程中，应遵守有关安全生产的法律、法规和建筑行业安全规章、规程。企业法定代表人、项目经理、生产管理人员和工程技术人员不得违章指挥，强令作业人员违章作业，如因违章指挥强令职工冒险作业而发生重大伤亡事故或造成其他严重后果的，要依法追究其刑事责任。

建筑施工企业及其他存在较多危险因素的单位应建立应急救援组织，如生产经营规模较小，则可不建立救援组织，但应指定兼职的应急救援人员。这些单位还必须配备必要的应急救援器材、设备，并进行经常性维护保养，保证正常运转。

(4)加强对女职工和未成年工的特殊保护

生产经营单位应根据女职工的不同生理特点和未成年工的身体发育情况，进行特殊保护。我国劳动法禁止安排女职工从事矿山井下、国家规定的第四级体力劳动强度的劳动和其他禁忌从事的劳动。不得安排女职工在经期从事高处、低温、冷水作业和国家规定的第三级体力劳动强度的劳动。不得安排女职工在怀孕期间从事国家规定的第三级体力劳动强度的劳动和孕期禁忌从事的劳动。对怀孕七个月以上的女职工，不得安排其延长工作时间和夜班劳动。不得安排女职工在哺乳未满一周岁的婴儿期间从事国家规定的第三级体力劳动强度的劳动和哺乳期间禁忌从事的其他劳动，不得安排其延长工作时间和夜班劳动。

我国法律严禁雇用未满 16 周岁的童工，对于已满 16 周岁但尚未成年的职工，不得安排其从事矿山井下、有毒有害、国家规定的第四级体力劳动强度的劳动和其他禁忌从事的劳动。用人单位应当对未成年工定期进行健康检查。

8.2.6 工程建设安全生产的市场准入及奖惩制度

为确保安全生产，国家对生产经营单位及从业人员都实行了严格的市场准入制度，并先后颁布了《安全生产许可证条例》《安全生产检测检验机构管理规定》和《注册安全工程师管理规定》。这些法规规定生产经营单位必须具备法律、法规及国家标准或行业标准规定的安全生产条件。条件不具备的，不得从事生产经营活动。承担安全、评价、认证、检测、检验的机构必须取得国家规定的资质许可，方可从事相关活动。未经安全生产教育和培训合格的作业人员，不得上岗作业。特种作业人员必须经专门的安全作业培训，取得特种作业资格证书后，方可上岗作业。

8.2.6.1 建筑施工企业安全生产许可证制度

《建筑施工企业安全生产许可证管理规定》对建筑施工企业领取安全生产许可证的条件、程序等给出了更为详细的规定。

建筑施工企业领取安全生产许可证，需要具备一系列安全生产条件，具体如下：

(1)建立、健全安全生产责任制，制定完备的安全生产规章制度和操作规程；

(2)保证本单位安全生产条件所需资金的投入；

(3)设置安全生产管理机构，按照国家有关规定配备专职安全生产管理人员；

(4)主要负责人、项目负责人、专职安全生产管理人员经建设行政主管部门或者其他有关部门考核合格；

(5)特种作业人员经有关业务主管部门考核合格，取得特种作业操作资格证书；

(6)管理人员和作业人员每年至少进行一次安全生产教育培训并考核合格；

(7)依法参加工伤保险，依法为施工现场从事危险作业的人员办理意外伤害保险，为从业人员缴纳保险费；

(8)施工现场的办公区、生活区及作业场所和安全防护用具、机械设备、施工机具及配件符合有关安全生产法律、法规、标准和规程的要求；

(9)有职业危害防治措施，并为作业人员配备符合国家标准或者行业标准的安全防护用具和安全防护服装；

(10)有对危险性较大的分部分项工程及施工现场易发生重大事故的部位、环节的预防、监控措施和应急预案；

(11)有生产安全事故应急救援预案、应急救援组织或者应急救援人员，配备必要的应急救援器材、设备；

(12)法律、法规规定的其他条件。

建筑施工企业从事建筑活动前，应当依照本规定向省级以上建设行政主管部门申请领取安全生产许可证。

中央管理的建筑施工企业(集团公司、总公司)应当向国务院建设行政主管部门申请领取安全生产许可证；其他建筑施工企业，包括中央管理的建筑施工企业(集团公司、总公司)下属的建筑施工企业，应当向企业注册所在地省、自治区、直辖市人民政府建设行政主管部门申请领取安全生产许可证。

安全生产许可证的有效期为3年。安全生产许可证有效期满需要延期的，企业应当于期满前3个月向原安全生产许可证颁发管理机关办理延期手续。

企业在安全生产许可证有效期内，严格遵守有关安全生产的法律法规，未发生死亡事故的，安全生产许可证有效期届满时，经原安全生产许可证颁发管理机关同意，不再审查，安全生产许可证有效期延期3年。

建筑施工企业未取得安全生产许可证的，不得从事建筑施工活动。建设主管部门在审核发放施工许可证时，应当对已经确定的建筑施工企业是否有安全生产许可证进行审查，对没有取得安全生产许可证的，不得颁发施工许可证。

企业取得安全生产许可证后，不得降低安全生产条件，并应当加强日常安全生产管理，接受安全生产许可证颁发管理机关的监督检查。

8.2.6.2　安全生产管理人员考核、持证上岗制度

安全生产管理人员主要包括三类：企业主要负责人、项目负责人和专职安全生产管理人员。企业主要负责人是指对本企业生产经营活动和安全生产工作具有决策权的领导人员。项目负责人是指取得相应注册执业资格，由企业法定代表人授权，负责具体工程项目管理的人员。专职安全生产管理人员是指在企业专职从事安全生产管理工作的人员，包括企业安全生产管理机构的人员和工程项目专职从事安全生产管理工作的人员。

安全生产管理人员应当通过其受聘企业，向企业工商注册地的省、自治区、直辖市人民政府住房城乡建设主管部门申请安全生产考核，并取得安全生产考核合格证书后方可上岗。安全生产考核包括安全生产知识考核和管理能力考核。安全生产知识考核的内容包括：建筑施工安全的法律法规、规章制度、标准规范，建筑施工安全管理基本理论等。安全生产管理能力考核的内容包括：建立和落实安全生产管理制度、辨识和监控危险性较大的分部分项工程、发现和消除安全事故隐患、报告和处置生产安全事故等方面的能力。安全生产考核合格的，有关部门颁发安全生产考核证书，证书有效期为3年，在全国范围内有效，期满可申请续期。

县级以上人民政府住房城乡建设行政主管部门对安全生产管理人员持证上岗、教育培训和履行职责等情况进行监督检查。安全生产管理人员考核、持证上岗是为了保证安全生产管理能力的制度，其考核不收取费用。

8.2.6.3 奖惩制度

国家实行生产安全事故责任追究制度，依法追究生产安全事故责任人员的法律责任。

国家对在改善安全生产条件、防止生产安全事故、参加抢险救护等方面取得显著成绩的单位和个人，给予奖励。县级以上人民政府及有关部门对报告或举报的有功人员应给予奖励。

8.3 工程建设各方主体的安全责任

为确保工程建设过程中的生产安全，《建设工程安全生产管理条例》对工程建设各方主体应负的安全责任作出了具体规定。

8.3.1 建设单位的安全责任

建设单位在工程建设中居于主导地位，在市场经济体制下，建设单位更是处于十分强势的地位。如果对建设单位的行为不加以规范，将直接或间接导致工程建设过程中的安全事故。为此，《建设工程安全生产管理条例》对建设单位的安全责任作出了全面规定。

(1)向施工单位提供施工现场及毗邻区域内供水、排水、供电、供气、供热、通信、广播电视等地下管线资料，气象和水文观测资料，相邻建筑物和构筑物、地下工程的有关资料，并保证资料的真实、准确、完整。

(2)不得对勘察、设计、施工、工程监理等单位提出不符合建设工程安全生产法律、法规和强制性标准规定的要求，不得压缩合同约定的工期。

(3)在编制工程概算时，应当确定建设工程安全作业环境及安全施工措施所需费用。

(4)不得明示或者暗示施工单位购买、租赁、使用不符合安全施工要求的安全防护用具、机械设备、施工机具及配件、消防设施和器材。

(5)申请领取施工许可证时，应当提供与建设工程有关的安全施工措施的资料。

依法批准开工报告的建设工程，建设单位应当自开工报告批准之日起15日内，将保证安全施工的措施报送建设工程所在地的县级以上人民政府建设行政主管部门或者其他有关部门备案。

(6)应当将拆除工程发包给具有相应资质等级的施工单位。

建设单位应当在拆除工程施工15日前，将下列资料报送建设工程所在地的县级以上地方人民政府建设行政主管部门或者其他有关部门备案：

①施工单位资质等级证明；

②拟拆除建筑物、构筑物及可能危及毗邻建筑的说明；

③拆除施工组织方案；

④实施爆破作业的，应当遵守国家有关民用爆炸物品管理的规定。

8.3.2 勘察、设计、监理单位的安全责任

工程勘察、设计、监理活动对工程建设的安全有着重要的影响，从事相关活动的单位对工程建设的安全也必须要承担相应的安全责任。

(1)勘察单位应当按照法律、法规和工程建设强制性标准进行勘察，提供的勘察文件应当真实、准确，满足建设工程安全生产的需要。

勘察单位在勘察作业时，应当严格执行操作规程，采取措施保证各类管线、设施和周边建筑物、构筑物的安全。

(2)设计单位应当按照法律、法规和工程建设强制性标准进行设计，防止因设计不合理而导致生产安全事故的发生。

设计单位应当考虑施工安全操作和防护的需要，对涉及施工安全的重点部位和环节在设计文件中注明，

并对防范生产安全事故提出指导意见。

采用新结构、新材料、新工艺的建设工程和特殊结构的建设工程，设计单位应当在设计中提出保障施工作业人员安全和预防生产安全事故的措施建议。

设计单位和注册建筑师等注册职业人员应当对其设计负责。

(3)工程监理单位应当审查施工组织设计中的安全技术措施或者专项施工方案是否符合工程建设强制性标准。

工程监理单位在实施监理过程中，发现存在安全事故隐患的，应当要求施工单位整改；情况严重的，应当要求施工单位暂时停止施工，并及时报告建设单位。施工单位拒不整改或者不停止施工的，工程监理单位应当及时向有关主管部门报告。

工程监理单位和监理工程师应当按照法律、法规和工程建设强制性标准实施监理，并对建设工程安全生产承担监理责任。

8.3.3 施工单位的安全责任

工程施工多为露天、高空作业，施工环境和作业条件十分艰苦，不安全因素较多，历来属于高风险和事故多发行业之一。为此，《建设工程安全生产管理条例》对施工单位的安全责任规定得十分具体、详尽。

8.3.3.1 施工单位的一般责任

(1)施工单位从事建设工程的新建、扩建、改建和拆除等活动，应当具备国家规定的注册资本、专业技术人员、技术装备和安全生产等条件，依法取得相应等级的资质证书，并在其资质等级许可的范围内承揽工程。

(2)施工单位应当建立健全安全生产责任制度和安全生产教育培训制度，制定安全生产规章制度和操作规程，保证本单位安全生产条件所需资金的投入，对所承担的建设工程进行定期和专项安全检查，并做好安全检查记录。

(3)施工单位应当设立安全生产管理机构，配备专职安全生产管理人员。专职安全生产管理人员的配备办法由国务院建设行政主管部门会同国务院其他有关部门制定。

(4)施工单位对列入建设工程概算的安全作业环境及安全施工措施所需费用，应当用于施工安全防护用具及设施的采购和更新、安全施工措施的落实、安全生产条件的改善，不得挪作他用。

(5)建设工程实行施工总承包的，由总承包单位对施工现场的安全生产负总责。

总承包单位应当自行完成建设工程主体结构的施工。

总承包单位依法将建设工程分包给其他单位的，分包合同中应当明确各自的安全生产方面的权利、义务。总承包单位和分包单位对分包工程的安全生产承担连带责任。

分包单位应当服从总承包单位的安全生产管理，分包单位不服从管理导致生产安全事故的，由分包单位承担主要责任。

(6)施工单位应当为施工现场从事危险作业的人员办理意外伤害保险。

意外伤害保险费由施工单位支付。实行施工总承包的，由总承包单位支付意外伤害保险费。意外伤害保险期限自建设工程开工之日起至竣工验收合格为止。

8.3.3.2 施工单位的具体安全保障措施

(1)在施工组织设计中应当编制安全技术措施和施工现场临时用电方案，对下列达到一定规模的危险性较大的分部分项工程应当编制专项施工方案，并附具安全验算结果，经施工单位技术负责人、总监理工程师签字后方可实施，并由专职安全生产管理人员进行现场监督：

①基坑支护与降水工程；

②土方开挖工程；

③模板工程；

④起重吊装工程；

⑤脚手架工程；

⑥拆除、爆破工程；

⑦国务院建设行政主管部门或者其他有关部门规定的其他危险性较大的工程。

对涉及深基坑、地下暗挖工程、高大模板工程的专项施工方案，施工单位还应当组织专家进行论证、审查。

(2)在施工现场入口处、施工起重机械、临时用电设施、脚手架、出入通道口、楼梯口、电梯井口、孔洞口、桥梁口、隧道口、基坑边沿、爆破物及有害危险气体和液体存放处等危险部位，应当设置明显的安全警示标志。安全警示标志必须符合国家标准。

应当根据不同施工阶段和周围环境及季节、气候的变化，在施工现场采取相应的安全施工措施。施工现场暂时停止施工的，施工单位应当做好现场防护，所需费用由责任方承担，或者按照合同约定执行。

(3)应当将施工现场的办公、生活区与作业区分开设置，并保持安全距离；办公、生活区的选址应当符合安全性要求。职工的膳食、饮水、休息场所等应当符合卫生标准。施工单位不得在尚未竣工的建筑物内设置员工集体宿舍。

施工现场临时搭建的建筑物应当符合安全使用要求。施工现场使用的装配式活动房屋应当具有产品合格证。

(4)对因建设工程施工可能造成损害的毗邻建筑物、构筑物和地下管线等，应当采取专项防护措施。

应当遵守有关环境保护法律、法规的规定，在施工现场采取措施，防止或者减少粉尘、废气、废水、固体废物、噪声、振动和施工照明对人和环境的危害和污染。

在城市市区内的建设工程，施工单位应当对施工现场实行封闭围挡。

(5)应当在施工现场建立消防安全责任制度，确定消防安全责任人，制定用火、用电、使用易燃易爆材料等各项消防安全管理制度和操作规程，设置消防通道、消防水源，配备消防设施和灭火器材，并在施工现场入口处设置明显标志。

(6)应当向作业人员提供安全防护用具和安全防护服装，并书面告知危险岗位的操作规程和违章操作的危害。

(7)采购、租赁的安全防护用具、机械设备、施工机具及配件，应当具有生产(制造)许可证、产品合格证，并在进入施工现场前进行查验。

施工现场的安全防护用具、机械设备、施工机具及配件必须由专人管理，定期进行检查、维修和保养，建立相应的资料档案，并按照国家有关规定及时报废。

(8)在使用施工起重机械和整体提升脚手架、模板等自升式架设设施前，应当组织有关单位进行验收，也可以委托具有相应资质的检验检测机构进行验收；使用承租的机械设备和施工机具及配件的，由施工总承包单位、分包单位、出租单位和安装单位共同进行验收。验收合格的方可使用。

《特种设备安全监察条例》规定的施工起重机械，在验收前应当经有相应资质的检验检测机构监督检验合格。

施工单位应当自施工起重机械和整体提升脚手架、模板等自升式架设设施验收合格之日起30日内，向建设行政主管部门或者其他有关部门登记。登记标志应当置于或者附着于该设备的显著位置。

8.3.3.3　相关岗位人员的安全责任

(1)施工单位主要负责人依法对本单位的安全生产工作全面负责。

(2)施工单位的项目负责人应当由取得相应执业资格的人员承担，对建设工程项目的安全施工负责，落实安全生产责任制度、安全生产规章制度和操作规程，确保安全生产费用的有效使用，并根据工程的特点组织制定安全施工措施，消除安全事故隐患，及时、如实报告生产安全事故。

(3)专职安全生产管理人员负责对安全生产进行现场监督检查。若发现安全事故隐患，应当及时向项目负责人和安全生产管理机构报告；对违章指挥、违章操作的，应当立即制止。

(4)垂直运输机械作业人员、安装拆卸工、爆破作业人员、起重信号工、登高架设作业人员等特种作业人员，必须按照国家有关规定经过专门的安全作业培训，并取得特种作业操作资格证书后，方可上岗作业。

(5)建设工程施工前，施工单位负责项目管理的技术人员应当对有关安全施工的技术要求向施工作业班组、作业人员作出详细说明，并由双方签字确认。

(6)作业人员应当遵守安全施工的强制性标准、规章制度和操作规程，正确使用安全防护用具、机械设备等。

施工单位的主要负责人、项目负责人、专职安全生产管理人员经建设行政主管部门或者其他有关部门考核合格后方可任职。管理人员和作业人员每年至少接受一次安全生产教育培训，其教育培训情况记入个人工作档案。安全生产教育培训考核不合格的人员，不得上岗。作业人员进入新的岗位或者新的施工现场前，应当接受安全生产教育培训。未经教育培训或者教育培训考核不合格的人员，不得上岗作业。

在采用新技术、新工艺、新设备、新材料时，施工单位应当对作业人员进行相应的安全生产教育培训。

8.4 工程安全保障制度及重大事故调查处理制度

8.4.1 工程安全及施工现场安全保障制度

保证建造过程中的工程和施工现场安全及工程建成后的使用安全，也是工程建设安全生产的重要内容。我国有关法规对此也作了明确规定。

8.4.1.1 工程安全保障制度

为确保工程在建设中与投产使用后的安全，《安全生产法》规定，生产经营单位新建、改建、扩建工程项目的安全设施，必须与主体工程同时设计、同时施工、同时投入生产和使用。安全设施投资应纳入建设项目概算。

《建筑法》第三十七条规定："建筑工程设计应当符合按照国家规定制定的建筑安全规程和技术规范，保证工程的安全性能。"如因未按安全标准进行设计，依情节轻重，将受到没收非法所得、罚款、停业整顿、降低资质等级、吊销资质证书、经济赔偿等处罚，构成犯罪的，将依法追究刑事责任。

《建设工程质量管理条例》第十五条规定："涉及建筑主体和承重结构变动的装修工程，建设单位应当在施工前委托原设计单位或者具有相应资质等级的设计单位提出设计方案；没有设计方案的，不得施工。"随着经济发展和人们生活水平的提高，对原有房屋的重新装修已成为非常普遍的事情。但装修不仅要美观、舒适，更应保证建筑的安全，决不能野蛮装修、盲目装修。《建筑法》规定：装修在涉及建筑主体和承重结构时，必须由设计单位重新设计，否则，建设单位将被罚款，并承担经济赔偿责任甚至刑事责任。

8.4.1.2 工程施工现场的安全保障制度

(1)施工现场的安全管理

施工现场是建筑企业进行建筑生产的基地。杂乱的施工条件、快速的人机流、开敞的施工环境，"扰民"和"民扰"同时存在。这一切使得生产过程中的不安全因素极多。因此，施工现场的安全管理也是建筑安全生产中最为重要的环节。为此，《建筑法》第三十八条规定："建筑施工企业在编制施工组织设计时，应当根据建筑工程的特点制定相应的安全技术措施；对专业性较强的工程项目，应当编制专项安全施工组织设计，并采取安全技术措施。"第三十九条规定："建筑施工企业应当在施工现场采取维护安全、防范危险、预防火灾等措施；有条件的，应当对施工现场实行封闭管理。"

《安全生产法》规定，生产、经营、储存、使用危险物品的车间、商店、仓库不得与员工宿舍在同一座建筑物内，并应当与员工宿舍保持安全距离。

生产经营场所和员工宿舍应当设有符合紧急疏散要求、标志明显、保持畅通的出口。禁止封闭、堵塞生产经营场所或者员工宿舍的出口。

两个以上生产经营单位在同一作业区域内进行生产经营活动，可能危及对方生产安全的，应当签订安全生产管理协议，明确各自的安全生产管理职责和应当采取的安全措施，并指定专职安全生产管理人员进行安全检查与协调。

(2)施工现场周边环境的安全管理

建筑施工多为露天作业、高处作业，常常需进行深基开挖。因此，对周围环境，特别是毗邻的建筑物、构筑物及地下管线的安全可能造成损害，建设单位与建筑施工企业有义务也有责任采取相应的安全防护措施，以保证周边环境的安全。当可能损坏道路、管线、电力、邮电通信等公共设施时，建设单位必须按有关规定事先办理申请批准手续。

建筑施工企业应当遵守有关环境保护和安全生产方面的法律、法规的规定，采取控制和处理施工现场的各种粉尘、废气、废水、固体废物以及噪声、振动对环境的污染和危害的措施。当工程施工需要临时停水、停电、中断道路交通及需要进行爆破作业的，必须先行申请，经有关部门批准后方可实行，以保障人民的正常生活及生命财产的安全。

8.4.2　工程建设安全事故的调查处理制度

8.4.2.1　工程建设安全事故的概念

工程建设安全事故，是指在工程建设过程中由于责任过失造成工程倒塌或报废、机械设备毁坏和安全设施失当，造成人身伤亡或者重大经济损失的事故。国务院颁发的《生产安全事故报告和调查处理条例》规定生产安全事故分为特别重大事故、重大事故、较大事故、一般事故四级。

(1)具备下列条件之一者为特别重大事故：

①死亡 30 人以上或重伤 100 人以上；

②直接经济损失 1 亿元以上。

(2)具备下列条件之一者为重大事故：

①死亡 10 人以上 30 人以下或重伤 50 人以上 100 人以下；

②直接经济损失 5000 万元以上，不满 1 亿元。

(3)具备下列条件之一者为较大事故：

①死亡 3 人以上 10 人以下或重伤 10 人以上 50 人以下；

②直接经济损失 1000 万元以上，不满 5000 万元。

(4)具备下列条件之一者为一般事故：

①死亡 3 人以下或重伤 10 人以下；

②直接经济损失 1000 万元以下。

上述标准中，“以上”包括本数，“以下”不包括本数。

8.4.2.2　工程建设安全事故的处理

《安全生产法》规定，生产经营单位发生生产安全事故后，事故现场有关人员应立即报告本单位负责人。单位负责人接到事故报告后，应当迅速采取有效措施，组织抢救，防止事故扩大，减少人员伤亡和财产损失，并按照国家有关规定立即如实报告当地负有安全生产监督管理职责的部门，不得隐瞒不报、谎报或拖延不报，不得破坏事故现场、毁灭有关证据。

《生产安全事故报告和调查处理条例》进一步规定，单位负责人接到报告后，应于 1 小时内向事故发生地县级以上人民政府安全生产监督管理部门和负有安全生产监督管理职责的有关部门(工程建设安全生产的监督管理由建设行政主管部门负责)报告。情况紧急时，事故现场有关人员可以直接向事故发生地县级以上人民政府安全生产监督管理部门和负有安全生产监督管理职责的有关部门报告。实行施工总承包的，由总承包单位负责上报事故。

事故发生后，人民政府应组织调查组按照实事求是、尊重科学的原则对事故进行认真调查，及时、准确地查清事故原因，查明事故性质和责任，总结事故教训，提出整改措施，并对事故责任者提出处理意见。《生产安全事故报告和调查处理条例》规定，特别重大事故的调查组由国务院直接组织或授权有关部门负责组织。重大事故、较大事故、一般事故的调查组分别由事故发生地省级人民政府，设区的市级人民政府、县级人民政府直接组织或授权(委托)有关部门负责组织。未造成人员伤亡的一般事故，县级人民政府也可委托事故发生单位组织事故调查组进行调查。上级人民政府认为必要时，可以调查由下级人民政府负责组织调查的事故。

事故调查组应当自事故发生之日起60日内提交调查报告，特殊情况经负责事故调查的人民政府批准，可适当延长报告提交期限，但最长不得延长60日。负责事故调查的人民政府自收到事故调查报告之日起15日内应作出批复，特别重大事故作出批复的期限为30日。

有关机关应当按照人民政府的批复，依照法律、行政法规规定的权限和程序，对事故发生单位和有关人员进行行政处罚，对负有事故责任的国家工作人员进行处分，涉嫌犯罪的，依法追究刑事责任。事故发生单位应按照人民政府的批复，对本单位负有事故责任的人员进行处理，并认真吸取事故教训，落实整改措施，防止事故再次发生。

案例分析

■ 案例1

【案情摘要】

原告：丙公司

被告：甲、乙公司

甲公司作为发包人与乙施工公司签订施工合同，由乙公司进行某项目(以下称本案工程)的施工。在甲公司及监理单位批准的施工组织计划中，明确规定在本案工程的降水过程中必须进行回灌，而乙公司在降水过程中，没有按照施工组织计划的规定进行回灌，从而导致毗邻施工工地的丙公司办公楼出现裂缝。丙公司起诉至法院要求赔偿损失并对办公楼进行修复。

【处理结论】

1.本案中乙公司应承担赔偿责任。

2.本案中甲公司应承担赔偿责任。

【法律分析】

1.在本案中，乙公司应根据《建设工程质量管理条例》第二十八条规定“施工单位必须按照工程设计图纸和施工技术标准施工”，确保工程质量安全。施工技术标准既包括法定的标准还包括施工合同约定的标准，乙公司没有按照施工组织设计的规定进行回灌，说明乙公司存在过错。而乙公司因为没有进行回灌导致丙公司办公楼产生裂缝，丙公司办公楼产生裂缝和乙公司的施工行为之间存在因果关系。因此，乙公司因其错误的施工行为侵害了丙公司的财产权益，依法应当承担侵权责任。

2.甲公司作为相邻不动产权利人应承担赔偿责任

在本案中，丙公司作为办公楼这一不动产的所有权人，可以根据相邻关系，要求建设单位甲公司承担赔偿责任。甲公司在进行工程建设过程中不得危及相邻不动产的安全，本案中毗邻本案工程的丙公司办公楼出现裂缝是建设单位的工程建设导致的，因此，甲公司应向丙公司承担赔偿责任。当然，本案中乙公司没有按照施工组织设计进行回灌，应当认定其存在过错，该过错亦为造成丙公司办公楼产生裂缝的原因之一，则甲公司在承担赔偿责任后可以基于其与乙公司之间签订的施工合同向乙公司进行追偿。

■ 案例 2

【案情摘要】

原告：丁公司

被告：甲、乙、丙公司

甲公司开发某房地产项目，与乙公司签订施工合同，由乙公司进行施工总承包，本工程由丙公司实施监理。在施工过程中，于2022年5月24日开始下暴雨。暴雨致使工程基坑东侧立面与市政排水管道相邻处被水冲开缺口，市政排水管垮塌，大量污水涌入并灌满基坑。2023年1月22日，××市住房和城乡建设局作出认定，认定该透水事故属质量安全事故，并对事故责任作如下认定：乙公司对市政排水管加固施工以及硅化注浆防渗墙施工组织不力，质量安全意识不强，基坑支护防护强度不足，防范不到位，承担事故的主要责任；甲公司提供的现场地下管线资料不详细，给乙公司的施工带来困难，影响工程总进度，承担事故的重要责任；丙公司现场监理及监督不力，承担事故的一定的管理责任。事故发生后，在××市住房和城乡建设局的安排下，甲、乙、丙三公司同意由丁公司进行清淤。事后甲、乙、丙三公司不愿意承担清淤费用，丁公司起诉至法院，要求甲、乙、丙公司支付清淤费用。

【处理结论】

甲、乙、丙三公司应按责任大小承担清淤费用。

【法律分析】

按照《建设工程安全生产管理条例》第四十条第二款，"县级以上地方人民政府建设行政主管部门对本行政区域内的建设工程安全生产实施监督管理"的规定，××市住房和城乡建设局具有对辖区内建设工程安全生产实施监督管理的职权。××市住房和城乡建设局认定该透水事故属质量安全事故，并对事故原因和事故责任进行了认定。从××市住房和城乡建设局对造成事故的原因分析来看，甲、乙、丙公司与透水事故的发生均有因果关系，故对该事故所造成的损失均应承担赔偿责任。

事故发生后，甲、乙、丙三公司一致同意丁公司对事故现场进行清淤，而丁公司实际完成了清淤工作，所以甲、乙、丙三公司与丁公司之间形成了合同关系。因此，甲、乙、丙三公司对丁公司的清淤费用应承担连带支付责任。在甲、乙、丙三公司之间，按照××市住房和城乡建设局认定的责任大小承担支付责任。

■ 案例 3

【案情摘要】

2008年11月15日下午3时15分，正在施工的杭州地铁湘湖站"北2基坑"现场发生大面积坍塌事故，造成21人死亡，24人受伤，直接经济损失4961万元。事故发生后，浙江省政府成立事故调查组，国家安全生产监督管理总局、住房和城乡建设部成立了事故调查指导小组，开展事故调查工作。

调查组查明，杭州地铁湘湖站"北2基坑"坍塌，是由于参与项目建设及管理的中国中铁股份有限公司所属中铁四局集团第六工程有限公司、安徽中铁四局设计研究院、浙江大合建设工程检测有限公司、杭州地铁集团有限公司等有关方面工作中存在严重缺陷和问题，并且没有给予应有的重视和积极整改，多方面因素综合作用最终导致的一起重大责任事故。其直接原因是施工单位（中铁四局集团第六工程有限公司）违规施工、冒险作业、基坑严重超挖；支撑体系存在严重缺陷且钢管支撑架设不及时；垫层未及时浇筑。监测单位施工监测失效，施工单位没有采取有效补救措施。公安、检察机关依法对涉嫌犯罪的事故责任人立案侦查。

【处理结论】

经浙江省政府研究并报监察部、国家安全生产监督管理总局、国务院国资委同意，杭州市监察局已对事故发生负有责任的5名人员给予政纪处分：分别给予杭州地铁集团有限公司董事长、法定代表人丁某行政记过处分；给予杭州地铁集团有限公司总经理邵某行政记过处分；给予杭州地铁集团有限公司副总经理朱某行政记大过处分；给予杭州地铁集团有限公司工程部部长李某行政记大过处分；给予杭州市建委副主任裘某行政警告处分。按照干部管理权限，由国务院国资委责成中国中铁股份有限公司对事故发生负有责任的6名人员（中铁四局集团董事长、法定代表人张某，中铁四局集团总经理许某，中铁四局集团第六工程有限公司董事长、法定代表人焦某，中铁四局集团第六工程有限公司总经理王某，中铁四局集团第六工程有限公司工程师姚某，安徽中铁四局设计研究院院长张某）分别给予行政警告、行政记过、行政记大过、行政撤职等处分。杭州市原副市长许某对杭州地铁集团有限公司安全生产管理监督不力，对事故的发生负有领导责任。鉴于其在另案中涉嫌犯罪，已移送司法机关处理，本案不另作政纪处分。依据《中华人民共和国安全生产法》和《生产安全事故报告和调查处理条例》等法律、法规规定，由省安全生产监管部门和建设行政主管部门对相关责任单位及责任人给予行政处罚。

法律还追究了相关责任人员的刑事责任：原中铁四局集团第六工程有限公司杭州地铁1号线湘湖站项目部常务副经理梅某犯重大责任事故罪，判处有期徒刑六年；原中铁四局集团第六工程有限公司杭州地铁1号线湘湖站项目部总工程师曹某犯重大责任事故罪，判处有期徒刑五年六个月；原中铁四局集团第六工程有限公司杭州地铁1号线湘湖站项目部质监部长卢某犯重大责任事故罪，判处有期徒刑五年；原安徽中铁四局设计研究院杭州地铁1号线湘湖站项目部监测负责人侯某重大责任事故罪，判处有期徒刑三年十个月；原上海同济工程项目管理咨询有限公司杭州地铁1号线湘湖站项目部总监代表蒋某犯重大责任事故罪，判处有期徒刑三年三个月；原中铁四局集团第六工程有限公司杭州地铁1号线湘湖站项目部经理方某犯重大责任事故罪，判处有期徒刑三年，缓刑五年；原杭州地铁集团有限公司驻湘湖站业主代表金某犯重大责任事故罪，判处有期徒刑三年，缓刑四年。

【法律分析】

工程建设中，发生安全事故后，会产生民事责任、行政责任、刑事责任。本案中的安全事故发生后，施工单位、设计单位、监理单位、建设单位都有一定的责任。

首先，民事责任的承担，应当明确各自单位的损失，确定各自单位的责任大小，按照各自的责任承担相应的损失。这由相关单位自行协商或通过法律途径解决。

其次，是关于行政责任的承担。行政责任分为行政处分和行政处罚。行政处分是指国家行政机关对行政工作人员及由国家机关委派到企（事）业单位任职的人员的惩戒。行政处罚，是指国家行政机关及其授权的法定组织对违反法律、法规、规章，但尚不构成犯罪的公民、法人及其他组织实施的一种制裁行为。杭州市监察局给予杭州市建委副主任裘某行政警告处分，是最典型的行政处分。杭州地铁集团有限公司是国有企业，其高层管理人员由国家机关委派，给予杭州地铁集团有限公司董事长、法定代表人丁某行政记过处分，也是行政处分。《生产安全事故报告和调查处理条例》第三十八条规定“事故发生单位主要负责人未依法履行安全生产管理职责，导致事故发生的，依照下列规定处以罚款；属于国家工作人员的，并依法给予处分”。《建设工程安全生产管理条例》则对行政处罚作出了明确的规定，如第六十六条规定“违反本条例的规定，施工单位的主要负责人、项目负责人未履行安全生产管理职责的，责令限期改正；逾期未改正的，责令施工单位停业整顿”。

再次，是刑事责任的追究。本案中的相关人员被追究的是重大责任事故罪。《中华人民共和国刑法》第一百三十四条规定：“在生产、作业中违反有关安全管理的规定，因而发生重大伤亡事故或者造成其他严重后果的，处三年以下有期徒刑或者拘役；情节特别恶劣的，处三年以上七年以下有期徒刑。”本案中梅某、曹某、卢某、洪某、侯某、蒋某、方某、金某在生产、作业中违反有关安全管理的规定，因而发生重大伤亡事故及财产损失，情节特别恶劣，其行为均已构成重大责任事故罪。

思考题

1. 工程建设安全生产包含哪些内容？
2. 国务院建设行政主管部门在工程建设安全生产方面有哪些主要的管理职责？
3. 工程建设安全生产责任是如何规定的？

4. 企业的安全教育和培训考核制度包括哪些内容？
5. 季节性劳动保护工作有哪些内容？
6. 女职工和未成年工应享受哪些特殊劳动保护？
7. 建筑装修工程应遵守哪些规定？
8. 施工总承包单位和分包单位安全责任是如何划分的？
9. 建设单位应承担的安全责任有哪些？
10. 何谓工程建设安全事故？工程建设安全事故发生后的处理程序是如何规定的？
11. 从业人员及工会在安全生产方面享有哪些权利？
12. 生产经营单位对安全生产负有哪些监督管理职责？
13. 企业主要负责人、各级管理人员及从业人员在安全生产方面应承担哪些责任？

9　建设工程质量管理法规

本章介绍了建设工程质量的概念、建设工程质量体系认证及政府对建设工程质量进行监督管理的相关制度，并重点介绍了对建设单位、勘察设计单位、监理单位、施工单位和材料设备供应单位等各建设行为主体质量责任的法律规定。

9.1　概　　述

9.1.1　建设工程质量的概念

建设工程质量有广义和狭义之分。从狭义上说，建设工程质量仅指工程实体质量，它是指在国家现行的有关法律、法规、技术标准、设计文件和合同中，对工程的安全、适用、经济、美观等特性的综合要求。广义上的建设工程质量还包括工程建设参与者的服务质量和工作质量。它反映在工程建设参与者的服务是否及时、主动，态度是否诚恳、守信，管理水平是否先进，工作效率是否很高等方面。它又可分为政治思想工作质量、管理工作质量、技术工作质量和后勤工作质量等。应该说，工程实体质量是决策、计划、勘察、设计、施工等单位各方面各环节工作质量的综合反映。现在，国内外都趋向于从广义上来理解建设工程质量，但本书中的建设工程质量主要还是指工程本身的质量，即狭义上的建设工程质量。

影响建设工程质量的因素很多，如决策、设计、材料、机械、地形、地质、水文、气象、施工工艺、操作方法、技术措施、人员素质、管理制度等，但归纳起来，可分为五大方面，即通常所说的4M1E：人（Man）、机械（Machine）、材料（Material）、方法（Method）和环境（Environment）。在工程建设全过程中严格控制好这五大因素，是保证建设工程质量的关键。

9.1.2　建设工程质量管理体系

建设工程的质量直接关系国民经济的发展和人民生命的安全，因此，加强建设工程质量的管理，是一个十分重要的问题。根据有关法规规定，我国建立起了对建设工程质量进行管理的体系，它包括纵向管理和横向管理两个方面。

纵向管理是国家对建设工程质量所进行的监督管理，它具体由建设行政主管部门及其授权机构实施，这种管理贯穿在工程建设的全过程和各个环节之中，它既对工程建设从计划、规划、土地管理、环保、消防等方面进行监督管理，又对工程建设的主体从资质认定和审查，成果质量检测、验证和奖惩等方面进行监督管理，还对工程建设中各种活动如工程建设招投标，工程施工、验收、维修等进行监督管理。

横向管理又包括两个方面，一是工程承包单位，如勘察单位、设计单位、施工单位自己对所承担工作的质量管理。它们要按要求建立专门的质检机构，配备相应的质检人员，建立相应的质量保证制度，如审核校对制、培训上岗制、质量抽检制、各级质量责任制和部门领导质量责任制等。二是建设单位对所建工程的管理，它可成立相应的机构和人员，对所建工程的质量进行监督管理，也可委托社会监理单位对工程建设的质量进行监理。现在，世界上大多数国家都推行监理制，我国已建立工程监理制并正在不断完善中。

9.1.3　建设工程质量法规立法现状

工程建设质量管理一直是国家工程建设管理的重要内容，有关工程建设质量的立法工作也一直是工程建设法规的立法重点。现行的主要法律有《建筑法》，其中第六章即为“建筑工程质量管理”。2000年1月30

日，国务院发布施行的《建设工程质量管理条例》是《建筑法》的配套法规之一，它对建设行为主体的有关责任和义务作出了十分明确的规定。除此以外的多为国务院建设行政主管部门及相关部门颁发的建设行政规章及一般规范性文件，重要的有：《房屋建筑和市政基础设施工程竣工验收规定》（2013年）、《建筑工程五方责任主体项目负责人质量终身责任追究暂行办法》（2014年）、《建筑工程质量检测管理办法》（2015年）、《建设工程质量监督管理规定》（1990年）、《房屋建筑工程质量保修办法》（2000年）、《建设工程勘察质量管理办法》（2007年）等。

9.2 质量体系认证制度

9.2.1 质量认证的概念

9.2.1.1 质量认证的作用、认证机构及认证证书与认证标志

质量认证又称合格认证。质量认证是国际通行、社会通用的质量管理手段和贸易便利化工具，是市场经济条件下加强质量管理、提高市场效率的基础性制度。其本质属性是“传递信任、服务发展”，向消费者、企业、政府、社会、国际传递信任，可以形象地称为质量管理的“体检证”、市场经济的“信用证”、国际贸易的“通行证”。目前，世界上实行市场经济体制的国家差不多都建立了质量认证制度。我国经济转入高质量发展阶段后，市场化、国际化程度越来越高，质量认证自身所具有的市场化、国际化等突出特点，使得其在我国经济发展中的作用显得越来越重要。

质量认证中“认证”的含义是指“由可以充分信任的第三方证实某一经鉴定的产品或服务符合特定标准或规范性文件的活动”。也就是说，当第二方（需方或买方）对第一方（供方或卖方）提供的产品或服务，无法判断其质量是否合格时，交由第三方来判断认定。此时第三方既要对第一方负责，又要对第二方负责，它必须秉持公开、公平、公正的原则，认真进行审核验证，据实出具证明，以保护双方的合法权益。因此，从事认证的第三方一般都由具有较高社会公信力的政府部门直接担任，或者由其认可的部门或组织担任，这些部门或组织就是所谓的“认证机构”。

通过质量认证获得的证明文件，一般都为认证证书和认证标志。认证证书分为产品认证证书、服务认证证书和管理体系认证证书。认证标志是指证明产品、服务、管理体系通过认证的专有符号、图案或者符号、图案以及文字的组合。认证标志也分为产品认证标志、服务认证标志和管理体系认证标志。企业通过质量认证取得认证证书和认证标志后，如发生了质量事故或在年度检查中不合格，所获认证证书和认证标志将被撤销。

9.2.1.2 质量认证的种类

质量认证可分为产品质量认证和质量体系认证。

产品质量认证的对象是特定产品（包括服务）。认证的依据或者说获准认证的条件是产品（服务）质量要符合指定标准的要求，质量体系要满足指定质量保证标准要求。其获得的认证标志可用于获准认证的产品上。产品质量认证又分为两种：一种是安全性产品认证，它通过法律、行政法规或规章规定，强制企业必须执行认证；另一种是合格认证，它属于自愿性认证，是否申请认证，由企业自行决定。

质量体系认证的对象是企业的质量体系，或者说是企业的质量保证能力。认证的根据或者说获准认证的条件，是企业的质量体系应符合申请的质量保证标准和必要的补充要求。其获得的认证证书和认证标志都不能在产品上使用。质量体系认证属于自愿性认证。

质量体系认证和非安全性产品质量认证都属于自愿性认证，它的自愿性体现在：企业自行决定是否申请质量认证；企业自主选择由国家认可的认证机构，不应有部门和地方的限制；企业自主选择认证的标准依据，但是在具体选择时，企业和认证机构应就使用哪一个标准作为认证的基准达成一致意见。所选择的质量保证模式应是适宜的，并且不会误导供方的顾客。

9.2.2 我国质量体系认证制度的建设

我国质量体系认证制度是指国务院产品质量监督管理部门或者由它授权的部门认可的认证机构，依据国家颁布的“质量管理和质量保证”系列标准，对相关企业的质量体系和质量保证能力进行审核检查，对审核合格者颁发企业质量体系认证证书的制度。

9.2.2.1 建立质量体系制度的法律规定

我国 1993 年颁行、2018 年第三次修正的《中华人民共和国产品质量法》规定，国家根据国际通用的质量管理标准，推行企业质量体系认证制度。企业根据自愿原则可以向国务院产品质量监督部门认可的或者国务院产品质量监督部门授权的部门认可的认证机构申请企业质量体系认证。经认证合格的，由认证机构颁发企业质量体系认证证书。据此，我国正式开始建立质量体系认证制度。

1997 年颁行、2019 年第二次修正的《建筑法》也明确规定，国家对从事建筑活动的单位推行质量体系认证制度。从事建筑活动的单位根据自愿原则可以向国务院产品质量监督管理部门或者国务院产品质量监督管理部门授权的部门认可的认证机构申请质量体系认证。经认证合格的，由认证机构颁发质量体系认证证书。据此，我国建筑行业也正式建立起质量体系认证制度。虽然法律规定从事建筑活动的企业是否进行质量体系认证由企业自行决定，但我国工程建设领域已普遍推行招标投标制度，工程项目招标时无一例外都要求投标单位有健全的质量保证体系。所以，由于建筑市场的推动，质量体系认证实际上已成为从事建筑活动企业必须要解决的问题。

9.2.2.2 国务院《关于加强质量认证体系建设促进全面质量管理的意见》

当前，随着我国社会发展进入了新时代，我国经济发展也进入了一个新时代，已由高速增长阶段转为高质量发展阶段。此时，必须坚持质量第一、效益优先，推动经济发展质量变革，由制造大国向制造强国转变；必须增强我国经济质量优势，真正建设成世界公认的质量强国。而质量认证正是国际通行、社会通用的质量管理手段和贸易便利化工具，是市场经济条件下加强质量管理、提高市场效率的基础性制度。近年来，我国质量认证制度不断完善，国际交流合作不断深化，在增强我国经济质量优势方面发挥了很大作用。但质量认证制度也还存在认证服务供给不足、认证评价活动亟须规范、社会认知与应用程度不高等问题。针对这些问题，国务院于 2018 年 1 月 26 日发布了《关于加强质量认证体系建设促进全面质量管理的意见》（以下简称为《意见》）。

《意见》中明确指出：要按照实施质量强国战略和质量提升行动的总体部署，运用国际先进质量管理标准和方法，构建统一管理、共同实施、权威公信、通用互认的质量认证体系，促进行业发展和改革创新，强化全面质量管理，全面提高产品、工程和服务质量，显著增强我国经济质量优势，推动经济发展进入质量时代。

要以互联网、大数据等新技术改造传统认证模式，通过质量管理体系认证的系统性升级，带动企业质量管理的全面升级。针对不同行业和企业，开展行业特色认证、分级认证、管理体系整合、质量诊断增值服务，重点在航空、铁路、汽车、建筑、信息等战略性支柱产业完善适合行业特点的质量管理体系，推动质量管理向全供应链、全产业链、产品全生命周期延伸。支持认证认可、检验检测关键技术研究，加强对获证企业的培训服务，全面完成质量管理体系认证升级。

《意见》还明确，要清理涉及认证认可、检验检测的法律法规和规章，加快制定检验检测管理条例、修订认证认可条例，推动合格评定立法进程。

9.2.3 质量体系认证的标准

目前，世界各国的质量认证一般都依据国际标准进行认证，这些标准大多是由国际标准化组织（ISO）制定的。

国际标准化组织（ISO）成立于 1947 年，是目前世界上最大的、最权威的国际性标准化专门机构，是由各国标准化团体（ISO 成员团体）组成的世界性的联合会，其宗旨是促进世界标准化及其相关活动的发展，制定国际标准，协调世界范围内的标准化工作。ISO 现有成员 160 多个，我国是 ISO 的 25 个始创成员国之一。

国际标准化组织早就颁布了 ISO 9000《质量管理和质量保证》系列国际标准，为开展国际质量体系认证提供了统一的依据。ISO 9000 系列标准的发布，使世界各国的质量管理和质量保证的概念、原则、方法和程序得以统一。1988 年，我国也正式发布了等效采用 ISO 9000 系列标准的国家标准。此后我国的质量体系认证也都是按此标准执行的。

近年来，国际标准化组织（ISO）又对 ISO 9000 系列标准在标准结构、质量手册、风险控制、领导作用、文件化信息等方面进行了修改完善，将其修订为“ISO 9001:2015”质量管理体系，并于 2015 年 9 月颁布施行。我国国家质量监督检验检疫总局与中国国家标准化管理委员会已全部将其等同转化为我国国家标准“GB/T 19001—2016/ ISO 9001:2015”，并于 2016 年 12 月 30 日联合发布，于 2017 年 7 月 1 日正式实施。我国现在的质量体系认证已完全按这一新标准执行。国务院最近出台的《意见》中更进一步明确要求，要运用新版 ISO 9001 质量管理体系等国际先进标准、方法，以全面提升我国质量认证的水平。

9.3 政府对建设工程质量的监督管理

9.3.1 建设工程主体的监督管理制度

建设工程主体是指建设工程的参与者，它包括建设单位、勘察设计单位、监理单位和构配件生产单位及施工单位等单位及其相关人员。政府对建设工程主体的监督管理主要有：

(1)对建设单位的能力进行审查。审查其是否具备与发包工程项目相适应的技术，经济管理能力，编制招标文件及组织开标、评标、定标的能力。如其不具备上述能力，则要求它委托招标代理机构代为办理招标事宜。

(2)对勘察设计单位，施工、监理、构配件生产、房地产开发单位实行资格（质）等级认证、生产许可证和业务范围的监督管理。上述单位必须按规定申请并取得相应资格证书后，方能从事其资格（质）等级允许范围内的业务活动。各级建设行政主管部门将严格监督各单位在其资格（质）等级允许的业务范围内从事活动。

(3)实行执业工程师的注册制。目前，我国法规规定从事建筑设计、结构设计、工程监理的工程技术人员，须经过考试取得资格证书并经注册后方能获得相应执业资格。各级建设行政主管部门负责考试、注册及执业活动的监督管理。

9.3.2 建设工程质量监督制度

根据《建设工程质量监督管理规定》，凡新建、扩建、改建的工业、交通和民用、市政公用工程（含实施监理的工程）及构配件生产，均应接受建设工程质量监督机构的监督。

9.3.2.1 建设工程质量监督机构

建设工程质量监督工作的主管部门，在国家为住房和城乡建设部，在地方为各级人民政府的建设行政主管部门。国务院交通运输、水利等有关部门负责有关专业建设工程项目的质量监督管理工作。国务院发展计划部门按国务院规定的职责，组织稽查特派员，对国家出资的重大建设项目实施监督检查。国务院经济贸易主管部门按国务院规定的职责对国家重大技术改造项目实施监督检查。市、县建设工程质量监督站和国务院各工业、交通运输部门所设的专业建设工程质量监督站（简称为监督站）为建设工程质量监督的实施机构。监督站的主要职责是：检查受监工程的勘察、设计、施工单位和建筑构件厂是否严格执行技术标准，检查其工程（产品）质量；检查工程的质量等级和建筑构件质量，参与评定本地区、本部门的优质工程；参与重大工程质量事故的处理；总结质量监督工作经验，掌握工程质量状况，定期向主管部门汇报。

9.3.2.2 建设工程质量监督的工作程序

建设单位在开工前一个月，应到监督站办理监督手续，提交勘察设计资料等有关文件。监督站在接到文件、资料后两周内，应确定该工程的监督员，并通知建设、勘察、设计、施工单位，同时应提出监督计划。

工程开工前，监督员应对受监工程的勘察、设计和施工单位的资质等级及营业范围进行核查，凡不符合规定要求的不允许开工；监督员还要对施工图中的建筑结构、安全、防火和卫生等方面进行审查，使之符合相应标准的要求。

工程施工中，监督员将按监督计划对工程质量进行抽查。房屋建筑和构筑物工程的抽查重点是地基基础、主体结构和决定使用功能、安全性能的重要部位；其他工程的监督重点视工程性质决定。工程完工后，监督站在施工单位验收的基础上对工程质量等级进行核验。

建筑构件质量的监督，重点是核查生产单位的生产许可证、检测手段和构件质量。

9.3.2.3　监督站的权限与责任

监督站的权限有：

(1)对不按技术标准和有关文件要求设计和施工的单位，可给予警告或通报批评；

(2)对发生严重工程质量问题的单位可令其及时妥善处理，对情节严重的，可按有关规定进行罚款，如为在施工工程，则应令其停工整顿；

(3)对于核验不合格的工程，可作出返修加固的决定，直至达到合格方准交付使用；

(4)对造成重大质量事故的单位，可参加有关部门组成的调查组，提出调查处理意见；

(5)对工程质量优良的单位，可提请当地建设行政主管部门给予奖励。

因监督人员失误、失职、渎职而使建设工程出现重大质量事故或在核验中弄虚作假的，主管部门将视情节轻重，对其给予批评、警告、记过甚至撤职的处分，触犯刑律的将由司法机关追究其刑事责任。

9.3.3　建设工程质量的检测制度

9.3.3.1　建设工程质量检测机构的性质

建设工程质量检测工作是对建设工程质量进行监督管理的重要手段之一。建设工程质量检测机构需经省级以上人民政府建设行政主管部门，国务院工业、交通运输行政主管部门或其授权的机构考核合格后，方可承担建筑工程质量的检测任务。它是对建设工程、建筑构件、制品及建筑材料和设备的质量进行检测的法定单位。它所出具的检测报告具有法定效力。国家级检测机构出具的检测报告，在国内为最终裁定；在国外具有代表国家的性质。

9.3.3.2　建设工程质量检测机构与任务

建设工程质量检测机构，分为国家、省、市(地区)、县四级。

建设工程质量国家检测中心是国家级的建设工程质量检测机构。其主要任务有：

(1)承担重大建设工程质量的检测和试验任务；

(2)负责建设工程所用的构件、制品及有关材料、设备的质量认证和仲裁检测工作；

(3)负责对结构安全、建筑功能的鉴定，参加重大工程质量事故的处理和仲裁检测工作等。

各省、自治区、直辖市的建设工程质量检测中心和市(地区)、县级的建设工程质量检测站则主要是承担本地区建设工程和建筑构件、制品以及建设现场所用材料质量的检测工作和参加本地区工程质量事故的处理和仲裁检测工作。此外，还可参与本地区建筑新结构、新技术、新产品的科技成果鉴定等工作。

9.3.3.3　建设工程质量检测机构的权限

国家级检测机构受国务院建设行政主管部门的委托，有权对指定的国家重点工程进行检测复核，并向国务院建设行政主管部门提出检测复核报告和建议。各地检测机构有权对本地区正在施工的建设工程所用的建筑材料、混凝土、砂浆和建筑构件等进行随机抽样检测，并向本地建设工程质量主管部门和质量监督部门提出抽检报告和建议。

受国家建设行政主管部门和国家标准部门委托，国家级检测机构有权对建筑构件、制品及有关的材料、设备等产品进行抽样检验。省、市(地区)、县级检测机构，受同级建设行政主管部门和标准部门委托，有权对本省、市、县的建筑构件、制品进行抽样检测。对违反技术标准、失去质量控制的产品，检测单位有权提请主管部门作出责令其停止生产，不合格产品不准出厂，已出厂的不得使用的决定。

9.3.4 建设工程质量的验评及奖励制度

9.3.4.1 建设工程质量验评制度

建设工程质量应按现行的国家标准、行业标准进行验评。现行的建设工程质量分为优良、合格、不合格三级，先由施工单位自行检验评定等级，再由监督站进行核验。

国家还实行建设工程竣工验收制度。交付验收的建设工程，应当符合下列要求：

(1)完成建设工程设计和合同中约定的各项内容，具备国家规定的竣工条件；

(2)工程质量经有关质量监督机构核定符合要求；

(3)具有完整的工程技术经济资料；

(4)工程所用的主要建筑材料、建筑构配件和设备具有出厂检验合格证明和技术标准规定的必要的进场试验报告；

(5)已签署工程保证书。

建设工程竣工经验收合格后，方可交付使用。

根据有关规定，工程的竣工验收，依工程规模大小和复杂程度，分别由国家发展改革委，或工程项目主管部门，或地方政府部门组织验收委员会、验收组进行。验收委员会或验收组由银行、物资、环保、劳动、统计、消防及其他有关部门组成，建设单位、接管(物业管理)单位、施工单位、勘察设计单位参加验收工作。验收时，除听取各有关单位工作报告外，还要审阅工程档案资料，实地查验建设工程和设备安装情况，并对工程设计、施工和设备质量等方面作出全面的评价。不合格的工程不予验收；对遗留问题提出具体解决意见，限期落实完成。

9.3.4.2 建设工程质量奖励制度

为鼓励建筑企业加强管理，搞好工程质量，争创国际先进水平，促进全行业工程质量的提高，我国还实行了优秀工程奖励制度，分别设立了优秀工程设计奖、优秀工程勘察奖，并定期进行工程设计计算机优秀软件、工程建设优秀标准设计的评选。另外，中国建筑业协会设立了建筑工程“鲁班奖”，中国土木工程学会设立了土木工程“詹天佑大奖”。

(1)优秀工程勘察奖

凡在工程竣工验收后经一年以上实际检验的新建、扩建、改建及技术改造的工业与民用建设项目的勘察；经一年以上时间检验的工程地质与岩土工程项目；投产后的工程测量与城市测量项目；经过开采性抽水检验，抽水能力大于设计水量的50%，或低于设计水平但有一年以上长期观测资料，或经国家储量委员会认可的水资源评估与钻井工程项目，均可申报参加评选。

优秀工程勘察奖按地区、部门评选和全国评选两步进行。所有参评项目都必须先参加省、部级优秀工程勘察奖的评选，再由省、部有关部门从获奖项目中选择成效突出者，按获奖名次推荐上报，参加全国优秀工程勘察奖的评选。全国优秀工程勘察奖的评选由全国优秀工程勘察设计评选委员会负责，有关的具体事务和协调工作，则由中国工程勘察协会负责。

全国优秀工程勘察奖设金质奖、银质奖、铜质奖三种。无特殊原因每两年评选一次。

(2)优秀工程设计奖

凡已竣工投产、验收并经一年以上时间检验的完整的工业与民用工程建设项目或单项工程的设计，均可申报参加评选。单体构筑物、设备、技术、规程、规范、计算机应用程序等，不参加评选。申报评选的项目，原则上是近两年内竣工投产的工程建设项目，有特殊原因的，可放宽至五年内。

优秀工程设计奖按地区、部门评选和全国评选两步进行。所有参评项目都必须先参加省、部级优秀工程设计的评选，再由各省、部从获奖项目中，选出名列前茅者排好名次后，向住房和城乡建设部推荐参加全国评选。全国优秀工程设计奖的评选，由住房和城乡建设部邀请有关专家组成的评审委员会负责，有关具体事务，委托中国勘察设计协会办理。

全国优秀工程设计奖设金质奖、银质奖、铜质奖三种，每两年评选一次。如遇特殊情况则可提前或推后进行。

(3)建设工程“鲁班奖”

凡已列入国家或省、自治区、直辖市、计划单列市及国务院各部门建设计划，达到一定规模，并已形成生产能力和使用功能的新建的大型公共建筑和市政工程，大中型工业交通建设项目中的主要建筑工程或设备安装工程均可申请参加评选，个别工程规模较小，达不到规模要求，但建筑风格独特，工程质量特别优良，且具有代表性，各界反映都好的工程，也可申报参评，但应从严掌握。

参评工程应按建筑企业的隶属关系向各地建筑业协会申报，没有成立协会的向建设行政主管部门申报，经初审合格后上报中国建筑业协会，中国建筑业协会要组织复查小组，并会同有关地区或部门的相关人员共同进行复查，然后交评审委员会进行审议，并以无记名投票方式确定获奖工程。建设工程“鲁班奖”是我国建筑行业在工程质量方面的最高荣誉鼓励，获奖工程质量应达到国内一流水平。建设工程“鲁班奖”每年评选一次，每次奖励的数额不超过30个。

9.3.5 企业质量体系和产品质量认证制度

《建设工程质量管理办法》规定，建筑业也和其他行业一样，按国家规定推行企业质量体系认证制度和产品质量认证制度。有关企业根据自愿原则可以向国务院建设行政主管部门或其授权的认证机构申请企业质量体系认证。经认证合格的，由认证机构向该企业颁发企业质量体系认证书。对重要的建筑材料和设备，推行产品质量认证制度。经认证合格的，由认证机构颁发质量认证证书，准许企业在产品或其包装上使用质量认证标志。使用单位经检验发现认证的产品质量不合格，有权向产品质量认证机构投诉。

9.3.6 建材使用许可制度

为保证建设工程中使用的建筑材料性能能符合规定标准，从而确保建设工程质量，我国规定了建材使用许可制。这一制度包括建材生产许可证制、建材产品质量认证制、建材产品推荐使用制及建材进场检验制等制度。

9.3.6.1 建材生产许可证制

国家规定对于一些十分重要的建材产品，如钢材、水泥等，实行生产许可证制。生产这些建材产品的生产企业必须具备相应的生产条件、技术装备、技术人员和质量保证体系，经有关部门审核批准取得相应资质等级并获得生产许可证后，才能进行这些建材产品的生产。其生产销售的建材产品或产品包装上，除应标有产品质量检验合格证明外，还应标明生产许可证的编号、批准日期和有效日期。未获生产许可证的任何其他企业，都不得生产这类建材产品。

9.3.6.2 建材产品质量认证制

国家有关部门规定，对重要的建筑材料和设备，推行产品质量认证制度。经认证合格的由认证机构颁发质量认证证书，准许企业在产品或其包装上使用质量认证标志。使用单位经检验发现认证的产品质量不合格，有权向产品质量认证机构投诉。同时规定，销售的已经过质量认证的建材产品，在产品或其包装上除标有产品质量检验合格证明外，还应标明质量认证的编号、批准日期和有效期限。

9.3.6.3 建材产品推荐使用制

住房和城乡建设部规定，对尚未经过产品质量认证的建筑材料，各省、自治区、直辖市建设行政主管部门可以推荐使用。为此，各省、自治区、直辖市都颁行了一些地方性规章，对建材产品质量认证和推荐作了相应规定。为解决屋面渗漏这一房屋建筑中十分突出的质量问题，住房和城乡建设部还规定：各省、自治区、直辖市的建设行政主管部门应按地区选定1～2个检测单位，对进入本地区市场的石油沥青油毡等主要防水材料质量进行使用认证抽样检验，并将检验结果及时提供给本地区的建设单位和施工单位，防止不合格的材料使用到工程中。住房和城乡建设部也将选定全国防水材料质量使用认证检测中心，除负责防水材料质量抽检工作外，对尚没有国家标准或行业标准的防水材料，组织制订暂行检测标准，并定期向全国公布防水材料质量的抽检结果。

9.3.6.4 建筑材料进场检验制

为保证建筑的结构安全及其质量，住房和城乡建设部还规定建筑施工企业必须加强对进场的建筑材料、构配件及设备的质量检查、检测。各类建筑材料、构配件等都必须按规定进行检查或复试。凡影响结构安全的主要建筑材料、构配件及设备的采购与使用必须经同级技术负责人同意。质量不合格的建筑材料、构配件及设备，不得使用在工程上，并进一步规定，对进入施工现场的屋面防水材料，不仅要有出厂合格证，还必须要有进场实验报告，确保其符合标准和设计要求。未经检验而直接使用了质量不合格的建材、设备及构配件的施工企业将承担相应责任。

9.4 建设行为主体的质量责任与义务

9.4.1 建设单位的质量责任与义务

建设单位（国外称业主）是投资建设工程，并对工程项目享有所有权的主体。按理说，它对建设工程质量最为关心，也最为尽心。但在我国，工程建设的投资者主要还是国家及一些开发商，代表建设单位直接参与工程管理的人并不是工程最后的所有人和使用者，建设工程质量的好坏与其自身利益并无十分密切的关系，他们享有建设单位的权利，但不承担工程质量低劣的后果。另外，我国建筑行业竞争十分激烈，基本处于僧多粥少的局面，承包方与建设单位处于不平等的地位，建设单位的压造价、压工期等一些不合理要求得不到抵制，使得工程建设中建设单位的行为没有多少约束，其主观随意性很大，大量工程在建设单位肆意干涉下，以违背正常建设规律的方式建成，造成建设工程质量事故层出不穷。鉴于此，国务院于2000年1月30日颁发的《建设工程质量管理条例》特别对建设单位的质量责任和义务作出了明确规定，它们主要有：

9.4.1.1 依法发包工程的责任

通过工程发包，选取具有技术和经济实力、享有良好信誉的承包商来承包工程建设，是确保工程质量的重要环节。但不少建设单位不遵守有关法律及规定，将工程发包变成了谋取团体利益和私人利益的手段。为此，《建设工程质量管理条例》第七条规定："建设单位应当将工程发包给具有相应资质等级的单位。建设单位不得将建设工程肢解发包。"同时，还进一步规定，对于应当招标的工程项目，建设单位应依法招标。发包单位及其工作人员在建设工程发包中不得收受贿赂、回扣或索取其他好处。

9.4.1.2 委托监理的责任

建设单位对工程建设应进行必要的监督、管理，对于国家规定强制实行监理的工程，建设单位应委托具有相应资质等级的工程监理单位进行监理，也可以委托具有工程监理相应资质等级并与被监理工程的施工承包单位没有隶属关系或其他利害关系的该工程的设计单位进行监理。

9.4.1.3 依法报批、接受政府监督的责任

建设单位在工程设计完成后，应将施工图设计文件报县级以上人民政府建设行政主管部门或其他有关部门审查，未经审查批准的施工图设计文件，不得使用。其具体报批审查办法，目前正待制定。

建设单位在领取施工许可证或进行开工报告前，应按国家有关规定办理工程质量监督手续。

9.4.1.4 遵守国家规定及技术标准的责任

工程建设的技术标准及相关规定，是保证建设工程质量的重要措施，任何单位和个人都必须严格遵守，不得随意更改和破坏。建设单位在工程发包时不得迫使承包方以低于成本的价格竞标，不得任意压缩建设工期。工程建设过程中，建设单位不得明示或暗示设计单位或施工单位违反工程建设强制性标准，降低工程质量。建设单位也不得明示或暗示施工单位使用不合格的建筑材料、建筑构配件和设备。按合同约定由建

设单位自己提供的建筑材料、建筑构配件和设备，也必须保证其符合设计文件和合同的要求。在进行涉及建筑主体和承重结构变动的装修时，应委托原设计单位或具有相应资质等级的设计单位进行设计，没有设计方案的，不得强行施工。

9.4.1.5　提供资料、组织验收的责任

在工程建设的各个阶段，建设单位都负有向有关的勘察、设计、施工、工程监理等单位提供工程有关原始资料，并保证其真实、准确、齐全的责任。在收到工程竣工报告后，建设单位应负责组织设计、施工、工程监理等有关单位对工程进行验收，并应按国家有关档案管理的规定及时收集、整理建设项目各环节的文件资料，在工程验收后，负责及时向建设行政主管部门或其他有关部门移交建设项目档案。

如建设单位未尽上述责任，将分别受到限期改正、责令停工、处以罚款等处罚；构成犯罪的，还将追究单位、直接责任人及直接负责的主管人员的刑事责任。建设单位如是房屋建设开发公司，除承担一般建设单位的有关责任、义务外，还应建立健全质量保证体系，加强对开发工程的质量管理；其开发经营的工程质量应符合国家现行的有关法律、法规、技术标准和设计文件的要求；其出售的房屋，应符合使用要求，并应提供有关使用、保养和维护的说明，如发生质量问题，应在保修期内负责保修。房屋建设开发公司如违反上述规定，将依其情节轻重，处以降低资质等级、吊销资质证书和罚款的处罚。

9.4.2　工程勘察设计单位的质量责任与义务

9.4.2.1　遵守执业资质等级制度的责任

勘察设计单位必须在其资质等级允许范围内承揽工程勘察设计任务，不得擅自超越资质等级或以其他勘察、设计单位的名义承揽工程，也不得允许其他单位或个人以本单位的名义承揽工程，还不得转包或违法分包自己所承揽的工程。

9.4.2.2　建立质量保证体系的责任

勘察设计单位应建立健全质量保证体系，工程勘察项目负责人应组织有关人员做好现场踏勘、调查，按要求编写"勘察纲要"，并对勘察过程中各项作业资料进行验收和签字。工程勘察工作的原始记录应在勘察工程中及时整理、核对，确保取样、记录的真实和准确，严禁离开现场后再追记和补记。工程勘察企业的法定代表人、项目负责人、审核人、审定人等相关人员应在勘察文件上签字或盖章，并对勘察质量负责，其相关责任分别为：企业法定代表人对勘察质量负全面责任；项目负责人对项目的勘察文件负主要质量责任；项目审核人、审定人对其审核、审定项目的勘察文件负审核、审定的质量责任。设计单位应加强设计过程的质量控制，健全设计文件的审核会签制度。注册建筑师、注册结构工程师等执业人员应在设计文件上签字，对设计文件的质量负责。

9.4.2.3　遵守国家工程建设强制性标准及有关规定的责任

勘察设计单位必须按照工程建设强制性标准及有关规定进行勘察设计。工程勘察文件要反映工程地质、地形地貌、水文地质状况，其勘察成果必须真实准确，评价应准确可靠。勘察文件应符合国家规定的勘察深度要求。设计单位要根据勘察成果文件进行设计，设计文件的深度应符合国家规定，满足相应设计阶段的技术要求，并注明工程合理使用年限。所完成的施工图应配套，细部节点应交代清楚，标注说明应清晰、完整。凡设计所选用的建筑材料、建筑构配件和设备，应注明规格、型号、性能等技术指标，其质量必须符合国家规定的标准；除有特殊要求的建筑材料、专用设备、工艺生产线等外，设计单位不得指定生产厂家或供应商。

9.4.2.4　施工验槽、技术交底和事故处理责任

工程勘察企业应当参与施工验槽，及时解决工程设计和施工中与勘察工作有关的问题。设计单位应就审查合格的施工图向施工单位作出详细说明，做好设计文件的技术交底工作，对大中型建设工程、超高层建筑以及采用新技术、新结构的工程，设计单位还应向施工现场派驻设计代表。当其所设计的工程发生质量事故时，设计单位应参与质量事故分析，并对因设计造成的质量事故，提出相应的技术处理方案。

勘察设计单位应对本单位编制的勘察设计文件的质量负责。当其违反国家的法律、法规及相关规定，没

有尽到上述质量责任时，根据情节轻重，将会受到责令改正、没收违法所得、罚款、责令停业整顿、降低资质等级、吊销资质证书等处罚。造成损失的，依法承担赔偿责任。注册建筑师、注册结构工程师等注册执业人员因过失造成质量事故的，责令停止执业1年；造成重大事故的，吊销执业资格证书，5年内不予注册；情节特别恶劣的，终身不予注册。勘察设计单位违反国家规定，降低工程质量标准，造成重大安全事故、构成犯罪的，要依法追究直接责任人员的刑事责任。

9.4.3 施工单位的质量责任与义务

9.4.3.1 遵守执业资质等级制度的责任

施工单位必须在其资质等级许可的范围内承揽工程施工任务，不得超越本单位资质等级许可的业务范围或以其他施工单位的名义承揽工程。禁止施工单位允许其他单位或个人以本单位的名义承揽工程。施工单位也不得将自己承包的工程再进行转包或非法分包。

9.4.3.2 建立质量保证体系的责任

施工单位应当建立健全质量保证体系，建立并落实质量责任制度，要明确工程项目的项目经理、技术负责人和管理负责人。施工单位必须建立、健全并落实质量责任制度，严格工序管理，做好隐蔽工程的质量检查和记录。隐蔽工程在掩埋前，应通知建设单位和建设工程质量监督机构进行检验。施工单位还应当建立、健全教育培训制度，加强对职工的教育培训，未经教育培训或考核不合格的人员，不得上岗作业。施工单位还应加强计量、检测等基础工作。

9.4.3.3 遵守技术标准、严格按图施工的责任

施工单位必须按照工程设计图纸和施工技术标准施工，不得擅自修改工程设计，不得偷工减料。施工过程中如发现设计文件和图纸的差错，应及时向设计单位提出意见和建议，不得擅自处理。施工单位必须按照工程设计要求、施工技术标准和合同约定，对建筑材料、建筑构配件、设备及商品混凝土进行检验，并做好书面记录，由专人签字；未经检验或检验不合格的上述物品，不得使用。施工单位必须按有关施工技术标准留取试块、试件及有关材料的取样，应在建设单位或工程监理单位监督下在现场进行。施工单位对施工中出现质量问题的建设工程或竣工验收不合格的工程，应负责返修。

9.4.3.4 总包单位与分包单位之间的质量责任

建设工程实行总承包的，总承包单位应对全部建设工程质量负责；实行勘察、设计、施工、设备采购的一项或多项总承包的，总承包单位应对其承包工程或采购设备的质量负责。总承包单位依法进行分包的，分包单位应按分包合同的约定对其分包工程的质量向总承包单位负责，总承包单位与分包单位对分包工程的质量承担连带责任。

施工单位未尽上述质量责任时，根据其违法行为的严重程度，将受到责令改正、罚款、降低资质等级、责令停业整顿、吊销资质证书等处罚。对不符合质量标准的工程，要负责返工、修理，并赔偿因此造成的损失。对降低工程质量标准，造成重大安全事故构成犯罪的，要追究直接责任人的刑事责任。

9.4.4 工程建设监理单位的质量责任与义务

9.4.4.1 遵守执业资质等级制度的责任

工程监理单位应在其资质等级许可的范围内承担工程监理业务，不得超越本单位资质等级许可的范围或以其他工程监理单位的名义承担工程监理业务。禁止工程监理单位允许其他单位或个人以本单位的名义承担工程监理业务。工程监理单位也不得将自己承担的工程监理业务进行转让。

9.4.4.2 回避责任

工程监理单位与被监理工程的施工承包单位以及建筑材料、建筑构配件和设备供应单位有隶属关系或其他利害关系的，不得承担该项建设工程的监理业务，以保证监理活动的公平、公正。

9.4.4.3 坚持质量标准、依法进行现场监理的责任

工程监理单位应选派具有相应资格的总监理工程师和监理工程师进驻施工现场。监理工程师应依据有关技术标准、设计文件和建设工程承包合同及工程监理规范的要求,采取旁站、巡视和平行检验等形式,对建设工程实施监理,对违反有关规范及技术标准的行为进行制止,责令改正;对工程使用的建筑材料、建筑构配件和设备的质量进行检验,不合格者,不得准许使用。工程监理单位不得与建设单位或施工单位串通一气,弄虚作假,降低工程质量。

工程监理单位未尽上述责任影响工程质量的,将根据其违法行为的严重程度,给予责令改正、没收非法所得、罚款、降低资质等级、吊销资质证书等处罚。造成重大安全事故、构成犯罪的,要追究直接责任人员的刑事责任。

9.4.5 材料、设备供应单位的质量责任与义务

建筑材料、构配件生产及设备供应单位必须具备相应的生产条件、技术装备和质量保证体系,具备必要的检测人员和设备,并应把好产品看样、订货、存储、运输和核验的质量关,其供应的建筑材料、构配件和设备质量应符合国家或行业现行有关技术标准规定的合格标准和设计要求,并应符合以其产品说明、实物样品等方式表明的质量状况。其产品或其包装上的标识则应符合下述要求:

(1)有产品质量检验合格证明;

(2)有中文标明的产品名称、生产厂厂名和厂址;

(3)产品包装和商标样式符合国家有关规定和标准要求;

(4)设备应有产品详细的使用说明书,电气设备还应附有线路图;

(5)实施生产许可证或使用产品质量认证标志的产品,应有生产许可证或质量认证的编号、批准日期和有效期限。

建筑材料、构配件及设备的供需双方均应签订购销合同,并按合同条款进行质量验收。建筑材料、构配件生产及设备供应单位对其生产或供应的产品质量负责。

9.5 建设工程返修及损害赔偿

9.5.1 保修期内的返修责任

9.5.1.1 质量返修范围

建设工程自办理交工验收手续后,只要在规定的保修期内,则无论是因施工造成的质量缺陷,还是因勘察设计、材料等原因造成的质量缺陷,都应由施工单位负责维修。而此处所称的质量缺陷,是指工程不符合国家或行业的有关技术标准、设计文件及合同中对质量的要求。

9.5.1.2 保修期限

保修期从竣工验收交付使用之日算起。具体保修期限由发包方与承包方约定,但其最低保修期限不得低于《建筑工程质量管理条例》规定的下述标准:

(1)基础设施工程、房屋建筑的地基基础工程和主体结构工程,为设计文件规定的该工程的合理使用年限;

(2)屋面防水工程,有防水要求的卫生间、房间和外墙面的防渗漏,为5年;

(3)供热与供冷系统,为2个采暖期、供冷期;

(4)电气管线、给排水管道、设备安装和装修工程,为2年。

9.5.1.3 返修程序

施工单位自接到保修通知书之日起,必须在两周内到达现场与建设单位共同明确责任方、商议返修内

容。属施工单位责任的，施工单位应按约定日期到达现场，如施工单位未能按期到达现场，建设单位应再次通知施工单位，施工单位自接到再次通知书的一周内仍不能到达时，建设单位有权自行返修，所发生的费用由原施工单位承担。不属施工单位责任的，建设单位应与施工单位联系，商议维修的具体期限。

9.5.1.4　返修的经济责任

(1)因施工单位未按国家有关规范、标准和设计要求施工而造成的质量缺陷，由施工单位负责返修并承担经济责任；

(2)因设计原因造成的质量缺陷，由设计单位承担经济责任，由施工单位负责维修，其费用按有关规定通过建设单位向设计单位索赔，不足部分由建设单位负责；

(3)因建筑材料、构配件和设备质量不合格引起的质量缺陷，属于施工单位采购的或经其验收同意的，由施工单位承担经济责任，属于建设单位采购的，由建设单位承担经济责任；

(4)因使用单位使用不当造成的质量问题，由使用单位自行负责；

(5)因地震、洪水、台风等不可抗力造成的质量问题，施工单位、设计单位不承担经济责任。

9.5.2　危险房屋的返修责任

(1)新建、扩建、改造后的房屋被鉴定为危房，其安全隐患如为设计造成的，将依法追究设计单位及直接责任人的责任；如为施工造成的，将依法追究施工单位及其直接责任人的责任；如为使用不当造成的，将追究使用人的责任。

(2)历史遗留房屋被鉴定为危险房屋的，其返修责任由房屋所有人负责，房屋所有人必须按照鉴定机构的处理建议，及时加固或修缮治理。当所有人未按处理建议处理，或使用人有阻碍行为的，房地产行政主管部门有权指定有关部门代修，或采取其他强制措施，发生的费用由责任人承担。

(3)异产毗连危险房屋的各所有人，应按照国家对异产毗连房屋的有关规定，共同履行治理责任。拒不承担责任的，由房屋所在地行政主管部门调处；当事人不服的，可向当地人民法院起诉。

(4)因下列原因造成事故的，房屋所有人应承担民事或行政责任：

①有险不查或损坏不修；

②经鉴定机构鉴定为危险房屋而未采取有效的解危措施。

(5)因下列原因造成事故的，使用人、行为人应承担民事责任：

①使用人擅自改变房屋结构、构件、设备或使用性质；

②使用人阻碍房屋所有人对危险房屋采取解危措施；

③行为人由于施工、堆物、碰撞等行为危及房屋。

(6)有下列情况，鉴定机构应承担民事或行政责任：

①故意把非危险房屋鉴定为危险房屋而造成损失；

②因过失把危险房屋鉴定为非危险房屋，并在有效时限内发生事故；

③因拖延鉴定时间而发生事故。

各当事人上述行为给他人造成人身财产损害，已构成犯罪的由司法机关依法追究刑事责任。

9.5.3　损害赔偿

《中华人民共和国消费者权益保护法》规定：使用商品者及接受服务者受到人身、财产损害的，享有依法获得赔偿的权利。《建设工程质量管理办法》也规定：因建设工程质量缺陷造成人身、缺陷工程以外的其他财产损害的，侵害人应按有关规定给予受害人赔偿。

根据《中华人民共和国民法典》和《中华人民共和国产品质量法》的精神，因建设工程质量缺陷造成受害人人身伤害的，侵害人应当赔偿医疗费、因误工减少的收入、残废者生活补助费等费用；造成受害人死亡的，并应支付丧葬费、抚恤费、死者生前抚养的人必要的生活费用等。因建设工程质量缺陷造成受害人财产损失的,侵害人除承担返修责任外,对其其他财产损失应予赔偿。

因建设工程质量存在缺陷造成损害的,要求赔偿的诉讼时效期限为一年,自当事人知道或应当知道其权益受到损害时起计算。

案例分析

■ 案例 1

【案情摘要】

原告:甲公司

被告:乙公司

甲公司作为发包人与乙施工公司于2015年签订施工合同,由乙公司进行某商业大楼的施工总承包,乙公司按照施工合同约定的竣工时间完成了整个工程并通过了四方验收。其后甲公司和乙公司于2017年签订结算协议,就工程结算款以及甲公司应支付的工程款进行了约定。但甲公司一直没有支付结算协议约定的应付工程款,乙公司起诉至法院要求甲公司支付工程款。甲公司在庭审中认为乙公司在项目的冬季施工过程中,使用了过量含氨混凝土防冻剂,产生了氨气污染,属于工程质量问题,不能正常使用,自己已投入50万元进行氨气治理,因此,提起反诉要求乙公司承担工程质量责任,并赔偿治理氨气的损失。

【处理结论】

1.乙公司施工不存在质量问题。

2.乙公司无须承担氨气治理费用。

【法律分析】

1.认定承包人施工是否存在质量问题,主要从承包人使用的材料以及采用的施工工艺是否获得发包人认可以及是否符合国家或行业技术标准两方面进行认定。

首先,根据《建设工程质量管理条例》第三十七条的规定,未经监理工程师签字,建筑材料、建筑构配件和设备不得在工程上使用或者安装,施工单位不得进行下一道工序的施工。未经总监理工程师签字,建设单位不拨付工程款,不进行竣工验收。本案中乙公司使用含氨混凝土添加剂已获得了监理人认可,根据该规定,在发包人未能举证证明施工单位过量使用防冻剂的情况下,可以认定在本案中乙公司使用含氨混凝土添加剂是合适的,同时本案工程已经通过四方验收,也可从另一个角度认定乙公司使用含氨混凝土添加剂没有施工过错。

其次,施工单位提供证据证明其使用的防冻剂的供应商和防冻剂的品牌均列入了当年度当地政府规定的供应商目录和品牌目录,完全符合当地建设行政主管部门对防冻添加剂的管理要求。

再次,本案工程施工时间是2016年,防冻剂在当年的使用,通常情况下均会产生一定的气味,如果施工单位在使用防冻添加剂的过程中没有任何违法、违规和违约行为,则防冻添加剂本身对工程气味的影响亦不应由乙公司来承担。这是由于当时的施工工艺和科技水平对防冻添加剂产品的局限性。因此,防冻添加剂产生的氨气污染不应认定为工程质量问题。

2.即使工程存在质量缺陷,承包人在质量保修期内承担质量缺陷的维修义务也需要按照法律、法规和合同约定的程序来履行。一般来说,如果在质量保修期内出现质量缺陷问题,发包人应向承包人发出保修通知,承包人在收到保修通知后应在保修协议约定的时间内到达现场与发包人共同明确责任,如果属于承包人责任,则承包人应进行维修并承担费用;如果在收到保修通知后,承包人不进行维修,发包人有权自行维修,所发生的费用由承包人承担。因此,在保修期内发包人向承包人发出保修通知是承包人履行保修义务的前提和启动程序，如果发包人不发出保修通知，承包人是无从履行保修义务的。在本案中，甲公司并未向乙公司发出保修通知，仅主张发生了氨气治理的费用。因此，甲公司作为发包人在没有发出维修通知而自行进行治理的情况下，其发生的治理费用应由其自行承担。

■ 案例 2

【案情摘要】

原告：甲公司

被告：乙公司

甲公司与乙公司于 2021 年签订《建设工程施工合同》，由乙公司对甲公司开发的某商品房项目进行施工总承包。《建设工程施工合同》签订后，乙公司按照合同约定进行施工，当工程进行到快竣工时，甲、乙公司因合同履行产生争议，甲公司将乙公司强行清理出施工现场，接收了全部工程，并进行精装修。后乙公司起诉至法院要求甲公司支付已完成工程的欠付工程款，甲公司提起反诉，要求乙公司承担质量责任。

【处理结论】

乙公司只在建设工程的合理使用寿命内对地基基础工程和主体结构质量承担民事责任。

【法律分析】

根据《建筑法》第五十五条规定：建筑工程实行总承包的，工程质量由工程总承包单位负责，总承包单位将建筑工程分包给其他单位的，应当对分包工程的质量与分包单位承担连带责任。分包单位应当接受总承包单位的质量管理。《民法典》第八百零一条规定：因施工人的原因致使建设工程质量不符合约定的，发包人有权要求施工人在合理期限内无偿修理或者返工、改建。经过修理或者返工、改建后，造成逾期交付的，施工人应当承担违约责任。

以上法律明确规定工程质量由承包人负责，而且我国的《民法典》等法律采用严格责任归责原则，一旦工程质量有缺陷，推定是承包人原因导致工程质量责任，除非承包人能够证明存在法定免责事由。根据最高人民法院《关于审理建设工程施工合同纠纷案件适用法律问题的解释》（以下简称《解释》）第十二条的规定，承包人主要的免责事由有：① 发包人提供的设计有缺陷；② 发包人提供或者指定购买的建筑材料、建筑构配件、设备不符合强制性标准；③ 发包人直接指定分包人分包专业工程。

但根据《解释》第十三条的规定，建设工程未经竣工验收，发包人擅自使用后，又以使用部分质量不符合约定为由主张权利的，不予支持；但是承包人应当在建设工程的合理使用寿命内对地基基础工程和主体结构质量承担民事责任。在本案中，由于甲公司在本案工程未经竣工验收的前提下，擅自接收工程并使用，因此对甲公司主张的权利不予支持。但是，如果本案工程的地基基础工程和主体结构存在质量问题，乙公司仍然要承担质量责任。

■ 案例 3

【案情摘要】

原告：上海某工贸有限公司

被告：上海某彩钢结构有限公司

法院经审理查明，上海某工贸有限公司（以下简称工贸公司）、上海某彩钢结构有限公司（以下简称彩钢公司）于 2008 年 1 月 8 日签订加工承揽合同，约定由彩钢公司为工贸公司剪铁车间屋面制作、安装彩钢板顶棚。双方约定屋面采用 0.5 毫米银灰 840 型压型板，屋面檩条为 10# C 型钢，大梁为 16# C 型钢双拼。结算方式：签订合同时预付 3 万元，彩钢板、檩条进场再付 2 万元，安装结束后付清余款。签约当日，工贸公司按约支付彩钢公司 3 万元。签约后，彩钢公司开始施工。2008 年 1 月 23 日，彩钢公司施工完毕。同年 1 月 25 日，工贸公司支付彩钢公司 1.66 万元。2008 年 1 月 27 日，工贸公司发现彩钢公司搭建的顶棚大梁发生弯曲，立即电话通知彩钢公司，但彩钢公司未采取任何措施。为防止不测，工贸公司于同年1月28日自行购买价值2800元的圆木将弯曲的顶棚顶住，才未发生倒塌。之后，双方协商无果。故工贸公司起诉至原审法院，要求判令：1.彩钢公司返还工程款46600元；2.彩钢公司支付利息870元(从2008年1月9日起暂算至2008年4月8日，按同期银行贷款利息计算)，并要求该利息计算至实际履行之日止；3.彩钢公司赔偿工贸公司经济损失2800元。

法院另查明，据上海中心气象台证明，2008年1月25日至1月30日，本市出现了连续的降雨、雨夹雪、冰粒和降雪天气，为本市1964年以来最长的一次连续雨雪天气。2008年1月25日至1月28日，某区降雪均达到大雪强度。

诉讼中，根据工贸公司的申请，法院委托上海房屋质量检测站对彩钢公司施工的剪铁车间屋面弯曲原因进行检测。检测结论：由于彩钢公司承建的工贸公司剪铁车间的钢结构屋盖屋面梁选材不符合相关规范要求，屋面梁截面太小导致承载力不足、变形过大，由于工贸公司采取了临时支撑才免于坍塌。屋面彩钢板安装构造措施不符合相关规范要求。工贸公司对检测报告没有异议。彩钢公司对报告现场记载情况没有异议，对检测部门采用的标准有异议。彩钢公司认为，工贸公司、彩钢公司只是普通的承揽关系，但报告中使用的是国家标准，双方的选材都是按约选定的，而不是按国家标准选材。故彩钢公司对报告采用的标准及结论均有异议。法院认为，虽然彩钢公司对上海房屋质量检测站出具的房屋质量检测报告有异议，但检测部门对该争议工程进行了现场勘察和分析，其出具的检测结论符合客观实际，检测过程亦符合法定程序，其检测结果比较公正和中立，应予以认可。

诉讼中，彩钢公司陈述弯曲的彩钢板顶棚残值为2.5万元，工贸公司认为弯曲的彩钢板顶棚残值为1.2万元。关于弯曲的彩钢板顶棚的处理，工贸公司主张由自己处理，残值在彩钢公司应返还的工程款中予以扣除。法院认为，弯曲的彩钢板顶棚归工贸公司，由工贸公司修复后再利用的方法简便易行，可予采纳。关于残值的估价问题，由于残值本身金额较小，如委托评估，一则增加诉讼成本，二则拖延时间，不符合诉讼经济原则，故由原审法院综合考虑酌定为2万元。法院在审理中，要求彩钢公司于第三次庭审(2008年11月3日)后一周内提交关于制作、安装彩钢板顶棚的施工资质，但彩钢公司未提交。2008年12月19日，法院向彩钢公司的员工于某(系2007年9月28日签订承揽合同中彩钢公司的签约人)作了调查笔录，其陈述彩钢公司没有安装彩钢板的施工资质。

【处理结论】

一审法院判决如下：① 上海某彩钢结构有限公司应于本判决生效之日起十日内返还上海某工贸有限公司工程款14200元；② 上海某工贸有限公司要求上海某彩钢结构有限公司支付经济损失2800元的诉讼请求，不予支持；③ 上海某工贸有限公司要求上海某彩钢结构有限公司支付利息的诉讼请求，不予支持。

二审法院判决：驳回上诉，维持原判。

【法律分析】

建筑活动应当确保建设工程的质量和安全，符合国家的建筑工程安全标准。工贸公司、彩钢公司签订的建设工程施工合同，因承包人即彩钢公司未取得建筑施工资质，故该合同应视为无效合同。根据法律规定，建设工程施工合同无效，建设工程合格，承包人请求参照合同约定支付工程价款的，应予支持。建设工程经修复后质量仍不合格的，对承包人要求支付工程款的不予支持。彩钢公司刚施工完的彩钢板顶棚发生弯曲，且检测结论表明，屋面弯曲原因为彩钢公司在选材上选用了低于规范要求的钢材、施工质量不符合规范要求。事实上，由于屋面主体结构出现问题，工程难以修复，只是因工贸公司采取了临时支撑的措施才免于坍塌。故彩钢公司施工的工程质量是不合格的，据此彩钢公司无权要求支付工程款，已经支付的理应予以返还工贸公司。但工贸公司作为发包人，其委托没有施工资质的彩钢公司制作、安装彩钢板顶棚，在建材的选购问题上未严格把关，亦存在一定过错，对因工程不合格造成的损失应承担次要责任，彩钢公司应承担主要责任。

思 考 题

1. 广义的建设工程质量概念与狭义的建设工程质量概念有何区别？
2. 我国现行的建设工程质量管理体系是如何规定的？
3. 我国现行的“质量管理和质量保证”体系系列标准有哪些？
4. 建筑业企业应如何选择适用的质量体系标准？
5. 建设工程质量监督站是什么机构？它的权限与责任是什么？
6. 建设工程质量检测机构是什么性质的机构？
7. 为提高建设工程质量，我国设立了哪些优秀工程奖项？
8. 什么是建材生产许可证制度和建材产品推荐使用制度？
9. 为什么要规定建设单位的质量责任？它的具体责任有哪些？
10. 工程勘察设计单位的质量责任有哪些？
11. 总包单位和分包单位的质量责任是如何规定的？
12. 工程建设监理单位和材料设备供应单位对工程质量都要承担哪些责任？
13. 建设工程的保修期限从何时算起？我国现行规定的保修期限是多长？
14. 施工单位拒绝保修时，建设单位应如何处理？
15. 危险房屋的返修责任是如何认定的？

10　建设工程合同管理法规

本章介绍了建设工程合同的概念及特征、建设工程合同的约束力、建设工程合同签订和履行的原则及主要内容，并重点介绍了建设工程合同索赔的概念、原因和依据及我国《民法典》新增的合同履行中的抗辩权及合同保全等相关内容。

10.1　概　　述

10.1.1　建设工程合同的概念和特征

10.1.1.1　建设工程合同的概念

合同又称契约，是当事人之间确立一定权利义务关系的协议。广义的合同，泛指一切能发生某种权利义务关系的协议。但我国于 2021 年 1 月 1 日开始实施的《中华人民共和国民法典》(以下简称《民法典》)中，对合同主体及其权利义务的范围都作了限定，即合同是民事主体之间设立、变更、终止民事法律关系的协议。采用了狭义的合同概念。

建设工程合同是承包方与发包方之间确立承包方完成约定的工程项目，发包方支付价款与酬金的协议，它包括工程勘察、设计、施工合同。

在计划经济时期，所有建设工程项目都由国家调控，工程建设中的一切活动均由政府统筹安排，建设行为主体都按政府指令行事，并只对政府负责。行为主体之间并无权利义务关系存在，所以，也无须签订合同。但在市场经济的条件下，政府只对工程建设市场进行宏观调控，建设行为主体均按市场规律平等参与竞争，各行为主体的权利义务皆由当事人通过签订合同自主约定。因此，建设工程合同成为明确承发包双方责任、保证工程建设活动得以顺利进行的主要调控手段之一，其重要性已随着市场经济体制的进一步确立而日益明显。

需要指出的是，除建设工程合同以外，工程建设过程中还会涉及许多其他合同，如设备、材料的购销合同，工程监理的委托合同，货物运输合同，工程建设资金的借贷合同，机械设备的租赁合同，保险合同等，这些合同同样也是十分重要的。它们分属各个不同的合同种类，分别由《民法典》和相关法规加以调整。

10.1.1.2　建设工程合同的特征

建设工程合同除具有一般合同共有的特征之外，还具有以下特征：

(1)合同标的的特殊性

建设工程合同的标的涉及建设工程的服务，而建设工程又具有产品固定、不能流动，产品多样、需单个完成，产品耗用材料多、所需资金大，产品使用时间长，对社会影响极大的特点。这些都决定了建设工程合同的重要性，也使得建设工程合同具有一些有别于一般合同的法律特征。

(2)合同主体的特殊性

工程建设技术含量较高、对社会影响很大，所以，法律对建设工程合同主体的资格有严格的限制，只有经国家主管部门审查，具有相应资质等级，并经登记注册，领有营业执照的单位，才具有签约承包的民事权利能力和民事行为能力。任何个人及其他单位都不得承包工程，也不具有签约资格。

(3)合同形式的特殊性

工程建设过程周期长，涉及因素多，专业技术性强。当事人之间的权利义务关系十分复杂，不是简单的口头约定就能解决问题的，所以，我国法律规定，建设工程合同必须采用书面形式。另外，为使合同内容更为严谨周密，双方当事人的权利义务更为平衡合理，相关国际组织及各国政府或行业协会都组织专家进行研究，制定出了一批合同样本或示范文本，推荐给当事人加以选择使用，如国际咨询工程师联合会(FIDIC)制定的《土木工程施工合同条件》《设计—建造与交钥匙工程合同条件》，世界银行制定的《土木工程国际竞争性招标文件》，我国住房和城乡建设部、国家工商局制定的《建设工程勘察合同》《建设工程设计合同》《建设工程施工合同》等。这些范本对节省当事人的时间和精力，保证当事人权利义务的平等提供了极大的便利。

(4)合同监督管理的特殊性

正因为建设工程合同具有上述的特殊性，所以，国家对建设合同的监督管理也十分严格。如工程承发包双方的资质要接受有关部门的审查；建设工程合同签订以后，必须报有关建设行政主管部门审查批准后才能生效；合同履行的过程，也要接受有关部门的监督检查；建设工程的拨款、贷款、结算，要接受银行的监督等。

10.1.2 建设工程合同的约束力

10.1.2.1 各类合同示范文本的约束力

国际有关组织及各国政府所制定的合同样本或示范文本，可给当事人带来很大的便利，但它们不是法律文件，充其量只能算“惯例”，因而不具有强制使用的效力。依据合同自由原则，当事人完全享有选用、修改或完全弃用及另行商定的权利。我国《民法典》也明确规定，当事人可以参照各类合同的示范文本订立合同。这就给了当事人自由选择、自主协商的权利，任何部门不得作出强制使用某种合同样本的规定和限制。当然，当政府作为建设工程的投资人，以业主的身份要求必须采用某一示范文本时，它是从当事人一方的地位提出双方成交的条件的，这是合法的。但对非政府投资的其他工程，它不得作出必须采用某种合同样本的限制。

10.1.2.2 对合同当事人的约束力

建设工程合同与其他合同一样，一旦成立，就对当事人有极强的约束力。在西方一些发达国家，有“合同至上”原则，他们认为合同就是“当事人之间的法律”，当事人必须严格遵守。我国合同法律制度中虽还未明确这一原则，但这一思想已在相关法律规定中有所体现。《民法典》规定：依法成立的合同，受法律保护。依法成立的合同，仅对当事人具有法律约束力，但是法律另有规定的除外。当事人应当按照约定履行自己的义务，不得擅自变更或者解除合同。在国际经济交往中，也有“有约必守”的原则。因此，在合同成立之前，当事人享有“合同自由”的权利，可以充分按照自己的意愿进行协商谈判。任何人都不得将自己的意志强加给他人，但一旦协商一致达成协议，当事人就应严格履行合同约定的义务，如若违反合同的约定，就应承担相应的违约责任。这一切，都是由法律作后盾予以保护的。

10.1.3 建设工程合同管理法规立法概况

市场经济是自由竞争的经济，政府已不能利用行政权力来干预日常经济活动。经济活动当事人的权利义务再不是由各级政府的行政指令来规定的，而是通过与其他经济活动的当事人签订大量的合同来确定的。据不完全统计，我国每年签订的合同大约有40亿份。因此，合同已成为人们日常生产、生活不可或缺的调控手段。而加强合同管理的立法，也成为我国法制建设的重点。

自党的十一届三中全会以来，我国先后制定了经济合同法、涉外经济合同和技术合同法，对保护合同当事人的合法权益、维护社会经济秩序、促进经济发展起了重要的作用。但随着改革开放的深入和发展，这三部合同法已不适应社会发展的需要，为此，第九届全国人民代表大会第二次会议讨论通过了《中华人民共和国合同法》，并于1999年10月1日起正式施行，原有的三部合同法随之废止。这部合同法既对所有合同都应遵守的签订原则与程序、合同的效力、合同的履行等作了明确的规定，又在分则中将建设工程合同单列出来，针对建设工程合同自身特点作出了更为具体的规定。2020年，我国制定了《民法典》，《合同法》在作了一些修改后，全文收入《民法典》，成为《民法典》的第三篇，并成为建设工程合同管理中效力最高的法律依据。

除此以外，国务院及其原建设部、国家工商行政管理总局等部委还先后颁行了行政法规和部门规章及规范性文件，这些也是我们在建设工程合同管理中应该遵循的。这些行政法规及部门规章有：国务院颁发的《建设工程勘察设计合同条例》(1983年)、《建筑安装工程承包合同条例》(1983年)，原建设部发布的《建设工程施工合同管理办法》(1993年)，原建设部、国家工商行政管理总局共同发布的《建设工程勘察设计合同管理办法》(1996年)等。

为规范合同格式及内容，住房和城乡建设部还先后制定发布了建设工程勘察合同、建设工程设计合同、建设工程施工合同、建筑装饰工程施工合同、工程建设监理合同等合同示范文本，也可供我们在签订有关合同时加以参考、选用。

最高人民法院颁布的《关于审理建设工程施工合同纠纷案件适用法律问题的解释》(2004年)，对施工合同中的具体问题也具有法律效力。

10.2 建设工程合同的签订

10.2.1 建设工程合同签订的原则

签订建设工程合同时，必须遵循《民法典》所规定的基本原则，它们是：平等原则、合同自由原则、公平原则、诚实信用原则和遵守法律、尊重社会公德、不得违背公序良俗的原则。

10.2.1.1 平等原则

平等原则是指合同的当事人，不论其是自然人，还是法人，也不论其经济实力的强弱或社会地位的高低，它们在法律上的地位一律平等，任何一方都不得把自己的意志强加给对方。同时，法律也给双方提供平等的法律保护及约束。

10.2.1.2 合同自由原则

合同自由是指合同的当事人在法律允许的范围内享有完全的自由，他可按自己的意愿缔结合同，为自己设定权利、义务，任何机关、组织和个人都不得非法干预。

合同自由原则是市场经济对法律提出的要求，没有合同自由就没有真正的市场经济，合同自由原则主要表现在当事人有是否缔结合同的自由、选择与谁缔结合同的自由、决定合同内容的自由、选择合同形式的自由、变更和解除合同的自由，当然，上述自由不是自由放任，而是在法律允许范围内所享有的自由。

10.2.1.3 公平原则

公平原则是指以利益均衡作为价值判断标准，依此来确定合同当事人的民事权利、民事义务及其承担的民事责任。它具体表现为合同的当事人应有同等的进行交易活动的机会；当事人所享有的权利与其所承担的义务应大致相对，不得显失公平；当事人所承担的违约责任与其违约行为所造成的实际损害应大致相当；当实际情况发生重大变化导致不能维持合同效力时，合同内容应得到相应变更等。

10.2.1.4 诚实信用原则

诚实信用原则，简称诚信原则，是指合同当事人在行使权利、履行义务时，都应本着诚实、善意的态度，恪守信用，不得滥用权利，也不得规避法律或合同规定的义务。它是市场经济活动中的道德准则在法律中的体现，也是维护市场经济秩序的必然要求。

诚实信用原则是一切民事行为都应遵循的“黄金原则”，它可平衡当事人之间及当事人与社会之间的利益关系，在法律规定不明确时，法院可据此行使公平裁量权，因此，它还可在一定程度上弥补法律规定之不足。

10.2.1.5 遵守法律、尊重社会公德、不得违背公序良俗的原则

《民法典》第七条规定：“民事主体从事民事活动，不得违反法律，不得违背公序良俗。”这就要求当事人在订立合同时，必须按照法律的规定来订立，不得采用欺诈、胁迫等有违社会公德的手段，更不得损害社会经济秩序和社会公共利益，否则，其合同将不具有法律效力。这些都是法律对防止当事人滥用权利的约束，也充

分体现了法律对社会的保护。

10.2.2 建设工程合同签订的程序

签订经济合同一般要经过要约与承诺两个步骤，而建设工程合同的签订有其特殊性，需要经过要约邀请→要约→承诺→预约合同四个步骤。

10.2.2.1 要约邀请

要约邀请是指当事人一方邀请不特定的另一方向自己提出要约的意思表示。在《民法典》中，要约邀请行为属于事实行为而一般没有法律约束力，只有经过被邀请的一方作出要约并经邀请方承诺后，合同方能成立。在实践中，要约邀请一般表现为：广告、商品价目表、商店标价陈列商品等。在建设工程合同签订的过程中，发包方发布招标通告或招标邀请书的行为就是一种要约邀请行为，其目的在于邀请承包方投标。在建设工程合同签订程序中有一个显著的特点：受要约人（承诺人）是特定的，而要约人是不特定的。

10.2.2.2 要约

要约是指当事人一方向另一方提出合同条件，希望另一方订立合同的意思表示。提出要约的一方称为要约人，另一方则称为受要约人。要约是以签订合同为目的一种意思表示，首先必须符合签订合同的原则，其内容必须具体明确，并应包括合同应具备的主要条款，而且必须向受要约人提出。要约具有法律约束力，要约生效后，要约人不得擅自撤回或更改。在建设工程合同签订过程中，承包方向发包方递交投标文件的投标行为就是一种要约行为，投标文件中应包含建设工程合同应具备的主要条款，如工程造价、工程质量、工程工期等内容，作为要约的投标对承包方具有法律约束力，表现在承包方在投标生效后无权修改或撤回投标以及一旦中标就必须与发包方签订合同，否则要承担相应责任等。

10.2.2.3 承诺

承诺是指受要约人完全同意要约的意思表示。它是受要约人愿意按照要约的内容与要约人订立合同的允诺。承诺的内容必须与要约完全一致，不得有任何修改，否则将视为拒绝要约或反要约。承诺必须在要约规定的有效期限内向要约人提出，而承诺生效的时间就是要约人收到承诺的时刻。承诺人（受要约人）作出承诺后，即受到法律的约束，不得任意变更或解除。在招投标中，发包方经过开标、评标过程，最后发出中标通知书，确立承包方的行为即为承诺。《招标投标法》第四十六条规定："招标人和中标人应当自中标通知书发出之日起三十日内，按照招标文件和中标人的投标文件订立书面合同。"因此，确定中标单位后，发包方和承包方各自均有权利要求对方签订建设工程合同，也有义务与对方签订建设工程合同。

10.2.2.4 预约合同

《民法典》第四百九十五条规定："当事人约定在将来一定期限内订立合同的认购书、订购书、预订书等，构成预约合同，当事人一方不履行预约合同约定的订立合同义务的，对方可以请求其承担预约合同的违约责任。"

预约合同是一种约定将来订立一定合同的合同。当事人一方违反预约合同的约定，不与对方签订本约合同或无法按照预约的内容与对方签订本约合同的，应当向对方承担违约责任。

10.2.3 建设工程合同的主要内容

建设工程合同的主要内容，也就是建设工程合同的主要条款。建设工程合同除了标的、数量和质量、价款或者酬金、履行期限、履行地点和方式、违约责任、合同纠纷解决方法等《民法典》规定的一般应包含的条款外，以建设工程施工承包合同为例，还必须约定以下主要条款：

10.2.3.1 合同文件的组成部分

在这一条款中应明确建设工程合同除合同本身外，还包括洽商、变更、明确双方权利义务的备忘录、纪要和协议。中标通知书、招投标文件、工程量清单或确定工程造价的工程预算书和图纸以及有关的技术资料和技术要求也都是合同的组成部分。同时还应明确各组成部分的解释顺序。

10.2.3.2　建设工程项目的概况

这一条款应明确写出工程的名称、详细地址、工程内容、承包范围和方式、建筑面积、建设工期、质量等级等内容。在表述这些内容时应尽可能地确切，以建设工程中的开工日期为例，不能出现“大约、左右”之类的词语，如签订合同时确切的开工时间无法确定，则应明确如何确定开工日期，如可表示为“以甲方下达书面开工令载明的日期为正式开工日期”等。同时，明确提前竣工、延误工期的奖惩办法。

10.2.3.3　建设工程合同当事人的责任

这一条款包含两部分内容：

(1)甲、乙双方驻工地代表的职权范围。这一条款直接关系到在工程建设过程中签证的有效性问题。一般应在合同中明确甲、乙双方驻工地代表的姓名及其授权范围，还可以在合同中明确驻工地代表签证的限额，这样有利于发生问题后能够按双方约定的职权范围及时解决，不至于因权限不明、互相推诿影响工程工期。

(2)甲、乙双方的职责。这一条款应尽量制定得详细，明确划分双方的职责范围，使双方能够各司其职，将建设工程顺利完成。一旦发生任何一方不履行合同规定的义务情况，也可以按合同规定的方式处理。

10.2.3.4　建设工程合同款与支付

这一条款中应写明约定工程造价的依据、确定工程造价的方式(是按甲、乙双方审定的工程预算还是按招标工程的决标金额等)、约定工程造价的调整方式(是实行固定价格还是可调价格，如为可调价格，还应明确可调因素，如工程量增减、甲方认可的设计变更、材料的价格调整等)。同时应约定调整工程造价的方法、程序和时间。这一点无论对于哪一方都是非常重要的。

10.2.3.5　竣工与决算

这一条款与承包方的利益有较大的关系，直接影响到承包方工程款的取得。在实践中，因为这一条款约定不明确产生纠纷的情况很多。尤其是在大量的边设计、边修改、边施工情况下的“三边工程”履约过程中，由于合同造价的不确定，又没有事先约定确定造价的程序、期限和方式，往往在工程最终结算时引起矛盾，造成纠纷。因此，在本条款中应约定最后决算的含义，即明确是以经甲方认可的乙方提交的结算报告书为准，还是以审价单位的结果为准。同时还应明确双方对决算价格发生争议后，解决的方式、时间，明确由审价单位进行审价的程序和方法以及审价的约束力。

除了上述条款外，建设工程合同还有其他重要的条款，如违约责任条款、变更和解除合同条款、工程保险条款等。

10.2.4　缔约过失责任

10.2.4.1　缔约过失责任的概念

缔约过失责任，是指在合同订立过程中，一方当事人因过错而导致另一方的信赖利益的损失所应承担的民事责任。

订立合同的当事人之间，在合同成立之前，原本并无权利、义务关系，但自双方相互接触从商定合同起，就会产生诸如相互协助、相互照顾、相互保护、相互通知等义务，双方都应遵循诚实信用的原则，尽量达成协议，以使合同成立。当事人这种基于诚实信用原则而产生的缔约过程中的义务，并不是因合同而产生的义务，它是一种先合同义务(或称合同前义务)。以往，我国只从道德的层面上对这种义务加以肯定，并未从法律的角度对这种义务加以规范。这次新颁行的《民法典》对此则有明确规定。违反上述义务的当事人，必须对对方的损失承担赔偿责任，这即是缔约过失责任。

10.2.4.2　承担缔约过失责任的情况

《民法典》中规定，出现下列情况时，当事人应承担缔约过失责任。

(1)假借订立合同，恶意进行磋商。即当事人根本无订立合同的诚意，而是采用欺骗、胁迫等手段，诱使或迫使对方与之谈判合同，造成对方损失。

(2)故意隐瞒与订立合同有关的重要事实或提供虚假情况。如有上述行为,造成对方损失的,应予赔偿。

(3)其他违背诚实信用原则的行为。这些行为包括:擅自变更、撤回要约;违反已签订的意向书;未尽通知义务;未办理合同应经过的审批手续等。

(4)泄露或不正当使用对方的商业秘密。在订立合同过程中,有可能了解到对方的技术信息和经营信息,这些皆为商业秘密,对此,当事人负有保密义务,如因泄密或不正当使用造成对方损失,必须承担赔偿责任。

10.3 建设工程合同的履行

10.3.1 建设工程合同履行的原则

建设工程合同一经签订,即具有法律约束力,合同当事人必须坚决履行合同约定的内容,不得违反。所以,建设工程合同的履行应当遵守两大原则,即实际履行原则和全面履行原则。

10.3.1.1 实际履行原则

实际履行原则是指合同当事人按照合同规定的标的履行。除非不可抗力,签订合同当事人应交付和接受标的,不得任意降低标的物的标准、变更标的物或以货币代替实物。建设工程合同的实际履行就是合同当事人必须依据建设工程合同规定的标的不折不扣地实现其内容的行为。建设工程合同的标的就是建设工程项目的建设行为,这些项目包括:工业、公路、铁路、水利、石油、林业、一般民用建筑项目等。由于建设工程项目是特定的不动产产品,具有不可替代的特点,因此建设工程合同签订后,合同当事人就必须按照合同规定的内容和范围实际履行,承包方应按期保质地交付勘察设计成果和建设工程,发包方则应及时予以接受。

10.3.1.2 全面履行原则

全面履行原则,是指合同当事人必须按照合同规定的标的、质量和数量、履行地点、履行价格、履行时间和履行方式等全面地完成各自应当履行的义务。建设工程合同的全面履行就是合同当事人必须按照合同规定的所有条款完成工程建设任务,包括履行标的——工程项目的建设行为、履行期限——工程工期、履行地点——工程所在地、履行价格——工程造价等。同时,对建设工程合同全面履行的检验,须经过工程竣工、验收和竣工决算三个步骤。因此,在合同中必须明确履行标的、履行期限、履行价格以及标的质量等内容。如果合同条款对上述主要内容的约定不明,当事人又不能通过协商达成补充协议的,则应按照合同有关条款或交易习惯确定。如仍确定不了,则可根据适当履行的原则,在适当的时间、适当的地点,以适当的方式来履行。

10.3.2 合同履行中的抗辩权

10.3.2.1 抗辩权的概念

抗辩权,是指当事人一方依法对抗对方要求和权利主张的权利。合同履行中的抗辩权,就是在双务合同中,在满足一定法定条件时,合同当事人一方可以对抗对方当事人的履行要求,暂时拒绝履行合同约定义务的权利。

双务合同履行中的抗辩权可分为同时履行抗辩权和异时履行抗辩权两种。

10.3.2.2 同时履行抗辩权

同时履行是指合同没有约定双方履行的先后顺序,而是在一定期限内,双方当事人不分先后地履行各自义务的行为。这里的“同时”是指一定的期限,而不能机械地理解为某一时刻。

同时履行抗辩权,又称不履行抗辩权,是指同时履行的双务合同当事人在对方未为对待给付之前,有权对抗对方的履行要求,拒绝自己的履行。

《民法典》第五百二十五条规定:“当事人互负债务,没有先后履行顺序的,应当同时履行。一方在对方未履行之前有权拒绝其履行请求。一方在对方履行债务不符合约定时，有权拒绝其相应的履行请求。”

10.3.2.3 异时履行抗辩权

异时履行是指合同已明确约定双方履行的先后顺序。此时，不论是先履行一方，还是后履行一方，都可依法享有抗辩权。

(1)后履行一方的抗辩权。合同约定，先履行一方应当先行履行自己的义务，当其未予履行，或虽已履行但不符合合同的约定时，后履行的一方可以行使抗辩权，他有权拒绝先履行一方的履行请求。

(2)先履行一方的抗辩权——不安抗辩权。它是指按合同约定，本应先行履行义务的一方，在有确切证据证明对方的财产明显减少或难以对待给付时，他有拒绝先行履行的权利。先履行一方的这种抗辩权也可称为拒绝权，这种履行拒绝则可称为中止履行。这是法律对先履行一方合法权益的有力保护。

《民法典》规定，当有确切证据证明对方出现下述情形之一时，即可行使不安抗辩权：经营状况严重恶化；转移财产、抽逃资金，以逃避债务；丧失商业信誉；有丧失或可能丧失履行债务能力的其他情形。

为保护对方当事人的合法权益，维护正常的经济秩序，《民法典》对不安抗辩权的行使也作了限制。这种限制主要表现在以下三方面：一是要有确切证据，当事人没有确切证据就中止履行的，应认定为违约，并应承担相应责任；二是依法中止履行时，必须及时通知对方当事人，否则，仍应承担相应责任；三是中止履行后，一旦对方当事人提供了适当担保，就应当恢复履行，否则，将被认定为违约。

在中止履行后，对方当事人如在合理期限内未恢复履行能力，并且未提供适当担保，先履行的一方可进而解除合同并可以请求对方承担违约责任。

10.3.3 建设工程合同履行的担保

合同履行的担保，是保证合同履行的一项法律制度，是合同当事人为全面履行合同及避免因对方违约而遭受损失而设定的保证措施。合同履行的担保是通过签订担保合同或是在合同中设立担保条款来实现的。担保合同是从合同，被担保合同是主合同。担保合同将随着被担保合同的履行而消灭。而当被担保人不履行其义务且不承担相应责任时，担保人则应承担其担保责任。建设工程合同的担保形式主要有保证、抵押、定金和留置四种。

10.3.3.1 保证

保证是指保证人与债权人约定，当债务人(被保证人)不履行债务时，由保证人按照约定代为履行或代为承担责任的担保方式。保证人是合同当事人(被保证人与债权人)以外的第三人，一旦担保成立，他就成为被保证人所负债务的从债务人，当被保证人不履行自己的债务时，保证人就有代为履行的义务，而当他代为履行或代为赔偿后，就成为被担保人的债权人，可对被保证人行使追偿权。

《民法典》将保证分为一般保证和连带责任保证。一般保证是指被保证人不能履行合同债务时，才由保证人承担保证责任的保证方式，此时保证人只为违约责任的第二履行人，而被保证人为违约责任的第一履行人。连带责任保证是指在被保证人履行债务之前，债权人就可以要求保证人承担保证责任，即保证人和被保证人对违约行为承担连带责任，他们同为第一履行人。《民法典》第六百八十六条第二款还规定：“当事人在保证合同中对保证方式没有约定或者约定不明确的，按照一般保证承担保证责任。”

《民法典》还规定，国家机关、事业单位及社会团体不得担当保证人替人担保。

建设工程合同中最常见的银行为工程承包单位开具的履约保函，即银行充当保证人为承包单位担保的保证方式。

10.3.3.2 抵押

抵押是指合同当事人一方或者当事人以外的第三人向另一方当事人提供一定的财产作为抵押，以保证合同履行的担保方式。交出财产进行抵押的一方为抵押人，接受财产抵押的一方为抵押权人。当合同当事人一方不履行合同义务时，当事人另一方(抵押权人)就有权依照法律规定以抵押物折价或将抵押物变卖，并从中优先受偿。

在国际上抵押是一种非常受欢迎的担保方式，因为它能比较充分地保障债权人的利益。采用抵押担保时，抵押人和抵押权人应以书面形式订立抵押合同。我国《民法典》还规定，抵押物为土地使用权、城市房地产、林木、乡镇企业的厂房、航空器、船舶、车辆、企业的设备和其他动产的，应到相关部门办理抵押物登记手续，否则，抵押合同无效。

10.3.3.3　定金

定金是合同签订后，但还没有履行前，当事人一方向另一方支付一定数额的金钱或其他有价代替物，以保证合同履行的担保方式。其担保作用体现在，交付定金的一方不履行合同，则无权要求返还定金，收取定金的一方不履行合同，则应双倍返还定金。

应当注意的是，定金与预付款在形式上好像完全一样，但它们的性质是完全不同的，定金起担保作用，而预付款只是起资助作用。当当事人违约时，定金起着制裁违约方、补偿被违约方的作用，而预付款则无此作用，无论哪一方违约，均不得采取扣留预付款或要求双倍返还预付款的行为。

定金也不同于违约金，它是合同的一种担保方式，而违约金只是对违约的一种制裁手段，违约金并不事先支付，被违约方只能通过事后请求支付的方式才能真正获得。

在建设工程勘察和设计合同中，通常都采用定金这种担保方式。

10.3.3.4　留置

留置是指合同当事人一方依据合同，事先合法占有对方财产，当对方不履行合同时，可对占有财产进行留置，并依法将留置财产折价或变卖并从中优先受偿的担保方式。留置这种担保方式只能用于一方已事先合法占有了对方财产的特定情况，所以，它常用于仓储保管合同，来料加工、来件装配、加工定做等承揽合同及货物运输合同中。建设工程施工时，在竣工验收交付使用前，工程由承包方负责看管，从法律上看，承包方也是事先合法掌握了发包方的财产，但由于建设工程对社会影响巨大，长期以来我国法律并未认可承包方的留置权。《民法典》第八百零七条规定："发包人未按照约定支付价款的，承包人可以催告发包人在合理期限内支付价款。发包人逾期不支付的，除根据建设工程的性质不宜折价、拍卖外，承包人可以与发包人协议将该工程折价，也可以申请人民法院将该工程依法拍卖。建设工程的价款就该工程折价或者拍卖的价款优先受偿。"这就从法律上充分肯定了建设工程承包方的留置权，当然，建设工程留置权的实际行使还有许多具体问题有待研究。

10.3.4　合同的保全

合同的保全是指法律为防止合同债务人的财产不当减少，维护其财产状况，允许合同的债权人向债务人行使一定权利的制度。合同的保全也可理解为法律所强制实施的一般担保，即债务人应以其所有的全部财产来保证其合同债务的履行。它可弥补保证、抵押、定金、留置等特殊担保及民事强制执行的不足。《民法典》所设立的合同保全有两种：代位权和撤销权。

10.3.4.1　代位权

代位权是指因债务人怠于行使其到期债权，对债权人造成损害的，债权人可以向人民法院请求以自己的名义代位行使债务人的债权的权利。但是，按照《民法典》的规定，该债权专属于债务人自身的除外。

代位权的行使范围以债权人的到期债权为限。债权人行使代位权的必要费用，由债务人负担。

10.3.4.2　撤销权

撤销权是指因债务人放弃其债权、放弃债权担保、无偿转让财产等方式无偿处分财产权益，或者恶意延长其到期债权的履行期限，影响债权人的债权实现的，债权人可以请求人民法院撤销债务人的行为。债务人以明显不合理的低价转让财产，以明显不合理的高价受让他人财产或者为他人的债务提供担保，影响债权人的债权实现，债务人的相对人知道或者应当知道该情形的，债权人也可请求人民法院撤销债务人的行为。

撤销权的行使范围以债权人的债权为限。债权人行使撤销权的必要费用，由债务人负担。撤销权自债权人知道或者应当知道撤销事由之日起一年内行使。自债务人的行为发生之日起五年内没有行使撤销权的，该撤销权消灭。

10.3.5 建设工程合同的变更

合同的变更，广义而言，应包括合同内容的变更及合同主体的变更，建设工程合同的承包人是经过选择，基于信任才确定的，所以，合同履行时应坚持亲自履行原则，《民法典》《建筑法》《招标投标法》中都明确规定，承包人不得将其承包的全部建设工程转包给第三方。所以，建设工程合同的变更只是狭义的合同变更，即指在合同主体不变的前提下对合同内容的修改与补充。

由于建设工程合同履行的期限长，涉及范围广，影响因素多，因此，一份建设工程合同签订得再好，签约时考虑得再全面，履行时也免不了因工程实施条件及环境的变化而对合同约定的事项进行修正，即对建设工程合同的内容进行变更。应该说，建设工程合同(主要是施工合同)不断进行变更是正常的、司空见惯的。一份合同履行到底，不做任何变更是十分罕见的，很不正常的。

建设工程合同的变更是通过工程签证来加以确认的。工程签证，实际上就是工程承发包双方在施工过程中对支付各种费用、顺延工期、赔偿损失等事项所达成的补充协议。经双方书面确认的工程签证，将成为工程结算或工程索赔的依据。《民法典》第五百四十三条规定："当事人协商一致，可以变更合同。"工程签证是双方协商一致的结果，是对原合同进行变更的法律行为，具有与原合同同等的法律效力，并构成整个工程合同的组成部分。工程签证的范围、权限、程序等问题都应在建设工程合同中加以确定，《建设工程施工合同》示范文本及 FIDIC 合同条款中，对此都有相应的规定。

10.4 建设工程合同的索赔

10.4.1 建设工程合同索赔的概念

索赔是当事人依据自己享有的权利向某一方提出的有关资格、财产、金钱及其他方面的赔偿要求。

建设工程合同索赔则是指在建设工程合同实施过程中，当事人一方因对方违约或非自身原因而遭到损失时，向对方提出的赔偿要求。在这里有两点要注意：

一是提出索赔的主体既可是承包方，也可是发包方。由于发包方对承包方的索赔主要集中在承包方的工程质量和工期未达合同要求上，而承包方向发包方索赔的范围则广得多，这是因为在合同实施过程中，发包方一直处于主动地位，合同风险主要落在承包方身上。因此在实际生活中，发包方向承包方提出的索赔较少，工程合同索赔主要是由承包方提出的，久而久之，工程界逐步将"索赔"变成了承包方向发包方提出索赔的专用名词，而将发包方向承包方提出的索赔称为"反索赔"。从字面原义及理论上讲，这是不对的。"反索赔"应是被索赔一方对对方索赔要求的反驳及防范，而不是提出索赔的主体有什么正反之分。不少人虽心存疑虑，但大家都已习惯了这样的叫法，只好将错就错，使反索赔即发包方向承包方提出的索赔变成了约定俗成的说法。

二是工程合同索赔的原因与一般商务合同索赔不完全相同。商务合同中，只有在对方违约时才有索赔的问题，而工程建设过程中影响因素多，合同风险大，所以，除了对方违约这种情况外，因工程实施的条件、环境等因素的变化而造成当事人的损失时，也可向对方提出索赔的要求。当然，什么情况下可提出索赔并获得成功，一般都应在合同上约定或依据相关法规来加以判定，不是当事人随意而为的。

建设工程，尤其是规模大、工期长、结构复杂的工程的施工，由于受到水文气象、地质条件变化的影响，以及规划变更和其他一些人为因素的干扰，超出合同约定的条件及相关事项的事情可谓层出不穷，当事人尤其是承包方往往会遭受意料之外的损失，这时，从合同公平原则及诚实信用原则出发，法律应该对他提供保护，允许他通过索赔对合同约定的条件进行公正、适当的调整，以弥补其不应承担的损失。建设工程合同索赔一般都为工期索赔及经济索赔。在国际工程承包中，工程合同索赔是十分正常的现象，一般情况下，工程索赔额往往占到工程总造价的7%左右。在我国,《民法典》《建筑法》中都对工程合同索赔作出了相应规定,各种合同示范文本中也有相应的索赔条款。

10.4.2 建设工程合同索赔的原因

在建设工程合同实施过程中,可以提起索赔的原因很多,主要的有:

10.4.2.1 合同风险分担不均

建设工程合同的风险,理应由双方共同承担,但受“买方市场”规律的制约,合同的风险主要落在承包方一方。作为补偿,法律允许它通过索赔来减少风险,有经验的承包商在签订建设工程合同中事先就会设定自己索赔的权利,一旦条件成熟,就可依据合同约定提起索赔。

10.4.2.2 施工条件变化

建设工程施工是现场露天作业,现场条件的变化对工程施工影响很大。工程地质条件,如地下水、地质断层、熔岩孔洞、地下文物遗址等,业主提供的勘察资料往往是不完全准确的,预料之外的情况经常发生。不利的自然条件及一些人为的障碍导致设计变更、工期延长和工程成本大幅增加时,即可提起索赔。

10.4.2.3 工程变更

建设工程施工过程中,业主或监理工程师为确保工程质量及进度,或其他原因,往往会发出更换建筑材料、增加新的工作、加快施工进度或暂停施工等相关指令,造成工程不能按原定设计及计划进行,并使工期延长,费用增加,此时,承包方即可提出索赔要求。

10.4.2.4 工期拖延

工程施工中,由于天气、水文或地基等原因的影响,使施工无法正常进行,从而导致工期延误、费用增加时,即可提起索赔。

10.4.2.5 业主违约

当业主未按合同约定提供施工条件及按时支付工程款,监理工程师未按规定时间提交施工图纸、指令及批复意见等违约行为发生时,承包方即可提起索赔。

10.4.2.6 合同缺陷

由于合同约定不清,或合同文件中出现错误、矛盾、遗漏的情况时,承包方应按业主或监理工程师的解释执行,但可对因此而增加的费用及工期提出索赔。

10.4.2.7 国家法令的变更

国家有关法律、政策的变更是当事人无法预见和左右,但又必须执行的。当有关法律和政策的变更如法定休息日增加、进口限制、税率提高等造成承包方损失时,承包方都可提出索赔并理应得到赔偿。

10.4.2.8 其他

其他如不可抗力的发生、因业主原因造成的暂停施工或终止合同等,都可成为索赔的起因。

10.4.3 建设工程合同索赔的依据

在索赔原因发生时,当事人一方应该有充分的依据,才能通过索赔的方式取得赔偿。在实践中,无论是索赔,还是反索赔,基本上都是围绕着索赔事实是否存在、索赔原因是否成立这一前提进行的。索赔的依据包括:

10.4.3.1 合同和合同文件

工程承包合同是工程承包当事人之间最基本的约定文件。应当指出,不论国内有关部委的合同示范文本,或是国际上权威性组织的合同文本样本,只有为双方所接受并编入有关工程项目合同,才能作为索赔的依据。

10.4.3.2 施工文件和有关资料

施工文件有一部分是属于合同文件的,如图纸、技术规范等。有一些虽然不是正式的合同文件,但它客观地反映了工程施工活动的记录，是证明索赔事实存在的证据，因而也是索赔的重要依据。主要包括：

(1)施工前与施工过程中编制的工程进度表；

(2)每周的施工计划和每日的各项施工记录；

(3)会议记录，重要事件应根据会议内容写成会议纪要，由双方签字确认；

(4)由承包方提出的各类施工备忘录；

(5)来往信函；

(6)由工程师检查签字批准的各类工程检查记录和竣工验收报告；

(7)工程施工录像和照相资料；

(8)各类财务单据，包括工程单据、发票、收据等；

(9)现场气象记录；

(10)市场信息资料；

(11)其他资料。

从法律上讲，施工文件只有在得到工程师或工程师代表和承包商的确认后，才能构成索赔的依据。

10.4.3.3 前期索赔文件

前期索赔主要是研究和解决在招标过程中，投标人在投标后至签订承包合同前这一期间所发生的索赔问题。一方面，业主在投标人中标后，可能会提出超出原招标文件范围的要求，或者要求增加不合理的合同条款，致使双方无法签订或迟延签订工程承包合同，给中标方造成经济损失。另一方面，投标人在投标有效期内可能要求撤销投标，或提出严重背离招标文件的要求，拒签合同，单方毁标，给招标单位造成损害。这些事实都会构成前期索赔，而与之有关的招标与投标文件(包括投标保证)，以及招标所应适用的法律是前期索赔的依据。

10.4.3.4 法律与法规

一般来说，与工程项目建设有关的公司法、海关法、税法、劳动法、环境保护法等法律及建设法规都会直接影响工程承包活动。当任何一方违背这些法律或法规时，或在某一规定日期之后发生的法律或法规变更，均可引起索赔。

发包方向承包方的索赔往往是直接从承包方应得款项中扣除，而承包方向发包方的索赔则要先提出索赔要求，再报送资料，然后由双方代表协商达成补偿协议后才能获得。如双方对索赔发生争议，一般都是先通过双方都可信赖的第三方进行调解解决，如双方分歧严重，调解不成，则可通过仲裁或诉讼的司法程序予以解决。

案例分析

■ 案例1

【案情摘要】

原告：丙公司

被告：甲、乙公司

甲公司与乙公司于2018年签订合作开发协议，约定甲公司负责提供土地，乙公司负责筹集项目开发所需的资金，合作进行房地产开发。合作开发协议签订后，甲公司和乙公司选择丙公司进行项目的施工总承包，甲公司和丙公司签订了一份施工总承包合同用于备案，乙公司和丙公司签订了一份施工总承包合同用于实际履行。在项目实施过程中，甲公司只负责办理“建设工程规划许可证”和“建设工程施工许可证”，项目管理以及工程款支付均由乙公司负责。后因资金问题，乙公司多次迟延支付工程款，工程多次停工。乙公司与丙公司于2020年就已完成工程签订了结算协议，确定了已完成工程的工程造价。最后丙公司将甲公司和乙公司作为共同被告，起诉至法院，要求解除与甲公司和乙公司签订的施工总承包合同，并且要求甲公司和乙公司支付已完成工程的工程价款。

【处理结论】

1.甲公司应支付工程款。

2.乙公司应承担支付工程款的连带责任。

【法律分析】

1.《招标投标法》第八条和第九条规定,招标人是依照《招标投标法》规定提出招标项目、进行招标的法人或者其他组织。招标项目按照国家有关规定需要履行项目审批手续的,应当先履行审批手续,取得批准。在本案中,由于甲公司是项目土地的使用权人,同时本案工程的"建设用地规划许可证""建设工程规划许可证"等行政许可都是以甲公司名义办理的,因此本案工程中的发包人应为甲公司。本案工程应由甲公司作为招标人进行建设工程施工总承包的招标。乙公司可以视为招标人甲公司在本案工程中处理项目管理和支付工程价款事宜的委托代理人。

由于甲公司是本案工程的发包人,因此本案工程发包人最主要的义务,即对承包人的付款义务,应由甲公司履行。尽管甲公司和乙公司之间签订的合作协议约定了由乙公司负责本案工程的工程款支付,但是该合作协议不能约束作为第三人的承包人。甲公司在支付工程款后,可以根据合作协议的约定向乙公司进行追索。

2.在本案中,乙公司是以自己的名义与丙公司就已完成工程量签订结算协议,而甲公司没有在该协议上签章。但是从本案前述签署的施工合同与结算协议来看,甲公司、乙公司、丙公司应当对于甲、乙双方的合作以及各自就建设工程承包发生的相应法律关系是明知的,因此,本案工程属于一方出地、一方出资进行房地产开发建设的工程项目。可以认定欠付的工程价款应当由甲方和乙方共同承担连带责任。

■ 案例 2

【案情摘要】

原告:安徽省B建筑公司

被告:安徽省A房产公司

2020年11月22日,安徽省A房产公司就一住宅建设项目进行公开招标,安徽省B建筑公司与其他三家建筑公司共同参加了投标。结果由B建筑公司中标。2020年12月14日,A房产公司就该项工程建设向B建筑公司发出中标通知书。收到中标通知书后,为抓紧工期,B建筑公司按A房产公司的要求提出,应该先做好施工准备,后签工程合同。A房产公司同意了这个意见,之后,B建筑公司开进了施工队伍,平整了施工场地,将打桩桩架运入现场,并配合A房产公司在12月28日打了两根桩,完成了项目的开工仪式。

但是,工程开工后,还没有等到正式签订承包合同,双方就因为对合同内容的意见不一致而发生了争议。A房产公司要求B建筑公司将工程中的一个专项工程分包给自己信赖的C公司,而B建筑公司以招标文件没有要求必须分包而拒绝。2021年3月1日,A房产公司明确函告B建筑公司:"将另行落实施工队伍。"

无可奈何的B建筑公司只得诉至安徽省甲市中级人民法院,在法庭上B建筑公司指出,A房产公司既已发出中标通知书,就表明招投标过程中的要约已经承诺,按招投标文件和《施工合同示范文本》的有关规定,签订工程承包合同是A房产公司的法定义务。因此,B建筑公司要求A房产公司继续履行合同,并赔偿损失560万元。但A房产公司辩称:虽然已发了中标通知书,但这个文件并无合同效力,且双方的合同尚未签订,因此双方还不存在合同上的权利义务关系,A房产公司有权另行确定合同相对人。

【处理结论】

一审法院依法认定了A房产公司违约,并判决由A房产公司补偿B建筑公司经济损失196万元。判决后,双方都没有上诉。

【法律分析】

在招标投标过程中,投标即为要约,招标人在对各投标人的投标文件进行严格评审,确定某一投标人为中标人之后，向其发出的中标通知书即为对投标人要约的承诺。因为中标通知书的发出意味着招标人接受了投标人的投标文件，而投标文件又意味着对招标文件的接受，两者的内容构成了明确具体的合同内容。

根据《民法典》第四百八十三条规定，“承诺生效时合同成立”。《招标投标法》第四十五条规定：“中标通知书对招标人和中标人具有法律效力。中标通知书发出后，招标人改变中标结果的，或者中标人放弃中标项目的，应当依法承担法律责任。”所以，在中标通知书发出之时，承诺即已生效，A房产公司与B建筑公司的工程承包合同即已成立。

《招标投标法》第四十六条规定：“招标人和中标人应当自中标通知书发出之日起三十日内，按照招标文件和中标人的投标文件订立书面合同。招标人和中标人不得再行订立背离合同实质性内容的其他协议。”现A房产公司违背招标文件进行指定分包并拒签书面合同，理应承担违约责任。

■ 综合案例

上海莲花河畔景苑楼体倒覆事故案

【案情摘要】

2009年6月27日5时30分左右，上海莲花南路罗阳路莲花河畔景苑一在建住宅楼（7号楼）发生楼体倒覆事故，造成一名工人身亡。

经过调查分析，事故调查组认定这起事故社会影响恶劣，性质非常严重，是一起重大责任事故，其直接原因是：紧贴7号楼北侧，在短时间内堆土过高，最高处达10米左右；与此同时，紧邻7号楼南侧的地下车库基坑正在开挖，开挖深度4.6米，大楼两侧的压力差使土体产生水平位移，过大的水平力超过了桩基的抗侧能力，导致房屋倾倒。除了直接原因，还主要存在六个方面的间接原因。一是土方堆放不当。在未对天然地基进行承载力计算的情况下，建设单位随意指定将开挖土方短时间内集中堆放于7号楼北侧。二是开挖基坑违反相关规定。土方开挖单位，在未经监理方同意、未进行有效监测，不具备相应资质的情况下，也没有按照相关技术要求开挖基坑。三是监理不到位。监理方对建设方、施工方的违法、违规行为未进行有效处置，对施工现场的事故隐患未及时报告。四是管理不到位。建设单位管理混乱，违章指挥，违法指定施工单位，压缩施工工期，总包单位未予以及时制止。五是安全措施不到位。施工方对基坑开挖及土方处置未采取专项防护措施。六是围护桩施工不规范。施工方未严格按照相关要求组织施工，施工速度快于规定的技术标准要求。

【处理结论】

闵行区副区长连某和梅陇镇镇长施某、副镇长周某等公职人员，对辖区内建设工程安全生产工作负有领导责任，分别被给予行政警告、行政记过、行政记大过处分；建设单位梅都房地产公司、总包单位众欣建筑公司，对事故发生负有主要责任；土方开挖单位索途清运公司，对事故发生负有直接责任；基坑围护及桩基工程施工单位胜腾基础公司，对事故发生负有一定责任。对上述单位分别给予经济处罚，其中对梅都房地产公司和众欣建筑公司，均处以法定最高限额罚款50万元。吊销众欣建筑公司建筑施工企业资质证书及安全生产许可证。待事故善后处理工作完成后，吊销梅都房地产公司房地产开发企业资质证书。监理单位光启监理公司，对事故发生负有重要责任，吊销其工程监理资质证书。工程监测单位协力勘察公司对事故发生负有一定责任，予以通报批评。光启监理公司法定代表人王某、索途清运公司法定代表人王某等8名责任人员，对事故发生负有相关责任，被处以吊销执业证书、罚款、解除劳动合同等处罚。

莲花河畔倒楼的21户购房户，其中11户业主退房，10户置换。同意退房的11户业主在评估价的基础上，每平方米获赔1099元。而同意置换的10户业主则获得房屋面积差赔偿，即置换后的房屋面积每少一平方米在评估价基础上再多赔1099元。如某户房子的评估价是19190元每平方米，房屋的面积是128.8平方米，置换房屋的面积是124.16平方米，获得的赔偿就是：面积差$(128.8-124.16)\times(19190+1099)=94140.96$元。另外还获3.5万元的律师赔偿费。

六人构成重大责任事故罪，被追究刑事责任：秦某，原系上海梅都房地产开发有限公司“莲花河畔景苑”项目负责人，犯重大责任事故罪，判处有期徒刑五年；张某，原系上海众欣建筑有限公司法定代表人、总经理，犯重大责任事故罪，判处有期徒刑五年；夏某，原系上海众欣建筑有限公司“莲花河畔景苑”项目现场负责人，犯重大责任事故罪，判处有期徒刑四年；陆某，原系上海众欣建筑有限公司承建的“莲花河畔景苑”二标段名义项目经理，犯重大责任事故罪，判处有期徒刑三年；张某，原系“莲花河畔景苑”土方开挖工程的承包人员，犯重大责任事故罪，判处有期徒刑四年；乔某，原系上海市光启建设监理有限公司“莲花河畔景苑”项目总监理，犯重大责任事故罪，判处有期徒刑三年。

【法律分析】

本案涉及的法律关系复杂。

首先，本案存在多个合同关系，这些合同关系都会产生民事责任。首先是开发商与购房者存在商品房买卖合同，由于发生楼体倒覆事故，开发商无法交付房屋，应当承担违约责任。在本案中，违约责任最主要的就是赔偿损失。开发商与其他责任主体有合同关系，也有违约责任问题，但与这些单位之间没有产生民事诉讼。

其次，是行政责任。闵行区副区长连某和梅陇镇镇长施某、副镇长周某等公职人员，对辖区内建设工程安全生产工作负有领导责任，分别被给予行政警告、行政记过、行政记大过处分，属于行政处分。对建设单位梅都房地产公司、总包单位众欣建筑有限公司等单位处以罚款、吊销资质证书等，对责任人个人处以吊销执业证书、罚款等，都属于行政处罚。

再次，是刑事责任。刑事案件的被告人秦某、张某、夏某、陆某、张某、乔某在“莲花河畔景苑”工程项目中，分别作为工程建设方、施工单位、监理方的工作人员以及土方施工的具体实施者，在工程施工的不同岗位和环节中，本应上下衔接、互相制约，但却违反安全管理规定，未履行、不正确履行或者消极履行各自的职责、义务，最终导致该工程项目楼房整体倾倒的重大工程安全事故，致一人死亡，并造成重大经济损失，六名被告人的行为均已构成重大责任事故罪，且属情节特别恶劣，依法应当承担相应的刑事责任。

思考题

1. 什么是建设工程合同？与一般合同相比，它有哪些特征？
2. 各类合同示范文本是否必须采用？它对建设单位和其他建设行为主体有什么约束力？
3. 建设工程合同签订的原则有哪些？
4. 什么是要约？它必须满足哪些条件？
5. 什么是承诺？建设工程招投标活动中，什么行为是合同签订程序中的要约和承诺？
6. 建设工程合同应包括哪些主要内容？
7. 建设工程合同履行的原则是什么？
8. 何为合同履行中的抗辩权？我国《民法典》规定了哪些抗辩权？
9. 什么情况下可行使不安抗辩权？行使不安抗辩权时都有哪些限制？
10. 合同担保的方式有哪几种？它们的担保作用是如何体现的？
11. 什么是合同保证金？它有什么作用？《民法典》设立了哪些合同保证金？
12. 什么是工程签证？它有什么作用？
13. 什么是建设工程索赔？它与一般的商务索赔有什么区别？
14. 哪些事件可引起索赔？
15. 索赔的依据有哪些？
16. 承包方向发包方的索赔一般应经过哪些程序？

附 录 1

中华人民共和国城乡规划法

2007 年 10 月 28 日 主席令第七十四号

（2007 年 10 月 28 日第十届全国人民代表大会常务委员会第三十次会议通过）

2019 年 4 月修订

第一章 总 则

第一条 为了加强城乡规划管理，协调城乡空间布局，改善人居环境，促进城乡经济社会全面协调可持续发展，制定本法。

第二条 制定和实施城乡规划，在规划区内进行建设活动，必须遵守本法。

本法所称城乡规划，包括城镇体系规划、城市规划、镇规划、乡规划和村庄规划。城市规划、镇规划分为总体规划和详细规划。详细规划分为控制性详细规划和修建性详细规划。

本法所称规划区，是指城市、镇和村庄的建成区以及因城乡建设和发展需要，必须实行规划控制的区域。规划区的具体范围由有关人民政府在组织编制的城市总体规划、镇总体规划、乡规划和村庄规划中，根据城乡经济社会发展水平和统筹城乡发展的需要划定。

第三条 城市和镇应当依照本法制定城市规划和镇规划。城市、镇规划区内的建设活动应当符合规划要求。

县级以上地方人民政府根据本地农村经济社会发展水平，按照因地制宜、切实可行的原则，确定应当制定乡规划、村庄规划的区域。在确定区域内的乡、村庄，应当依照本法制定规划，规划区内的乡、村庄建设应当符合规划要求。

县级以上地方人民政府鼓励、指导前款规定以外的区域的乡、村庄制定和实施乡规划、村庄规划。

第四条 制定和实施城乡规划，应当遵循城乡统筹、合理布局、节约土地、集约发展和先规划后建设的原则，改善生态环境，促进资源、能源节约和综合利用，保护耕地等自然资源和历史文化遗产，保持地方特色、民族特色和传统风貌，防止污染和其他公害，并符合区域人口发展、国防建设、防灾减灾和公共卫生、公共安全的需要。

在规划区内进行建设活动，应当遵守土地管理、自然资源和环境保护等法律、法规的规定。

县级以上地方人民政府应当根据当地经济社会发展的实际，在城市总体规划、镇总体规划中合理确定城市、镇的发展规模、步骤和建设标准。

第五条 城市总体规划、镇总体规划以及乡规划和村庄规划的编制，应当依据国民经济和社会发展规划，并与土地利用总体规划相衔接。

第六条 各级人民政府应当将城乡规划的编制和管理经费纳入本级财政预算。

第七条 经依法批准的城乡规划，是城乡建设和规划管理的依据，未经法定程序不得修改。

第八条 城乡规划组织编制机关应当及时公布经依法批准的城乡规划。但是，法律、行政法规规定不得公开的内容除外。

第九条 任何单位和个人都应当遵守经依法批准并公布的城乡规划，服从规划管理，并有权就涉及其利害关系的建设活动是否符合规划的要求向城乡规划主管部门查询。

任何单位和个人都有权向城乡规划主管部门或者其他有关部门举报或者控告违反城乡规划的行为。城乡规划主管部门或者其他有关部门对举报或者控告，应当及时受理并组织核查、处理。

第十条 国家鼓励采用先进的科学技术，增强城乡规划的科学性，提高城乡规划实施及监督管理的效能。

第十一条 国务院城乡规划主管部门负责全国的城乡规划管理工作。

县级以上地方人民政府城乡规划主管部门负责本行政区域内的城乡规划管理工作。

第二章 城乡规划的制定

第十二条 国务院城乡规划主管部门会同国务院有关部门组织编制全国城镇体系规划，用于指导省域城镇体系规划、城市总体规划的编制。

全国城镇体系规划由国务院城乡规划主管部门报国务院审批。

第十三条 省、自治区人民政府组织编制省域城镇体系规划，报国务院审批。

省域城镇体系规划的内容应当包括：城镇空间布局和规模控制，重大基础设施的布局，为保护生态环境、资源等需要严格控制的区域。

第十四条 城市人民政府组织编制城市总体规划。

直辖市的城市总体规划由直辖市人民政府报国务院审批。省、自治区人民政府所在地的城市以及国务院确定的城市的总体规划，由省、自治区人民政府审查同意后，报国务院审批。其他城市的总体规划，由城市人民政府报省、自治区人民政府审批。

第十五条 县人民政府组织编制县人民政府所在地镇的总体规划，报上一级人民政府审批。其他镇的总体规划由镇人民政府组织编制，报上一级人民政府审批。

第十六条 省、自治区人民政府组织编制的省域城镇体系规划，城市、县人民政府组织编制的总体规划，在报上一级人民政府审批前，应当先经本级人民代表大会常务委员会审议，常务委员会组成人员的审议意见交由本级人民政府研究处理。

镇人民政府组织编制的镇总体规划，在报上一级人民政府审批前，应当先经镇人民代表大会审议，代表的审议意见交由本级人民政府研究处理。

规划的组织编制机关报送审批省域城镇体系规划、城市总体规划或者镇总体规划，应当将本级人民代表大会常务委员会组成人员或者镇人民代表大会代表的审议意见和根据审议意见修改规划的情况一并报送。

第十七条 城市总体规划、镇总体规划的内容应当包括：城市、镇的发展布局，功能分区，用地布局，综合交通体系，禁止、限制和适宜建设的地域范围，各类专项规划等。

规划区范围、规划区内建设用地规模、基础设施和公共服务设施用地、水源地和水系、基本农田和绿化用地、环境保护、自然与历史文化遗产保护以及防灾减灾等内容，应当作为城市总体规划、镇总体规划的强制性内容。

城市总体规划、镇总体规划的规划期限一般为二十年。城市总体规划还应当对城市更长远的发展作出预测性安排。

第十八条 乡规划、村庄规划应当从农村实际出发，尊重村民意愿，体现地方和农村特色。

乡规划、村庄规划的内容应当包括：规划区范围，住宅、道路、供水、排水、供电、垃圾收集、畜禽养殖场所等农村生产、生活服务设施、公益事业等各项建设的用地布局、建设要求，以及对耕地等自然资源和历史文化遗产保护、防灾减灾等的具体安排。乡规划还应当包括本行政区域内的村庄发展布局。

第十九条 城市人民政府城乡规划主管部门根据城市总体规划的要求，组织编制城市的控制性详细规划，经本级人民政府批准后，报本级人民代表大会常务委员会和上一级人民政府备案。

第二十条 镇人民政府根据镇总体规划的要求，组织编制镇的控制性详细规划，报上一级人民政府审批。县人民政府所在地镇的控制性详细规划，由县人民政府城乡规划主管部门根据镇总体规划的要求组织编制，经县人民政府批准后，报本级人民代表大会常务委员会和上一级人民政府备案。

第二十一条 城市、县人民政府城乡规划主管部门和镇人民政府可以组织编制重要地块的修建性详细规划。修建性详细规划应当符合控制性详细规划。

第二十二条 乡、镇人民政府组织编制乡规划、村庄规划，报上一级人民政府审批。村庄规划在报送审批前，应当经村民会议或者村民代表会议讨论同意。

第二十三条 首都的总体规划、详细规划应当统筹考虑中央国家机关用地布局和空间安排的需要。

第二十四条 城乡规划组织编制机关应当委托具有相应资质等级的单位承担城乡规划的具体编制工作。

从事城乡规划编制工作应当具备下列条件，并经国务院城乡规划主管部门或者省、自治区、直辖市人民政府城乡规划主管部门依法审查合格，取得相应等级的资质证书后，方可在资质等级许可的范围内从事城乡规划编制工作：

(一)有法人资格；

(二)有规定数量的经相关行业协会注册的规划师；

(三)有规定数量的相关专业技术人员；

(四)有相应的技术装备；

(五)有健全的技术、质量、财务管理制度。

规划师执业资格管理办法由国务院城乡规划主管部门会同国务院人事行政部门制定。

编制城乡规划必须遵守国家有关标准。

第二十五条 编制城乡规划，应当具备国家规定的勘察、测绘、气象、地震、水文、环境等基础资料。

县级以上地方人民政府有关主管部门应当根据编制城乡规划的需要，及时提供有关基础资料。

第二十六条 城乡规划报送审批前，组织编制机关应当依法将城乡规划草案予以公告，并采取论证会、听证会或者其他方式征求专家和公众的意见。公告的时间不得少于三十日。

组织编制机关应当充分考虑专家和公众的意见，并在报送审批的材料中附具意见采纳情况及理由。

第二十七条 省域城镇体系规划、城市总体规划、镇总体规划批准前，审批机关应当组织专家和有关部门进行审查。

第三章 城乡规划的实施

第二十八条 地方各级人民政府应当根据当地经济社会发展水平，量力而行，尊重群众意愿，有计划、分步骤地组织实施城乡规划。

第二十九条 城市的建设和发展，应当优先安排基础设施以及公共服务设施的建设，妥善处理新区开发与旧区改建的关系，统筹兼顾进城务工人员生活和周边农村经济社会发展、村民生产与生活的需要。

镇的建设和发展，应当结合农村经济社会发展和产业结构调整，优先安排供水、排水、供电、供气、道路、通信、广播电视等基础设施和学校、卫生院、文化站、幼儿园、福利院等公共服务设施的建设，为周边农村提供服务。

乡、村庄的建设和发展，应当因地制宜、节约用地，发挥村民自治组织的作用，引导村民合理进行建设，改善农村生产、生活条件。

第三十条 城市新区的开发和建设，应当合理确定建设规模和时序，充分利用现有市政基础设施和公共服务设施，严格保护自然资源和生态环境，体现地方特色。

在城市总体规划、镇总体规划确定的建设用地范围以外，不得设立各类开发区和城市新区。

第三十一条 旧城区的改建，应当保护历史文化遗产和传统风貌，合理确定拆迁和建设规模，有计划地对危房集中、基础设施落后等地段进行改建。

历史文化名城、名镇、名村的保护以及受保护建筑物的维护和使用，应当遵守有关法律、行政法规和国务院的规定。

第三十二条 城乡建设和发展，应当依法保护和合理利用风景名胜资源，统筹安排风景名胜区及周边乡、镇、村庄的建设。

风景名胜区的规划、建设和管理，应当遵守有关法律、行政法规和国务院的规定。

第三十三条 城市地下空间的开发和利用，应当与经济和技术发展水平相适应，遵循统筹安排、综合开发、合理利用的原则，充分考虑防灾减灾、人民防空和通信等需要，并符合城市规划，履行规划审批手续。

第三十四条 城市、县、镇人民政府应当根据城市总体规划、镇总体规划、土地利用总体规划和年度计划以及国民经济和社会发展规划，制定近期建设规划，报总体规划审批机关备案。

近期建设规划应当以重要基础设施、公共服务设施和中低收入居民住房建设以及生态环境保护为重点内容，明确近期建设的时序、发展方向和空间布局。近期建设规划的规划期限为五年。

第三十五条 城乡规划确定的铁路、公路、港口、机场、道路、绿地、输配电设施及输电线路走廊、通信设施、广播电视设施、管道设施、河道、水库、水源地、自然保护区、防汛通道、消防通道、核电站、垃圾填埋场及焚烧厂、污水处理厂和公共服务设施的用地以及其他需要依法保护的用地，禁止擅自改变用途。

第三十六条 按照国家规定需要有关部门批准或者核准的建设项目，以划拨方式提供国有土地使用权的，建设单位在报送有关部门批准或者核准前，应当向城乡规划主管部门申请核发选址意见书。

前款规定以外的建设项目不需要申请选址意见书。

第三十七条 在城市、镇规划区内以划拨方式提供国有土地使用权的建设项目，经有关部门批准、核准、备案后，建设单位应当向城市、县人民政府城乡规划主管部门提出建设用地规划许可申请，由城市、县人民政府城乡规划主管部门依据控制性详细规划核定建设用地的位置、面积、允许建设的范围，核发建设用地规划许可证。

建设单位在取得建设用地规划许可证后，方可向县级以上地方人民政府土地主管部门申请用地，经县级以上人民政府审批后，由土地主管部门划拨土地。

第三十八条 在城市、镇规划区内以出让方式提供国有土地使用权的，在国有土地使用权出让前，城市、县人民政府城乡规划主管部门应当依据控制性详细规划，提出出让地块的位置、使用性质、开发强度等规划条件，作为国有土地使用权出让合同的组成部分。未确定规划条件的地块，不得出让国有土地使用权。

以出让方式取得国有土地使用权的建设项目，建设单位在取得建设项目的批准、核准、备案文件和签订国有土地使用权出让合同后，向城市、县人民政府城乡规划主管部门领取建设用地规划许可证。

城市、县人民政府城乡规划主管部门不得在建设用地规划许可证中，擅自改变作为国有土地使用权出让合同组成部分的规划条件。

第三十九条 规划条件未纳入国有土地使用权出让合同的，该国有土地使用权出让合同无效；对未取得建设用地规划许可证的建设单位批准用地的，由县级以上人民政府撤销有关批准文件；占用土地的，应当及时退回；给当事人造成损失的，应当依法给予赔偿。

第四十条 在城市、镇规划区内进行建筑物、构筑物、道路、管线和其他工程建设的，建设单位或者个人应当向城市、县人民政府城乡规划主管部门或者省、自治区、直辖市人民政府确定的镇人民政府申请办理建设工程规划许可证。

申请办理建设工程规划许可证，应当提交使用土地的有关证明文件、建设工程设计方案等材料。需要建设单位编制修建性详细规划的建设项目，还应当提交修建性详细规划。对符合控制性详细规划和规划条件的，由城市、县人民政府城乡规划主管部门或者省、自治区、直辖市人民政府确定的镇人民政府核发建设工程规划许可证。

城市、县人民政府城乡规划主管部门或者省、自治区、直辖市人民政府确定的镇人民政府应当依法将经审定的修建性详细规划、建设工程设计方案的总平面图予以公布。

第四十一条 在乡、村庄规划区内进行乡镇企业、乡村公共设施和公益事业建设的，建设单位或者个人应当向乡、镇人民政府提出申请，由乡、镇人民政府报城市、县人民政府城乡规划主管部门核发乡村建设规划许可证。

在乡、村庄规划区内使用原有宅基地进行农村村民住宅建设的规划管理办法，由省、自治区、直辖市制定。

在乡、村庄规划区内进行乡镇企业、乡村公共设施和公益事业建设以及农村村民住宅建设，不得占用农用地；确需占用农用地的，应当依照《中华人民共和国土地管理法》有关规定办理农用地转用审批手续后，由城市、县人民政府城乡规划主管部门核发乡村建设规划许可证。

建设单位或者个人在取得乡村建设规划许可证后，方可办理用地审批手续。

第四十二条 城乡规划主管部门不得在城乡规划确定的建设用地范围以外作出规划许可。

第四十三条 建设单位应当按照规划条件进行建设；确需变更的，必须向城市、县人民政府城乡规划主管部门提出申请。变更内容不符合控制性详细规划的，城乡规划主管部门不得批准。城市、县人民政府城乡规划主管部门应当及时将依法变更后的规划条件通报同级土地主管部门并公示。

建设单位应当及时将依法变更后的规划条件报有关人民政府土地主管部门备案。

第四十四条 在城市、镇规划区内进行临时建设的，应当经城市、县人民政府城乡规划主管部门批准。临时建设影响近期建设规划或者控制性详细规划的实施以及交通、市容、安全等的，不得批准。

临时建设应当在批准的使用期限内自行拆除。

临时建设和临时用地规划管理的具体办法，由省、自治区、直辖市人民政府制定。

第四十五条 县级以上地方人民政府城乡规划主管部门按照国务院规定对建设工程是否符合规划条件予以核实。未经核实或者经核实不符合规划条件的，建设单位不得组织竣工验收。

建设单位应当在竣工验收后六个月内向城乡规划主管部门报送有关竣工验收资料。

第四章 城乡规划的修改

第四十六条 省域城镇体系规划、城市总体规划、镇总体规划的组织编制机关，应当组织有关部门和专家定期对规划实施情况进行评估，并采取论证会、听证会或者其他方式征求公众意见。组织编制机关应当向本级人民代表大会常务委员会、镇人民代表大会和原审批机关提出评估报告并附具征求意见的情况。

第四十七条 有下列情形之一的，组织编制机关方可按照规定的权限和程序修改省域城镇体系规划、城市总体规划、镇总体规划：

（一）上级人民政府制定的城乡规划发生变更，提出修改规划要求的；

（二）行政区划调整确需修改规划的；

（三）因国务院批准重大建设工程确需修改规划的；

（四）经评估确需修改规划的；

（五）城乡规划的审批机关认为应当修改规划的其他情形。

修改省域城镇体系规划、城市总体规划、镇总体规划前，组织编制机关应当对原规划的实施情况进行总结，并向原审批机关报告；修改涉及城市总体规划、镇总体规划强制性内容的，应当先向原审批机关提出专题报告，经同意后，方可编制修改方案。

修改后的省域城镇体系规划、城市总体规划、镇总体规划，应当依照本法第十三条、第十四条、第十五条和第十六条规定的审批程序报批。

第四十八条 修改控制性详细规划的，组织编制机关应当对修改的必要性进行论证，征求规划地段内利害关系人的意见，并向原审批机关提出专题报告，经原审批机关同意后，方可编制修改方案。修改后的控制性详细规划，应当依照本法第十九条、第二十条规定的审批程序报批。控制性详细规划修改涉及城市总体规划、镇总体规划的强制性内容的，应当先修改总体规划。

修改乡规划、村庄规划的，应当依照本法第二十二条规定的审批程序报批。

第四十九条 城市、县、镇人民政府修改近期建设规划的，应当将修改后的近期建设规划报总体规划审批机关备案。

第五十条 在选址意见书、建设用地规划许可证、建设工程规划许可证或者乡村建设规划许可证发放后，因依法修改城乡规划给被许可人合法权益造成损失的，应当依法给予补偿。

经依法审定的修建性详细规划、建设工程设计方案的总平面图不得随意修改；确需修改的，城乡规划主管部门应当采取听证会等形式，听取利害关系人的意见；因修改给利害关系人合法权益造成损失的，应当依法给予补偿。

第五章 监督检查

第五十一条 县级以上人民政府及其城乡规划主管部门应当加强对城乡规划编制、审批、实施、修改的监督检查。

第五十二条 地方各级人民政府应当向本级人民代表大会常务委员会或者乡、镇人民代表大会报告城乡规划的实施情况，并接受监督。

第五十三条 县级以上人民政府城乡规划主管部门对城乡规划的实施情况进行监督检查，有权采取以下措施：

（一）要求有关单位和人员提供与监督事项有关的文件、资料，并进行复制；

（二）要求有关单位和人员就监督事项涉及的问题作出解释和说明，并根据需要进入现场进行勘测；

（三）责令有关单位和人员停止违反有关城乡规划的法律、法规的行为。

城乡规划主管部门的工作人员履行前款规定的监督检查职责，应当出示执法证件。被监督检查的单位和人员应当予以配合，不得妨碍和阻挠依法进行的监督检查活动。

第五十四条 监督检查情况和处理结果应当依法公开，供公众查阅和监督。

第五十五条 城乡规划主管部门在查处违反本法规定的行为时，发现国家机关工作人员依法应当给予行政处分的，应当向其任免机关或者监察机关提出处分建议。

第五十六条 依照本法规定应当给予行政处罚，而有关城乡规划主管部门不给予行政处罚的，上级人民政府城乡规划主管部门有权责令其作出行政处罚决定或者建议有关人民政府责令其给予行政处罚。

第五十七条 城乡规划主管部门违反本法规定作出行政许可的，上级人民政府城乡规划主管部门有权责令其撤销或者直接撤销该行政许可。因撤销行政许可给当事人合法权益造成损失的，应当依法给予赔偿。

第六章 法律责任

第五十八条 对依法应当编制城乡规划而未组织编制，或者未按法定程序编制、审批、修改城乡规划的，由上级人民政府责令改正，通报批评；对有关人民政府负责人和其他直接责任人员依法给予处分。

第五十九条 城乡规划组织编制机关委托不具有相应资质等级的单位编制城乡规划的，由上级人民政府责令改正，通报批评；对有关人民政府负责人和其他直接责任人员依法给予处分。

第六十条 镇人民政府或者县级以上人民政府城乡规划主管部门有下列行为之一的，由本级人民政府、上级人民政府城乡规划主管部门或者监察机关依据职权责令改正，通报批评；对直接负责的主管人员和其他直接责任人员依法给予处分：

（一）未依法组织编制城市的控制性详细规划、县人民政府所在地镇的控制性详细规划的；

（二）超越职权或者对不符合法定条件的申请人核发选址意见书、建设用地规划许可证、建设工程规划许可证、乡村建设规划许可证的；

（三）对符合法定条件的申请人未在法定期限内核发选址意见书、建设用地规划许可证、建设工程规划许可证、乡村建设规划许可证的；

（四）未依法对经审定的修建性详细规划、建设工程设计方案的总平面图予以公布的；

（五）同意修改修建性详细规划、建设工程设计方案的总平面图前未采取听证会等形式听取利害关系人的意见的；

（六）发现未依法取得规划许可或者违反规划许可的规定在规划区内进行建设的行为，而不予查处或者接到举报后不依法处理的。

第六十一条 县级以上人民政府有关部门有下列行为之一的，由本级人民政府或者上级人民政府有关部门责令改正，通报批评；对直接负责的主管人员和其他直接责任人员依法给予处分：

（一）对未依法取得选址意见书的建设项目核发建设项目批准文件的；

（二）未依法在国有土地使用权出让合同中确定规划条件或者改变国有土地使用权出让合同中依法确定的规划条件的；

（三）对未依法取得建设用地规划许可证的建设单位划拨国有土地使用权的。

第六十二条 城乡规划编制单位有下列行为之一的，由所在地城市、县人民政府城乡规划主管部门责令限期改正，处合同约定的规划编制费一倍以上二倍以下的罚款；情节严重的，责令停业整顿，由原发证机关降低资质等级或者吊销资质证书；造成损失的，依法承担赔偿责任：

（一）超越资质等级许可的范围承揽城乡规划编制工作的；

（二）违反国家有关标准编制城乡规划的。

未依法取得资质证书承揽城乡规划编制工作的，由县级以上地方人民政府城乡规划主管部门责令停止违法行为，依照前款规定处以罚款；造成损失的，依法承担赔偿责任。

以欺骗手段取得资质证书承揽城乡规划编制工作的，由原发证机关吊销资质证书，依照本条第一款规定处以罚款；造成损失的，依法承担赔偿责任。

第六十三条 城乡规划编制单位取得资质证书后，不再符合相应的资质条件的，由原发证机关责令限期改正；逾期不改正的，降低资质等级或者吊销资质证书。

第六十四条 未取得建设工程规划许可证或者未按照建设工程规划许可证的规定进行建设的，由县级以上地方人民政府城乡规划主管部门责令停止建设；尚可采取改正措施消除对规划实施的影响的，限期改正，处建设工程造价百分之五以上百分之十以下的罚款；无法采取改正措施消除影响的，限期拆除，不能拆除的，没收实物或者违法收入，可以并处建设工程造价百分之十以下的罚款。

第六十五条 在乡、村庄规划区内未依法取得乡村建设规划许可证或者未按照乡村建设规划许可证的规定进行建设的，由乡、镇人民政府责令停止建设、限期改正；逾期不改正的，可以拆除。

第六十六条 建设单位或者个人有下列行为之一的，由所在地城市、县人民政府城乡规划主管部门责令限期拆除，可以并处临时建设工程造价一倍以下的罚款：

（一）未经批准进行临时建设的；

（二）未按照批准内容进行临时建设的；

（三）临时建筑物、构筑物超过批准期限不拆除的。

第六十七条 建设单位未在建设工程竣工验收后六个月内向城乡规划主管部门报送有关竣工验收资料的，由所在地城市、县人民政府城乡规划主管部门责令限期补报；逾期不补报的，处一万元以上五万元以下的罚款。

第六十八条 城乡规划主管部门作出责令停止建设或者限期拆除的决定后，当事人不停止建设或者逾期不拆除的，建设工程所在地县级以上地方人民政府可以责成有关部门采取查封施工现场、强制拆除等措施。

第六十九条 违反本法规定，构成犯罪的，依法追究刑事责任。

第七章 附 则

第七十条 本法自2008年1月1日起施行。《中华人民共和国城市规划法》同时废止。

附 录 2

中华人民共和国建筑法

1997 年 11 月 1 日　主席令第九十一号

（1997 年 11 月 1 日第八届全国人民代表大会常务委员会第二十八次会议通过）

2019 年 4 月修订

第一章　总　　则

第一条　为了加强对建筑活动的监督管理，维护建筑市场秩序，保证建筑工程的质量和安全，促进建筑业健康发展，制定本法。

第二条　在中华人民共和国境内从事建筑活动，实施对建筑活动的监督管理，应当遵守本法。

本法所称建筑活动，是指各类房屋建筑及其附属设施的建造和与其配套的线路、管道、设备的安装活动。

第三条　建筑活动应当确保建筑工程质量和安全，符合国家的建筑工程安全标准。

第四条　国家扶持建筑业的发展，支持建筑科学技术研究，提高房屋建筑设计水平，鼓励节约能源和保护环境，提倡采用先进技术、先进设备、先进工艺、新型建筑材料和现代管理方式。

第五条　从事建筑活动应当遵守法律、法规，不得损害社会公共利益和他人的合法权益。

任何单位和个人都不得妨碍和阻挠依法进行的建筑活动。

第六条　国务院建设行政主管部门对全国的建筑活动实施统一监督管理。

第二章　建筑许可

第一节　建筑工程施工许可

第七条　建筑工程开工前，建设单位应当按照国家有关规定向工程所在地县级以上人民政府建设行政主管部门申请领取施工许可证；但是，国务院建设行政主管部门确定的限额以下的小型工程除外。

按照国务院规定的权限和程序批准开工报告的建筑工程，不再领取施工许可证。

第八条　申请领取施工许可证，应当具备下列条件：

（一）已经办理该建筑工程用地批准手续；

（二）依法应当办理建设工程规划许可证的，已经取得建设工程规划许可证；

（三）需要拆迁的，其拆迁进度符合施工要求；

（四）已经确定建筑施工企业；

（五）有满足施工需要的资金安排、施工图纸及技术资料；

（六）有保证工程质量和安全的具体措施。

建设行政主管部门应当自收到申请之日起七日内，对符合条件的申请颁发施工许可证。

第九条 建设单位应当自领取施工许可证之日起三个月内开工。因故不能按期开工的，应当向发证机关申请延期；延期以两次为限，每次不超过三个月。既不开工又不申请延期或者超过延期时限的，施工许可证自行废止。

第十条 在建的建筑工程因故中止施工的，建设单位应当自中止施工之日起一个月内，向发证机关报告，并按照规定做好建筑工程的维护管理工作。

建筑工程恢复施工时，应当向发证机关报告；中止施工满一年的工程恢复施工前，建设单位应当报发证机关核验施工许可证。

第十一条 按照国务院有关规定批准开工报告的建筑工程，因故不能按期开工或者中止施工的，应当及时向批准机关报告情况。因故不能按期开工超过六个月的，应当重新办理开工报告的批准手续。

第二节 从业资格

第十二条 从事建筑活动的建筑施工企业、勘察单位、设计单位和工程监理单位，应当具备下列条件：

(一)有符合国家规定的注册资本；

(二)有与其从事的建筑活动相适应的具有法定执业资格的专业技术人员；

(三)有从事相关建筑活动所应有的技术装备；

(四)法律、行政法规规定的其他条件。

第十三条 从事建筑活动的建筑施工企业、勘察单位、设计单位和工程监理单位，按照其拥有的注册资本、专业技术人员、技术装备和已完成的建筑工程业绩等资质条件，划分为不同的资质等级，经资质审查合格，取得相应等级的资质证书后，方可在其资质等级许可的范围内从事建筑活动。

第十四条 从事建筑活动的专业技术人员，应当依法取得相应的执业资格证书，并在执业资格证书许可的范围内从事建筑活动。

第三章 建筑工程发包与承包

第一节 一般规定

第十五条 建筑工程的发包单位与承包单位应当依法订立书面合同，明确双方的权利和义务。

发包单位和承包单位应当全面履行合同约定的义务。不按照合同约定履行义务的，依法承担违约责任。

第十六条 建筑工程发包与承包的招标投标活动，应当遵循公开、公正、平等竞争的原则，择优选择承包单位。

建筑工程的招标投标，本法没有规定的，适用有关招标投标法律的规定。

第十七条 发包单位及其工作人员在建筑工程发包中不得收受贿赂、回扣或者索取其他好处。

承包单位及其工作人员不得利用向发包单位及其工作人员行贿、提供回扣或者给予其他好处等不正当手段承揽工程。

第十八条 建筑工程造价应当按照国家有关规定，由发包单位与承包单位在合同中约定。公开招标发包的，其造价的约定，须遵守招标投标法律的规定。

发包单位应当按照合同的约定，及时拨付工程款项。

第二节 发包

第十九条 建筑工程依法实行招标发包，对不适于招标发包的可以直接发包。

第二十条 建筑工程实行公开招标的，发包单位应当依照法定程序和方式，发布招标公告，提供载有招标工程的主要技术要求、主要的合同条款、评标的标准和方法以及开标、评标、定标的程序等内容的招标文件。

开标应当在招标文件规定的时间、地点公开进行。开标后应当按照招标文件规定的评标标准和程序对标书进行评价、比较，在具备相应资质条件的投标者中，择优选定中标者。

第二十一条 建筑工程招标的开标、评标、定标由建设单位依法组织实施，并接受有关行政主管部门的监督。

第二十二条 建筑工程实行招标发包的，发包单位应当将建筑工程发包给依法中标的承包单位。建筑工程实行直接发包的，发包单位应当将建筑工程发包给具有相应资质条件的承包单位。

第二十三条 政府及其所属部门不得滥用行政权力，限定发包单位将招标发包的建筑工程发包给指定的承包单位。

第二十四条 提倡对建筑工程实行总承包，禁止将建筑工程肢解发包。

建筑工程的发包单位可以将建筑工程的勘察、设计、施工、设备采购一并发包给一个工程总承包单位，也可以将建筑工程勘察、设计、施工、设备采购的一项或者多项发包给一个工程总承包单位；但是，不得将应当由一个承包单位完成的建筑工程肢解成若干部分发包给几个承包单位。

第二十五条 按照合同约定，建筑材料、建筑构配件和设备由工程承包单位采购的，发包单位不得指定承包单位购入用于工程的建筑材料、建筑构配件和设备或者指定生产厂、供应商。

第三节 承包

第二十六条 承包建筑工程的单位应当持有依法取得的资质证书，并在其资质等级许可的业务范围内承揽工程。

禁止建筑施工企业超越本企业资质等级许可的业务范围或者以任何形式用其他建筑施工企业的名义承揽工程。禁止建筑施工企业以任何形式允许其他单位或者个人使用本企业的资质证书、营业执照，以本企业的名义承揽工程。

第二十七条 大型建筑工程或者结构复杂的建筑工程，可以由两个以上的承包单位联合共同承包。共同承包的各方对承包合同的履行承担连带责任。

两个以上不同资质等级的单位实行联合共同承包的，应当按照资质等级低的单位的业务许可范围承揽工程。

第二十八条 禁止承包单位将其承包的全部建筑工程转包给他人，禁止承包单位将其承包的全部建筑工程肢解以后以分包的名义分别转包给他人。

第二十九条 建筑工程总承包单位可以将承包工程中的部分工程发包给具有相应资质条件的分包单位；但是，除总承包合同中约定的分包外，必须经建设单位认可。施工总承包的，建筑工程主体结构的施工必须由总承包单位自行完成。

建筑工程总承包单位按照总承包合同的约定对建设单位负责；分包单位按照分包合同的约定对总承包单位负责。总承包单位和分包单位就分包工程对建设单位承担连带责任。

禁止总承包单位将工程分包给不具备相应资质条件的单位。禁止分包单位将其承包的工程再分包。

第四章 建筑工程监理

第三十条 国家推行建筑工程监理制度。

国务院可以规定实行强制监理的建筑工程的范围。

第三十一条 实行监理的建筑工程，由建设单位委托具有相应资质条件的工程监理单位监理。建设单位与其委托的工程监理单位应当订立书面委托监理合同。

第三十二条 建筑工程监理应当依照法律、行政法规及有关的技术标准、设计文件和建筑工程承包合同，对承包单位在施工质量、建设工期和建设资金使用等方面，代表建设单位实施监督。

工程监理人员认为工程施工不符合工程设计要求、施工技术标准和合同约定的，有权要求建筑施工企业改正。

工程监理人员发现工程设计不符合建筑工程质量标准或者合同约定的质量要求的，应当报告建设单位要求设计单位改正。

第三十三条 实施建筑工程监理前，建设单位应当将委托的工程监理单位、监理的内容及监理权限，书面通知被监理的建筑施工企业。

第三十四条 工程监理单位应当在其资质等级许可的监理范围内，承担工程监理业务。

工程监理单位应当根据建设单位的委托，客观、公正地执行监理任务。

工程监理单位与被监理工程的承包单位以及建筑材料、建筑构配件和设备供应单位不得有隶属关系或者其他利害关系。

工程监理单位不得转让工程监理业务。

第三十五条 工程监理单位不按照委托监理合同的约定履行监理义务，对应当监督检查的项目不检查或者不按照规定检查，给建设单位造成损失的，应当承担相应的赔偿责任。

工程监理单位与承包单位串通，为承包单位谋取非法利益，给建设单位造成损失的，应当与承包单位承担连带赔偿责任。

第五章　建筑安全生产管理

第三十六条 建筑工程安全生产管理必须坚持安全第一、预防为主的方针，建立健全安全生产的责任制度和群防群治制度。

第三十七条 建筑工程设计应当符合按照国家规定制定的建筑安全规程和技术规范，保证工程的安全性能。

第三十八条 建筑施工企业在编制施工组织设计时，应当根据建筑工程的特点制定相应的安全技术措施；对专业性较强的工程项目，应当编制专项安全施工组织设计，并采取安全技术措施。

第三十九条 建筑施工企业应当在施工现场采取维护安全、防范危险、预防火灾等措施；有条件的，应当对施工现场实行封闭管理。

施工现场对毗邻的建筑物、构筑物和特殊作业环境可能造成损害的，建筑施工企业应当采取安全防护措施。

第四十条 建设单位应当向建筑施工企业提供与施工现场相关的地下管线资料，建筑施工企业应当采取措施加以保护。

第四十一条 建筑施工企业应当遵守有关环境保护和安全生产的法律、法规的规定，采取控制和处理施工现场的各种粉尘、废气、废水、固体废物以及噪声、振动对环境的污染和危害的措施。

第四十二条 有下列情形之一的，建设单位应当按照国家有关规定办理申请批准手续：

（一）需要临时占用规划批准范围以外场地的；

（二）可能损坏道路、管线、电力、邮电通讯等公共设施的；

（三）需要临时停水、停电、中断道路交通的；

（四）需要进行爆破作业的；

（五）法律、法规规定需要办理报批手续的其他情形。

第四十三条 建设行政主管部门负责建筑安全生产的管理，并依法接受劳动行政主管部门对建筑安全生产的指导和监督。

第四十四条 建筑施工企业必须依法加强对建筑安全生产的管理，执行安全生产责任制度，采取有效措施，防止伤亡和其他安全生产事故的发生。

建筑施工企业的法定代表人对本企业的安全生产负责。

第四十五条 施工现场安全由建筑施工企业负责。实行施工总承包的，由总承包单位负责。分包单位向总承包单位负责，服从总承包单位对施工现场的安全生产管理。

第四十六条 建筑施工企业应当建立健全劳动安全生产教育培训制度，加强对职工安全生产的教育培训；未经安全生产教育培训的人员，不得上岗作业。

第四十七条 建筑施工企业和作业人员在施工过程中，应当遵守有关安全生产的法律、法规和建筑行业安全规章、规程，不得违章指挥或者违章作业。作业人员有权对影响人身健康的作业程序和作业条件提出改进意见，有权获得安全生产所需的防护用品。作业人员对危及生命安全和人身健康的行为有权提出批评、检举和控告。

第四十八条 建筑施工企业应当依法为职工参加工伤保险缴纳工伤保险费。鼓励企业为从事危险作业的职工办理意外伤害保险，支付保险费。

第四十九条 涉及建筑主体和承重结构变动的装修工程，建设单位应当在施工前委托原设计单位或者具有相应资质条件的设计单位提出设计方案；没有设计方案的，不得施工。

第五十条 房屋拆除应当由具备保证安全条件的建筑施工单位承担，由建筑施工单位负责人对安全负责。

第五十一条 施工中发生事故时，建筑施工企业应当采取紧急措施减少人员伤亡和事故损失，并按照国家有关规定及时向有关部门报告。

第六章 建筑工程质量管理

第五十二条 建筑工程勘察、设计、施工的质量必须符合国家有关建筑工程安全标准的要求，具体管理办法由国务院规定。

有关建筑工程安全的国家标准不能适应确保建筑安全的要求时，应当及时修订。

第五十三条 国家对从事建筑活动的单位推行质量体系认证制度。从事建筑活动的单位根据自愿原则可以向国务院产品质量监督管理部门或者国务院产品质量监督管理部门授权的部门认可的认证机构申请质量体系认证。经认证合格的，由认证机构颁发质量体系认证证书。

第五十四条 建设单位不得以任何理由，要求建筑设计单位或者建筑施工企业在工程设计或者施工作业中，违反法律、行政法规和建筑工程质量、安全标准，降低工程质量。

建筑设计单位和建筑施工企业对建设单位违反前款规定提出的降低工程质量的要求，应当予以拒绝。

第五十五条 建筑工程实行总承包的，工程质量由工程总承包单位负责，总承包单位将建筑工程分包给其他单位的，应当对分包工程的质量与分包单位承担连带责任。分包单位应当接受总承包单位的质量管理。

第五十六条 建筑工程的勘察、设计单位必须对其勘察、设计的质量负责。勘察、设计文件应当符合有关法律、行政法规的规定和建筑工程质量、安全标准、建筑工程勘察、设计技术规范以及合同的约定。设计文件选用的建筑材料、建筑构配件和设备，应当注明其规格、型号、性能等技术指标，其质量要求必须符合国家规定的标准。

第五十七条 建筑设计单位对设计文件选用的建筑材料、建筑构配件和设备，不得指定生产厂、供应商。

第五十八条 建筑施工企业对工程的施工质量负责。

建筑施工企业必须按照工程设计图纸和施工技术标准施工，不得偷工减料。工程设计的修改由原设计单位负责，建筑施工企业不得擅自修改工程设计。

第五十九条 建筑施工企业必须按照工程设计要求、施工技术标准和合同的约定，对建筑材料、建筑构配件和设备进行检验，不合格的不得使用。

第六十条 建筑物在合理使用寿命内，必须确保地基基础工程和主体结构的质量。

建筑工程竣工时，屋顶、墙面不得留有渗漏、开裂等质量缺陷；对已发现的质量缺陷，建筑施工企业应当修复。

第六十一条 交付竣工验收的建筑工程，必须符合规定的建筑工程质量标准，有完整的工程技术经济资料和经签署的工程保修书，并具备国家规定的其他竣工条件。

建筑工程竣工经验收合格后，方可交付使用；未经验收或者验收不合格的，不得交付使用。

第六十二条 建筑工程实行质量保修制度。

建筑工程的保修范围应当包括地基基础工程、主体结构工程、屋面防水工程和其他土建工程，以及电气管线、上下水管线的安装工程，供热、供冷系统工程等项目；保修的期限应当按照保证建筑物合理寿命年限内正常使用，维护使用者合法权益的原则确定。具体的保修范围和最低保修期限由国务院规定。

第六十三条 任何单位和个人对建筑工程的质量事故、质量缺陷都有权向建设行政主管部门或者其他有关部门进行检举、控告、投诉。

第七章 法律责任

第六十四条 违反本法规定，未取得施工许可证或者开工报告未经批准擅自施工的，责令改正，对不符合开工条件的责令停止施工，可以处以罚款。

第六十五条 发包单位将工程发包给不具有相应资质条件的承包单位的，或者违反本法规定将建筑工程肢解发包的，责令改正，处以罚款。

超越本单位资质等级承揽工程的，责令停止违法行为，处以罚款，可以责令停业整顿，降低资质等级；情节严重的，吊销资质证书；有违法所得的，予以没收。

未取得资质证书承揽工程的，予以取缔，并处罚款；有违法所得的，予以没收。

以欺骗手段取得资质证书的，吊销资质证书，处以罚款；构成犯罪的，依法追究刑事责任。

第六十六条 建筑施工企业转让、出借资质证书或者以其他方式允许他人以本企业的名义承揽工程的，责令改正，没收违法所得，并处罚款，可以责令停业整顿，降低资质等级；情节严重的，吊销资质证书。对因该项承揽工程不符合规定的质量标准造成的损失，建筑施工企业与使用本企业名义的单位或者个人承担连带赔偿责任。

第六十七条 承包单位将承包的工程转包的，或者违反本法规定进行分包的，责令改正，没收违法所得，并处罚款，可以责令停业整顿，降低资质等级；情节严重的，吊销资质证书。

承包单位有前款规定的违法行为的，对因转包工程或者违法分包的工程不符合规定的质量标准造成的损失，与接受转包或者分包的单位承担连带赔偿责任。

第六十八条 在工程发包与承包中索贿、受贿、行贿，构成犯罪的，依法追究刑事责任；不构成犯罪的，分别处以罚款，没收贿赂的财物，对直接负责的主管人员和其他直接责任人员给予处分。

对在工程承包中行贿的承包单位，除依照前款规定处罚外，可以责令停业整顿，降低资质等级或者吊销资质证书。

第六十九条 工程监理单位与建设单位或者建筑施工企业串通，弄虚作假、降低工程质量的，责令改正，处以罚款，降低资质等级或者吊销资质证书；有违法所得的，予以没收；造成损失的，承担连带赔偿责任；构成犯罪的，依法追究刑事责任。

工程监理单位转让监理业务的，责令改正，没收违法所得，可以责令停业整顿，降低资质等级；情节严重的，吊销资质证书。

第七十条 违反本法规定，涉及建筑主体或者承重结构变动的装修工程擅自施工的，责令改正，处以罚款；造成损失的，承担赔偿责任；构成犯罪的，依法追究刑事责任。

第七十一条 建筑施工企业违反本法规定，对建筑安全事故隐患不采取措施予以消除的，责令改正，可以处以罚款；情节严重的，责令停业整顿，降低资质等级或者吊销资质证书；构成犯罪的，依法追究刑事责任。

建筑施工企业的管理人员违章指挥、强令职工冒险作业，因而发生重大伤亡事故或者造成其他严重后果的，依法追究刑事责任。

第七十二条 建设单位违反本法规定，要求建筑设计单位或者建筑施工企业违反建筑工程质量、安全标准，降低工程质量的，责令改正，可以处以罚款；构成犯罪的，依法追究刑事责任。

第七十三条 建筑设计单位不按照建筑工程质量、安全标准进行设计的，责令改正，处以罚款；造成工程质量事故的，责令停业整顿，降低资质等级或者吊销资质证书，没收违法所得，并处罚款；造成损失的，承担赔偿责任；构成犯罪的，依法追究刑事责任。

第七十四条 建筑施工企业在施工中偷工减料的，使用不合格的建筑材料、建筑构配件和设备的，或者有其他不按照工程设计图纸或者施工技术标准施工的行为的，责令改正，处以罚款；情节严重的，责令停业整顿，降低资质等级或者吊销资质证书；造成建筑工程质量不符合规定的质量标准的，负责返工、修理，并赔偿因此造成的损失；构成犯罪的，依法追究刑事责任。

第七十五条 建筑施工企业违反本法规定，不履行保修义务或者拖延履行保修义务的，责令改正，可以处以罚款，并对在保修期内因屋顶、墙面渗漏、开裂等质量缺陷造成的损失，承担赔偿责任。

第七十六条 本法规定的责令停业整顿、降低资质等级和吊销资质证书的行政处罚，由颁发资质证书的机关决定；其他行政处罚，由建设行政主管部门或者有关部门依照法律和国务院规定的职权范围决定。

依照本法规定被吊销资质证书的，由工商行政管理部门吊销其营业执照。

第七十七条 违反本法规定，对不具备相应资质等级条件的单位颁发该等级资质证书的，由其上级机关责令收回所发的资质证书，对直接负责的主管人员和其他直接责任人员给予行政处分；构成犯罪的，依法追究刑事责任。

第七十八条 政府及其所属部门的工作人员违反本法规定，限定发包单位将招标发包的工程发包给指定的承包单位的，由上级机关责令改正；构成犯罪的，依法追究刑事责任。

第七十九条 负责颁发建筑工程施工许可证的部门及其工作人员对不符合施工条件的建筑工程颁发施工许可证的，负责工程质量监督检查或者竣工验收的部门及其工作人员对不合格的建筑工程出具质量合格文件或者按合格工程验收的，由上级机关责令改正，对责任人员给予行政处分；构成犯罪的，依法追究刑事责任；造成损失的，由该部门承担相应的赔偿责任。

第八十条 在建筑物的合理使用寿命内，因建筑工程质量不合格受到损害的，有权向责任者要求赔偿。

第八章　附　　则

第八十一条 本法关于施工许可、建筑施工企业资质审查和建筑工程发包、承包、禁止转包，以及建筑工程监理、建筑工程安全和质量管理的规定，适用于其他专业建筑工程的建筑活动，具体办法由国务院规定。

第八十二条 建设行政主管部门和其他有关部门在对建筑活动实施监督管理中，除按照国务院有关规定收取费用外，不得收取其他费用。

第八十三条 省、自治区、直辖市人民政府确定的小型房屋建筑工程的建筑活动，参照本法执行。

依法核定作为文物保护的纪念建筑物和古建筑等的修缮，依照文物保护的有关法律规定执行。

抢险救灾及其他临时性房屋建筑和农民自建低层住宅的建筑活动，不适用本法。

第八十四条 军用房屋建筑工程建筑活动的具体管理办法，由国务院、中央军事委员会依据本法制定。

第八十五条 本法自 1998 年 3 月 1 日起施行。

附　录　3

中华人民共和国民法典(第三篇　合同)

2020年5月28日　主席令第四十五号
(2020年5月28日第十三届全国人民代表大会常务委员会第三次会议通过)

第一分编　通　　则

第一章　一般规定

第四百六十三条　本编调整因合同产生的民事关系。

第四百六十四条　合同是民事主体之间设立、变更、终止民事法律关系的协议。

婚姻、收养、监护等有关身份关系的协议,适用有关该身份关系的法律规定;没有规定的,可以根据其性质参照适用本编规定。

第四百六十五条　依法成立的合同,受法律保护。

依法成立的合同,仅对当事人具有法律约束力,但是法律另有规定的除外。

第四百六十六条　当事人对合同条款的理解有争议的,应当依据本法第一百四十二条第一款的规定,确定争议条款的含义。

合同文本采用两种以上文字订立并约定具有同等效力的,对各文本使用的词句推定具有相同含义。各文本使用的词句不一致的,应当根据合同的相关条款、性质、目的以及诚信原则等予以解释。

第四百六十七条　本法或者其他法律没有明文规定的合同,适用本编通则的规定,并可以参照适用本编或者其他法律最相类似合同的规定。

在中华人民共和国境内履行的中外合资经营企业合同、中外合作经营企业合同、中外合作勘探开发自然资源合同,适用中华人民共和国法律。

第四百六十八条　非因合同产生的债权债务关系,适用有关该债权债务关系的法律规定;没有规定的,适用本编通则的有关规定,但是根据其性质不能适用的除外。

第二章　合同的订立

第四百六十九条　当事人订立合同,可以采用书面形式、口头形式或者其他形式。

书面形式是合同书、信件、电报、电传、传真等可以有形地表现所载内容的形式。

以电子数据交换、电子邮件等方式能够有形地表现所载内容,并可以随时调取查用的数据电文,视为书面形式。

第四百七十条　合同的内容由当事人约定,一般包括下列条款:

（一）当事人的姓名或者名称和住所；

（二）标的；

（三）数量；

（四）质量；

（五）价款或者报酬；

（六）履行期限、地点和方式；

（七）违约责任；

（八）解决争议的方法。

当事人可以参照各类合同的示范文本订立合同。

第四百七十一条 当事人订立合同，可以采取要约、承诺方式或者其他方式。

第四百七十二条 要约是希望与他人订立合同的意思表示，该意思表示应当符合下列条件：

（一）内容具体确定；

（二）表明经受要约人承诺，要约人即受该意思表示约束。

第四百七十三条 要约邀请是希望他人向自己发出要约的表示。拍卖公告、招标公告、招股说明书、债券募集办法、基金招募说明书、商业广告和宣传、寄送的价目表等为要约邀请。

商业广告和宣传的内容符合要约条件的，构成要约。

第四百七十四条 要约生效的时间适用本法第一百三十七条的规定。

第四百七十五条 要约可以撤回。要约的撤回适用本法第一百四十一条的规定。

第四百七十六条 要约可以撤销，但是有下列情形之一的除外：

（一）要约人以确定承诺期限或者其他形式明示要约不可撤销；

（二）受要约人有理由认为要约是不可撤销的，并已经为履行合同做了合理准备工作。

第四百七十七条 撤销要约的意思表示以对话方式作出的，该意思表示的内容应当在受要约人作出承诺之前为受要约人所知道；撤销要约的意思表示以非对话方式作出的，应当在受要约人作出承诺之前到达受要约人。

第四百七十八条 有下列情形之一的，要约失效：

（一）要约被拒绝；

（二）要约被依法撤销；

（三）承诺期限届满，受要约人未作出承诺；

（四）受要约人对要约的内容作出实质性变更。

第四百七十九条 承诺是受要约人同意要约的意思表示。

第四百八十条 承诺应当以通知的方式作出；但是，根据交易习惯或者要约表明可以通过行为作出承诺的除外。

第四百八十一条 承诺应当在要约确定的期限内到达要约人。

要约没有确定承诺期限的，承诺应当依照下列规定到达：

（一）要约以对话方式作出的，应当即时作出承诺；

（二）要约以非对话方式作出的，承诺应当在合理期限内到达。

第四百八十二条 要约以信件或者电报作出的，承诺期限自信件载明的日期或者电报交发之日开始计算。信件未载明日期的，自投寄该信件的邮戳日期开始计算。要约以电话、传真、电子邮件等快速通讯方式作出的，承诺期限自要约到达受要约人时开始计算。

第四百八十三条 承诺生效时合同成立，但是法律另有规定或者当事人另有约定的除外。

第四百八十四条 以通知方式作出的承诺，生效的时间适用本法第一百三十七条的规定。

承诺不需要通知的，根据交易习惯或者要约的要求作出承诺的行为时生效。

第四百八十五条　承诺可以撤回。承诺的撤回适用本法第一百四十一条的规定。

第四百八十六条　受要约人超过承诺期限发出承诺，或者在承诺期限内发出承诺，按照通常情形不能及时到达要约人的，为新要约；但是，要约人及时通知受要约人该承诺有效的除外。

第四百八十七条　受要约人在承诺期限内发出承诺，按照通常情形能够及时到达要约人，但是因其他原因致使承诺到达要约人时超过承诺期限的，除要约人及时通知受要约人因承诺超过期限不接受该承诺外，该承诺有效。

第四百八十八条　承诺的内容应当与要约的内容一致。受要约人对要约的内容作出实质性变更的，为新要约。有关合同标的、数量、质量、价款或者报酬、履行期限、履行地点和方式、违约责任和解决争议方法等的变更，是对要约内容的实质性变更。

第四百八十九条　承诺对要约的内容作出非实质性变更的，除要约人及时表示反对或者要约表明承诺不得对要约的内容作出任何变更外，该承诺有效，合同的内容以承诺的内容为准。

第四百九十条　当事人采用合同书形式订立合同的，自当事人均签名、盖章或者按指印时合同成立。在签名、盖章或者按指印之前，当事人一方已经履行主要义务，对方接受时，该合同成立。

法律、行政法规规定或者当事人约定合同应当采用书面形式订立，当事人未采用书面形式但是一方已经履行主要义务，对方接受时，该合同成立。

第四百九十一条　当事人采用信件、数据电文等形式订立合同要求签订确认书的，签订确认书时合同成立。

当事人一方通过互联网等信息网络发布的商品或者服务信息符合要约条件的，对方选择该商品或者服务并提交订单成功时合同成立，但是当事人另有约定的除外。

第四百九十二条　承诺生效的地点为合同成立的地点。

采用数据电文形式订立合同的，收件人的主营业地为合同成立的地点；没有主营业地的，其住所地为合同成立的地点。当事人另有约定的，按照其约定。

第四百九十三条　当事人采用合同书形式订立合同的，最后签名、盖章或者按指印的地点为合同成立的地点，但是当事人另有约定的除外。

第四百九十四条　国家根据抢险救灾、疫情防控或者其他需要下达国家订货任务、指令性任务的，有关民事主体之间应当依照有关法律、行政法规规定的权利和义务订立合同。

依照法律、行政法规的规定负有发出要约义务的当事人，应当及时发出合理的要约。

依照法律、行政法规的规定负有作出承诺义务的当事人，不得拒绝对方合理的订立合同要求。

第四百九十五条　当事人约定在将来一定期限内订立合同的认购书、订购书、预订书等，构成预约合同。

当事人一方不履行预约合同约定的订立合同义务的，对方可以请求其承担预约合同的违约责任。

第四百九十六条　格式条款是当事人为了重复使用而预先拟定，并在订立合同时未与对方协商的条款。

采用格式条款订立合同的，提供格式条款的一方应当遵循公平原则确定当事人之间的权利和义务，并采取合理的方式提示对方注意免除或者减轻其责任等与对方有重大利害关系的条款，按照对方的要求，对该条款予以说明。提供格式条款的一方未履行提示或者说明义务，致使对方没有注意或者理解与其有重大利害关系的条款的，对方可以主张该条款不成为合同的内容。

第四百九十七条　有下列情形之一的，该格式条款无效：

(一)具有本法第一编第六章第三节和本法第五百零六条规定的无效情形；

(二)提供格式条款一方不合理地免除或者减轻其责任、加重对方责任、限制对方主要权利；

(三)提供格式条款一方排除对方主要权利。

第四百九十八条　对格式条款的理解发生争议的，应当按照通常理解予以解释。对格式条款有两种以上解释的，应当作出不利于提供格式条款一方的解释。格式条款和非格式条款不一致的，应当采用非格式条款。

第四百九十九条　悬赏人以公开方式声明对完成特定行为的人支付报酬的，完成该行为的人可以请求其支付。

第五百条　当事人在订立合同过程中有下列情形之一，造成对方损失的，应当承担赔偿责任：

（一）假借订立合同，恶意进行磋商；

（二）故意隐瞒与订立合同有关的重要事实或者提供虚假情况；

（三）有其他违背诚信原则的行为。

第五百零一条　当事人在订立合同过程中知悉的商业秘密或者其他应当保密的信息，无论合同是否成立，不得泄露或者不正当地使用；泄露、不正当地使用该商业秘密或者信息，造成对方损失的，应当承担赔偿责任。

第三章　合同的效力

第五百零二条　依法成立的合同，自成立时生效，但是法律另有规定或者当事人另有约定的除外。

依照法律、行政法规的规定，合同应当办理批准等手续的，依照其规定。未办理批准等手续影响合同生效的，不影响合同中履行报批等义务条款以及相关条款的效力。应当办理申请批准等手续的当事人未履行义务的，对方可以请求其承担违反该义务的责任。

依照法律、行政法规的规定，合同的变更、转让、解除等情形应当办理批准等手续的，适用前款规定。

第五百零三条　无权代理人以被代理人的名义订立合同，被代理人已经开始履行合同义务或者接受相对人履行的，视为对合同的追认。

第五百零四条　法人的法定代表人或者非法人组织的负责人超越权限订立的合同，除相对人知道或者应当知道其超越权限外，该代表行为有效，订立的合同对法人或者非法人组织发生效力。

第五百零五条　当事人超越经营范围订立的合同的效力，应当依照本法第一编第六章第三节和本编的有关规定确定，不得仅以超越经营范围确认合同无效。

第五百零六条　合同中的下列免责条款无效：

（一）造成对方人身损害的；

（二）因故意或者重大过失造成对方财产损失的。

第五百零七条　合同不生效、无效、被撤销或者终止的，不影响合同中有关解决争议方法的条款的效力。

第五百零八条　本编对合同的效力没有规定的，适用本法第一编第六章的有关规定。

第四章　合同的履行

第五百零九条　当事人应当按照约定全面履行自己的义务。

当事人应当遵循诚信原则，根据合同的性质、目的和交易习惯履行通知、协助、保密等义务。

当事人在履行合同过程中，应当避免浪费资源、污染环境和破坏生态。

第五百一十条　合同生效后，当事人就质量、价款或者报酬、履行地点等内容没有约定或者约定不明确的，可以协议补充；不能达成补充协议的，按照合同相关条款或者交易习惯确定。

第五百一十一条　当事人就有关合同内容约定不明确，依据前条规定仍不能确定的，适用下列规定：

（一）质量要求不明确的，按照强制性国家标准履行；没有强制性国家标准的，按照推荐性国家标准履行；没有推荐性国家标准的，按照行业标准履行；没有国家标准、行业标准的，按照通常标准或者符合合同目的的特定标准履行。

（二）价款或者报酬不明确的，按照订立合同时履行地的市场价格履行；依法应当执行政府定价或者政府指导价的，依照规定履行。

（三）履行地点不明确，给付货币的，在接受货币一方所在地履行；交付不动产的，在不动产所在地履行；其他标的，在履行义务一方所在地履行。

（四）履行期限不明确的，债务人可以随时履行，债权人也可以随时请求履行，但是应当给对方必要的准备时间。

（五）履行方式不明确的，按照有利于实现合同目的的方式履行。

（六）履行费用的负担不明确的，由履行义务一方负担；因债权人原因增加的履行费用，由债权人负担。

第五百一十二条　通过互联网等信息网络订立的电子合同的标的为交付商品并采用快递物流方式交付的，收货人的签收时间为交付时间。电子合同的标的为提供服务的，生成的电子凭证或者实物凭证中载明的时间为提供服务时间；前述凭证没有载明时间或者载明时间与实际提供服务时间不一致的，以实际提供服务的时间为准。

电子合同的标的物为采用在线传输方式交付的，合同标的物进入对方当事人指定的特定系统且能够检索识别的时间为交付时间。

电子合同当事人对交付商品或者提供服务的方式、时间另有约定的，按照其约定。

第五百一十三条　执行政府定价或者政府指导价的，在合同约定的交付期限内政府价格调整时，按照交付时的价格计价。逾期交付标的物的，遇价格上涨时，按照原价格执行；价格下降时，按照新价格执行。逾期提取标的物或者逾期付款的，遇价格上涨时，按照新价格执行；价格下降时，按照原价格执行。

第五百一十四条　以支付金钱为内容的债，除法律另有规定或者当事人另有约定外，债权人可以请求债务人以实际履行地的法定货币履行。

第五百一十五条　标的有多项而债务人只需履行其中一项的，债务人享有选择权；但是，法律另有规定、当事人另有约定或者另有交易习惯的除外。

享有选择权的当事人在约定期限内或者履行期限届满未作选择，经催告后在合理期限内仍未选择的，选择权转移至对方。

第五百一十六条　当事人行使选择权应当及时通知对方，通知到达对方时，标的确定。标的确定后不得变更，但是经对方同意的除外。

可选择的标的发生不能履行情形的，享有选择权的当事人不得选择不能履行的标的，但是该不能履行的情形是由对方造成的除外。

第五百一十七条　债权人为二人以上，标的可分，按照份额各自享有债权的，为按份债权；债务人为二人以上，标的可分，按照份额各自负担债务的，为按份债务。

按份债权人或者按份债务人的份额难以确定的，视为份额相同。

第五百一十八条　债权人为二人以上，部分或者全部债权人均可以请求债务人履行债务的，为连带债权；债务人为二人以上，债权人可以请求部分或者全部债务人履行全部债务的，为连带债务。

连带债权或者连带债务，由法律规定或者当事人约定。

第五百一十九条　连带债务人之间的份额难以确定的，视为份额相同。

实际承担债务超过自己份额的连带债务人，有权就超出部分在其他连带债务人未履行的份额范围内向其追偿，并相应地享有债权人的权利，但是不得损害债权人的利益。其他连带债务人对债权人的抗辩，可以向该债务人主张。

被追偿的连带债务人不能履行其应分担份额的，其他连带债务人应当在相应范围内按比例分担。

第五百二十条　部分连带债务人履行、抵销债务或者提存标的物的，其他债务人对债权人的债务在相应范围内消灭；该债务人可以依据前条规定向其他债务人追偿。

部分连带债务人的债务被债权人免除的，在该连带债务人应当承担的份额范围内，其他债务人对债权人的债务消灭。

部分连带债务人的债务与债权人的债权同归于一人的，在扣除该债务人应当承担的份额后，债权人对其他债务人的债权继续存在。

债权人对部分连带债务人的给付受领迟延的，对其他连带债务人发生效力。

第五百二十一条 连带债权人之间的份额难以确定的，视为份额相同。

实际受领债权的连带债权人，应当按比例向其他连带债权人返还。

连带债权参照适用本章连带债务的有关规定。

第五百二十二条 当事人约定由债务人向第三人履行债务，债务人未向第三人履行债务或者履行债务不符合约定的，应当向债权人承担违约责任。

法律规定或者当事人约定第三人可以直接请求债务人向其履行债务，第三人未在合理期限内明确拒绝，债务人未向第三人履行债务或者履行债务不符合约定的，第三人可以请求债务人承担违约责任；债务人对债权人的抗辩，可以向第三人主张。

第五百二十三条 当事人约定由第三人向债权人履行债务，第三人不履行债务或者履行债务不符合约定的，债务人应当向债权人承担违约责任。

第五百二十四条 债务人不履行债务，第三人对履行该债务具有合法利益的，第三人有权向债权人代为履行；但是，根据债务性质、按照当事人约定或者依照法律规定只能由债务人履行的除外。

债权人接受第三人履行后，其对债务人的债权转让给第三人，但是债务人和第三人另有约定的除外。

第五百二十五条 当事人互负债务，没有先后履行顺序的，应当同时履行。一方在对方履行之前有权拒绝其履行请求。一方在对方履行债务不符合约定时，有权拒绝其相应的履行请求。

第五百二十六条 当事人互负债务，有先后履行顺序，应当先履行债务一方未履行的，后履行一方有权拒绝其履行请求。先履行一方履行债务不符合约定的，后履行一方有权拒绝其相应的履行请求。

第五百二十七条 应当先履行债务的当事人，有确切证据证明对方有下列情形之一的，可以中止履行：

（一）经营状况严重恶化；

（二）转移财产、抽逃资金，以逃避债务；

（三）丧失商业信誉；

（四）有丧失或者可能丧失履行债务能力的其他情形。

当事人没有确切证据中止履行的，应当承担违约责任。

第五百二十八条 当事人依据前条规定中止履行的，应当及时通知对方。对方提供适当担保的，应当恢复履行。中止履行后，对方在合理期限内未恢复履行能力且未提供适当担保的，视为以自己的行为表明不履行主要债务，中止履行的一方可以解除合同并可以请求对方承担违约责任。

第五百二十九条 债权人分立、合并或者变更住所没有通知债务人，致使履行债务发生困难的，债务人可以中止履行或者将标的物提存。

第五百三十条 债权人可以拒绝债务人提前履行债务，但是提前履行不损害债权人利益的除外。

债务人提前履行债务给债权人增加的费用，由债务人负担。

第五百三十一条 债权人可以拒绝债务人部分履行债务，但是部分履行不损害债权人利益的除外。

债务人部分履行债务给债权人增加的费用，由债务人负担。

第五百三十二条 合同生效后，当事人不得因姓名、名称的变更或者法定代表人、负责人、承办人的变动而不履行合同义务。

第五百三十三条 合同成立后，合同的基础条件发生了当事人在订立合同时无法预见的、不属于商业风险的重大变化，继续履行合同对于当事人一方明显不公平的，受不利影响的当事人可以与对方重新协商；在合理期限内协商不成的，当事人可以请求人民法院或者仲裁机构变更或者解除合同。

人民法院或者仲裁机构应当结合案件的实际情况，根据公平原则变更或者解除合同。

第五百三十四条 对当事人利用合同实施危害国家利益、社会公共利益行为的，市场监督管理和其他有关行政主管部门依照法律、行政法规的规定负责监督处理。

第五章　合同的保全

第五百三十五条　因债务人怠于行使其债权或者与该债权有关的从权利，影响债权人的到期债权实现的，债权人可以向人民法院请求以自己的名义代位行使债务人对相对人的权利，但是该权利专属于债务人自身的除外。

代位权的行使范围以债权人的到期债权为限。债权人行使代位权的必要费用，由债务人负担。

相对人对债务人的抗辩，可以向债权人主张。

第五百三十六条　债权人的债权到期前，债务人的债权或者与该债权有关的从权利存在诉讼时效期间即将届满或者未及时申报破产债权等情形，影响债权人的债权实现的，债权人可以代位向债务人的相对人请求其向债务人履行、向破产管理人申报或者作出其他必要的行为。

第五百三十七条　人民法院认定代位权成立的，由债务人的相对人向债权人履行义务，债权人接受履行后，债权人与债务人、债务人与相对人之间相应的权利义务终止。债务人对相对人的债权或者与该债权有关的从权利被采取保全、执行措施，或者债务人破产的，依照相关法律的规定处理。

第五百三十八条　债务人以放弃其债权、放弃债权担保、无偿转让财产等方式无偿处分财产权益，或者恶意延长其到期债权的履行期限，影响债权人的债权实现的，债权人可以请求人民法院撤销债务人的行为。

第五百三十九条　债务人以明显不合理的低价转让财产、以明显不合理的高价受让他人财产或者为他人的债务提供担保，影响债权人的债权实现，债务人的相对人知道或者应当知道该情形的，债权人可以请求人民法院撤销债务人的行为。

第五百四十条　撤销权的行使范围以债权人的债权为限。债权人行使撤销权的必要费用，由债务人负担。

第五百四十一条　撤销权自债权人知道或者应当知道撤销事由之日起一年内行使。自债务人的行为发生之日起五年内没有行使撤销权的，该撤销权消灭。

第五百四十二条　债务人影响债权人的债权实现的行为被撤销的，自始没有法律约束力。

第六章　合同的变更和转让

第五百四十三条　当事人协商一致，可以变更合同。

第五百四十四条　当事人对合同变更的内容约定不明确的，推定为未变更。

第五百四十五条　债权人可以将债权的全部或者部分转让给第三人，但是有下列情形之一的除外：

（一）根据债权性质不得转让；

（二）按照当事人约定不得转让；

（三）依照法律规定不得转让。

当事人约定非金钱债权不得转让的，不得对抗善意第三人。当事人约定金钱债权不得转让的，不得对抗第三人。

第五百四十六条　债权人转让债权，未通知债务人的，该转让对债务人不发生效力。

债权转让的通知不得撤销，但是经受让人同意的除外。

第五百四十七条　债权人转让债权的，受让人取得与债权有关的从权利，但是该从权利专属于债权人自身的除外。

受让人取得从权利不因该从权利未办理转移登记手续或者未转移占有而受到影响。

第五百四十八条　债务人接到债权转让通知后，债务人对让与人的抗辩，可以向受让人主张。

第五百四十九条　有下列情形之一的，债务人可以向受让人主张抵销：

（一）债务人接到债权转让通知时，债务人对让与人享有债权，且债务人的债权先于转让的债权到期或者同时到期；

（二）债务人的债权与转让的债权是基于同一合同产生。

第五百五十条 因债权转让增加的履行费用，由让与人负担。

第五百五十一条 债务人将债务的全部或者部分转移给第三人的，应当经债权人同意。

债务人或者第三人可以催告债权人在合理期限内予以同意，债权人未作表示的，视为不同意。

第五百五十二条 第三人与债务人约定加入债务并通知债权人，或者第三人向债权人表示愿意加入债务，债权人未在合理期限内明确拒绝的，债权人可以请求第三人在其愿意承担的债务范围内和债务人承担连带债务。

第五百五十三条 债务人转移债务的，新债务人可以主张原债务人对债权人的抗辩；原债务人对债权人享有债权的，新债务人不得向债权人主张抵销。

第五百五十四条 债务人转移债务的，新债务人应当承担与主债务有关的从债务，但是该从债务专属于原债务人自身的除外。

第五百五十五条 当事人一方经对方同意，可以将自己在合同中的权利和义务一并转让给第三人。

第五百五十六条 合同的权利和义务一并转让的，适用债权转让、债务转移的有关规定。

第七章 合同的权利义务终止

第五百五十七条 有下列情形之一的，债权债务终止：

（一）债务已经履行；

（二）债务相互抵销；

（三）债务人依法将标的物提存；

（四）债权人免除债务；

（五）债权债务同归于一人；

（六）法律规定或者当事人约定终止的其他情形。

合同解除的，该合同的权利义务关系终止。

第五百五十八条 债权债务终止后，当事人应当遵循诚信等原则，根据交易习惯履行通知、协助、保密、旧物回收等义务。

第五百五十九条 债权债务终止时，债权的从权利同时消灭，但是法律另有规定或者当事人另有约定的除外。

第五百六十条 债务人对同一债权人负担的数项债务种类相同，债务人的给付不足以清偿全部债务的，除当事人另有约定外，由债务人在清偿时指定其履行的债务。

债务人未作指定的，应当优先履行已经到期的债务；数项债务均到期的，优先履行对债权人缺乏担保或者担保最少的债务；均无担保或者担保相等的，优先履行债务人负担较重的债务；负担相同的，按照债务到期的先后顺序履行；到期时间相同的，按照债务比例履行。

第五百六十一条 债务人在履行主债务外还应当支付利息和实现债权的有关费用，其给付不足以清偿全部债务的，除当事人另有约定外，应当按照下列顺序履行：

（一）实现债权的有关费用；

（二）利息；

（三）主债务。

第五百六十二条 当事人协商一致，可以解除合同。

当事人可以约定一方解除合同的事由。解除合同的事由发生时，解除权人可以解除合同。

第五百六十三条 有下列情形之一的，当事人可以解除合同：

（一）因不可抗力致使不能实现合同目的；

（二）在履行期限届满前，当事人一方明确表示或者以自己的行为表明不履行主要债务；

（三）当事人一方迟延履行主要债务，经催告后在合理期限内仍未履行；

（四）当事人一方迟延履行债务或者有其他违约行为致使不能实现合同目的；

（五）法律规定的其他情形。

以持续履行的债务为内容的不定期合同，当事人可以随时解除合同，但是应当在合理期限之前通知对方。

第五百六十四条 法律规定或者当事人约定解除权行使期限，期限届满当事人不行使的，该权利消灭。

法律没有规定或者当事人没有约定解除权行使期限，自解除权人知道或者应当知道解除事由之日起一年内不行使，或者经对方催告后在合理期限内不行使的，该权利消灭。

第五百六十五条 当事人一方依法主张解除合同的，应当通知对方。合同自通知到达对方时解除；通知载明债务人在一定期限内不履行债务则合同自动解除，债务人在该期限内未履行债务的，合同自通知载明的期限届满时解除。对方对解除合同有异议的，任何一方当事人均可以请求人民法院或者仲裁机构确认解除行为的效力。

当事人一方未通知对方，直接以提起诉讼或者申请仲裁的方式依法主张解除合同，人民法院或者仲裁机构确认该主张的，合同自起诉状副本或者仲裁申请书副本送达对方时解除。

第五百六十六条 合同解除后，尚未履行的，终止履行；已经履行的，根据履行情况和合同性质，当事人可以请求恢复原状或者采取其他补救措施，并有权请求赔偿损失。

合同因违约解除的，解除权人可以请求违约方承担违约责任，但是当事人另有约定的除外。

主合同解除后，担保人对债务人应当承担的民事责任仍应当承担担保责任，但是担保合同另有约定的除外。

第五百六十七条 合同的权利义务关系终止，不影响合同中结算和清理条款的效力。

第五百六十八条 当事人互负债务，该债务的标的物种类、品质相同的，任何一方可以将自己的债务与对方的到期债务抵销；但是，根据债务性质、按照当事人约定或者依照法律规定不得抵销的除外。

当事人主张抵销的，应当通知对方。通知自到达对方时生效。抵销不得附条件或者附期限。

第五百六十九条 当事人互负债务，标的物种类、品质不相同的，经协商一致，也可以抵销。

第五百七十条 有下列情形之一，难以履行债务的，债务人可以将标的物提存：

（一）债权人无正当理由拒绝受领；

（二）债权人下落不明；

（三）债权人死亡未确定继承人、遗产管理人，或者丧失民事行为能力未确定监护人；

（四）法律规定的其他情形。

标的物不适于提存或者提存费用过高的，债务人依法可以拍卖或者变卖标的物，提存所得的价款。

第五百七十一条 债务人将标的物或者将标的物依法拍卖、变卖所得价款交付提存部门时，提存成立。

提存成立的，视为债务人在其提存范围内已经交付标的物。

第五百七十二条 标的物提存后，债务人应当及时通知债权人或者债权人的继承人、遗产管理人、监护人、财产代管人。

第五百七十三条 标的物提存后，毁损、灭失的风险由债权人承担。提存期间，标的物的孳息归债权人所有。提存费用由债权人负担。

第五百七十四条 债权人可以随时领取提存物。但是，债权人对债务人负有到期债务的，在债权人未履行债务或者提供担保之前，提存部门根据债务人的要求应当拒绝其领取提存物。

债权人领取提存物的权利，自提存之日起五年内不行使而消灭，提存物扣除提存费用后归国家所有。但是，债权人未履行对债务人的到期债务，或者债权人向提存部门书面表示放弃领取提存物权利的，债务人负担提存费用后有权取回提存物。

第五百七十五条 债权人免除债务人部分或者全部债务的，债权债务部分或者全部终止，但是债务人在合理期限内拒绝的除外。

第五百七十六条 债权和债务同归于一人的，债权债务终止，但是损害第三人利益的除外。

第八章 违约责任

第五百七十七条 当事人一方不履行合同义务或者履行合同义务不符合约定的，应当承担继续履行、采取补救措施或者赔偿损失等违约责任。

第五百七十八条 当事人一方明确表示或者以自己的行为表明不履行合同义务的，对方可以在履行期限届满前请求其承担违约责任。

第五百七十九条 当事人一方未支付价款、报酬、租金、利息，或者不履行其他金钱债务的，对方可以请求其支付。

第五百八十条 当事人一方不履行非金钱债务或者履行非金钱债务不符合约定的，对方可以请求履行，但是有下列情形之一的除外：

（一）法律上或者事实上不能履行；

（二）债务的标的不适于强制履行或者履行费用过高；

（三）债权人在合理期限内未请求履行。

有前款规定的除外情形之一，致使不能实现合同目的的，人民法院或者仲裁机构可以根据当事人的请求终止合同权利义务关系，但是不影响违约责任的承担。

第五百八十一条 当事人一方不履行债务或者履行债务不符合约定，根据债务的性质不得强制履行的，对方可以请求其负担由第三人替代履行的费用。

第五百八十二条 履行不符合约定的，应当按照当事人的约定承担违约责任。对违约责任没有约定或者约定不明确，依据本法第五百一十条的规定仍不能确定的，受损害方根据标的的性质以及损失的大小，可以合理选择请求对方承担修理、重作、更换、退货、减少价款或者报酬等违约责任。

第五百八十三条 当事人一方不履行合同义务或者履行合同义务不符合约定的，在履行义务或者采取补救措施后，对方还有其他损失的，应当赔偿损失。

第五百八十四条 当事人一方不履行合同义务或者履行合同义务不符合约定，造成对方损失的，损失赔偿额应当相当于因违约所造成的损失，包括合同履行后可以获得的利益；但是，不得超过违约一方订立合同时预见到或者应当预见到的因违约可能造成的损失。

第五百八十五条 当事人可以约定一方违约时应当根据违约情况向对方支付一定数额的违约金，也可以约定因违约产生的损失赔偿额的计算方法。

约定的违约金低于造成的损失的，人民法院或者仲裁机构可以根据当事人的请求予以增加；约定的违约金过分高于造成的损失的，人民法院或者仲裁机构可以根据当事人的请求予以适当减少。

当事人就迟延履行约定违约金的，违约方支付违约金后，还应当履行债务。

第五百八十六条 当事人可以约定一方向对方给付定金作为债权的担保。定金合同自实际交付定金时成立。

定金的数额由当事人约定；但是，不得超过主合同标的额的百分之二十，超过部分不产生定金的效力。实际交付的定金数额多于或者少于约定数额的，视为变更约定的定金数额。

第五百八十七条 债务人履行债务的，定金应当抵作价款或者收回。给付定金的一方不履行债务或者履行债务不符合约定，致使不能实现合同目的的，无权请求返还定金；收受定金的一方不履行债务或者履行债务不符合约定，致使不能实现合同目的的，应当双倍返还定金。

第五百八十八条 当事人既约定违约金，又约定定金的，一方违约时，对方可以选择适用违约金或者定金条款。

定金不足以弥补一方违约造成的损失的，对方可以请求赔偿超过定金数额的损失。

第五百八十九条 债务人按照约定履行债务，债权人无正当理由拒绝受领的，债务人可以请求债权人赔偿增加的费用。

在债权人受领迟延期间，债务人无须支付利息。

第五百九十条 当事人一方因不可抗力不能履行合同的，根据不可抗力的影响，部分或者全部免除责任，但是法律另有规定的除外。因不可抗力不能履行合同的，应当及时通知对方，以减轻可能给对方造成的损失，并应当在合理期限内提供证明。

当事人迟延履行后发生不可抗力的，不免除其违约责任。

第五百九十一条 当事人一方违约后，对方应当采取适当措施防止损失的扩大；没有采取适当措施致使损失扩大的，不得就扩大的损失请求赔偿。

当事人因防止损失扩大而支出的合理费用，由违约方负担。

第五百九十二条 当事人都违反合同的，应当各自承担相应的责任。

当事人一方违约造成对方损失，对方对损失的发生有过错的，可以减少相应的损失赔偿额。

第五百九十三条 当事人一方因第三人的原因造成违约的，应当依法向对方承担违约责任。当事人一方和第三人之间的纠纷，依照法律规定或者按照约定处理。

第五百九十四条 因国际货物买卖合同和技术进出口合同争议提起诉讼或者申请仲裁的时效期间为四年。

第二分编　典型合同

第九章　买卖合同

第五百九十五条 买卖合同是出卖人转移标的物的所有权于买受人，买受人支付价款的合同。

第五百九十六条 买卖合同的内容一般包括标的物的名称、数量、质量、价款、履行期限、履行地点和方式、包装方式、检验标准和方法、结算方式、合同使用的文字及其效力等条款。

第五百九十七条 因出卖人未取得处分权致使标的物所有权不能转移的，买受人可以解除合同并请求出卖人承担违约责任。

法律、行政法规禁止或者限制转让的标的物，依照其规定。

第五百九十八条 出卖人应当履行向买受人交付标的物或者交付提取标的物的单证，并转移标的物所有权的义务。

第五百九十九条 出卖人应当按照约定或者交易习惯向买受人交付提取标的物单证以外的有关单证和资料。

第六百条 出卖具有知识产权的标的物的，除法律另有规定或者当事人另有约定外，该标的物的知识产权不属于买受人。

第六百零一条 出卖人应当按照约定的时间交付标的物。约定交付期限的，出卖人可以在该交付期限内的任何时间交付。

第六百零二条 当事人没有约定标的物的交付期限或者约定不明确的，适用本法第五百一十条、第五百一十一条第四项的规定。

第六百零三条　出卖人应当按照约定的地点交付标的物。

当事人没有约定交付地点或者约定不明确，依据本法第五百一十条的规定仍不能确定的，适用下列规定：

（一）标的物需要运输的，出卖人应当将标的物交付给第一承运人以运交给买受人；

（二）标的物不需要运输，出卖人和买受人订立合同时知道标的物在某一地点的，出卖人应当在该地点交付标的物；不知道标的物在某一地点的，应当在出卖人订立合同时的营业地交付标的物。

第六百零四条　标的物毁损、灭失的风险，在标的物交付之前由出卖人承担，交付之后由买受人承担，但是法律另有规定或者当事人另有约定的除外。

第六百零五条　因买受人的原因致使标的物未按照约定的期限交付的，买受人应当自违反约定时起承担标的物毁损、灭失的风险。

第六百零六条　出卖人出卖交由承运人运输的在途标的物，除当事人另有约定外，毁损、灭失的风险自合同成立时起由买受人承担。

第六百零七条　出卖人按照约定将标的物运送至买受人指定地点并交付给承运人后，标的物毁损、灭失的风险由买受人承担。

当事人没有约定交付地点或者约定不明确，依据本法第六百零三条第二款第一项的规定标的物需要运输的，出卖人将标的物交付给第一承运人后，标的物毁损、灭失的风险由买受人承担。

第六百零八条　出卖人按照约定或者依据本法第六百零三条第二款第二项的规定将标的物置于交付地点，买受人违反约定没有收取的，标的物毁损、灭失的风险自违反约定时起由买受人承担。

第六百零九条　出卖人按照约定未交付有关标的物的单证和资料的，不影响标的物毁损、灭失风险的转移。

第六百一十条　因标的物不符合质量要求，致使不能实现合同目的的，买受人可以拒绝接受标的物或者解除合同。买受人拒绝接受标的物或者解除合同的，标的物毁损、灭失的风险由出卖人承担。

第六百一十一条　标的物毁损、灭失的风险由买受人承担的，不影响因出卖人履行义务不符合约定，买受人请求其承担违约责任的权利。

第六百一十二条　出卖人就交付的标的物，负有保证第三人对该标的物不享有任何权利的义务，但是法律另有规定的除外。

第六百一十三条　买受人订立合同时知道或者应当知道第三人对买卖的标的物享有权利的，出卖人不承担前条规定的义务。

第六百一十四条　买受人有确切证据证明第三人对标的物享有权利的，可以中止支付相应的价款，但是出卖人提供适当担保的除外。

第六百一十五条　出卖人应当按照约定的质量要求交付标的物。出卖人提供有关标的物质量说明的，交付的标的物应当符合该说明的质量要求。

第六百一十六条　当事人对标的物的质量要求没有约定或者约定不明确，依据本法第五百一十条的规定仍不能确定的，适用本法第五百一十一条第一项的规定。

第六百一十七条　出卖人交付的标的物不符合质量要求的，买受人可以依据本法第五百八十二条至第五百八十四条的规定请求承担违约责任。

第六百一十八条　当事人约定减轻或者免除出卖人对标的物瑕疵承担的责任，因出卖人故意或者重大过失不告知买受人标的物瑕疵的，出卖人无权主张减轻或者免除责任。

第六百一十九条　出卖人应当按照约定的包装方式交付标的物。对包装方式没有约定或者约定不明确，依据本法第五百一十条的规定仍不能确定的，应当按照通用的方式包装；没有通用方式的，应当采取足以保护标的物且有利于节约资源、保护生态环境的包装方式。

第六百二十条　买受人收到标的物时应当在约定的检验期限内检验。没有约定检验期限的，应当及时检验。

第六百二十一条 当事人约定检验期限的，买受人应当在检验期限内将标的物的数量或者质量不符合约定的情形通知出卖人。买受人怠于通知的，视为标的物的数量或者质量符合约定。

当事人没有约定检验期限的，买受人应当在发现或者应当发现标的物的数量或者质量不符合约定的合理期限内通知出卖人。买受人在合理期限内未通知或者自收到标的物之日起二年内未通知出卖人的，视为标的物的数量或者质量符合约定；但是，对标的物有质量保证期的，适用质量保证期，不适用该二年的规定。

出卖人知道或者应当知道提供的标的物不符合约定的，买受人不受前两款规定的通知时间的限制。

第六百二十二条 当事人约定的检验期限过短，根据标的物的性质和交易习惯，买受人在检验期限内难以完成全面检验的，该期限仅视为买受人对标的物的外观瑕疵提出异议的期限。

约定的检验期限或者质量保证期短于法律、行政法规规定期限的，应当以法律、行政法规规定的期限为准。

第六百二十三条 当事人对检验期限未作约定，买受人签收的送货单、确认单等载明标的物数量、型号、规格的，推定买受人已经对数量和外观瑕疵进行检验，但是有相关证据足以推翻的除外。

第六百二十四条 出卖人依照买受人的指示向第三人交付标的物，出卖人和买受人约定的检验标准与买受人和第三人约定的检验标准不一致的，以出卖人和买受人约定的检验标准为准。

第六百二十五条 依照法律、行政法规的规定或者按照当事人的约定，标的物在有效使用年限届满后应予回收的，出卖人负有自行或者委托第三人对标的物予以回收的义务。

第六百二十六条 买受人应当按照约定的数额和支付方式支付价款。对价款的数额和支付方式没有约定或者约定不明确的，适用本法第五百一十条、第五百一十一条第二项和第五项的规定。

第六百二十七条 买受人应当按照约定的地点支付价款。对支付地点没有约定或者约定不明确，依据本法第五百一十条的规定仍不能确定的，买受人应当在出卖人的营业地支付；但是，约定支付价款以交付标的物或者交付提取标的物单证为条件的，在交付标的物或者交付提取标的物单证的所在地支付。

第六百二十八条 买受人应当按照约定的时间支付价款。对支付时间没有约定或者约定不明确，依据本法第五百一十条的规定仍不能确定的，买受人应当在收到标的物或者提取标的物单证的同时支付。

第六百二十九条 出卖人多交标的物的，买受人可以接收或者拒绝接收多交的部分。买受人接收多交部分的，按照约定的价格支付价款；买受人拒绝接收多交部分的，应当及时通知出卖人。

第六百三十条 标的物在交付之前产生的孳息，归出卖人所有；交付之后产生的孳息，归买受人所有。但是，当事人另有约定的除外。

第六百三十一条 因标的物的主物不符合约定而解除合同的，解除合同的效力及于从物。因标的物的从物不符合约定被解除的，解除的效力不及于主物。

第六百三十二条 标的物为数物，其中一物不符合约定的，买受人可以就该物解除。但是，该物与他物分离使标的物的价值显受损害的，买受人可以就数物解除合同。

第六百三十三条 出卖人分批交付标的物的，出卖人对其中一批标的物不交付或者交付不符合约定，致使该批标的物不能实现合同目的的，买受人可以就该批标的物解除。

出卖人不交付其中一批标的物或者交付不符合约定，致使之后其他各批标的物的交付不能实现合同目的的，买受人可以就该批以及之后其他各批标的物解除。

买受人如果就其中一批标的物解除，该批标的物与其他各批标的物相互依存的，可以就已经交付和未交付的各批标的物解除。

第六百三十四条 分期付款的买受人未支付到期价款的数额达到全部价款的五分之一，经催告后在合理期限内仍未支付到期价款的，出卖人可以请求买受人支付全部价款或者解除合同。

出卖人解除合同的，可以向买受人请求支付该标的物的使用费。

第六百三十五条 凭样品买卖的当事人应当封存样品，并可以对样品质量予以说明。出卖人交付的标的物应当与样品及其说明的质量相同。

第六百三十六条 凭样品买卖的买受人不知道样品有隐蔽瑕疵的，即使交付的标的物与样品相同，出卖人交付的标的物的质量仍然应当符合同种物的通常标准。

第六百三十七条 试用买卖的当事人可以约定标的物的试用期限。对试用期限没有约定或者约定不明确，依据本法第五百一十条的规定仍不能确定的，由出卖人确定。

第六百三十八条 试用买卖的买受人在试用期内可以购买标的物，也可以拒绝购买。试用期限届满，买受人对是否购买标的物未作表示的，视为购买。

试用买卖的买受人在试用期内已经支付部分价款或者对标的物实施出卖、出租、设立担保物权等行为的，视为同意购买。

第六百三十九条 试用买卖的当事人对标的物使用费没有约定或者约定不明确的，出卖人无权请求买受人支付。

第六百四十条 标的物在试用期内毁损、灭失的风险由出卖人承担。

第六百四十一条 当事人可以在买卖合同中约定买受人未履行支付价款或者其他义务的，标的物的所有权属于出卖人。

出卖人对标的物保留的所有权，未经登记，不得对抗善意第三人。

第六百四十二条 当事人约定出卖人保留合同标的物的所有权，在标的物所有权转移前，买受人有下列情形之一，造成出卖人损害的，除当事人另有约定外，出卖人有权取回标的物：

（一）未按照约定支付价款，经催告后在合理期限内仍未支付；

（二）未按照约定完成特定条件；

（三）将标的物出卖、出质或者作出其他不当处分。

出卖人可以与买受人协商取回标的物；协商不成的，可以参照适用担保物权的实现程序。

第六百四十三条 出卖人依据前条第一款的规定取回标的物后，买受人在双方约定或者出卖人指定的合理回赎期限内，消除出卖人取回标的物的事由的，可以请求回赎标的物。

买受人在回赎期限内没有回赎标的物，出卖人可以以合理价格将标的物出卖给第三人，出卖所得价款扣除买受人未支付的价款以及必要费用后仍有剩余的，应当返还买受人；不足部分由买受人清偿。

第六百四十四条 招标投标买卖的当事人的权利和义务以及招标投标程序等，依照有关法律、行政法规的规定。

第六百四十五条 拍卖的当事人的权利和义务以及拍卖程序等，依照有关法律、行政法规的规定。

第六百四十六条 法律对其他有偿合同有规定的，依照其规定；没有规定的，参照适用买卖合同的有关规定。

第六百四十七条 当事人约定易货交易，转移标的物的所有权的，参照适用买卖合同的有关规定。

第十章 供用电、水、气、热力合同

第六百四十八条 供用电合同是供电人向用电人供电，用电人支付电费的合同。

向社会公众供电的供电人，不得拒绝用电人合理的订立合同要求。

第六百四十九条 供用电合同的内容一般包括供电的方式、质量、时间，用电容量、地址、性质，计量方式，电价、电费的结算方式，供用电设施的维护责任等条款。

第六百五十条 供用电合同的履行地点，按照当事人约定；当事人没有约定或者约定不明确的，供电设施的产权分界处为履行地点。

第六百五十一条 供电人应当按照国家规定的供电质量标准和约定安全供电。供电人未按照国家规定的供电质量标准和约定安全供电，造成用电人损失的，应当承担赔偿责任。

第六百五十二条 供电人因供电设施计划检修、临时检修、依法限电或者用电人违法用电等原因,需要中断供电时,应当按照国家有关规定事先通知用电人;未事先通知用电人中断供电,造成用电人损失的,应当承担赔偿责任。

第六百五十三条 因自然灾害等原因断电,供电人应当按照国家有关规定及时抢修;未及时抢修,造成用电人损失的,应当承担赔偿责任。

第六百五十四条 用电人应当按照国家有关规定和当事人的约定及时支付电费。用电人逾期不支付电费的,应当按照约定支付违约金。经催告用电人在合理期限内仍不支付电费和违约金的,供电人可以按照国家规定的程序中止供电。

供电人依据前款规定中止供电的,应当事先通知用电人。

第六百五十五条 用电人应当按照国家有关规定和当事人的约定安全、节约和计划用电。用电人未按照国家有关规定和当事人的约定用电,造成供电人损失的,应当承担赔偿责任。

第六百五十六条 供用水、供用气、供用热力合同,参照适用供用电合同的有关规定。

第十一章 赠与合同

第六百五十七条 赠与合同是赠与人将自己的财产无偿给予受赠人,受赠人表示接受赠与的合同。

第六百五十八条 赠与人在赠与财产的权利转移之前可以撤销赠与。

经过公证的赠与合同或者依法不得撤销的具有救灾、扶贫、助残等公益、道德义务性质的赠与合同,不适用前款规定。

第六百五十九条 赠与的财产依法需要办理登记或者其他手续的,应当办理有关手续。

第六百六十条 经过公证的赠与合同或者依法不得撤销的具有救灾、扶贫、助残等公益、道德义务性质的赠与合同,赠与人不交付赠与财产的,受赠人可以请求交付。

依据前款规定应当交付的赠与财产因赠与人故意或者重大过失致使毁损、灭失的,赠与人应当承担赔偿责任。

第六百六十一条 赠与可以附义务。

赠与附义务的,受赠人应当按照约定履行义务。

第六百六十二条 赠与的财产有瑕疵的,赠与人不承担责任。附义务的赠与,赠与的财产有瑕疵的,赠与人在附义务的限度内承担与出卖人相同的责任。

赠与人故意不告知瑕疵或者保证无瑕疵,造成受赠人损失的,应当承担赔偿责任。

第六百六十三条 受赠人有下列情形之一的,赠与人可以撤销赠与:

(一)严重侵害赠与人或者赠与人近亲属的合法权益;

(二)对赠与人有扶养义务而不履行;

(三)不履行赠与合同约定的义务。

赠与人的撤销权,自知道或者应当知道撤销事由之日起一年内行使。

第六百六十四条 因受赠人的违法行为致使赠与人死亡或者丧失民事行为能力的,赠与人的继承人或者法定代理人可以撤销赠与。

赠与人的继承人或者法定代理人的撤销权,自知道或者应当知道撤销事由之日起六个月内行使。

第六百六十五条 撤销权人撤销赠与的,可以向受赠人请求返还赠与的财产。

第六百六十六条 赠与人的经济状况显著恶化,严重影响其生产经营或者家庭生活的,可以不再履行赠与义务。

第十二章　借款合同

第六百六十七条　借款合同是借款人向贷款人借款，到期返还借款并支付利息的合同。

第六百六十八条　借款合同应当采用书面形式，但是自然人之间借款另有约定的除外。

借款合同的内容一般包括借款种类、币种、用途、数额、利率、期限和还款方式等条款。

第六百六十九条　订立借款合同，借款人应当按照贷款人的要求提供与借款有关的业务活动和财务状况的真实情况。

第六百七十条　借款的利息不得预先在本金中扣除。利息预先在本金中扣除的，应当按照实际借款数额返还借款并计算利息。

第六百七十一条　贷款人未按照约定的日期、数额提供借款，造成借款人损失的，应当赔偿损失。

借款人未按照约定的日期、数额收取借款的，应当按照约定的日期、数额支付利息。

第六百七十二条　贷款人按照约定可以检查、监督借款的使用情况。借款人应当按照约定向贷款人定期提供有关财务会计报表或者其他资料。

第六百七十三条　借款人未按照约定的借款用途使用借款的，贷款人可以停止发放借款、提前收回借款或者解除合同。

第六百七十四条　借款人应当按照约定的期限支付利息。对支付利息的期限没有约定或者约定不明确，依据本法第五百一十条的规定仍不能确定，借款期间不满一年的，应当在返还借款时一并支付；借款期间一年以上的，应当在每届满一年时支付，剩余期间不满一年的，应当在返还借款时一并支付。

第六百七十五条　借款人应当按照约定的期限返还借款。对借款期限没有约定或者约定不明确，依据本法第五百一十条的规定仍不能确定的，借款人可以随时返还；贷款人可以催告借款人在合理期限内返还。

第六百七十六条　借款人未按照约定的期限返还借款的，应当按照约定或者国家有关规定支付逾期利息。

第六百七十七条　借款人提前返还借款的，除当事人另有约定外，应当按照实际借款的期间计算利息。

第六百七十八条　借款人可以在还款期限届满前向贷款人申请展期；贷款人同意的，可以展期。

第六百七十九条　自然人之间的借款合同，自贷款人提供借款时成立。

第六百八十条　禁止高利放贷，借款的利率不得违反国家有关规定。

借款合同对支付利息没有约定的，视为没有利息。

借款合同对支付利息约定不明确，当事人不能达成补充协议的，按照当地或者当事人的交易方式、交易习惯、市场利率等因素确定利息；自然人之间借款的，视为没有利息。

第十三章　保证合同

第一节　一般规定

第六百八十一条　保证合同是为保障债权的实现，保证人和债权人约定，当债务人不履行到期债务或者发生当事人约定的情形时，保证人履行债务或者承担责任的合同。

第六百八十二条　保证合同是主债权债务合同的从合同。主债权债务合同无效的，保证合同无效，但是法律另有规定的除外。

保证合同被确认无效后，债务人、保证人、债权人有过错的，应当根据其过错各自承担相应的民事责任。

第六百八十三条　机关法人不得为保证人，但是经国务院批准为使用外国政府或者国际经济组织贷款进行转贷的除外。

以公益为目的的非营利法人、非法人组织不得为保证人。

第六百八十四条 保证合同的内容一般包括被保证的主债权的种类、数额，债务人履行债务的期限，保证的方式、范围和期间等条款。

第六百八十五条 保证合同可以是单独订立的书面合同，也可以是主债权债务合同中的保证条款。

第三人单方以书面形式向债权人作出保证，债权人接收且未提出异议的，保证合同成立。

第六百八十六条 保证的方式包括一般保证和连带责任保证。

当事人在保证合同中对保证方式没有约定或者约定不明确的，按照一般保证承担保证责任。

第六百八十七条 当事人在保证合同中约定，债务人不能履行债务时，由保证人承担保证责任的，为一般保证。

一般保证的保证人在主合同纠纷未经审判或者仲裁，并就债务人财产依法强制执行仍不能履行债务前，有权拒绝向债权人承担保证责任，但是有下列情形之一的除外：

（一）债务人下落不明，且无财产可供执行；

（二）人民法院已经受理债务人破产案件；

（三）债权人有证据证明债务人的财产不足以履行全部债务或者丧失履行债务能力；

（四）保证人书面表示放弃本款规定的权利。

第六百八十八条 当事人在保证合同中约定保证人和债务人对债务承担连带责任的，为连带责任保证。

连带责任保证的债务人不履行到期债务或者发生当事人约定的情形时，债权人可以请求债务人履行债务，也可以请求保证人在其保证范围内承担保证责任。

第六百八十九条 保证人可以要求债务人提供反担保。

第六百九十条 保证人与债权人可以协商订立最高额保证的合同，约定在最高债权额限度内就一定期间连续发生的债权提供保证。

最高额保证除适用本章规定外，参照适用本法第二编最高额抵押权的有关规定。

第二节 保证责任

第六百九十一条 保证的范围包括主债权及其利息、违约金、损害赔偿金和实现债权的费用。当事人另有约定的，按照其约定。

第六百九十二条 保证期间是确定保证人承担保证责任的期间，不发生中止、中断和延长。

债权人与保证人可以约定保证期间，但是约定的保证期间早于主债务履行期限或者与主债务履行期限同时届满的，视为没有约定；没有约定或者约定不明确的，保证期间为主债务履行期限届满之日起六个月。

债权人与债务人对主债务履行期限没有约定或者约定不明确的，保证期间自债权人请求债务人履行债务的宽限期届满之日起计算。

第六百九十三条 一般保证的债权人未在保证期间对债务人提起诉讼或者申请仲裁的，保证人不再承担保证责任。

连带责任保证的债权人未在保证期间请求保证人承担保证责任的，保证人不再承担保证责任。

第六百九十四条 一般保证的债权人在保证期间届满前对债务人提起诉讼或者申请仲裁的，从保证人拒绝承担保证责任的权利消灭之日起，开始计算保证债务的诉讼时效。

连带责任保证的债权人在保证期间届满前请求保证人承担保证责任的，从债权人请求保证人承担保证责任之日起，开始计算保证债务的诉讼时效。

第六百九十五条 债权人和债务人未经保证人书面同意，协商变更主债权债务合同内容，减轻债务的，保证人仍对变更后的债务承担保证责任；加重债务的，保证人对加重的部分不承担保证责任。

债权人和债务人变更主债权债务合同的履行期限，未经保证人书面同意的，保证期间不受影响。

第六百九十六条 债权人转让全部或者部分债权，未通知保证人的，该转让对保证人不发生效力。

保证人与债权人约定禁止债权转让，债权人未经保证人书面同意转让债权的，保证人对受让人不再承担保证责任。

第六百九十七条 债权人未经保证人书面同意，允许债务人转移全部或者部分债务，保证人对未经其同意转移的债务不再承担保证责任，但是债权人和保证人另有约定的除外。

第三人加入债务的，保证人的保证责任不受影响。

第六百九十八条 一般保证的保证人在主债务履行期限届满后，向债权人提供债务人可供执行财产的真实情况，债权人放弃或者怠于行使权利致使该财产不能被执行的，保证人在其提供可供执行财产的价值范围内不再承担保证责任。

第六百九十九条 同一债务有两个以上保证人的，保证人应当按照保证合同约定的保证份额，承担保证责任；没有约定保证份额的，债权人可以请求任何一个保证人在其保证范围内承担保证责任。

第七百条 保证人承担保证责任后，除当事人另有约定外，有权在其承担保证责任的范围内向债务人追偿，享有债权人对债务人的权利，但是不得损害债权人的利益。

第七百零一条 保证人可以主张债务人对债权人的抗辩。债务人放弃抗辩的，保证人仍有权向债权人主张抗辩。

第七百零二条 债务人对债权人享有抵销权或者撤销权的，保证人可以在相应范围内拒绝承担保证责任。

第十四章 租赁合同

第七百零三条 租赁合同是出租人将租赁物交付承租人使用、收益，承租人支付租金的合同。

第七百零四条 租赁合同的内容一般包括租赁物的名称、数量、用途、租赁期限、租金及其支付期限和方式、租赁物维修等条款。

第七百零五条 租赁期限不得超过二十年。超过二十年的，超过部分无效。

租赁期限届满，当事人可以续订租赁合同；但是，约定的租赁期限自续订之日起不得超过二十年。

第七百零六条 当事人未依照法律、行政法规规定办理租赁合同登记备案手续的，不影响合同的效力。

第七百零七条 租赁期限六个月以上的，应当采用书面形式。当事人未采用书面形式，无法确定租赁期限的，视为不定期租赁。

第七百零八条 出租人应当按照约定将租赁物交付承租人，并在租赁期限内保持租赁物符合约定的用途。

第七百零九条 承租人应当按照约定的方法使用租赁物。对租赁物的使用方法没有约定或者约定不明确，依据本法第五百一十条的规定仍不能确定的，应当根据租赁物的性质使用。

第七百一十条 承租人按照约定的方法或者根据租赁物的性质使用租赁物，致使租赁物受到损耗的，不承担赔偿责任。

第七百一十一条 承租人未按照约定的方法或者未根据租赁物的性质使用租赁物，致使租赁物受到损失的，出租人可以解除合同并请求赔偿损失。

第七百一十二条 出租人应当履行租赁物的维修义务，但是当事人另有约定的除外。

第七百一十三条 承租人在租赁物需要维修时可以请求出租人在合理期限内维修。出租人未履行维修义务的，承租人可以自行维修，维修费用由出租人负担。因维修租赁物影响承租人使用的，应当相应减少租金或者延长租期。

因承租人的过错致使租赁物需要维修的，出租人不承担前款规定的维修义务。

第七百一十四条 承租人应当妥善保管租赁物，因保管不善造成租赁物毁损、灭失的，应当承担赔偿责任。

第七百一十五条 承租人经出租人同意,可以对租赁物进行改善或者增设他物。

承租人未经出租人同意,对租赁物进行改善或者增设他物的,出租人可以请求承租人恢复原状或者赔偿损失。

第七百一十六条 承租人经出租人同意,可以将租赁物转租给第三人。承租人转租的,承租人与出租人之间的租赁合同继续有效;第三人造成租赁物损失的,承租人应当赔偿损失。

承租人未经出租人同意转租的,出租人可以解除合同。

第七百一十七条 承租人经出租人同意将租赁物转租给第三人,转租期限超过承租人剩余租赁期限的,超过部分的约定对出租人不具有法律约束力,但是出租人与承租人另有约定的除外。

第七百一十八条 出租人知道或者应当知道承租人转租,但是在六个月内未提出异议的,视为出租人同意转租。

第七百一十九条 承租人拖欠租金的,次承租人可以代承租人支付其欠付的租金和违约金,但是转租合同对出租人不具有法律约束力的除外。

次承租人代为支付的租金和违约金,可以充抵次承租人应当向承租人支付的租金;超出其应付的租金数额的,可以向承租人追偿。

第七百二十条 在租赁期限内因占有、使用租赁物获得的收益,归承租人所有,但是当事人另有约定的除外。

第七百二十一条 承租人应当按照约定的期限支付租金。对支付租金的期限没有约定或者约定不明确,依据本法第五百一十条的规定仍不能确定,租赁期限不满一年的,应当在租赁期限届满时支付;租赁期限一年以上的,应当在每届满一年时支付,剩余期限不满一年的,应当在租赁期限届满时支付。

第七百二十二条 承租人无正当理由未支付或者迟延支付租金的,出租人可以请求承租人在合理期限内支付;承租人逾期不支付的,出租人可以解除合同。

第七百二十三条 因第三人主张权利,致使承租人不能对租赁物使用、收益的,承租人可以请求减少租金或者不支付租金。

第三人主张权利的,承租人应当及时通知出租人。

第七百二十四条 有下列情形之一,非因承租人原因致使租赁物无法使用的,承租人可以解除合同:

(一)租赁物被司法机关或者行政机关依法查封、扣押;

(二)租赁物权属有争议;

(三)租赁物具有违反法律、行政法规关于使用条件的强制性规定情形。

第七百二十五条 租赁物在承租人按照租赁合同占有期限内发生所有权变动的,不影响租赁合同的效力。

第七百二十六条 出租人出卖租赁房屋的,应当在出卖之前的合理期限内通知承租人,承租人享有以同等条件优先购买的权利;但是,房屋按份共有人行使优先购买权或者出租人将房屋出卖给近亲属的除外。

出租人履行通知义务后,承租人在十五日内未明确表示购买的,视为承租人放弃优先购买权。

第七百二十七条 出租人委托拍卖人拍卖租赁房屋的,应当在拍卖五日前通知承租人。承租人未参加拍卖的,视为放弃优先购买权。

第七百二十八条 出租人未通知承租人或者有其他妨害承租人行使优先购买权情形的,承租人可以请求出租人承担赔偿责任。但是,出租人与第三人订立的房屋买卖合同的效力不受影响。

第七百二十九条 因不可归责于承租人的事由,致使租赁物部分或者全部毁损、灭失的,承租人可以请求减少租金或者不支付租金;因租赁物部分或者全部毁损、灭失,致使不能实现合同目的的,承租人可以解除合同。

第七百三十条 当事人对租赁期限没有约定或者约定不明确,依据本法第五百一十条的规定仍不能确定的,视为不定期租赁;当事人可以随时解除合同,但是应当在合理期限之前通知对方。

第七百三十一条 租赁物危及承租人的安全或者健康的，即使承租人订立合同时明知该租赁物质量不合格，承租人仍然可以随时解除合同。

第七百三十二条 承租人在房屋租赁期限内死亡的，与其生前共同居住的人或者共同经营人可以按照原租赁合同租赁该房屋。

第七百三十三条 租赁期限届满，承租人应当返还租赁物。返还的租赁物应当符合按照约定或者根据租赁物的性质使用后的状态。

第七百三十四条 租赁期限届满，承租人继续使用租赁物，出租人没有提出异议的，原租赁合同继续有效，但是租赁期限为不定期。

租赁期限届满，房屋承租人享有以同等条件优先承租的权利。

第十五章 融资租赁合同

第七百三十五条 融资租赁合同是出租人根据承租人对出卖人、租赁物的选择，向出卖人购买租赁物，提供给承租人使用，承租人支付租金的合同。

第七百三十六条 融资租赁合同的内容一般包括租赁物的名称、数量、规格、技术性能、检验方法，租赁期限，租金构成及其支付期限和方式、币种，租赁期限届满租赁物的归属等条款。

融资租赁合同应当采用书面形式。

第七百三十七条 当事人以虚构租赁物方式订立的融资租赁合同无效。

第七百三十八条 依照法律、行政法规的规定，对于租赁物的经营使用应当取得行政许可的，出租人未取得行政许可不影响融资租赁合同的效力。

第七百三十九条 出租人根据承租人对出卖人、租赁物的选择订立的买卖合同，出卖人应当按照约定向承租人交付标的物，承租人享有与受领标的物有关的买受人的权利。

第七百四十条 出卖人违反向承租人交付标的物的义务，有下列情形之一的，承租人可以拒绝受领出卖人向其交付的标的物：

（一）标的物严重不符合约定；

（二）未按照约定交付标的物，经承租人或者出租人催告后在合理期限内仍未交付。

承租人拒绝受领标的物的，应当及时通知出租人。

第七百四十一条 出租人、出卖人、承租人可以约定，出卖人不履行买卖合同义务的，由承租人行使索赔的权利。承租人行使索赔权利的，出租人应当协助。

第七百四十二条 承租人对出卖人行使索赔权利，不影响其履行支付租金的义务。但是，承租人依赖出租人的技能确定租赁物或者出租人干预选择租赁物的，承租人可以请求减免相应租金。

第七百四十三条 出租人有下列情形之一，致使承租人对出卖人行使索赔权利失败的，承租人有权请求出租人承担相应的责任：

（一）明知租赁物有质量瑕疵而不告知承租人；

（二）承租人行使索赔权利时，未及时提供必要协助。

出租人怠于行使只能由其对出卖人行使的索赔权利，造成承租人损失的，承租人有权请求出租人承担赔偿责任。

第七百四十四条 出租人根据承租人对出卖人、租赁物的选择订立的买卖合同，未经承租人同意，出租人不得变更与承租人有关的合同内容。

第七百四十五条 出租人对租赁物享有的所有权，未经登记，不得对抗善意第三人。

第七百四十六条 融资租赁合同的租金，除当事人另有约定外，应当根据购买租赁物的大部分或者全部成本以及出租人的合理利润确定。

第七百四十七条 租赁物不符合约定或者不符合使用目的的，出租人不承担责任。但是，承租人依赖出租人的技能确定租赁物或者出租人干预选择租赁物的除外。

第七百四十八条 出租人应当保证承租人对租赁物的占有和使用。

出租人有下列情形之一的，承租人有权请求其赔偿损失：

（一）无正当理由收回租赁物；

（二）无正当理由妨碍、干扰承租人对租赁物的占有和使用；

（三）因出租人的原因致使第三人对租赁物主张权利；

（四）不当影响承租人对租赁物占有和使用的其他情形。

第七百四十九条 承租人占有租赁物期间，租赁物造成第三人人身损害或者财产损失的，出租人不承担责任。

第七百五十条 承租人应当妥善保管、使用租赁物。

承租人应当履行占有租赁物期间的维修义务。

第七百五十一条 承租人占有租赁物期间，租赁物毁损、灭失的，出租人有权请求承租人继续支付租金，但是法律另有规定或者当事人另有约定的除外。

第七百五十二条 承租人应当按照约定支付租金。承租人经催告后在合理期限内仍不支付租金的，出租人可以请求支付全部租金；也可以解除合同，收回租赁物。

第七百五十三条 承租人未经出租人同意，将租赁物转让、抵押、质押、投资入股或者以其他方式处分的，出租人可以解除融资租赁合同。

第七百五十四条 有下列情形之一的，出租人或者承租人可以解除融资租赁合同：

（一）出租人与出卖人订立的买卖合同解除、被确认无效或者被撤销，且未能重新订立买卖合同；

（二）租赁物因不可归责于当事人的原因毁损、灭失，且不能修复或者确定替代物；

（三）因出卖人的原因致使融资租赁合同的目的不能实现。

第七百五十五条 融资租赁合同因买卖合同解除、被确认无效或者被撤销而解除，出卖人、租赁物系由承租人选择的，出租人有权请求承租人赔偿相应损失；但是，因出租人原因致使买卖合同解除、被确认无效或者被撤销的除外。

出租人的损失已经在买卖合同解除、被确认无效或者被撤销时获得赔偿的，承租人不再承担相应的赔偿责任。

第七百五十六条 融资租赁合同因租赁物交付承租人后意外毁损、灭失等不可归责于当事人的原因解除的，出租人可以请求承租人按照租赁物折旧情况给予补偿。

第七百五十七条 出租人和承租人可以约定租赁期限届满租赁物的归属；对租赁物的归属没有约定或者约定不明确，依据本法第五百一十条的规定仍不能确定的，租赁物的所有权归出租人。

第七百五十八条 当事人约定租赁期限届满租赁物归承租人所有，承租人已经支付大部分租金，但是无力支付剩余租金，出租人因此解除合同收回租赁物，收回的租赁物的价值超过承租人欠付的租金以及其他费用的，承租人可以请求相应返还。

当事人约定租赁期限届满租赁物归出租人所有，因租赁物毁损、灭失或者附合、混合于他物致使承租人不能返还的，出租人有权请求承租人给予合理补偿。

第七百五十九条 当事人约定租赁期限届满，承租人仅需向出租人支付象征性价款的，视为约定的租金义务履行完毕后租赁物的所有权归承租人。

第七百六十条 融资租赁合同无效，当事人就该情形下租赁物的归属有约定的，按照其约定；没有约定或者约定不明确的，租赁物应当返还出租人。但是，因承租人原因致使合同无效，出租人不请求返还或者返还后会显著降低租赁物效用的，租赁物的所有权归承租人，由承租人给予出租人合理补偿。

第十六章　保理合同

第七百六十一条　保理合同是应收账款债权人将现有的或者将有的应收账款转让给保理人，保理人提供资金融通、应收账款管理或者催收、应收账款债务人付款担保等服务的合同。

第七百六十二条　保理合同的内容一般包括业务类型、服务范围、服务期限、基础交易合同情况、应收账款信息、保理融资款或者服务报酬及其支付方式等条款。

保理合同应当采用书面形式。

第七百六十三条　应收账款债权人与债务人虚构应收账款作为转让标的，与保理人订立保理合同的，应收账款债务人不得以应收账款不存在为由对抗保理人，但是保理人明知虚构的除外。

第七百六十四条　保理人向应收账款债务人发出应收账款转让通知的，应当表明保理人身份并附有必要凭证。

第七百六十五条　应收账款债务人接到应收账款转让通知后，应收账款债权人与债务人无正当理由协商变更或者终止基础交易合同，对保理人产生不利影响的，对保理人不发生效力。

第七百六十六条　当事人约定有追索权保理的，保理人可以向应收账款债权人主张返还保理融资款本息或者回购应收账款债权，也可以向应收账款债务人主张应收账款债权。保理人向应收账款债务人主张应收账款债权，在扣除保理融资款本息和相关费用后有剩余的，剩余部分应当返还给应收账款债权人。

第七百六十七条　当事人约定无追索权保理的，保理人应当向应收账款债务人主张应收账款债权，保理人取得超过保理融资款本息和相关费用的部分，无需向应收账款债权人返还。

第七百六十八条　应收账款债权人就同一应收账款订立多个保理合同，致使多个保理人主张权利的，已经登记的先于未登记的取得应收账款；均已经登记的，按照登记时间的先后顺序取得应收账款；均未登记的，由最先到达应收账款债务人的转让通知中载明的保理人取得应收账款；既未登记也未通知的，按照保理融资款或者服务报酬的比例取得应收账款。

第七百六十九条　本章没有规定的，适用本编第六章债权转让的有关规定。

第十七章　承揽合同

第七百七十条　承揽合同是承揽人按照定作人的要求完成工作，交付工作成果，定作人支付报酬的合同。

承揽包括加工、定作、修理、复制、测试、检验等工作。

第七百七十一条　承揽合同的内容一般包括承揽的标的、数量、质量、报酬，承揽方式，材料的提供，履行期限，验收标准和方法等条款。

第七百七十二条　承揽人应当以自己的设备、技术和劳力，完成主要工作，但是当事人另有约定的除外。

承揽人将其承揽的主要工作交由第三人完成的，应当就该第三人完成的工作成果向定作人负责；未经定作人同意的，定作人也可以解除合同。

第七百七十三条　承揽人可以将其承揽的辅助工作交由第三人完成。承揽人将其承揽的辅助工作交由第三人完成的，应当就该第三人完成的工作成果向定作人负责。

第七百七十四条　承揽人提供材料的，应当按照约定选用材料，并接受定作人检验。

第七百七十五条　定作人提供材料的，应当按照约定提供材料。承揽人对定作人提供的材料应当及时检验，发现不符合约定时，应当及时通知定作人更换、补齐或者采取其他补救措施。

承揽人不得擅自更换定作人提供的材料，不得更换不需要修理的零部件。

第七百七十六条　承揽人发现定作人提供的图纸或者技术要求不合理的，应当及时通知定作人。因定作人怠于答复等原因造成承揽人损失的，应当赔偿损失。

第七百七十七条 定作人中途变更承揽工作的要求，造成承揽人损失的，应当赔偿损失。

第七百七十八条 承揽工作需要定作人协助的，定作人有协助的义务。定作人不履行协助义务致使承揽工作不能完成的，承揽人可以催告定作人在合理期限内履行义务，并可以顺延履行期限；定作人逾期不履行的，承揽人可以解除合同。

第七百七十九条 承揽人在工作期间，应当接受定作人必要的监督检验。定作人不得因监督检验妨碍承揽人的正常工作。

第七百八十条 承揽人完成工作的，应当向定作人交付工作成果，并提交必要的技术资料和有关质量证明。定作人应当验收该工作成果。

第七百八十一条 承揽人交付的工作成果不符合质量要求的，定作人可以合理选择请求承揽人承担修理、重作、减少报酬、赔偿损失等违约责任。

第七百八十二条 定作人应当按照约定的期限支付报酬。对支付报酬的期限没有约定或者约定不明确，依据本法第五百一十条的规定仍不能确定的，定作人应当在承揽人交付工作成果时支付；工作成果部分交付的，定作人应当相应支付。

第七百八十三条 定作人未向承揽人支付报酬或者材料费等价款的，承揽人对完成的工作成果享有留置权或者有权拒绝交付，但是当事人另有约定的除外。

第七百八十四条 承揽人应当妥善保管定作人提供的材料以及完成的工作成果，因保管不善造成毁损、灭失的，应当承担赔偿责任。

第七百八十五条 承揽人应当按照定作人的要求保守秘密，未经定作人许可，不得留存复制品或者技术资料。

第七百八十六条 共同承揽人对定作人承担连带责任，但是当事人另有约定的除外。

第七百八十七条 定作人在承揽人完成工作前可以随时解除合同，造成承揽人损失的，应当赔偿损失。

第十八章　建设工程合同

第七百八十八条 建设工程合同是承包人进行工程建设，发包人支付价款的合同。

建设工程合同包括工程勘察、设计、施工合同。

第七百八十九条 建设工程合同应当采用书面形式。

第七百九十条 建设工程的招标投标活动，应当依照有关法律的规定公开、公平、公正进行。

第七百九十一条 发包人可以与总承包人订立建设工程合同，也可以分别与勘察人、设计人、施工人订立勘察、设计、施工承包合同。发包人不得将应当由一个承包人完成的建设工程支解成若干部分发包给数个承包人。

总承包人或者勘察、设计、施工承包人经发包人同意，可以将自己承包的部分工作交由第三人完成。第三人就其完成的工作成果与总承包人或者勘察、设计、施工承包人向发包人承担连带责任。承包人不得将其承包的全部建设工程转包给第三人或者将其承包的全部建设工程支解以后以分包的名义分别转包给第三人。

禁止承包人将工程分包给不具备相应资质条件的单位。禁止分包单位将其承包的工程再分包。建设工程主体结构的施工必须由承包人自行完成。

第七百九十二条 国家重大建设工程合同，应当按照国家规定的程序和国家批准的投资计划、可行性研究报告等文件订立。

第七百九十三条 建设工程施工合同无效，但是建设工程经验收合格的，可以参照合同关于工程价款的约定折价补偿承包人。

建设工程施工合同无效，且建设工程经验收不合格的，按照以下情形处理：

（一）修复后的建设工程经验收合格的，发包人可以请求承包人承担修复费用；

（二）修复后的建设工程经验收不合格的，承包人无权请求参照合同关于工程价款的约定折价补偿。

发包人对因建设工程不合格造成的损失有过错的，应当承担相应的责任。

第七百九十四条 勘察、设计合同的内容一般包括提交有关基础资料和概预算等文件的期限、质量要求、费用以及其他协作条件等条款。

第七百九十五条 施工合同的内容一般包括工程范围、建设工期、中间交工工程的开工和竣工时间、工程质量、工程造价、技术资料交付时间、材料和设备供应责任、拨款和结算、竣工验收、质量保修范围和质量保证期、相互协作等条款。

第七百九十六条 建设工程实行监理的，发包人应当与监理人采用书面形式订立委托监理合同。发包人与监理人的权利和义务以及法律责任，应当依照本编委托合同以及其他有关法律、行政法规的规定。

第七百九十七条 发包人在不妨碍承包人正常作业的情况下，可以随时对作业进度、质量进行检查。

第七百九十八条 隐蔽工程在隐蔽以前，承包人应当通知发包人检查。发包人没有及时检查的，承包人可以顺延工程日期，并有权请求赔偿停工、窝工等损失。

第七百九十九条 建设工程竣工后，发包人应当根据施工图纸及说明书、国家颁发的施工验收规范和质量检验标准及时进行验收。验收合格的，发包人应当按照约定支付价款，并接收该建设工程。

建设工程竣工经验收合格后，方可交付使用；未经验收或者验收不合格的，不得交付使用。

第八百条 勘察、设计的质量不符合要求或者未按照期限提交勘察、设计文件拖延工期，造成发包人损失的，勘察人、设计人应当继续完善勘察、设计，减收或者免收勘察、设计费并赔偿损失。

第八百零一条 因施工人的原因致使建设工程质量不符合约定的，发包人有权请求施工人在合理期限内无偿修理或者返工、改建。经过修理或者返工、改建后，造成逾期交付的，施工人应当承担违约责任。

第八百零二条 因承包人的原因致使建设工程在合理使用期限内造成人身损害和财产损失的，承包人应当承担赔偿责任。

第八百零三条 发包人未按照约定的时间和要求提供原材料、设备、场地、资金、技术资料的，承包人可以顺延工程日期，并有权请求赔偿停工、窝工等损失。

第八百零四条 因发包人的原因致使工程中途停建、缓建的，发包人应当采取措施弥补或者减少损失，赔偿承包人因此造成的停工、窝工、倒运、机械设备调迁、材料和构件积压等损失和实际费用。

第八百零五条 因发包人变更计划，提供的资料不准确，或者未按照期限提供必需的勘察、设计工作条件而造成勘察、设计的返工、停工或者修改设计，发包人应当按照勘察人、设计人实际消耗的工作量增付费用。

第八百零六条 承包人将建设工程转包、违法分包的，发包人可以解除合同。

发包人提供的主要建筑材料、建筑构配件和设备不符合强制性标准或者不履行协助义务，致使承包人无法施工，经催告后在合理期限内仍未履行相应义务的，承包人可以解除合同。

合同解除后，已经完成的建设工程质量合格的，发包人应当按照约定支付相应的工程价款；已经完成的建设工程质量不合格的，参照本法第七百九十三条的规定处理。

第八百零七条 发包人未按照约定支付价款的，承包人可以催告发包人在合理期限内支付价款。发包人逾期不支付的，除根据建设工程的性质不宜折价、拍卖外，承包人可以与发包人协议将该工程折价，也可以请求人民法院将该工程依法拍卖。建设工程的价款就该工程折价或者拍卖的价款优先受偿。

第八百零八条 本章没有规定的，适用承揽合同的有关规定。

第十九章　运输合同

第一节　一般规定

第八百零九条　运输合同是承运人将旅客或者货物从起运地点运输到约定地点，旅客、托运人或者收货人支付票款或者运输费用的合同。

第八百一十条　从事公共运输的承运人不得拒绝旅客、托运人通常、合理的运输要求。

第八百一十一条　承运人应当在约定期限或者合理期限内将旅客、货物安全运输到约定地点。

第八百一十二条　承运人应当按照约定的或者通常的运输路线将旅客、货物运输到约定地点。

第八百一十三条　旅客、托运人或者收货人应当支付票款或者运输费用。承运人未按照约定路线或者通常路线运输增加票款或者运输费用的，旅客、托运人或者收货人可以拒绝支付增加部分的票款或者运输费用。

第二节　客运合同

第八百一十四条　客运合同自承运人向旅客出具客票时成立，但是当事人另有约定或者另有交易习惯的除外。

第八百一十五条　旅客应当按照有效客票记载的时间、班次和座位号乘坐。旅客无票乘坐、超程乘坐、越级乘坐或者持不符合减价条件的优惠客票乘坐的，应当补交票款，承运人可以按照规定加收票款；旅客不支付票款的，承运人可以拒绝运输。

实名制客运合同的旅客丢失客票的，可以请求承运人挂失补办，承运人不得再次收取票款和其他不合理费用。

第八百一十六条　旅客因自己的原因不能按照客票记载的时间乘坐的，应当在约定的期限内办理退票或者变更手续；逾期办理的，承运人可以不退票款，并不再承担运输义务。

第八百一十七条　旅客随身携带行李应当符合约定的限量和品类要求；超过限量或者违反品类要求携带行李的，应当办理托运手续。

第八百一十八条　旅客不得随身携带或者在行李中夹带易燃、易爆、有毒、有腐蚀性、有放射性以及可能危及运输工具上人身和财产安全的危险物品或者违禁物品。

旅客违反前款规定的，承运人可以将危险物品或者违禁物品卸下、销毁或者送交有关部门。旅客坚持携带或者夹带危险物品或者违禁物品的，承运人应当拒绝运输。

第八百一十九条　承运人应当严格履行安全运输义务，及时告知旅客安全运输应当注意的事项。旅客对承运人为安全运输所作的合理安排应当积极协助和配合。

第八百二十条　承运人应当按照有效客票记载的时间、班次和座位号运输旅客。承运人迟延运输或者有其他不能正常运输情形的，应当及时告知和提醒旅客，采取必要的安置措施，并根据旅客的要求安排改乘其他班次或者退票；由此造成旅客损失的，承运人应当承担赔偿责任，但是不可归责于承运人的除外。

第八百二十一条　承运人擅自降低服务标准的，应当根据旅客的请求退票或者减收票款；提高服务标准的，不得加收票款。

第八百二十二条　承运人在运输过程中，应当尽力救助患有急病、分娩、遇险的旅客。

第八百二十三条　承运人应当对运输过程中旅客的伤亡承担赔偿责任；但是，伤亡是旅客自身健康原因造成的或者承运人证明伤亡是旅客故意、重大过失造成的除外。

前款规定适用于按照规定免票、持优待票或者经承运人许可搭乘的无票旅客。

第八百二十四条　在运输过程中旅客随身携带物品毁损、灭失，承运人有过错的，应当承担赔偿责任。

旅客托运的行李毁损、灭失的,适用货物运输的有关规定。

第三节 货运合同

第八百二十五条 托运人办理货物运输,应当向承运人准确表明收货人的姓名、名称或者凭指示的收货人,货物的名称、性质、重量、数量,收货地点等有关货物运输的必要情况。

因托运人申报不实或者遗漏重要情况,造成承运人损失的,托运人应当承担赔偿责任。

第八百二十六条 货物运输需要办理审批、检验等手续的,托运人应当将办理完有关手续的文件提交承运人。

第八百二十七条 托运人应当按照约定的方式包装货物。对包装方式没有约定或者约定不明确的,适用本法第六百一十九条的规定。

托运人违反前款规定的,承运人可以拒绝运输。

第八百二十八条 托运人托运易燃、易爆、有毒、有腐蚀性、有放射性等危险物品的,应当按照国家有关危险物品运输的规定对危险物品妥善包装,做出危险物品标志和标签,并将有关危险物品的名称、性质和防范措施的书面材料提交承运人。

托运人违反前款规定的,承运人可以拒绝运输,也可以采取相应措施以避免损失的发生,因此产生的费用由托运人负担。

第八百二十九条 在承运人将货物交付收货人之前,托运人可以要求承运人中止运输、返还货物、变更到达地或者将货物交给其他收货人,但是应当赔偿承运人因此受到的损失。

第八百三十条 货物运输到达后,承运人知道收货人的,应当及时通知收货人,收货人应当及时提货。收货人逾期提货的,应当向承运人支付保管费等费用。

第八百三十一条 收货人提货时应当按照约定的期限检验货物。对检验货物的期限没有约定或者约定不明确,依据本法第五百一十条的规定仍不能确定的,应当在合理期限内检验货物。收货人在约定的期限或者合理期限内对货物的数量、毁损等未提出异议的,视为承运人已经按照运输单证的记载交付的初步证据。

第八百三十二条 承运人对运输过程中货物的毁损、灭失承担赔偿责任。但是,承运人证明货物的毁损、灭失是因不可抗力、货物本身的自然性质或者合理损耗以及托运人、收货人的过错造成的,不承担赔偿责任。

第八百三十三条 货物的毁损、灭失的赔偿额,当事人有约定的,按照其约定;没有约定或者约定不明确,依据本法第五百一十条的规定仍不能确定的,按照交付或者应当交付时货物到达地的市场价格计算。法律、行政法规对赔偿额的计算方法和赔偿限额另有规定的,依照其规定。

第八百三十四条 两个以上承运人以同一运输方式联运的,与托运人订立合同的承运人应当对全程运输承担责任;损失发生在某一运输区段的,与托运人订立合同的承运人和该区段的承运人承担连带责任。

第八百三十五条 货物在运输过程中因不可抗力灭失,未收取运费的,承运人不得请求支付运费;已经收取运费的,托运人可以请求返还。法律另有规定的,依照其规定。

第八百三十六条 托运人或者收货人不支付运费、保管费或者其他费用的,承运人对相应的运输货物享有留置权,但是当事人另有约定的除外。

第八百三十七条 收货人不明或者收货人无正当理由拒绝受领货物的,承运人依法可以提存货物。

第四节 多式联运合同

第八百三十八条 多式联运经营人负责履行或者组织履行多式联运合同,对全程运输享有承运人的权利,承担承运人的义务。

第八百三十九条 多式联运经营人可以与参加多式联运的各区段承运人就多式联运合同的各区段运输约定相互之间的责任;但是,该约定不影响多式联运经营人对全程运输承担的义务。

第八百四十条　多式联运经营人收到托运人交付的货物时，应当签发多式联运单据。按照托运人的要求，多式联运单据可以是可转让单据，也可以是不可转让单据。

第八百四十一条　因托运人托运货物时的过错造成多式联运经营人损失的，即使托运人已经转让多式联运单据，托运人仍然应当承担赔偿责任。

第八百四十二条　货物的毁损、灭失发生于多式联运的某一运输区段的，多式联运经营人的赔偿责任和责任限额，适用调整该区段运输方式的有关法律规定；货物毁损、灭失发生的运输区段不能确定的，依照本章规定承担赔偿责任。

第二十章　技术合同

第一节　一般规定

第八百四十三条　技术合同是当事人就技术开发、转让、许可、咨询或者服务订立的确立相互之间权利和义务的合同。

第八百四十四条　订立技术合同，应当有利于知识产权的保护和科学技术的进步，促进科学技术成果的研发、转化、应用和推广。

第八百四十五条　技术合同的内容一般包括项目的名称，标的的内容、范围和要求，履行的计划、地点和方式，技术信息和资料的保密，技术成果的归属和收益的分配办法，验收标准和方法，名词和术语的解释等条款。

与履行合同有关的技术背景资料、可行性论证和技术评价报告、项目任务书和计划书、技术标准、技术规范、原始设计和工艺文件，以及其他技术文档，按照当事人的约定可以作为合同的组成部分。

技术合同涉及专利的，应当注明发明创造的名称、专利申请人和专利权人、申请日期、申请号、专利号以及专利权的有效期限。

第八百四十六条　技术合同价款、报酬或者使用费的支付方式由当事人约定，可以采取一次总算、一次总付或者一次总算、分期支付，也可以采取提成支付或者提成支付附加预付入门费的方式。

约定提成支付的，可以按照产品价格、实施专利和使用技术秘密后新增的产值、利润或者产品销售额的一定比例提成，也可以按照约定的其他方式计算。提成支付的比例可以采取固定比例、逐年递增比例或者逐年递减比例。

约定提成支付的，当事人可以约定查阅有关会计账目的办法。

第八百四十七条　职务技术成果的使用权、转让权属于法人或者非法人组织的，法人或者非法人组织可以就该项职务技术成果订立技术合同。法人或者非法人组织订立技术合同转让职务技术成果时，职务技术成果的完成人享有以同等条件优先受让的权利。

职务技术成果是执行法人或者非法人组织的工作任务，或者主要是利用法人或者非法人组织的物质技术条件所完成的技术成果。

第八百四十八条　非职务技术成果的使用权、转让权属于完成技术成果的个人，完成技术成果的个人可以就该项非职务技术成果订立技术合同。

第八百四十九条　完成技术成果的个人享有在有关技术成果文件上写明自己是技术成果完成者的权利和取得荣誉证书、奖励的权利。

第八百五十条　非法垄断技术或者侵害他人技术成果的技术合同无效。

第二节　技术开发合同

第八百五十一条　技术开发合同是当事人之间就新技术、新产品、新工艺、新品种或者新材料及其系统的研究开发所订立的合同。

技术开发合同包括委托开发合同和合作开发合同。

技术开发合同应当采用书面形式。

当事人之间就具有实用价值的科技成果实施转化订立的合同，参照适用技术开发合同的有关规定。

第八百五十二条 委托开发合同的委托人应当按照约定支付研究开发经费和报酬，提供技术资料，提出研究开发要求，完成协作事项，接受研究开发成果。

第八百五十三条 委托开发合同的研究开发人应当按照约定制定和实施研究开发计划，合理使用研究开发经费，按期完成研究开发工作，交付研究开发成果，提供有关的技术资料和必要的技术指导，帮助委托人掌握研究开发成果。

第八百五十四条 委托开发合同的当事人违反约定造成研究开发工作停滞、延误或者失败的，应当承担违约责任。

第八百五十五条 合作开发合同的当事人应当按照约定进行投资，包括以技术进行投资，分工参与研究开发工作，协作配合研究开发工作。

第八百五十六条 合作开发合同的当事人违反约定造成研究开发工作停滞、延误或者失败的，应当承担违约责任。

第八百五十七条 作为技术开发合同标的的技术已经由他人公开，致使技术开发合同的履行没有意义的，当事人可以解除合同。

第八百五十八条 技术开发合同履行过程中，因出现无法克服的技术困难，致使研究开发失败或者部分失败的，该风险由当事人约定；没有约定或者约定不明确，依据本法第五百一十条的规定仍不能确定的，风险由当事人合理分担。

当事人一方发现前款规定的可能致使研究开发失败或者部分失败的情形时，应当及时通知另一方并采取适当措施减少损失；没有及时通知并采取适当措施，致使损失扩大的，应当就扩大的损失承担责任。

第八百五十九条 委托开发完成的发明创造，除法律另有规定或者当事人另有约定外，申请专利的权利属于研究开发人。研究开发人取得专利权的，委托人可以依法实施该专利。

研究开发人转让专利申请权的，委托人享有以同等条件优先受让的权利。

第八百六十条 合作开发完成的发明创造，申请专利的权利属于合作开发的当事人共有；当事人一方转让其共有的专利申请权的，其他各方享有以同等条件优先受让的权利。但是，当事人另有约定的除外。

合作开发的当事人一方声明放弃其共有的专利申请权的，除当事人另有约定外，可以由另一方单独申请或者由其他各方共同申请。申请人取得专利权的，放弃专利申请权的一方可以免费实施该专利。

合作开发的当事人一方不同意申请专利的，另一方或者其他各方不得申请专利。

第八百六十一条 委托开发或者合作开发完成的技术秘密成果的使用权、转让权以及收益的分配办法，由当事人约定；没有约定或者约定不明确，依据本法第五百一十条的规定仍不能确定的，在没有相同技术方案被授予专利权前，当事人均有使用和转让的权利。但是，委托开发的研究开发人不得在向委托人交付研究开发成果之前，将研究开发成果转让给第三人。

第三节　技术转让合同和技术许可合同

第八百六十二条 技术转让合同是合法拥有技术的权利人，将现有特定的专利、专利申请、技术秘密的相关权利让与他人所订立的合同。

技术许可合同是合法拥有技术的权利人，将现有特定的专利、技术秘密的相关权利许可他人实施、使用所订立的合同。

技术转让合同和技术许可合同中关于提供实施技术的专用设备、原材料或者提供有关的技术咨询、技术服务的约定，属于合同的组成部分。

第八百六十三条 技术转让合同包括专利权转让、专利申请权转让、技术秘密转让等合同。

技术许可合同包括专利实施许可、技术秘密使用许可等合同。

技术转让合同和技术许可合同应当采用书面形式。

第八百六十四条 技术转让合同和技术许可合同可以约定实施专利或者使用技术秘密的范围，但是不得限制技术竞争和技术发展。

第八百六十五条 专利实施许可合同仅在该专利权的存续期限内有效。专利权有效期限届满或者专利权被宣告无效的，专利权人不得就该专利与他人订立专利实施许可合同。

第八百六十六条 专利实施许可合同的许可人应当按照约定许可被许可人实施专利，交付实施专利有关的技术资料，提供必要的技术指导。

第八百六十七条 专利实施许可合同的被许可人应当按照约定实施专利，不得许可约定以外的第三人实施该专利，并按照约定支付使用费。

第八百六十八条 技术秘密转让合同的让与人和技术秘密使用许可合同的许可人应当按照约定提供技术资料，进行技术指导，保证技术的实用性、可靠性，承担保密义务。

前款规定的保密义务，不限制许可人申请专利，但是当事人另有约定的除外。

第八百六十九条 技术秘密转让合同的受让人和技术秘密使用许可合同的被许可人应当按照约定使用技术，支付转让费、使用费，承担保密义务。

第八百七十条 技术转让合同的让与人和技术许可合同的许可人应当保证自己是所提供的技术的合法拥有者，并保证所提供的技术完整、无误、有效，能够达到约定的目标。

第八百七十一条 技术转让合同的受让人和技术许可合同的被许可人应当按照约定的范围和期限，对让与人、许可人提供的技术中尚未公开的秘密部分，承担保密义务。

第八百七十二条 许可人未按照约定许可技术的，应当返还部分或者全部使用费，并应当承担违约责任；实施专利或者使用技术秘密超越约定的范围的，违反约定擅自许可第三人实施该项专利或者使用该项技术秘密的，应当停止违约行为，承担违约责任；违反约定的保密义务的，应当承担违约责任。

让与人承担违约责任，参照适用前款规定。

第八百七十三条 被许可人未按照约定支付使用费的，应当补交使用费并按照约定支付违约金；不补交使用费或者支付违约金的，应当停止实施专利或者使用技术秘密，交还技术资料，承担违约责任；实施专利或者使用技术秘密超越约定的范围的，未经许可人同意擅自许可第三人实施该专利或者使用该技术秘密的，应当停止违约行为，承担违约责任；违反约定的保密义务的，应当承担违约责任。

受让人承担违约责任，参照适用前款规定。

第八百七十四条 受让人或者被许可人按照约定实施专利、使用技术秘密侵害他人合法权益的，由让与人或者许可人承担责任，但是当事人另有约定的除外。

第八百七十五条 当事人可以按照互利的原则，在合同中约定实施专利、使用技术秘密后续改进的技术成果的分享办法；没有约定或者约定不明确，依据本法第五百一十条的规定仍不能确定的，一方后续改进的技术成果，其他各方无权分享。

第八百七十六条 集成电路布图设计专有权、植物新品种权、计算机软件著作权等其他知识产权的转让和许可，参照适用本节的有关规定。

第八百七十七条 法律、行政法规对技术进出口合同或者专利、专利申请合同另有规定的，依照其规定。

第四节　技术咨询合同和技术服务合同

第八百七十八条 技术咨询合同是当事人一方以技术知识为对方就特定技术项目提供可行性论证、技术预测、专题技术调查、分析评价报告等所订立的合同。

技术服务合同是当事人一方以技术知识为对方解决特定技术问题所订立的合同，不包括承揽合同和建设工程合同。

第八百七十九条 技术咨询合同的委托人应当按照约定阐明咨询的问题，提供技术背景材料及有关技术资料，接受受托人的工作成果，支付报酬。

第八百八十条 技术咨询合同的受托人应当按照约定的期限完成咨询报告或者解答问题，提出的咨询报告应当达到约定的要求。

第八百八十一条 技术咨询合同的委托人未按照约定提供必要的资料，影响工作进度和质量，不接受或者逾期接受工作成果的，支付的报酬不得追回，未支付的报酬应当支付。

技术咨询合同的受托人未按期提出咨询报告或者提出的咨询报告不符合约定的，应当承担减收或者免收报酬等违约责任。

技术咨询合同的委托人按照受托人符合约定要求的咨询报告和意见作出决策所造成的损失，由委托人承担，但是当事人另有约定的除外。

第八百八十二条 技术服务合同的委托人应当按照约定提供工作条件，完成配合事项，接受工作成果并支付报酬。

第八百八十三条 技术服务合同的受托人应当按照约定完成服务项目，解决技术问题，保证工作质量，并传授解决技术问题的知识。

第八百八十四条 技术服务合同的委托人不履行合同义务或者履行合同义务不符合约定，影响工作进度和质量，不接受或者逾期接受工作成果的，支付的报酬不得追回，未支付的报酬应当支付。

技术服务合同的受托人未按照约定完成服务工作的，应当承担免收报酬等违约责任。

第八百八十五条 技术咨询合同、技术服务合同履行过程中，受托人利用委托人提供的技术资料和工作条件完成的新的技术成果，属于受托人。委托人利用受托人的工作成果完成的新的技术成果，属于委托人。当事人另有约定的，按照其约定。

第八百八十六条 技术咨询合同和技术服务合同对受托人正常开展工作所需费用的负担没有约定或者约定不明确的，由受托人负担。

第八百八十七条 法律、行政法规对技术中介合同、技术培训合同另有规定的，依照其规定。

第二十一章 保管合同

第八百八十八条 保管合同是保管人保管寄存人交付的保管物，并返还该物的合同。

寄存人到保管人处从事购物、就餐、住宿等活动，将物品存放在指定场所的，视为保管，但是当事人另有约定或者另有交易习惯的除外。

第八百八十九条 寄存人应当按照约定向保管人支付保管费。

当事人对保管费没有约定或者约定不明确，依据本法第五百一十条的规定仍不能确定的，视为无偿保管。

第八百九十条 保管合同自保管物交付时成立，但是当事人另有约定的除外。

第八百九十一条 寄存人向保管人交付保管物的，保管人应当出具保管凭证，但是另有交易习惯的除外。

第八百九十二条 保管人应当妥善保管保管物。

当事人可以约定保管场所或者方法。除紧急情况或者为维护寄存人利益外，不得擅自改变保管场所或者方法。

第八百九十三条 寄存人交付的保管物有瑕疵或者根据保管物的性质需要采取特殊保管措施的，寄存人应当将有关情况告知保管人。寄存人未告知，致使保管物受损失的，保管人不承担赔偿责任；保管人因此受损失的，除保管人知道或者应当知道且未采取补救措施外，寄存人应当承担赔偿责任。

第八百九十四条 保管人不得将保管物转交第三人保管,但是当事人另有约定的除外。

保管人违反前款规定,将保管物转交第三人保管,造成保管物损失的,应当承担赔偿责任。

第八百九十五条 保管人不得使用或者许可第三人使用保管物,但是当事人另有约定的除外。

第八百九十六条 第三人对保管物主张权利的,除依法对保管物采取保全或者执行措施外,保管人应当履行向寄存人返还保管物的义务。

第三人对保管人提起诉讼或者对保管物申请扣押的,保管人应当及时通知寄存人。

第八百九十七条 保管期内,因保管人保管不善造成保管物毁损、灭失的,保管人应当承担赔偿责任。但是,无偿保管人证明自己没有故意或者重大过失的,不承担赔偿责任。

第八百九十八条 寄存人寄存货币、有价证券或者其他贵重物品的,应当向保管人声明,由保管人验收或者封存;寄存人未声明的,该物品毁损、灭失后,保管人可以按照一般物品予以赔偿。

第八百九十九条 寄存人可以随时领取保管物。

当事人对保管期限没有约定或者约定不明确的,保管人可以随时请求寄存人领取保管物;约定保管期限的,保管人无特别事由,不得请求寄存人提前领取保管物。

第九百条 保管期限届满或者寄存人提前领取保管物的,保管人应当将原物及其孳息归还寄存人。

第九百零一条 保管人保管货币的,可以返还相同种类、数量的货币;保管其他可替代物的,可以按照约定返还相同种类、品质、数量的物品。

第九百零二条 有偿的保管合同,寄存人应当按照约定的期限向保管人支付保管费。

当事人对支付期限没有约定或者约定不明确,依据本法第五百一十条的规定仍不能确定的,应当在领取保管物的同时支付。

第九百零三条 寄存人未按照约定支付保管费或者其他费用的,保管人对保管物享有留置权,但是当事人另有约定的除外。

第二十二章 仓储合同

第九百零四条 仓储合同是保管人储存存货人交付的仓储物,存货人支付仓储费的合同。

第九百零五条 仓储合同自保管人和存货人意思表示一致时成立。

第九百零六条 储存易燃、易爆、有毒、有腐蚀性、有放射性等危险物品或者易变质物品的,存货人应当说明该物品的性质,提供有关资料。

存货人违反前款规定的,保管人可以拒收仓储物,也可以采取相应措施以避免损失的发生,因此产生的费用由存货人负担。

保管人储存易燃、易爆、有毒、有腐蚀性、有放射性等危险物品的,应当具备相应的保管条件。

第九百零七条 保管人应当按照约定对入库仓储物进行验收。保管人验收时发现入库仓储物与约定不符合的,应当及时通知存货人。保管人验收后,发生仓储物的品种、数量、质量不符合约定的,保管人应当承担赔偿责任。

第九百零八条 存货人交付仓储物的,保管人应当出具仓单、入库单等凭证。

第九百零九条 保管人应当在仓单上签名或者盖章。仓单包括下列事项:

(一)存货人的姓名或者名称和住所;

(二)仓储物的品种、数量、质量、包装及其件数和标记;

(三)仓储物的损耗标准;

(四)储存场所;

(五)储存期限;

(六)仓储费;

（七）仓储物已经办理保险的，其保险金额、期间以及保险人的名称；

（八）填发人、填发地和填发日期。

第九百一十条 仓单是提取仓储物的凭证。存货人或者仓单持有人在仓单上背书并经保管人签名或者盖章的，可以转让提取仓储物的权利。

第九百一十一条 保管人根据存货人或者仓单持有人的要求，应当同意其检查仓储物或者提取样品。

第九百一十二条 保管人发现入库仓储物有变质或者其他损坏的，应当及时通知存货人或者仓单持有人。

第九百一十三条 保管人发现入库仓储物有变质或者其他损坏，危及其他仓储物的安全和正常保管的，应当催告存货人或者仓单持有人作出必要的处置。因情况紧急，保管人可以作出必要的处置；但是，事后应当将该情况及时通知存货人或者仓单持有人。

第九百一十四条 当事人对储存期限没有约定或者约定不明确的，存货人或者仓单持有人可以随时提取仓储物，保管人也可以随时请求存货人或者仓单持有人提取仓储物，但是应当给予必要的准备时间。

第九百一十五条 储存期限届满，存货人或者仓单持有人应当凭仓单、入库单等提取仓储物。存货人或者仓单持有人逾期提取的，应当加收仓储费；提前提取的，不减收仓储费。

第九百一十六条 储存期限届满，存货人或者仓单持有人不提取仓储物的，保管人可以催告其在合理期限内提取；逾期不提取的，保管人可以提存仓储物。

第九百一十七条 储存期内，因保管不善造成仓储物毁损、灭失的，保管人应当承担赔偿责任。因仓储物本身的自然性质、包装不符合约定或者超过有效储存期造成仓储物变质、损坏的，保管人不承担赔偿责任。

第九百一十八条 本章没有规定的，适用保管合同的有关规定。

第二十三章 委托合同

第九百一十九条 委托合同是委托人和受托人约定，由受托人处理委托人事务的合同。

第九百二十条 委托人可以特别委托受托人处理一项或者数项事务，也可以概括委托受托人处理一切事务。

第九百二十一条 委托人应当预付处理委托事务的费用。受托人为处理委托事务垫付的必要费用，委托人应当偿还该费用并支付利息。

第九百二十二条 受托人应当按照委托人的指示处理委托事务。需要变更委托人指示的，应当经委托人同意；因情况紧急，难以和委托人取得联系的，受托人应当妥善处理委托事务，但是事后应当将该情况及时报告委托人。

第九百二十三条 受托人应当亲自处理委托事务。经委托人同意，受托人可以转委托。转委托经同意或者追认的，委托人可以就委托事务直接指示转委托的第三人，受托人仅就第三人的选任及其对第三人的指示承担责任。转委托未经同意或者追认的，受托人应当对转委托的第三人的行为承担责任；但是，在紧急情况下受托人为了维护委托人的利益需要转委托第三人的除外。

第九百二十四条 受托人应当按照委托人的要求，报告委托事务的处理情况。委托合同终止时，受托人应当报告委托事务的结果。

第九百二十五条 受托人以自己的名义，在委托人的授权范围内与第三人订立的合同，第三人在订立合同时知道受托人与委托人之间的代理关系的，该合同直接约束委托人和第三人；但是，有确切证据证明该合同只约束受托人和第三人的除外。

第九百二十六条 受托人以自己的名义与第三人订立合同时，第三人不知道受托人与委托人之间的代理关系的，受托人因第三人的原因对委托人不履行义务，受托人应当向委托人披露第三人，委托人因此可以行使受托人对第三人的权利。但是，第三人与受托人订立合同时如果知道该委托人就不会订立合同的除外。

受托人因委托人的原因对第三人不履行义务，受托人应当向第三人披露委托人，第三人因此可以选择受托人或者委托人作为相对人主张其权利，但是第三人不得变更选定的相对人。

委托人行使受托人对第三人的权利的，第三人可以向委托人主张其对受托人的抗辩。第三人选定委托人作为其相对人的，委托人可以向第三人主张其对受托人的抗辩以及受托人对第三人的抗辩。

第九百二十七条 受托人处理委托事务取得的财产，应当转交给委托人。

第九百二十八条 受托人完成委托事务的，委托人应当按照约定向其支付报酬。

因不可归责于受托人的事由，委托合同解除或者委托事务不能完成的，委托人应当向受托人支付相应的报酬。当事人另有约定的，按照其约定。

第九百二十九条 有偿的委托合同，因受托人的过错造成委托人损失的，委托人可以请求赔偿损失。无偿的委托合同，因受托人的故意或者重大过失造成委托人损失的，委托人可以请求赔偿损失。

受托人超越权限造成委托人损失的，应当赔偿损失。

第九百三十条 受托人处理委托事务时，因不可归责于自己的事由受到损失的，可以向委托人请求赔偿损失。

第九百三十一条 委托人经受托人同意，可以在受托人之外委托第三人处理委托事务。因此造成受托人损失的，受托人可以向委托人请求赔偿损失。

第九百三十二条 两个以上的受托人共同处理委托事务的，对委托人承担连带责任。

第九百三十三条 委托人或者受托人可以随时解除委托合同。因解除合同造成对方损失的，除不可归责于该当事人的事由外，无偿委托合同的解除方应当赔偿因解除时间不当造成的直接损失，有偿委托合同的解除方应当赔偿对方的直接损失和合同履行后可以获得的利益。

第九百三十四条 委托人死亡、终止或者受托人死亡、丧失民事行为能力、终止的，委托合同终止；但是，当事人另有约定或者根据委托事务的性质不宜终止的除外。

第九百三十五条 因委托人死亡或者被宣告破产、解散，致使委托合同终止将损害委托人利益的，在委托人的继承人、遗产管理人或者清算人承受委托事务之前，受托人应当继续处理委托事务。

第九百三十六条 因受托人死亡、丧失民事行为能力或者被宣告破产、解散，致使委托合同终止的，受托人的继承人、遗产管理人、法定代理人或者清算人应当及时通知委托人。因委托合同终止将损害委托人利益的，在委托人作出善后处理之前，受托人的继承人、遗产管理人、法定代理人或者清算人应当采取必要措施。

第二十四章　物业服务合同

第九百三十七条 物业服务合同是物业服务人在物业服务区域内，为业主提供建筑物及其附属设施的维修养护、环境卫生和相关秩序的管理维护等物业服务，业主支付物业费的合同。

物业服务人包括物业服务企业和其他管理人。

第九百三十八条 物业服务合同的内容一般包括服务事项、服务质量、服务费用的标准和收取办法、维修资金的使用、服务用房的管理和使用、服务期限、服务交接等条款。

物业服务人公开作出的有利于业主的服务承诺，为物业服务合同的组成部分。

物业服务合同应当采用书面形式。

第九百三十九条 建设单位依法与物业服务人订立的前期物业服务合同，以及业主委员会与业主大会依法选聘的物业服务人订立的物业服务合同，对业主具有法律约束力。

第九百四十条 建设单位依法与物业服务人订立的前期物业服务合同约定的服务期限届满前，业主委员会或者业主与新物业服务人订立的物业服务合同生效的，前期物业服务合同终止。

第九百四十一条 物业服务人将物业服务区域内的部分专项服务事项委托给专业性服务组织或者其他第三人的，应当就该部分专项服务事项向业主负责。

物业服务人不得将其应当提供的全部物业服务转委托给第三人，或者将全部物业服务支解后分别转委托给第三人。

第九百四十二条 物业服务人应当按照约定和物业的使用性质，妥善维修、养护、清洁、绿化和经营管理物业服务区域内的业主共有部分，维护物业服务区域内的基本秩序，采取合理措施保护业主的人身、财产安全。

对物业服务区域内违反有关治安、环保、消防等法律法规的行为，物业服务人应当及时采取合理措施制止、向有关行政主管部门报告并协助处理。

第九百四十三条 物业服务人应当定期将服务的事项、负责人员、质量要求、收费项目、收费标准、履行情况，以及维修资金使用情况、业主共有部分的经营与收益情况等以合理方式向业主公开并向业主大会、业主委员会报告。

第九百四十四条 业主应当按照约定向物业服务人支付物业费。物业服务人已经按照约定和有关规定提供服务的，业主不得以未接受或者无需接受相关物业服务为由拒绝支付物业费。

业主违反约定逾期不支付物业费的，物业服务人可以催告其在合理期限内支付；合理期限届满仍不支付的，物业服务人可以提起诉讼或者申请仲裁。

物业服务人不得采取停止供电、供水、供热、供燃气等方式催交物业费。

第九百四十五条 业主装饰装修房屋的，应当事先告知物业服务人，遵守物业服务人提示的合理注意事项，并配合其进行必要的现场检查。

业主转让、出租物业专有部分、设立居住权或者依法改变共有部分用途的，应当及时将相关情况告知物业服务人。

第九百四十六条 业主依照法定程序共同决定解聘物业服务人的，可以解除物业服务合同。决定解聘的，应当提前六十日书面通知物业服务人，但是合同对通知期限另有约定的除外。

依据前款规定解除合同造成物业服务人损失的，除不可归责于业主的事由外，业主应当赔偿损失。

第九百四十七条 物业服务期限届满前，业主依法共同决定续聘的，应当与原物业服务人在合同期限届满前续订物业服务合同。

物业服务期限届满前，物业服务人不同意续聘的，应当在合同期限届满前九十日书面通知业主或者业主委员会，但是合同对通知期限另有约定的除外。

第九百四十八条 物业服务期限届满后，业主没有依法作出续聘或者另聘物业服务人的决定，物业服务人继续提供物业服务的，原物业服务合同继续有效，但是服务期限为不定期。

当事人可以随时解除不定期物业服务合同，但是应当提前六十日书面通知对方。

第九百四十九条 物业服务合同终止的，原物业服务人应当在约定期限或者合理期限内退出物业服务区域，将物业服务用房、相关设施、物业服务所必需的相关资料等交还给业主委员会、决定自行管理的业主或者其指定的人，配合新物业服务人做好交接工作，并如实告知物业的使用和管理状况。

原物业服务人违反前款规定的，不得请求业主支付物业服务合同终止后的物业费；造成业主损失的，应当赔偿损失。

第九百五十条 物业服务合同终止后，在业主或者业主大会选聘的新物业服务人或者决定自行管理的业主接管之前，原物业服务人应当继续处理物业服务事项，并可以请求业主支付该期间的物业费。

第二十五章 行纪合同

第九百五十一条 行纪合同是行纪人以自己的名义为委托人从事贸易活动，委托人支付报酬的合同。

第九百五十二条 行纪人处理委托事务支出的费用，由行纪人负担，但是当事人另有约定的除外。

第九百五十三条 行纪人占有委托物的，应当妥善保管委托物。

第九百五十四条 委托物交付给行纪人时有瑕疵或者容易腐烂、变质的，经委托人同意，行纪人可以处分该物；不能与委托人及时取得联系的，行纪人可以合理处分。

第九百五十五条 行纪人低于委托人指定的价格卖出或者高于委托人指定的价格买入的，应当经委托人同意；未经委托人同意，行纪人补偿其差额的，该买卖对委托人发生效力。

行纪人高于委托人指定的价格卖出或者低于委托人指定的价格买入的，可以按照约定增加报酬；没有约定或者约定不明确，依据本法第五百一十条的规定仍不能确定的，该利益属于委托人。

委托人对价格有特别指示的，行纪人不得违背该指示卖出或者买入。

第九百五十六条 行纪人卖出或者买入具有市场定价的商品，除委托人有相反的意思表示外，行纪人自己可以作为买受人或者出卖人。

行纪人有前款规定情形的，仍然可以请求委托人支付报酬。

第九百五十七条 行纪人按照约定买入委托物，委托人应当及时受领。经行纪人催告，委托人无正当理由拒绝受领的，行纪人依法可以提存委托物。

委托物不能卖出或者委托人撤回出卖，经行纪人催告，委托人不取回或者不处分该物的，行纪人依法可以提存委托物。

第九百五十八条 行纪人与第三人订立合同的，行纪人对该合同直接享有权利、承担义务。

第三人不履行义务致使委托人受到损害的，行纪人应当承担赔偿责任，但是行纪人与委托人另有约定的除外。

第九百五十九条 行纪人完成或者部分完成委托事务的，委托人应当向其支付相应的报酬。委托人逾期不支付报酬的，行纪人对委托物享有留置权，但是当事人另有约定的除外。

第九百六十条 本章没有规定的，参照适用委托合同的有关规定。

第二十六章 中介合同

第九百六十一条 中介合同是中介人向委托人报告订立合同的机会或者提供订立合同的媒介服务，委托人支付报酬的合同。

第九百六十二条 中介人应当就有关订立合同的事项向委托人如实报告。

中介人故意隐瞒与订立合同有关的重要事实或者提供虚假情况，损害委托人利益的，不得请求支付报酬并应当承担赔偿责任。

第九百六十三条 中介人促成合同成立的，委托人应当按照约定支付报酬。对中介人的报酬没有约定或者约定不明确，依据本法第五百一十条的规定仍不能确定的，根据中介人的劳务合理确定。因中介人提供订立合同的媒介服务而促成合同成立的，由该合同的当事人平均负担中介人的报酬。

中介人促成合同成立的，中介活动的费用，由中介人负担。

第九百六十四条 中介人未促成合同成立的，不得请求支付报酬；但是，可以按照约定请求委托人支付从事中介活动支出的必要费用。

第九百六十五条 委托人在接受中介人的服务后，利用中介人提供的交易机会或者媒介服务，绕开中介人直接订立合同的，应当向中介人支付报酬。

第九百六十六条 本章没有规定的，参照适用委托合同的有关规定。

第二十七章 合伙合同

第九百六十七条 合伙合同是两个以上合伙人为了共同的事业目的，订立的共享利益、共担风险的协议。

第九百六十八条 合伙人应当按照约定的出资方式、数额和缴付期限，履行出资义务。

第九百六十九条 合伙人的出资、因合伙事务依法取得的收益和其他财产，属于合伙财产。

合伙合同终止前，合伙人不得请求分割合伙财产。

第九百七十条 合伙人就合伙事务作出决定的，除合伙合同另有约定外，应当经全体合伙人一致同意。

合伙事务由全体合伙人共同执行。按照合伙合同的约定或者全体合伙人的决定，可以委托一个或者数个合伙人执行合伙事务；其他合伙人不再执行合伙事务，但是有权监督执行情况。

合伙人分别执行合伙事务的，执行事务合伙人可以对其他合伙人执行的事务提出异议；提出异议后，其他合伙人应当暂停该项事务的执行。

第九百七十一条 合伙人不得因执行合伙事务而请求支付报酬，但是合伙合同另有约定的除外。

第九百七十二条 合伙的利润分配和亏损分担，按照合伙合同的约定办理；合伙合同没有约定或者约定不明确的，由合伙人协商决定；协商不成的，由合伙人按照实缴出资比例分配、分担；无法确定出资比例的，由合伙人平均分配、分担。

第九百七十三条 合伙人对合伙债务承担连带责任。清偿合伙债务超过自己应当承担份额的合伙人，有权向其他合伙人追偿。

第九百七十四条 除合伙合同另有约定外，合伙人向合伙人以外的人转让其全部或者部分财产份额的，须经其他合伙人一致同意。

第九百七十五条 合伙人的债权人不得代位行使合伙人依照本章规定和合伙合同享有的权利，但是合伙人享有的利益分配请求权除外。

第九百七十六条 合伙人对合伙期限没有约定或者约定不明确，依据本法第五百一十条的规定仍不能确定的，视为不定期合伙。

合伙期限届满，合伙人继续执行合伙事务，其他合伙人没有提出异议的，原合伙合同继续有效，但是合伙期限为不定期。

合伙人可以随时解除不定期合伙合同，但是应当在合理期限之前通知其他合伙人。

第九百七十七条 合伙人死亡、丧失民事行为能力或者终止的，合伙合同终止；但是，合伙合同另有约定或者根据合伙事务的性质不宜终止的除外。

第九百七十八条 合伙合同终止后，合伙财产在支付因终止而产生的费用以及清偿合伙债务后有剩余的，依据本法第九百七十二条的规定进行分配。

第三分编 准 合 同

第二十八章 无因管理

第九百七十九条 管理人没有法定的或者约定的义务，为避免他人利益受损失而管理他人事务的，可以请求受益人偿还因管理事务而支出的必要费用；管理人因管理事务受到损失的，可以请求受益人给予适当补偿。

管理事务不符合受益人真实意思的，管理人不享有前款规定的权利；但是，受益人的真实意思违反法律或者违背公序良俗的除外。

第九百八十条 管理人管理事务不属于前条规定的情形，但是受益人享有管理利益的，受益人应当在其获得的利益范围内向管理人承担前条第一款规定的义务。

第九百八十一条 管理人管理他人事务，应当采取有利于受益人的方法。中断管理对受益人不利的，无正当理由不得中断。

第九百八十二条 管理人管理他人事务，能够通知受益人的，应当及时通知受益人。管理的事务不需要紧急处理的，应当等待受益人的指示。

第九百八十三条 管理结束后，管理人应当向受益人报告管理事务的情况。管理人管理事务取得的财产，应当及时转交给受益人。

第九百八十四条 管理人管理事务经受益人事后追认的，从管理事务开始时起，适用委托合同的有关规定，但是管理人另有意思表示的除外。

第二十九章 不当得利

第九百八十五条 得利人没有法律根据取得不当利益的，受损失的人可以请求得利人返还取得的利益，但是有下列情形之一的除外：

（一）为履行道德义务进行的给付；

（二）债务到期之前的清偿；

（三）明知无给付义务而进行的债务清偿。

第九百八十六条 得利人不知道且不应当知道取得的利益没有法律根据，取得的利益已经不存在的，不承担返还该利益的义务。

第九百八十七条 得利人知道或者应当知道取得的利益没有法律根据的，受损失的人可以请求得利人返还其取得的利益并依法赔偿损失。

第九百八十八条 得利人已经将取得的利益无偿转让给第三人的，受损失的人可以请求第三人在相应范围内承担返还义务。

附　录　4

中华人民共和国招标投标法

1999年8月30日　主席令第二十一号

（1999年8月30日第九届全国人民代表大会常务委员会第十一次会议通过）

2017年12月修订

第一章　总　　则

第一条　为了规范招标投标活动，保护国家利益、社会公共利益和招标投标活动当事人的合法权益，提高经济效益，保证项目质量，制定本法。

第二条　在中华人民共和国境内进行招标投标活动，适用本法。

第三条　在中华人民共和国境内进行下列工程建设项目包括项目的勘察、设计、施工、监理以及与工程建设有关的重要设备、材料等的采购，必须进行招标：

（一）大型基础设施、公用事业等关系社会公共利益、公众安全的项目；

（二）全部或者部分使用国有资金投资或者国家融资的项目；

（三）使用国际组织或者外国政府贷款、援助资金的项目。

前款所列项目的具体范围和规模标准，由国务院发展计划部门会同国务院有关部门制订，报国务院批准。

法律或者国务院对必须进行招标的其他项目的范围有规定的，依照其规定。

第四条　任何单位和个人不得将依法必须进行招标的项目化整为零或者以其他任何方式规避招标。

第五条　招标投标活动应当遵循公开、公平、公正和诚实信用的原则。

第六条　依法必须进行招标的项目，其招标投标活动不受地区或者部门的限制。任何单位和个人不得违法限制或者排斥本地区、本系统以外的法人或者其他组织参加投标，不得以任何方式非法干涉招标投标活动。

第七条　招标投标活动及其当事人应当接受依法实施的监督。

有关行政监督部门依法对招标投标活动实施监督，依法查处招标投标活动中的违法行为。

对招标投标活动的行政监督及有关部门的具体职权划分，由国务院规定。

第二章　招　　标

第八条　招标人是依照本法规定提出招标项目、进行招标的法人或者其他组织。

第九条　招标项目按照国家有关规定需要履行项目审批手续的，应当先履行审批手续，取得批准。

招标人应当有进行招标项目的相应资金或者资金来源已经落实，并应当在招标文件中如实载明。

第十条　招标分为公开招标和邀请招标。

公开招标，是指招标人以招标公告的方式邀请不特定的法人或者其他组织投标。

邀请招标，是指招标人以投标邀请书的方式邀请特定的法人或者其他组织投标。

第十一条 国务院发展计划部门确定的国家重点项目和省、自治区、直辖市人民政府确定的地方重点项目不适宜公开招标的，经国务院发展计划部门或省、自治区、直辖市人民政府批准，可以进行邀请招标。

第十二条 招标人有权自行选择招标代理机构，委托其办理招标事宜。任何单位和个人不得以任何方式为招标人指定招标代理机构。

招标人具有编制招标文件和组织评标能力的，可以自行办理招标事宜。任何单位和个人不得强制其委托招标代理机构办理招标事宜。

依法必须进行招标的项目，招标人自行办理招标事宜的，应当向有关行政监督部门备案。

第十三条 招标代理机构是依法设立、从事招标代理业务并提供相关服务的社会中介组织。

招标代理机构应当具备下列条件：

（一）有从事招标代理业务的营业场所和相应资金；

（二）有能够编制招标文件和组织评标的相应专业力量。

第十四条 招标代理机构与行政机关和其他国家机关不得存在隶属关系或者其他利益关系。

第十五条 招标代理机构应当在招标人委托的范围内办理招标事宜，并遵守本法关于招标人的规定。

第十六条 招标人采用公开招标方式的，应当发布招标公告。依法必须进行招标的项目的招标公告，应当通过国家指定的报刊、信息网络或者其他媒介发布。

招标公告应当载明招标人的名称和地址，招标项目的性质、数量、实施地点和时间以及获取招标文件的办法等事项。

第十七条 招标人采用邀请招标方式的，应当向三个以上具备承担招标项目的能力、资信良好的特定的法人或者其他组织发出投标邀请书。

投标邀请书应当载明本法第十六条第二款规定的事项。

第十八条 招标人可以根据招标项目本身的要求，在招标公告或者投标邀请书中，要求潜在投标人提供有关资质证明文件和业绩情况，并对潜在投标人进行资格审查；国家对投标人的资格条件有规定的，依照其规定。

招标人不得以不合理的条件限制或者排斥潜在投标人，不得对潜在投标人实行歧视待遇。

第十九条 招标人应当根据招标项目的特点和需要编制招标文件。招标文件应当包括招标项目的技术要求、对投标人资格审查的标准、投标报价要求和评标标准等所有实质性要求和条件以及拟签订合同的主要条款。

国家对招标项目的技术、标准有规定的，招标人应当按照其规定在招标文件中提出相应要求。

招标项目需要划分标段、确定工期的，招标人应当合理划分标段、确定工期，并在招标文件中载明。

第二十条 招标文件不得要求或者标明特定的生产供应者以及含有倾向或者排斥潜在投标人的其他内容。

第二十一条 招标人根据招标项目的具体情况，可以组织潜在投标人踏勘项目现场。

第二十二条 招标人不得向他人透露已获取招标文件的潜在投标人的名称、数量以及可能影响公平竞争的有关招标投标的其他情况。

招标人设有标底的，标底必须保密。

第二十三条 招标人对已发出的招标文件进行必要的澄清或者修改的，应当在招标文件要求提交投标文件截止时间至少十五日前，以书面形式通知所有招标文件收受人。该澄清或者修改的内容为招标文件的组成部分。

第二十四条 招标人应当确定投标人编制投标文件所需要的合理时间；但是，依法必须进行招标的项目，自招标文件开始发出之日起至投标人提交投标文件截止之日止，最短不得少于二十日。

第三章 投　　标

第二十五条　投标人是响应招标、参加投标竞争的法人或者其他组织。

依法招标的科研项目允许个人参加投标的，投标的个人适用本法有关投标人的规定。

第二十六条　投标人应当具备承担招标项目的能力；国家有关规定对投标人资格条件或者招标文件对投标人资格条件有规定的，投标人应当具备规定的资格条件。

第二十七条　投标人应当按照招标文件的要求编制投标文件。投标文件应当对招标文件提出的实质性要求和条件作出响应。

招标项目属于建设施工的，投标文件的内容应当包括拟派出的项目负责人与主要技术人员的简历、业绩和拟用于完成招标项目的机械设备等。

第二十八条　投标人应当在招标文件要求提交投标文件的截止时间前，将投标文件送达投标地点。招标人收到投标文件后，应当签收保存，不得开启。投标人少于三个的，招标人应当依照本法重新招标。

在招标文件要求提交投标文件的截止时间后送达的投标文件，招标人应当拒收。

第二十九条　投标人在招标文件要求提交投标文件的截止时间前，可以补充、修改或者撤回已提交的投标文件，并书面通知招标人。补充、修改的内容为投标文件的组成部分。

第三十条　投标人根据招标文件载明的项目实际情况，拟在中标后将中标项目的部分非主体、非关键性工作进行分包的，应当在投标文件中载明。

第三十一条　两个以上法人或者其他组织可以组成一个联合体，以一个投标人的身份共同投标。

联合体各方均应当具备承担招标项目的相应能力；国家有关规定或者招标文件对投标人资格条件有规定的，联合体各方均应当具备规定的相应资格条件。由同一专业的单位组成的联合体，按照资质等级较低的单位确定资质等级。

联合体各方应当签订共同投标协议，明确约定各方拟承担的工作和责任，并将共同投标协议连同投标文件一并提交招标人。联合体中标的，联合体各方应当共同与招标人签订合同，就中标项目向招标人承担连带责任。

招标人不得强制投标人组成联合体共同投标，不得限制投标人之间的竞争。

第三十二条　投标人不得相互串通投标报价，不得排挤其他投标人的公平竞争，损害招标人或者其他投标人的合法权益。

投标人不得与招标人串通投标，损害国家利益、社会公共利益或者他人的合法权益。

禁止投标人以向招标人或者评标委员会成员行贿的手段谋取中标。

第三十三条　投标人不得以低于成本的报价竞标，也不得以他人名义投标或者以其他方式弄虚作假，骗取中标。

第四章　开标、评标和中标

第三十四条　开标应当在招标文件确定的提交投标文件截止时间的同一时间公开进行；开标地点应当为招标文件中预先确定的地点。

第三十五条　开标由招标人主持，邀请所有投标人参加。

第三十六条　开标时，由投标人或者其推选的代表检查投标文件的密封情况，也可以由招标人委托的公证机构检查并公证；经确认无误后，由工作人员当众拆封，宣读投标人名称、投标价格和投标文件的其他主要内容。

招标人在招标文件要求提交投标文件的截止时间前收到的所有投标文件，开标时都应当当众予以拆封、宣读。

开标过程应当记录，并存档备查。

第三十七条 评标由招标人依法组建的评标委员会负责。

依法必须进行招标的项目，其评标委员会由招标人的代表和有关技术、经济等方面的专家组成，成员人数为五人以上单数，其中技术、经济等方面的专家不得少于成员总数的三分之二。

前款专家应当从事相关领域工作满八年并具有高级职称或者具有同等专业水平，由招标人从国务院有关部门或者省、自治区、直辖市人民政府有关部门提供的专家名册或者招标代理机构的专家库内的相关专业的专家名单中确定；一般招标项目可以采取随机抽取方式，特殊招标项目可以由招标人直接确定。

与投标人有利害关系的人不得进入相关项目的评标委员会；已经进入的应当更换。

评标委员会成员的名单在中标结果确定前应当保密。

第三十八条 招标人应当采取必要的措施，保证评标在严格保密的情况下进行。

任何单位和个人不得非法干预、影响评标的过程和结果。

第三十九条 评标委员会可以要求投标人对投标文件中含义不明确的内容作必要的澄清或者说明，但是澄清或者说明不得超出投标文件的范围或者改变投标文件的实质性内容。

第四十条 评标委员会应当按照招标文件确定的评标标准和方法，对投标文件进行评审和比较；设有标底的，应当参考标底。评标委员会完成评标后，应当向招标人提出书面评标报告，并推荐合格的中标候选人。

招标人根据评标委员会提出的书面评标报告和推荐的中标候选人确定中标人。招标人也可以授权评标委员会直接确定中标人。

国务院对特定招标项目的评标有特别规定的，从其规定。

第四十一条 中标人的投标应当符合下列条件之一：

（一）能够最大限度地满足招标文件中规定的各项综合评价标准；

（二）能够满足招标文件的实质性要求，并且经评审的投标价格最低；但是投标价格低于成本的除外。

第四十二条 评标委员会经评审，认为所有投标都不符合招标文件要求的，可以否决所有投标。

依法必须进行招标的项目的所有投标被否决的，招标人应当依照本法重新招标。

第四十三条 在确定中标人前，招标人不得与投标人就投标价格、投标方案等实质性内容进行谈判。

第四十四条 评标委员会成员应当客观、公正地履行职务，遵守职业道德，对所提出的评审意见承担个人责任。

评标委员会成员不得私下接触投标人，不得收受投标人的财物或者其他好处。

评标委员会成员和参与评标的有关工作人员不得透露对投标文件的评审和比较、中标候选人的推荐情况以及与评标有关的其他情况。

第四十五条 中标人确定后，招标人应当向中标人发出中标通知书，并同时将中标结果通知所有未中标的投标人。

中标通知书对招标人和中标人具有法律效力。中标通知书发出后，招标人改变中标结果的，或者中标人放弃中标项目的，应当依法承担法律责任。

第四十六条 招标人和中标人应当自中标通知书发出之日起三十日内，按照招标文件和中标人的投标文件订立书面合同。招标人和中标人不得再行订立背离合同实质性内容的其他协议。

招标文件要求中标人提交履约保证金的，中标人应当提交。

第四十七条 依法必须进行招标的项目，招标人应当自确定中标人之日起十五日内，向有关行政监督部门提交招标投标情况的书面报告。

第四十八条 中标人应当按照合同约定履行义务，完成中标项目。中标人不得向他人转让中标项目，也不得将中标项目肢解后分别向他人转让。

中标人按照合同约定或者经招标人同意，可以将中标项目的部分非主体、非关键性工作分包给他人完成。接受分包的人应当具备相应的资格条件，并不得再次分包。

中标人应当就分包项目向招标人负责，接受分包的人就分包项目承担连带责任。

第五章　法律责任

第四十九条　违反本法规定，必须进行招标的项目而不招标的，将必须进行招标的项目化整为零或者以其他任何方式规避招标的，责令限期改正，可以处项目合同金额千分之五以上千分之十以下的罚款；对全部或者部分使用国有资金的项目，可以暂停项目执行或者暂停资金拨付；对单位直接负责的主管人员和其他直接责任人员依法给予处分。

第五十条　招标代理机构违反本法规定，泄露应当保密的与招标投标活动有关的情况和资料的，或者与招标人、投标人串通损害国家利益、社会公共利益或者他人合法权益的，处五万元以上二十五万元以下的罚款，对单位直接负责的主管人员和其他直接责任人员处单位罚款数额百分之五以上百分之十以下的罚款；有违法所得的，并处没收违法所得；情节严重的，暂停直至取消招标代理资格；构成犯罪的，依法追究刑事责任。给他人造成损失的，依法承担赔偿责任。

前款所列行为影响中标结果的，中标无效。

第五十一条　招标人以不合理的条件限制或者排斥潜在投标人的，对潜在投标人实行歧视待遇的，强制要求投标人组成联合体共同投标的，或者限制投标人之间竞争的，责令改正，可以处一万元以上五万元以下的罚款。

第五十二条　依法必须进行招标的项目的招标人向他人透露已获取招标文件的潜在投标人的名称、数量或者可能影响公平竞争的有关招标投标的其他情况的，或者泄露标底的，给予警告，可以并处一万元以上十万元以下的罚款；对单位直接负责的主管人员和其他直接责任人员依法给予处分；构成犯罪的，依法追究刑事责任。

前款所列行为影响中标结果的，中标无效。

第五十三条　投标人相互串通投标或者与招标人串通投标的，投标人以向招标人或者评标委员会成员行贿的手段谋取中标的，中标无效，处中标项目金额千分之五以上千分之十以下的罚款，对单位直接负责的主管人员和其他直接责任人员处单位罚款数额百分之五以上百分之十以下的罚款；有违法所得的，并处没收违法所得；情节严重的，取消其一年至二年内参加依法必须进行招标的项目的投标资格并予以公告，直至由工商行政管理机关吊销营业执照；构成犯罪的，依法追究刑事责任。给他人造成损失的，依法承担赔偿责任。

第五十四条　投标人以他人名义投标或者以其他方式弄虚作假，骗取中标的，中标无效，给招标人造成损失的，依法承担赔偿责任；构成犯罪的，依法追究刑事责任。

依法必须进行招标的项目的投标人有前款所列行为尚未构成犯罪的，处中标项目金额千分之五以上千分之十以下的罚款，对单位直接负责的主管人员和其他直接责任人员处单位罚款数额百分之五以上百分之十以下的罚款；有违法所得的，并处没收违法所得；情节严重的，取消其一年至三年内参加依法必须进行招标的项目的投标资格并予以公告，直至由工商行政管理机关吊销营业执照。

第五十五条　依法必须进行招标的项目，招标人违反本法规定，与投标人就投标价格、投标方案等实质性内容进行谈判的，给予警告，对单位直接负责的主管人员和其他直接责任人员依法给予处分。

前款所列行为影响中标结果的，中标无效。

第五十六条　评标委员会成员收受投标人的财物或者其他好处的，评标委员会成员或者参加评标的有关工作人员向他人透露对投标文件的评审和比较、中标候选人的推荐以及与评标有关的其他情况的，给予警告，没收收受的财物，可以并处三千元以上五万元以下的罚款，对有所列违法行为的评标委员会成员取消担任评标委员会成员的资格，不得再参加任何依法必须进行招标的项目的评标；构成犯罪的，依法追究刑事责任。

第五十七条 招标人在评标委员会依法推荐的中标候选人以外确定中标人的，依法必须进行招标的项目在所有投标被评标委员会否决以后自行确定中标人的，中标无效。责令改正，可以处中标项目金额千分之五以上千分之十以下的罚款；对单位直接负责的主管人员和其他直接责任人员依法给予处分。

第五十八条 中标人将中标项目转让给他人的，将中标肢解后分别转让给他人的，违反本法规定将中标项目的部分主体、关键性工作分包给他人的，或者分包人再次分包的，转让、分包无效，处转让、分包项目金额千分之五以上千分之十以下的罚款；有违法所得的，并处没收违法所得；可以责令停业整顿；情节严重的，由工商行政管理机关吊销营业执照。

第五十九条 招标人与中标人不按照招标文件和中标人的投标文件订立合同的，或者招标人、中标人订立背离合同实质性内容的协议的，责令改正；可以处中标项目金额千分之五以上千分之十以下的罚款。

第六十条 中标人不履行与招标人订立的合同的，履约保证金不予退还，给招标人造成损失超过履约保证金数额的，还应当对超过部分予以赔偿；没有提交履约保证金的，应当对招标人的损失承担赔偿责任。

中标人不按照与招标人订立的合同履行义务，情节严重的，取消其二年至五年内参加依法必须进行招标的项目的投标资格并予以公告，直至由工商行政管理机关吊销营业执照。

因不可抗力不能履行合同的，不适用前两款规定。

第六十一条 本章规定的行政处罚，由国务院规定的有关行政监督部门决定。本法已对实施行政处罚的机关作出规定的除外。

第六十二条 任何单位违反本法规定，限制或者排斥本地区、本系统以外的法人或者其他组织参加投标的，为招标人指定招标代理机构的，强制招标人委托招标代理机构办理招标事宜的，或者以其他方式干涉招标投标活动的，责令改正；对单位直接负责的主管人员和其他直接责任人员依法给予警告、记过、记大过的处分，情节较重的，依法给予降级、撤职、开除的处分。

个人利用职权进行前款违法行为的，依照前款规定追究责任。

第六十三条 对招标投标活动依法负有行政监督职责的国家机关工作人员徇私舞弊、滥用职权或者玩忽职守，构成犯罪的，依法追究刑事责任；不构成犯罪的，依法给予行政处分。

第六十四条 依法必须进行招标的项目违反本法规定，中标无效的，应当依照本法规定的中标条件从其余投标人中重新确定中标人或者依照本法重新进行招标。

第六章　附　　则

第六十五条 投标人和其他利害关系人认为招标投标活动不符合本法有关规定的，有权向招标人提出异议或者依法向有关行政监督部门投诉。

第六十六条 涉及国家安全、国家秘密、抢险救灾或者属于利用扶贫资金实行以工代赈、需要使用农民工等特殊情况，不适宜进行招标的项目，按照国家有关规定可以不进行招标。

第六十七条 使用国际组织或者外国政府贷款、援助资金的项目进行招标，贷款方、资金提供方对招标投标的具体条件和程序有不同规定的，可以适用其规定，但违背中华人民共和国的社会公共利益的除外。

第六十八条 本法自 2000 年 1 月 1 日起施行。

附 录 5

建设工程质量管理条例

2000年1月30日 中华人民共和国国务院令第279号
(2000年1月10日国务院第25次常务会议通过)
2019年4月修订

第一章 总 则

第一条 为了加强对建设工程质量的管理，保证建设工程质量，保护人民生命和财产安全，根据《中华人民共和国建筑法》，制定本条例。

第二条 凡在中华人民共和国境内从事建设工程的新建、扩建、改建等有关活动及实施对建设工程质量监督管理的，必须遵守本条例。

本条例所称建设工程，是指土木工程、建设工程、线路管道和设备安装工程及装修工程。

第三条 建设单位、勘察单位、设计单位、施工单位、工程监理单位依法对建设工程质量负责。

第四条 县级以上人民政府建设行政主管部门和其他有关部门应当加强对建设工程质量的监督管理。

第五条 从事建设工程活动，必须严格执行基本建设程序，坚持先勘察、后设计、再施工的原则。

县级以上人民政府及其有关部门不得超越权限审批建设项目或者擅自简化基本建设程序。

第六条 国家鼓励采用先进的科学技术和管理方法，提高建设工程质量。

第二章 建设单位的质量责任和义务

第七条 建设单位应当将工程发包给具有相应资质等级的单位。

建设单位不得将建设工程肢解发包。

第八条 建设单位应当依法对工程建设项目的勘察、设计、施工、监理以及与工程建设有关的重要设备、材料等的采购进行招标。

第九条 建设单位必须向有关的勘察、设计、施工、工程监理等单位提供与建设工程有关的原始资料。

原始资料必须真实、准确、齐全。

第十条 建设工程发包单位不得迫使承包方以低于成本的价格竞标，不得任意压缩合理工期。

建设单位不得明示或者暗示设计单位或者施工单位违反工程建设强制性标准，降低建设工程质量。

第十一条 施工图设计文件审查的具体办法，由国务院建设行政主管部门、国务院其他有关部门制定。

施工图设计文件未经审查批准的，不得使用。

第十二条 实行监理的建设工程，建设单位应当委托具有工程监理相应资质等级的工程监理单位进行监理。也可以委托具有工程监理相应资质等级并与被监理工程的施工承包单位没有隶属关系或者其他利害关系的该工程的设计单位进行监理。

下列建设工程必须实行监理：

（一）国家重点建设工程；

（二）大中型公用事业工程；

（三）成片开发建设的住宅小区工程；

（四）利用外国政府或者国际组织贷款、援助资金的工程；

（五）国家规定必须实行监理的其他工程。

第十三条 建设单位在开工前，应当按照国家有关规定办理工程质量监督手续，工程质量监督手续可以与施工许可证或者开工报告合并办理。

第十四条 按照合同约定，由建设单位采购建筑材料、建筑构配件和设备的，建设单位应当保证建筑材料、建筑构配件和设备符合设计文件和合同要求。

建设单位不得明示或者暗示施工单位使用不合格的建筑材料、建筑构配件和设备。

第十五条 涉及建筑主体和承重结构变动的装修工程，建设单位应当在施工前委托原设计单位或者具有相应资质等级的设计单位提出设计方案；没有设计方案的，不得施工。

房屋建筑使用者在装修过程中，不得擅自变动房屋建筑主体和承重结构。

第十六条 建设单位收到建设工程竣工报告后，应当组织设计、施工、工程监理等有关单位进行竣工验收。

建设工程竣工验收应当具备下列条件：

（一）完成建设工程设计和合同约定的各项内容；

（二）有完整的技术档案和施工管理资料；

（三）有工程使用的主要建筑材料、建筑构配件和设备的进场试验报告；

（四）有勘察、设计、施工、工程监理等单位分别签署的质量合格文件；

（五）有施工单位签署的工程保修书。

建设工程经验收合格的，方可交付使用。

第十七条 建设单位应当严格按照国家有关档案管理的规定，及时收集、整理建设项目各环节的文件资料，建立、健全建设项目档案，并在建设工程竣工验收后，及时向建设行政主管部门或者其他有关部门移交建设项目档案。

第三章 勘察、设计单位的质量责任和义务

第十八条 从事建设工程勘察、设计的单位应当依法取得相应等级的资质证书，并在其资质等级许可的范围内承揽工程。

禁止勘察、设计单位超越其资质等级许可的范围或者以其他勘察、设计单位的名义承揽工程。禁止勘察、设计单位允许其他单位或者个人以本单位的名义承揽工程。

勘察、设计单位不得转包或者违法分包所承揽的工程。

第十九条 勘察、设计单位必须按照工程强制性标准进行勘察、设计，并对其勘察、设计的质量负责。

注册建筑师、注册结构工程师等注册执业人员应当在设计文件上签字，对设计文件负责。

第二十条 勘察单位提供的地质、测量、水文等勘察成果必须真实、准确。

第二十一条 设计单位应当根据勘察成果文件进行建设工程设计。

设计文件应当符合国家规定的设计深度要求，注明工程合理使用年限。

第二十二条 设计单位在设计文件中选用的建筑材料、建筑构配件和设备，应当注明规格、型号、性能等技术指标，其质量要求必须符合国家规定的标准。

除有特殊要求的建筑材料、专用设备、工艺生产线等外，设计单位不得指定生产厂、供应商。

第二十三条　设计单位应当就审查合格的施工图设计文件向施工单位作出详细说明。

第二十四条　设计单位应当参与建设工程质量事故分析，并对因设计造成的质量事故，提出相应的技术处理方案。

第四章　施工单位的质量责任和义务

第二十五条　施工单位应当依法取得相应等级的资质证书，并在其资质等级许可的范围内承揽工程。

禁止施工单位超越本单位资质等级许可的业务范围或者以其他施工单位的名义承揽工程。禁止施工单位允许其他单位或者个人以本单位的名义承揽工程。

施工单位不得转包或者违法分包工程。

第二十六条　施工单位对建设工程的施工质量负责。

施工单位应当建立质量责任制，确定工程项目的项目经理、技术负责人和施工管理负责人。

建设工程实行总承包的，总承包单位应当对全部建设工程质量负责；建设工程勘察、设计、施工、设备采购的一项或者多项实行总承包的，总承包单位应当对其承包的建设工程或者采购的设备的质量负责。

第二十七条　总承包单位依法将建设工程分包给其他单位的，分包单位应当按照分包合同的约定对其分包工程的质量向总承包单位负责，总承包单位与分包单位对分包工程的质量承担连带责任。

第二十八条　施工单位必须按照工程设计图纸和施工技术标准施工，不得擅自修改工程设计，不得偷工减料。

施工单位在施工过程中发现设计文件和图纸有差错的，应当及时提出意见和建议。

第二十九条　施工单位必须按照工程设计要求、施工技术标准和合同约定，对建筑材料、建筑构配件、设备和商品混凝土进行检验，检验应当有书面记录和专人签字；未经检验或者检验不合格的，不得使用。

第三十条　施工单位必须建立、健全施工质量的检验制度，严格工序管理，作好隐蔽工程的质量检查和记录。隐蔽工程在隐蔽前，施工单位应当通知建设单位和建设工程质量监督机构。

第三十一条　施工人员对涉及结构安全的试块、试件以及有关材料，应当在建设单位或者工程监理单位监督下现场取样，并送具有相应资质等级的质量检测单位进行检测。

第三十二条　施工单位对施工中出现质量问题的建设工程或者竣工验收不合格的建设工程，应当负责返修。

第三十三条　施工单位应当建立、健全教育培训制度，加强对职工的教育培训；未经教育培训或者考核不合格的人员，不得上岗作业。

第五章　工程监理单位的质量责任和义务

第三十四条　工程监理单位应当依法取得相应等级的资质证书，并在其资质等级许可的范围内承担工程监理业务。

禁止工程监理单位超越本单位资质等级许可的范围或者以其他工程监理单位的名义承担工程监理业务。禁止工程监理单位允许其他单位或者个人以本单位的名义承担工程监理业务。

工程监理单位不得转让工程监理业务。

第三十五条　工程监理单位与被监理工程的施工承包单位以及建筑材料、建筑构配件和设备供应单位有隶属关系或者其他利害关系的，不得承担该项建设工程的监理业务。

第三十六条　工程监理单位应当依照法律、法规以及有关技术标准、设计文件和建设工程承包合同，代表建设单位对施工质量实施监理，并对施工质量承担监理责任。

第三十七条　工程监理单位应当选派具备相应资格的总监理工程师和监理工程师进驻施工现场。

未经监理工程师签字，建筑材料、建筑构配件和设备不得在工程上使用或者安装，施工单位不得进行下一道工序的施工。未经总监理工程师签字，建设单位不拨付工程款，不进行竣工验收。

第三十八条 监理工程师应当按照工程监理规范的要求，采取旁站、巡视和平行检验等形式，对建设工程实施监理。

第六章 建设工程质量保修

第三十九条 建设工程实行质量保修制度。

建设工程承包单位在向建设单位提交工程竣工验收报告时，应当向建设单位出具质量保修书。质量保修书中应当明确建设工程的保修范围、保修期限和保修责任等。

第四十条 在正常使用条件下，建设工程的最低保修期限为：

（一）基础设施工程、房屋建筑的地基基础工程和主体结构工程，为设计文件规定的该工程的合理使用年限；

（二）屋面防水工程、有防水要求的卫生间、房间和外墙面的防渗漏，为5年；

（三）供热与供冷系统，为2个采暖期、供冷期；

（四）电气管线、给排水管道、设备安装和装修工程，为2年。

其他项目的保修期限由发包方与承包方约定。

建设工程的保修期，自竣工验收合格之日起计算。

第四十一条 建设工程在保修范围和保修期限内发生质量问题的，施工单位应当履行保修义务，并对造成的损失承担赔偿责任。

第四十二条 建设工程在超过合理使用年限后需要继续使用的，产权所有人应当委托具有资质等级的勘察、设计单位鉴定，并根据鉴定结果采取加固、维修等措施，重新界定使用期。

第七章 监督管理

第四十三条 国家实行建设工程质量监督管理制度。

国务院建设行政主管部门对全国的建设工程质量实施统一监督管理。国务院铁路、交通、水利等有关部门按照国务院规定的职责分工，负责对全国的有关专业建设工程质量的监督管理。

县级以上地方人民政府建设行政主管部门对本行政区域内的建设工程质量实施监督管理。县级以上地方人民政府交通、水利等有关部门在各自的职责范围内，负责对本行政区域内的专业建设工程质量的监督管理。

第四十四条 国务院建设行政主管部门和国务院铁路、交通、水利等有关部门应当加强对有关建设工程质量的法律、法规和强制性标准执行情况的监督检查。

第四十五条 国务院发展计划部门按照国务院规定的职责，组织稽查特派员，对国家出资的重大建设项目实施监督检查。

国务院经济贸易主管部门按照国务院规定的职责，对国家重大技术改造项目实施监督检查。

第四十六条 建设工程质量监督管理，可以由建设行政主管部门或者其他有关部门委托的建设工程质量监督机构具体实施。

从事房屋建筑工程和市政基础设施工程质量监督的机构，必须按照国家有关规定经国务院建设行政主管部门或者省、自治区、直辖市人民政府建设行政主管部门考核；从事专业建设工程质量监督的机构，必须按照国家有关规定经国务院有关部门或者省、自治区、直辖市人民政府有关部门考核。经考核合格后，方可实施质量监督。

第四十七条 县级以上地方人民政府建设行政主管部门和其他有关部门应当加强对有关建设工程质量的法律、法规和强制性标准执行情况的监督检查。

第四十八条 县级以上人民政府建设行政主管部门和其他有关部门履行监督检查职责时，有权采取下列措施：

（一）要求被检查的单位提供有关工程质量的文件和资料；

（二）进入被检查单位的施工现场进行检查；

（三）发现有影响工程质量的问题时，责令改正。

第四十九条 建设单位应当自建设工程竣工验收合格之日起 15 日内，将建设工程竣工验收报告和规划、公安消防、环保等部门出具的认可文件或者准许使用文件报建设行政主管部门或者其他有关部门备案。

建设行政主管部门或者其他有关部门发现建设单位在竣工验收过程中有违反国家有关建设工程质量管理规定行为的，责令停止使用，重新组织竣工验收。

第五十条 有关单位和个人对县级以上人民政府建设行政主管部门和其他有关部门进行的监督检查应当支持与配合，不得拒绝或者阻碍建设工程质量监督检查人员依法执行职务。

第五十一条 供水、供电、供气、公安消防等部门或者单位不得明示或者暗示建设单位、施工单位购买其指定的生产供应单位的建筑材料、建筑构配件和设备。

第五十二条 建设工程发生质量事故，有关单位应当在 24 小时内向当地建设行政主管部门和其他有关部门报告。对重大质量事故，事故发生地的建设行政主管部门和其他有关部门按照事故类别和等级向当地人民政府和上级建设行政主管部门和其他有关部门报告。

特别重大质量事故的调查程序按照国务院有关规定办理。

第五十三条 任何单位和个人对建设工程的质量事故、质量缺陷都有权检举、控告、投诉。

第八章 罚 则

第五十四条 违反本条例规定，建设单位将建设工程发包给不具有相应资质等级的勘察、设计、施工单位或者委托给不具有相应资质等级的工程监理单位的，责令改正，处 50 万元以上 100 万元以下的罚款。

第五十五条 违反本条例规定，建设单位将建设工程肢解发包的，责令改正，处工程合同价款 0.5%以上 1%以下的罚款；对全部或者部分使用国有资金的项目，并可以暂停项目执行或者暂停资金拨付。

第五十六条 违反本条例规定，建设单位有下列行为之一的，责令改正，处 20 万元以上 50 万元以下的罚款：

（一）迫使承包方以低于成本的价格竞标的；

（二）任意压缩合理工期的；

（三）明示或者暗示设计单位或者施工单位违反工程建设强制性标准，降低工程质量的；

（四）施工图设计文件未经审查或者审查不合格，擅自施工的；

（五）建设项目必须实行工程监理而未实行工程监理的；

（六）未按照国家规定办理工程质量监督手续的；

（七）明示或者暗示施工单位使用不合格的建筑材料、建筑构配件和设备的；

（八）未按照国家规定将竣工验收报告、有关认可文件或者准许使用文件报送备案的。

第五十七条 违反本条例规定，建设单位未取得施工许可证或者开工报告未经批准，擅自施工的，责令停止施工，限期改正，处工程合同价款 1%以上 2%以下的罚款。

第五十八条 违反本条例规定，建设单位有下列行为之一的，责令改正，处工程合同价款 2%以上 4%以下的罚款；造成损失的，依法承担赔偿责任：

（一）未组织竣工验收，擅自交付使用的；

（二）验收不合格，擅自交付使用的；

（三）对不合格的建设工程按照合格工程竣工验收的。

第五十九条 违反本条例规定，建设工程竣工验收后，建设单位未向建设行政主管部门或者其他有关部门移交建设项目档案的，责令改正，处1万元以上10万元以下的罚款。

第六十条 违反本条例规定，勘察、设计、施工、工程监理单位超越本单位资质等级承揽工程的，责令停止违法行为，对勘察、设计单位或者工程监理单位处合同约定的勘察费、设计费或者监理酬金1倍以上2倍以下的罚款；对施工单位处工程合同价款2%以上4%以下的罚款，可以责令停业整顿，降低资质等级；情节严重的，吊销资质证书；有违法所得的，予以没收。

未取得资质证书承揽工程的，予以取缔，依照前款规定处以罚款，有违法所得的，予以没收。

以欺骗手段取得资质证书承揽工程的，吊销资质证书，依照本条例第一款规定处以罚款；有违法所得的，予以没收。

第六十一条 违反本条例规定，勘察、设计、施工、工程监理单位允许其他单位或者个人以本单位名义承揽工程的，责令改正，没收违法所得，对勘察、设计单位和工程监理单位处合同约定的勘察费、设计费和监理酬金1倍以上2倍以下的罚款；对施工单位处工程合同价款2%以上4%以下的罚款；可以责令停业整顿，降低资质等级；情节严重的，吊销资质证书。

第六十二条 违反本条例规定，承包单位将承包的工程转包或者违法分包的，责令改正，没收违法所得，对勘察、设计单位处合同约定的勘察费、设计费25%以上50%以下的罚款；对施工单位处工程合同价款0.5%以上1%以下的罚款；可以责令停业整顿，降低资质等级；情节严重的，吊销资质证书。

工程监理单位转让工程监理业务的，责令改正，没收违法所得，处合同约定的监理酬金25%以上50%以下的罚款；可以责令停业整顿，降低资质等级；情节严重的，吊销资质证书。

第六十三条 违反本条款规定，有下列行为之一的，责令改正，处10万元以上30万元以下的罚款：

（一）勘察单位未按照工程建设强制性标准进行勘察的；

（二）设计单位未根据勘察成果文件进行工程设计的；

（三）设计单位指定建筑材料、建筑构配件的生产厂、供应商的；

（四）设计单位未按照工程建设强制性标准进行设计的。

有前款所列行为，造成工程质量事故的，责令停业整顿，降低资质等级；情节严重的，吊销资质证书；造成损失的，依法承担赔偿责任。

第六十四条 违反本条例规定，施工单位在施工中偷工减料的，使用不合格的建筑材料、建筑构配件和设备的，或者有不按照工程设计图纸或者施工技术标准施工的其他行为的，责令改正，处工程合同价款2%以上4%以下的罚款；造成建设工程质量不符合规定的质量标准的，负责返工、修理，并赔偿因此造成的损失；情节严重的，责令停业整顿，降低资质等级或者吊销资质证书。

第六十五条 违反本条例规定，施工单位未对建筑材料、建筑构配件、设备和商品混凝土进行检验，或者未对涉及结构安全的试块、试件以及有关材料取样检测的，责令改正，处10万元以上20万元以下的罚款；情节严重的，责令停业整顿，降低资质等级或者吊销资质证书；造成损失的，依法承担赔偿责任。

第六十六条 违反本条例规定，施工单位不履行保修义务或者拖延履行保修义务的，责令改正，处10万元以上20万元以下的罚款，并对在保修期内因质量缺陷造成的损失承担赔偿责任。

第六十七条 工程监理单位有下列行为之一的，责令改正，处50万元以上100万元以下的罚款，降低资质等级或者吊销资质证书；有违法所得的，予以没收；造成损失的，承担连带赔偿责任：

（一）与建设单位或者施工单位串通，弄虚作假、降低工程质量的；

（二）将不合格的建设工程、建筑材料、建筑构配件和设备按照合格签字的。

第六十八条 违反本条例规定，工程监理单位与被监理工程的施工承包单位以及建筑材料、建筑构配件和设备供应单位有隶属关系或者其他利害关系承担该项建设工程的监理业务的，责令改正，处5万元以上

10 万元以下的罚款，降低资质等级或者吊销资质证书；有违法所得的，予以没收。

第六十九条 违反本条例规定，涉及建筑主体或者承重结构变动的装修工程，没有设计方案擅自施工的，责令改正，处 50 万元以上 100 万元以下的罚款；房屋建筑使用者在装修过程中擅自变动房屋建筑主体和承重结构的，责令改正，处 5 万元以上 10 万元以下的罚款。

有前款所列行为，造成损失的，依法承担赔偿责任。

第七十条 发生重大工程质量事故隐瞒不报、谎报或者拖延报告期限的，对直接负责的主管人员和其他责任人员依法给予行政处分。

第七十一条 违反本条例规定，供水、供电、供气、公安消防等部门或者单位明示或者暗示建设单位或者施工单位购买其指定的生产供应单位的建筑材料、建筑构配件和设备的，责令改正。

第七十二条 违反本条例规定，注册建筑师、注册结构工程师、注册监理工程师等注册执业人员因过错造成质量事故的，责令停止执业 1 年；造成重大质量事故的，吊销执业资格证书，5 年以内不予注册；情节特别恶劣的，终身不予注册。

第七十三条 依照本条例规定，给予单位罚款处罚的，对单位直接负责的主管人员和其他直接责任人员处单位罚款数额 5%以上 10%以下的罚款。

第七十四条 建设单位、设计单位、施工单位、工程监理单位违反国家规定，降低工程质量标准，造成重大安全事故，构成犯罪的，对直接责任人员依法追究刑事责任。

第七十五条 本条例规定的责令停业整顿，降低资质等级和吊销资质证书的行政处罚，由颁发资质证书的机关决定；其他行政处罚，由建设行政主管部门或者其他有关部门依照法定职权决定。

依照本条例规定被吊销资质证书的，由工商行政管理部门吊销其营业执照。

第七十六条 国家机关工作人员在建设工程质量监督管理工作中玩忽职守、滥用职权、徇私舞弊，构成犯罪的，依法追究刑事责任；尚不构成犯罪的，依法给予行政处分。

第七十七条 建设、勘察、设计、施工、工程监理单位的工作人员因调动工作、退休等原因离开该单位后，被发现在该单位工作期间违反国家有关建设工程质量管理规定，造成重大工程质量事故的，仍应当依法追究法律责任。

第九章 附 则

第七十八条 本条例所称肢解发包，是指建设单位将应当由一个承包单位完成的建设工程分解成若干部分发包给不同的承包单位的行为。

本条例所称违法分包，是指下列行为：

(一)总承包单位将建设工程分包给不具备相应资质条件的单位的；

(二)建设工程总承包合同中未有约定，又未经建设单位认可，承包单位将其承包的部分建设工程交由其他单位完成的；

(三)施工总承包单位将建设工程主体结构的施工分包给其他单位的；

(四)分包单位将其承包的建设工程再分包的。

本条例所称转包，是指承包单位承包建设工程后，不履行合同约定的责任和义务，将其承包的全部建设工程转给他人或者将其承包的全部建设工程肢解以后以分包的名义分别转给其他单位承包的行为。

第七十九条 本条例规定的罚款和没收的违法所得，必须全部上缴国库。

第八十条 抢险救灾及其他临时性房屋建筑和农民自建低层住宅的建设活动，不适用本条例。

第八十一条 军事建设工程的管理，按照中央军事委员会的有关规定执行。

第八十二条 本条例自发布之日起施行。

附　录　6

建设工程勘察设计管理条例

2000 年 9 月 25 日　中华人民共和国国务院令第 293 号
（2000 年 9 月 20 日国务院第 31 次常务会议通过）
2017 年 10 月修订

第一章　总　　则

第一条　为了加强对建设工程勘察、设计活动的管理，保证建设工程勘察、设计质量，保护人民生命和财产安全，制定本条例。

第二条　从事建设工程勘察、设计活动，必须遵守本条例。

本条例所称建设工程勘察，是指根据建设工程的要求，查明、分析、评价建设场地的地质地理环境特征和岩土工程条件，编制建设工程勘察文件的活动。

本条例所称建设工程设计，是指根据建设工程的要求，对建设工程所需的技术、经济、资源、环境等条件进行综合分析、论证，编制建设工程设计文件的活动。

第三条　建设工程勘察、设计应当与社会、经济发展水平相适应，做到经济效益、社会效益和环境效益相统一。

第四条　从事建设工程勘察、设计活动，应当坚持先勘察、后设计、再施工的原则。

第五条　县级以上人民政府建设行政主管部门和交通、水利等有关部门应当依照本条例的规定，加强对建设工程勘察、设计活动的监督管理。

建设工程勘察、设计单位必须依法进行建设工程勘察、设计，严格执行工程建设强制性标准，并对建设工程勘察、设计的质量负责。

第六条　国家鼓励在建设工程勘察、设计活动中采用先进技术、先进工艺、先进设备、新型材料和现代管理方法。

第二章　资质资格管理

第七条　国家对从事建设工程勘察、设计活动的单位，实行资质管理制度。具体办法由国务院建设行政主管部门国务院有关部门制定。

第八条　建设工程勘察、设计单位应当在其资质等级许可的范围内承揽建设工程勘察、设计业务。

禁止建设工程勘察、设计单位超越其资质等级许可的范围或者以其他建设工程勘察、设计单位的名义承揽建设工程勘察、设计业务。禁止建设工程勘察、设计单位允许其他单位或者个人以本单位的名义承揽建设工程勘察、设计业务。

第九条　国家对从事建设工程勘察、设计活动的专业技术人员，实行执业资格注册管理制度。

未经注册的建设工程勘察、设计人员，不得以注册执业人员的名义从事建设工程勘察、设计活动。

第十条 建设工程勘察、设计注册执业人员和其他专业技术人员只能受聘于一个建设工程勘察、设计单位；未受聘于建设工程勘察、设计单位的，不得从事建设工程的勘察、设计活动。

第十一条 建设工程勘察、设计单位资质证书和执业人员注册证书，由国务院建设行政主管部门统一制作。

第三章 建设工程勘察设计发包与承包

第十二条 建设工程勘察、设计发包依法实行招标发包或者直接发包。

第十三条 建设工程勘察、设计应当依照《中华人民共和国招标投标法》的规定，实行招标发包。

第十四条 建设工程勘察、设计方案评标，应当以投标人的业绩、信誉和勘察、设计人员的能力以及勘察、设计方案的优劣为依据，进行综合评定。

第十五条 建设工程勘察、设计的招标人应当在评标委员会推荐的候选方案中确定中标方案。但是，建设工程勘察、设计的招标人认为评标委员会推荐的候选方案不能最大限度满足招标文件规定的要求的，应当依法重新招标。

第十六条 下列建设工程的勘察、设计，经有关主管部门批准，可以直接发包：

（一）采用特定的专利或者专有技术的；

（二）建筑艺术造型有特殊要求的；

（三）国务院规定的其他建设工程的勘察、设计。

第十七条 发包方不得将建设工程勘察、设计业务发包给不具有相应勘察、设计资质等级的建设工程勘察、设计单位。

第十八条 发包方可以将整个建设工程的勘察、设计发包给一个勘察、设计单位；也可以将建设工程的勘察、设计分别发包给几个勘察、设计单位。

第十九条 除建设工程主体部分的勘察、设计外，经发包方书面同意，承包方可以将建设工程其他部分的勘察、设计再分包给其他具有相应资质等级的建设工程勘察、设计单位。

第二十条 建设工程勘察、设计单位不得将所承揽的建设工程勘察、设计转包。

第二十一条 承包方必须在建设工程勘察、设计资质证书规定的资质等级和业务范围内承揽建设工程的勘察、设计业务。

第二十二条 建设工程勘察、设计的发包方与承包方，应当执行国家规定的建设工程勘察、设计程序。

第二十三条 建设工程勘察、设计的发包方与承包方应当签订建设工程勘察、设计合同。

第二十四条 建设工程勘察、设计发包方与承包方应当执行国家有关建设工程勘察费、设计费的管理规定。

第四章 建设工程勘察设计文件的编制与实施

第二十五条 编制建设工程勘察、设计文件，应当以下列规定为依据：

（一）项目批准文件；

（二）城乡规划；

（三）工程建设强制性标准；

（四）国家规定的建设工程勘察、设计深度要求。

铁路、交通、水利等专业建设工程，还应当以专业规划的要求为依据。

第二十六条 编制建设工程勘察文件，应当真实、准确，满足建设工程规划、选址、设计、岩土治理和施工的需要。

编制方案设计文件，应当满足编制初步设计文件和控制概算的需要。

编制初步设计文件，应当满足编制施工招标文件、主要设备材料订货和编制施工图设计文件的需要。

编制施工图设计文件，应当满足设备材料采购、非标准设备制作和施工的需要，并注明建设工程合理使用年限。

第二十七条 设计文件中选用的材料、构配件、设备，应当注明其规格、型号、性能等技术指标，其质量要求必须符合国家规定的标准。

除有特殊要求的建筑材料、专用设备和工艺生产线等外，设计单位不得指定生产厂、供应商。

第二十八条 建设单位、施工单位、监理单位不得修改建设工程勘察、设计文件；确需修改建设工程勘察、设计文件的，应当由原建设工程勘察、设计单位修改。经原建设工程勘察、设计单位书面同意，建设单位也可以委托其他具有相应资质的建设工程勘察、设计单位修改。修改单位对修改的勘察、设计文件承担相应责任。

施工单位、监理单位发现建设工程勘察、设计文件不符合工程建设强制性标准、合同约定的质量要求的，应当报告建设单位，建设单位有权要求建设工程勘察、设计单位对建设工程勘察、设计文件进行补充、修改。

建设工程勘察、设计文件内容需要作重大修改的，建设单位应当报经原审批机关批准后，方可修改。

第二十九条 建设工程勘察、设计文件中规定采用的新技术、新材料，可能影响建设工程质量和安全，又没有国家技术标准的，应当由国家认可的检测机构进行试验、论证，出具检测报告，并经国务院有关部门或者省、自治区、直辖市人民政府有关部门组织的建设工程技术专家委员会审定后，方可使用。

第三十条 建设工程勘察、设计单位应当在建设工程施工前，向施工单位和监理单位说明建设工程勘察、设计意图，解释建设工程勘察、设计文件。

建设工程勘察、设计单位应当及时解决施工中出现的勘察、设计问题。

第五章　监督管理

第三十一条 国务院建设行政主管部门对全国的建设工程勘察、设计活动实施统一监督管理。国务院铁路、交通、水利等有关部门按照国务院规定的职责分工，负责对全国的有关专业建设工程勘察、设计活动的监督管理。

县级以上地方人民政府建设行政主管部门对本行政区域内的建设工程勘察、设计活动实施监督管理。县级以上地方人民政府交通、水利等有关部门在各自的职责范围内，负责对本行政区域内的有关专业建设工程勘察、设计活动的监督管理。

第三十二条 建设工程勘察、设计单位在建设工程勘察、设计资质证书规定的业务范围内跨部门、跨地区承揽勘察、设计业务的，有关地方人民政府及其所属部门不得设置障碍，不得违反国家规定收取任何费用。

第三十三条 县级以上人民政府建设行政主管部门或者交通、水利等有关部门应当对施工图设计文件中涉及公共利益、公众安全、工程建设强制性标准的内容进行审查。

施工图设计文件未经审查批准的，不得使用。

第三十四条 任何单位和个人对建设工程勘察、设计活动中的违法行为都有权检举、控告、投诉。

第六章　罚　　则

第三十五条 违反本条例第八条规定的，责令停止违法行为，处合同约定的勘察费、设计费 1 倍以上 2 倍以下的罚款，有违法所得的，予以没收；可以责令停业整顿，降低资质等级；情节严重的，吊销资质证书。

未取得资质证书承揽工程的，予以取缔，依照前款规定处以罚款；有违法所得的，予以没收。

以欺骗手段取得资质证书承揽工程的，吊销资质证书，依照本条第一款规定处以罚款；有违法所得的，予以没收。

第三十六条 违反本条例规定，未经注册，擅自以注册建设工程勘察、设计人员的名义从事建设工程勘察、设计活动的，责令停止违法行为，没收违法所得，处违法所得 2 倍以上 5 倍以下罚款；给他人造成损失的，依法承担赔偿责任。

第三十七条 违反本条例规定，建设工程勘察、设计注册执业人员和其他专业技术人员未受聘于一个建设工程勘察、设计单位或者同时受聘于两个以上建设工程勘察、设计单位，从事建设工程勘察、设计活动的，责令停止违法行为，没收违法所得，处违法所得 2 倍以上 5 倍以下的罚款；情节严重的，可以责令停止执行业务或者吊销资格证书；给他人造成损失的，依法承担赔偿责任。

第三十八条 违反本条例规定，发包方将建设工程勘察、设计业务发包给不具有相应资质等级的建设工程勘察、设计单位的，责令改正，处 50 万元以上 100 万元以下的罚款。

第三十九条 违反本条例规定，建设工程勘察、设计单位将所承揽的建设工程勘察、设计转包的，责令改正，没收违法所得，处合同约定的勘察费、设计费 25%以上 50%以下的罚款，可以责令停业整顿，降低资质等级；情节严重的，吊销资质证书。

第四十条 违反本条例规定，勘察、设计单位未依据项目批准文件，城乡规划及专业规划，国家规定的建设工程勘察、设计深度要求编制建设工程勘察、设计文件的，责令限期改正；逾期不改正的，处 10 万元以上 30 万元以下的罚款；造成工程质量事故或者环境污染和生态破坏的，责令停业整顿，降低资质等级；情节严重的，吊销资质证书；造成损失的，依法承担赔偿责任。

第四十一条 违反本条例规定，有下列行为之一的，依照《建设工程质量管理条例》第六十三条的规定给予处罚：

（一）勘察单位未按照工程建设强制性标准进行勘察的；

（二）设计单位未根据勘察成果文件进行工程设计的；

（三）设计单位指定建筑材料、建筑构配件的生产厂、供应商的；

（四）设计单位未按照工程建设强制性标准进行设计的。

第四十二条 本条例规定的责令停业整顿、降低资质等级和吊销资质证书、资格证书的行政处罚，由颁发资质证书、资格证书的机关决定；其他行政处罚，由建设行政主管部门或者其他有关部门依据法定职权范围决定。

依照本条例规定被吊销资质证书的，由工商行政管理部门吊销其营业执照。

第四十三条 国家机关工作人员在建设工程勘察、设计活动的监督管理工作中玩忽职守、滥用职权、徇私舞弊，构成犯罪的，依法追究刑事责任；尚不构成犯罪的，依法给予行政处分。

第七章　附　　则

第四十四条 抢险救灾及其他临时性建筑和农民自建两层以下住宅的勘察、设计活动，不适用本条例。

第四十五条 军事建设工程勘察、设计的管理，按照中央军事委员会的有关规定执行。

第四十六条 本条例自公布之日起施行。

附 录 7

建设工程安全生产管理条例

2003年11月24日 中华人民共和国国务院令第393号
（2003年11月12日国务院第28次常务会议通过）

第一章 总 则

第一条 为了加强建设工程安全生产监督管理，保障人民群众生命和财产安全，根据《中华人民共和国建筑法》、《中华人民共和国安全生产法》，制定本条例。

第二条 在中华人民共和国境内从事建设工程的新建、扩建、改建和拆除等有关活动及实施对建设工程安全生产的监督管理，必须遵守本条例。

本条例所称建设工程，是指土木工程、建筑工程、线路管道和设备安装工程及装修工程。

第三条 建设工程安全生产管理，坚持安全第一、预防为主的方针。

第四条 建设单位、勘察单位、设计单位、施工单位、工程监理单位及其他与建设工程安全生产有关的单位，必须遵守安全生产法律、法规的规定，保证建设工程安全生产，依法承担建设工程安全生产责任。

第五条 国家鼓励建设工程安全生产的科学技术研究和先进技术的推广应用，推进建设工程安全生产的科学管理。

第二章 建设单位的安全责任

第六条 建设单位应当向施工单位提供施工现场及毗邻区域内供水、排水、供电、供气、供热、通信、广播电视等地下管线资料，气象和水文观测资料，相邻建筑物和构筑物、地下工程的有关资料，并保证资料的真实、准确、完整。

建设单位因建设工程需要，向有关部门或者单位查询前款规定的资料时，有关部门或者单位应当及时提供。

第七条 建设单位不得对勘察、设计、施工、工程监理等单位提出不符合建设工程安全生产法律、法规和强制性标准规定的要求，不得压缩合同约定的工期。

第八条 建设单位在编制工程概算时，应当确定建设工程安全作业环境及安全施工措施所需费用。

第九条 建设单位不得明示或者暗示施工单位购买、租赁、使用不符合安全施工要求的安全防护用具、机械设备、施工机具及配件、消防设施和器材。

第十条 建设单位在申请领取施工许可证时，应当提供建设工程有关安全施工措施的资料。

依法批准开工报告的建设工程，建设单位应当自开工报告批准之日起15日内，将保证安全施工的措施报送建设工程所在地的县级以上地方人民政府建设行政主管部门或者其他有关部门备案。

第十一条 建设单位应当将拆除工程发包给具有相应资质等级的施工单位。

建设单位应当在拆除工程施工15日前，将下列资料报送建设工程所在地的县级以上地方人民政府建设行政主管部门或者其他有关部门备案：

(一)施工单位资质等级证明；

(二)拟拆除建筑物、构筑物及可能危及毗邻建筑的说明；

(三)拆除施工组织方案；

(四)堆放、清除废弃物的措施。

实施爆破作业的，应当遵守国家有关民用爆炸物品管理的规定。

第三章 勘察、设计、工程监理及其他有关单位的安全责任

第十二条 勘察单位应当按照法律、法规和工程建设强制性标准进行勘察，提供的勘察文件应当真实、准确，满足建设工程安全生产的需要。

勘察单位在勘察作业时，应当严格执行操作规程，采取措施保证各类管线、设施和周边建筑物、构筑物的安全。

第十三条 设计单位应当按照法律、法规和工程建设强制性标准进行设计，防止因设计不合理导致生产安全事故的发生。

设计单位应当考虑施工安全操作和防护的需要，对涉及施工安全的重点部位和环节在设计文件中注明，并对防范生产安全事故提出指导意见。

采用新结构、新材料、新工艺的建设工程和特殊结构的建设工程，设计单位应当在设计中提出保障施工作业人员安全和预防生产安全事故的措施建议。

设计单位和注册建筑师等注册执业人员应当对其设计负责。

第十四条 工程监理单位应当审查施工组织设计中的安全技术措施或者专项施工方案是否符合工程建设强制性标准。

工程监理单位在实施监理过程中，发现存在安全事故隐患的，应当要求施工单位整改；情况严重的，应当要求施工单位暂时停止施工，并及时报告建设单位。施工单位拒不整改或者不停止施工的，工程监理单位应当及时向有关主管部门报告。

工程监理单位和监理工程师应当按照法律、法规和工程建设强制性标准实施监理，并对建设工程安全生产承担监理责任。

第十五条 为建设工程提供机械设备和配件的单位，应当按照安全施工的要求配备齐全有效的保险、限位等安全设施和装置。

第十六条 出租的机械设备和施工机具及配件，应当具有生产(制造)许可证、产品合格证。

出租单位应当对出租的机械设备和施工机具及配件的安全性能进行检测，在签订租赁协议时，应当出具检测合格证明。

禁止出租检测不合格的机械设备和施工机具及配件。

第十七条 在施工现场安装、拆卸施工起重机械和整体提升脚手架、模板等自升式架设设施，必须由具有相应资质的单位承担。

安装、拆卸施工起重机械和整体提升脚手架、模板等自升式架设设施，应当编制拆装方案、制定安全施工措施，并由专业技术人员现场监督。

施工起重机械和整体提升脚手架、模板等自升式架设设施安装完毕后，安装单位应当自检，出具自检合格证明，并向施工单位进行安全使用说明，办理验收手续并签字。

第十八条 施工起重机械和整体提升脚手架、模板等自升式架设设施的使用达到国家规定的检验检测

期限的，必须经具有专业资质的检验检测机构检测。经检测不合格的，不得继续使用。

第十九条 检验检测机构对检测合格的施工起重机械和整体提升脚手架、模板等自升式架设设施，应当出具安全合格证明文件，并对检测结果负责。

第四章 施工单位的安全责任

第二十条 施工单位从事建设工程的新建、扩建、改建和拆除等活动，应当具备国家规定的注册资本、专业技术人员、技术装备和安全生产等条件，依法取得相应等级的资质证书，并在其资质等级许可的范围内承揽工程。

第二十一条 施工单位主要负责人依法对本单位的安全生产工作全面负责。施工单位应当建立健全安全生产责任制度和安全生产教育培训制度，制定安全生产规章制度和操作规程，保证本单位安全生产条件所需资金的投入，对所承担的建设工程进行定期和专项安全检查，并做好安全检查记录。

施工单位的项目负责人应当由取得相应执业资格的人员担任，对建设工程项目的安全施工负责，落实安全生产责任制度、安全生产规章制度和操作规程，确保安全生产费用的有效使用，并根据工程的特点组织制定安全施工措施，消除安全事故隐患，及时、如实报告生产安全事故。

第二十二条 施工单位对列入建设工程概算的安全作业环境及安全施工措施所需费用，应当用于施工安全防护用具及设施的采购和更新、安全施工措施的落实、安全生产条件的改善，不得挪作他用。

第二十三条 施工单位应当设立安全生产管理机构，配备专职安全生产管理人员。

专职安全生产管理人员负责对安全生产进行现场监督检查。发现安全事故隐患，应当及时向项目负责人和安全生产管理机构报告；对违章指挥、违章操作的，应当立即制止。

专职安全生产管理人员的配备办法由国务院建设行政主管部门会同国务院其他有关部门制定。

第二十四条 建设工程实行施工总承包的，由总承包单位对施工现场的安全生产负总责。

总承包单位应当自行完成建设工程主体结构的施工。

总承包单位依法将建设工程分包给其他单位的，分包合同中应当明确各自的安全生产方面的权利、义务。总承包单位和分包单位对分包工程的安全生产承担连带责任。

分包单位应当服从总承包单位的安全生产管理，分包单位不服从管理导致生产安全事故的，由分包单位承担主要责任。

第二十五条 垂直运输机械作业人员、安装拆卸工、爆破作业人员、起重信号工、登高架设作业人员等特种作业人员，必须按照国家有关规定经过专门的安全作业培训，并取得特种作业操作资格证书后，方可上岗作业。

第二十六条 施工单位应当在施工组织设计中编制安全技术措施和施工现场临时用电方案，对下列达到一定规模的危险性较大的分部分项工程编制专项施工方案，并附具安全验算结果，经施工单位技术负责人、总监理工程师签字后实施，由专职安全生产管理人员进行现场监督：

（一）基坑支护与降水工程；

（二）土方开挖工程；

（三）模板工程；

（四）起重吊装工程；

（五）脚手架工程；

（六）拆除、爆破工程；

（七）国务院建设行政主管部门或者其他有关部门规定的其他危险性较大的工程。

对前款所列工程中涉及深基坑、地下暗挖工程、高大模板工程的专项施工方案，施工单位还应当组织专家进行论证、审查。

本条第一款规定的达到一定规模的危险性较大工程的标准，由国务院建设行政主管部门会同国务院其他有关部门制定。

第二十七条 建设工程施工前，施工单位负责项目管理的技术人员应当对有关安全施工的技术要求向施工作业班组、作业人员作出详细说明，并由双方签字确认。

第二十八条 施工单位应当在施工现场入口处、施工起重机械、临时用电设施、脚手架、出入通道口、楼梯口、电梯井口、孔洞口、桥梁口、隧道口、基坑边沿、爆破物及有害危险气体和液体存放处等危险部位，设置明显的安全警示标志。安全警示标志必须符合国家标准。

施工单位应当根据不同施工阶段和周围环境及季节、气候的变化，在施工现场采取相应的安全施工措施。施工现场暂时停止施工的，施工单位应当做好现场防护，所需费用由责任方承担，或者按照合同约定执行。

第二十九条 施工单位应当将施工现场的办公、生活区与作业区分开设置，并保持安全距离；办公、生活区的选址应当符合安全性要求。职工的膳食、饮水、休息场所等应当符合卫生标准。施工单位不得在尚未竣工的建筑物内设置员工集体宿舍。

施工现场临时搭建的建筑物应当符合安全使用要求。施工现场使用的装配式活动房屋应当具有产品合格证。

第三十条 施工单位对因建设工程施工可能造成损害的毗邻建筑物、构筑物和地下管线等，应当采取专项防护措施。

施工单位应当遵守有关环境保护法律、法规的规定，在施工现场采取措施，防止或者减少粉尘、废气、废水、固体废物、噪声、振动和施工照明对人和环境的危害和污染。

在城市市区内的建设工程，施工单位应当对施工现场实行封闭围挡。

第三十一条 施工单位应当在施工现场建立消防安全责任制度，确定消防安全责任人，制定用火、用电、使用易燃易爆材料等各项消防安全管理制度和操作规程，设置消防通道、消防水源，配备消防设施和灭火器材，并在施工现场入口处设置明显标志。

第三十二条 施工单位应当向作业人员提供安全防护用具和安全防护服装，并书面告知危险岗位的操作规程和违章操作的危害。

作业人员有权对施工现场的作业条件、作业程序和作业方式中存在的安全问题提出批评、检举和控告，有权拒绝违章指挥和强令冒险作业。

在施工中发生危及人身安全的紧急情况时，作业人员有权立即停止作业或者在采取必要的应急措施后撤离危险区域。

第三十三条 作业人员应当遵守安全施工的强制性标准、规章制度和操作规程，正确使用安全防护用具、机械设备等。

第三十四条 施工单位采购、租赁的安全防护用具、机械设备、施工机具及配件，应当具有生产(制造)许可证、产品合格证，并在进入施工现场前进行查验。

施工现场的安全防护用具、机械设备、施工机具及配件必须由专人管理，定期进行检查、维修和保养，建立相应的资料档案，并按照国家有关规定及时报废。

第三十五条 施工单位在使用施工起重机械和整体提升脚手架、模板等自升式架设设施前，应当组织有关单位进行验收，也可以委托具有相应资质的检验检测机构进行验收；使用承租的机械设备和施工机具及配件的，由施工总承包单位、分包单位、出租单位和安装单位共同进行验收。验收合格的方可使用。

《特种设备安全监察条例》规定的施工起重机械，在验收前应当经有相应资质的检验检测机构监督检验合格。

施工单位应当自施工起重机械和整体提升脚手架、模板等自升式架设设施验收合格之日起30日内，向建设行政主管部门或者其他有关部门登记。登记标志应当置于或者附着于该设备的显著位置。

第三十六条 施工单位的主要负责人、项目负责人、专职安全生产管理人员应当经建设行政主管部门或者其他有关部门考核合格后方可任职。

施工单位应当对管理人员和作业人员每年至少进行一次安全生产教育培训，其教育培训情况记入个人工作档案。安全生产教育培训考核不合格的人员，不得上岗。

第三十七条 作业人员进入新的岗位或者新的施工现场前，应当接受安全生产教育培训。未经教育培训或者教育培训考核不合格的人员，不得上岗作业。

施工单位在采用新技术、新工艺、新设备、新材料时，应当对作业人员进行相应的安全生产教育培训。

第三十八条 施工单位应当为施工现场从事危险作业的人员办理意外伤害保险。

意外伤害保险费由施工单位支付。实行施工总承包的，由总承包单位支付意外伤害保险费。意外伤害保险期限自建设工程开工之日起至竣工验收合格止。

第五章 监督管理

第三十九条 国务院负责安全生产监督管理的部门依照《中华人民共和国安全生产法》的规定，对全国建设工程安全生产工作实施综合监督管理。

县级以上地方人民政府负责安全生产监督管理的部门依照《中华人民共和国安全生产法》的规定，对本行政区域内建设工程安全生产工作实施综合监督管理。

第四十条 国务院建设行政主管部门对全国的建设工程安全生产实施监督管理。国务院铁路、交通、水利等有关部门按照国务院规定的职责分工，负责有关专业建设工程安全生产的监督管理。

县级以上地方人民政府建设行政主管部门对本行政区域内的建设工程安全生产实施监督管理。县级以上地方人民政府交通、水利等有关部门在各自的职责范围内，负责本行政区域内的专业建设工程安全生产的监督管理。

第四十一条 建设行政主管部门和其他有关部门应当将本条例第十条、第十一条规定的有关资料的主要内容抄送同级负责安全生产监督管理的部门。

第四十二条 建设行政主管部门在审核发放施工许可证时，应当对建设工程是否有安全施工措施进行审查，对没有安全施工措施的，不得颁发施工许可证。

建设行政主管部门或者其他有关部门对建设工程是否有安全施工措施进行审查时，不得收取费用。

第四十三条 县级以上人民政府负有建设工程安全生产监督管理职责的部门在各自的职责范围内履行安全监督检查职责时，有权采取下列措施：

(一)要求被检查单位提供有关建设工程安全生产的文件和资料；

(二)进入被检查单位施工现场进行检查；

(三)纠正施工中违反安全生产要求的行为；

(四)对检查中发现的安全事故隐患，责令立即排除；重大安全事故隐患排除前或者排除过程中无法保证安全的，责令从危险区域内撤出作业人员或者暂时停止施工。

第四十四条 建设行政主管部门或者其他有关部门可以将施工现场的监督检查委托给建设工程安全监督机构具体实施。

第四十五条 国家对严重危及施工安全的工艺、设备、材料实行淘汰制度。具体目录由国务院建设行政主管部门会同国务院其他有关部门制定并公布。

第四十六条 县级以上人民政府建设行政主管部门和其他有关部门应当及时受理对建设工程生产安全事故及安全事故隐患的检举、控告和投诉。

第六章 生产安全事故的应急救援和调查处理

第四十七条 县级以上地方人民政府建设行政主管部门应当根据本级人民政府的要求，制定本行政区域内建设工程特大生产安全事故应急救援预案。

第四十八条 施工单位应当制定本单位生产安全事故应急救援预案，建立应急救援组织或者配备应急救援人员，配备必要的应急救援器材、设备，并定期组织演练。

第四十九条 施工单位应当根据建设工程施工的特点、范围，对施工现场易发生重大事故的部位、环节进行监控，制定施工现场生产安全事故应急救援预案。实行施工总承包的，由总承包单位统一组织编制建设工程生产安全事故应急救援预案，工程总承包单位和分包单位按照应急救援预案，各自建立应急救援组织或者配备应急救援人员，配备救援器材、设备，并定期组织演练。

第五十条 施工单位发生生产安全事故，应当按照国家有关伤亡事故报告和调查处理的规定，及时、如实地向负责安全生产监督管理的部门、建设行政主管部门或者其他有关部门报告；特种设备发生事故的，还应当同时向特种设备安全监督管理部门报告。接到报告的部门应当按照国家有关规定，如实上报。

实行施工总承包的建设工程，由总承包单位负责上报事故。

第五十一条 发生生产安全事故后，施工单位应当采取措施防止事故扩大，保护事故现场。需要移动现场物品时，应当做出标记和书面记录，妥善保管有关证物。

第五十二条 建设工程生产安全事故的调查、对事故责任单位和责任人的处罚与处理，按照有关法律、法规的规定执行。

第七章 法律责任

第五十三条 违反本条例的规定，县级以上人民政府建设行政主管部门或者其他有关行政管理部门的工作人员，有下列行为之一的，给予降级或者撤职的行政处分；构成犯罪的，依照刑法有关规定追究刑事责任：

（一）对不具备安全生产条件的施工单位颁发资质证书的；

（二）对没有安全施工措施的建设工程颁发施工许可证的；

（三）发现违法行为不予查处的；

（四）不依法履行监督管理职责的其他行为。

第五十四条 违反本条例的规定，建设单位未提供建设工程安全生产作业环境及安全施工措施所需费用的，责令限期改正；逾期未改正的，责令该建设工程停止施工。

建设单位未将保证安全施工的措施或者拆除工程的有关资料报送有关部门备案的，责令限期改正，给予警告。

第五十五条 违反本条例的规定，建设单位有下列行为之一的，责令限期改正，处20万元以上50万元以下的罚款；造成重大安全事故，构成犯罪的，对直接责任人员，依照刑法有关规定追究刑事责任；造成损失的，依法承担赔偿责任：

（一）对勘察、设计、施工、工程监理等单位提出不符合安全生产法律、法规和强制性标准规定的要求的；

（二）要求施工单位压缩合同约定的工期的；

（三）将拆除工程发包给不具有相应资质等级的施工单位的。

第五十六条 违反本条例的规定，勘察单位、设计单位有下列行为之一的，责令限期改正，处10万元以上30万元以下的罚款；情节严重的，责令停业整顿，降低资质等级，直至吊销资质证书；造成重大安全事故，构成犯罪的，对直接责任人员，依照刑法有关规定追究刑事责任；造成损失的，依法承担赔偿责任：

(一)未按照法律、法规和工程建设强制性标准进行勘察、设计的；

(二)采用新结构、新材料、新工艺的建设工程和特殊结构的建设工程，设计单位未在设计中提出保障施工作业人员安全和预防生产安全事故的措施建议的。

第五十七条 违反本条例的规定，工程监理单位有下列行为之一的，责令限期改正；逾期未改正的，责令停业整顿，并处10万元以上30万元以下的罚款；情节严重的，降低资质等级，直至吊销资质证书；造成重大安全事故，构成犯罪的，对直接责任人员，依照刑法有关规定追究刑事责任；造成损失的，依法承担赔偿责任：

(一)未对施工组织设计中的安全技术措施或者专项施工方案进行审查的；

(二)发现安全事故隐患未及时要求施工单位整改或者暂时停止施工的；

(三)施工单位拒不整改或者不停止施工，未及时向有关主管部门报告的；

(四)未依照法律、法规和工程建设强制性标准实施监理的。

第五十八条 注册执业人员未执行法律、法规和工程建设强制性标准的，责令停止执业3个月以上1年以下；情节严重的，吊销执业资格证书，5年内不予注册；造成重大安全事故的，终身不予注册；构成犯罪的，依照刑法有关规定追究刑事责任。

第五十九条 违反本条例的规定，为建设工程提供机械设备和配件的单位，未按照安全施工的要求配备齐全有效的保险、限位等安全设施和装置的，责令限期改正，处合同价款1倍以上3倍以下的罚款；造成损失的，依法承担赔偿责任。

第六十条 违反本条例的规定，出租单位出租未经安全性能检测或者经检测不合格的机械设备和施工机具及配件的，责令停业整顿，并处5万元以上10万元以下的罚款；造成损失的，依法承担赔偿责任。

第六十一条 违反本条例的规定，施工起重机械和整体提升脚手架、模板等自升式架设设施安装、拆卸单位有下列行为之一的，责令限期改正，处5万元以上10万元以下的罚款；情节严重的，责令停业整顿，降低资质等级，直至吊销资质证书；造成损失的，依法承担赔偿责任：

(一)未编制拆装方案、制定安全施工措施的；

(二)未由专业技术人员现场监督的；

(三)未出具自检合格证明或者出具虚假证明的；

(四)未向施工单位进行安全使用说明，办理移交手续的。

施工起重机械和整体提升脚手架、模板等自升式架设设施安装、拆卸单位有前款规定的第(一)项、第(三)项行为，经有关部门或者单位职工提出后，对事故隐患仍不采取措施，因而发生重大伤亡事故或者造成其他严重后果，构成犯罪的，对直接责任人员，依照刑法有关规定追究刑事责任。

第六十二条 违反本条例的规定，施工单位有下列行为之一的，责令限期改正；逾期未改正的，责令停业整顿，依照《中华人民共和国安全生产法》的有关规定处以罚款；造成重大安全事故，构成犯罪的，对直接责任人员，依照刑法有关规定追究刑事责任：

(一)未设立安全生产管理机构、配备专职安全生产管理人员或者分部分项工程施工时无专职安全生产管理人员现场监督的；

(二)施工单位的主要负责人、项目负责人、专职安全生产管理人员、作业人员或者特种作业人员，未经安全教育培训或者经考核不合格即从事相关工作的；

(三)未在施工现场的危险部位设置明显的安全警示标志，或者未按照国家有关规定在施工现场设置消防通道、消防水源、配备消防设施和灭火器材的；

(四)未向作业人员提供安全防护用具和安全防护服装的；

(五)未按照规定在施工起重机械和整体提升脚手架、模板等自升式架设设施验收合格后登记的；

(六)使用国家明令淘汰、禁止使用的危及施工安全的工艺、设备、材料的。

第六十三条 违反本条例的规定，施工单位挪用列入建设工程概算的安全生产作业环境及安全施工措施所需费用的，责令限期改正，处挪用费用20%以上50%以下的罚款；造成损失的，依法承担赔偿责任。

第六十四条 违反本条例的规定，施工单位有下列行为之一的，责令限期改正；逾期未改正的，责令停业整顿，并处5万元以上10万元以下的罚款；造成重大安全事故，构成犯罪的，对直接责任人员，依照刑法有关规定追究刑事责任：

(一)施工前未对有关安全施工的技术要求作出详细说明的；

(二)未根据不同施工阶段和周围环境及季节、气候的变化，在施工现场采取相应的安全施工措施，或者在城市市区内的建设工程的施工现场未实行封闭围挡的；

(三)在尚未竣工的建筑物内设置员工集体宿舍的；

(四)施工现场临时搭建的建筑物不符合安全使用要求的；

(五)未对因建设工程施工可能造成损害的毗邻建筑物、构筑物和地下管线等采取专项防护措施的。

施工单位有前款规定第(四)项、第(五)项行为，造成损失的，依法承担赔偿责任。

第六十五条 违反本条例的规定，施工单位有下列行为之一的，责令限期改正；逾期未改正的，责令停业整顿，并处10万元以上30万元以下的罚款；情节严重的，降低资质等级，直至吊销资质证书；造成重大安全事故，构成犯罪的，对直接责任人员，依照刑法有关规定追究刑事责任；造成损失的，依法承担赔偿责任：

(一)安全防护用具、机械设备、施工机具及配件在进入施工现场前未经查验或者查验不合格即投入使用的；

(二)使用未经验收或者验收不合格的施工起重机械和整体提升脚手架、模板等自升式架设设施的；

(三)委托不具有相应资质的单位承担施工现场安装、拆卸施工起重机械和整体提升脚手架、模板等自升式架设设施的；

(四)在施工组织设计中未编制安全技术措施、施工现场临时用电方案或者专项施工方案的。

第六十六条 违反本条例的规定，施工单位的主要负责人、项目负责人未履行安全生产管理职责的，责令限期改正；逾期未改正的，责令施工单位停业整顿；造成重大安全事故、重大伤亡事故或者其他严重后果，构成犯罪的，依照刑法有关规定追究刑事责任。

作业人员不服管理、违反规章制度和操作规程冒险作业造成重大伤亡事故或者其他严重后果，构成犯罪的，依照刑法有关规定追究刑事责任。

施工单位的主要负责人、项目负责人有前款违法行为，尚不够刑事处罚的，处2万元以上20万元以下的罚款或者按照管理权限给予撤职处分；自刑罚执行完毕或者受处分之日起，5年内不得担任任何施工单位的主要负责人、项目负责人。

第六十七条 施工单位取得资质证书后，降低安全生产条件的，责令限期改正；经整改仍未达到与其资质等级相适应的安全生产条件的，责令停业整顿，降低其资质等级直至吊销资质证书。

第六十八条 本条例规定的行政处罚，由建设行政主管部门或者其他有关部门依照法定职权决定。

违反消防安全管理规定的行为，由公安消防机构依法处罚。

有关法律、行政法规对建设工程安全生产违法行为的行政处罚决定机关另有规定的，从其规定。

第八章 附 则

第六十九条 抢险救灾和农民自建低层住宅的安全生产管理，不适用本条例。

第七十条 军事建设工程的安全生产管理，按照中央军事委员会的有关规定执行。

第七十一条 本条例自2004年2月1日起施行。

参考文献

1 国务院法制局农林城建司，建设部体改法规司，建筑业司.《中华人民共和国建筑法》释义[M].北京：中国建筑工业出版社，1997.

2 国家计委政策法规司，国务院法制办财政金融法制司.《中华人民共和国招标投标法》释义[M].北京：中国计划出版社，1999.

3 胡康生.中华人民共和国合同法释义[M].北京：法律出版社，1999.

4 全国人大常委会法制工作委员会.中华人民共和国城乡规划法释义[M].北京：法律出版社，2009.

5 中华人民共和国民法典[M].北京：中国法制出版社，2020.

6 部凤涛，王根芳，苏是嵋.中华人民共和国建筑法实务全书[M].北京：中国建材工业出版社，1997.

7 朱宏亮.建设法规教程[M].北京：中国建筑工业出版社，2009.

8 何伯森.国际工程合同与合同管理[M].北京：中国建筑工业出版社，1999.